AF536881

Die Wunschmaschine

H. S. Adam · H. P. Schnabl

Die Wunschmaschine

Wie Geist Materie beeinflußt

Bibliografische Information der deutschen Bibliothek:

Die deutsche Bibliothek verzeichnet diese Publikation
in der deutschen Nationalbibliografie;
detaillierte bibliografische Daten sind im Internet über
http://dnd.ddb.de abrufbar.

01. Auflage Januar 2015

© Copyright 2015 by Omega®-Verlag

Lektorat, Satz und Gestaltung: Martin Meier
Druck: FINIDR, Český Těšín, Tschechische Republik

Dieses Buch wurde nach den Regeln der alten Rechtschreibung lektoriert.

Alle Rechte der Verbreitung, auch durch Funk, Fernsehen, fotomechanische und elektronische Wiedergabe, Internet, Tonträger jeder Art und auszugweisen Nachdruck, sind vorbehalten.

ISBN 978-3-930243-72-3

Omega®-Verlag, Gisela Bongart und Martin Meier (GbR)
D-52080 Aachen • Karlstr. 32
Tel: 0241-168 163 0 • Fax: 0241-168 163 3
e-mail: info@omega-verlag.de
www.omega-verlag.de

Inhalt

* QTX ist eine Bezeichnung, die stellvertretend für beliebige Radionikgeräte steht. Es handelt sich dabei weder um eine Marke noch um eine Typenbezeichnung. Auf dem Markt befinden sich diverse Geräte dieser Art von verschiedenen Herstellern unter unterschiedlichen Namen.

TEIL II
Argumente zur Wirkungsweise des QTX

TEIL III
Auf der Suche nach einer Physik des Bewußtseins

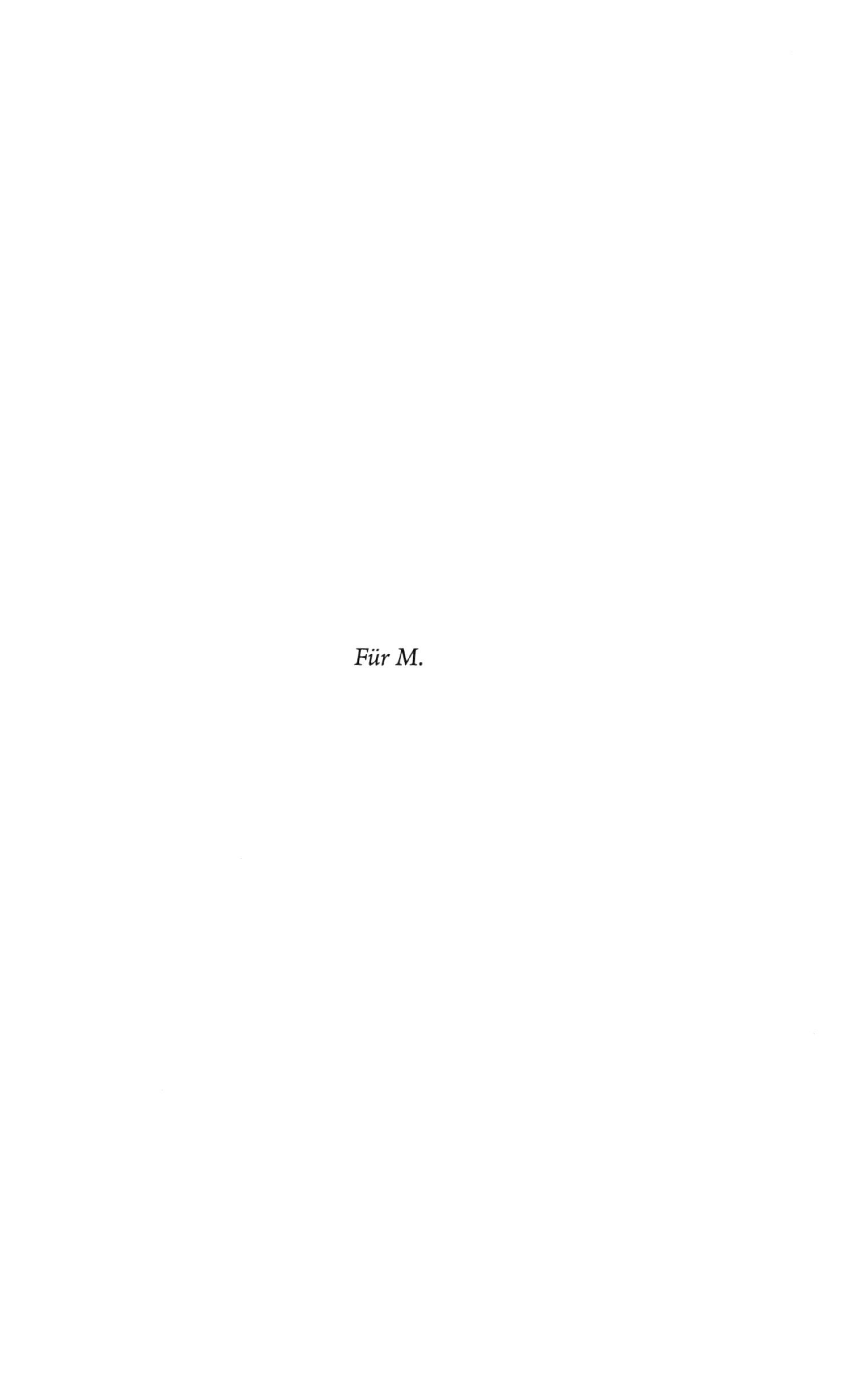

Für M.

Vorwort

Eine vorgefaßte Meinung ist schwerer zu knacken als ein Atom.

Albert Einstein

Wer die Wahrheit sagen möchte, sollte sein Pferd gesattelt lassen.

Kaukasisches Sprichwort

Das vorliegende Buch beschreibt in tagebuchähnlicher Weise ein wissenschaftliches Abenteuer, das mit der folgenden Frage, einer der ältesten Grundfragen der Menschheit, zu tun hat: 'Können wir die Realität mit geistigen Mitteln gestalten?' Mit der von uns gewählten literarischen Form möchten wir darüber hinaus versuchen, dieses Abenteuer für die Leser und Leserinnen möglichst hautnah miterlebbar werden zu lassen. In dialogischer Form werden die Stationen unserer Erkenntnisse skizziert, wobei der Versuch unternommen wird, die Bedeutung der Quantenphysik für Bewußtseinsprozesse und deren Manifestationsmöglichkeiten zu klären. Das vorliegende Buch erinnert zwar im Erzählstil an einen Roman, verharrt aber inhaltlich nicht bei der romanartigen Darstellung, sondern es will den Interessierten auch die wissenschaftliche Argumentation nahebringen, vor deren Hintergrund diese Realitäten zur Kenntnis genommen und gedeutet werden wollen.

Die beiden Autoren, Professoren für die Fachgebiete Biologie sowie Ökonomie, System- und Komplexitätsforschung mit jeweils umfangreichen Publikationslisten, begeben sich mit diesem 'Abenteuer' in grenzwissenschaftliche Regionen. Sie sind sich im Klaren darüber, daß ihnen dies von Seiten der etablierten Wissenschaft kaum Lob einbringen dürfte. Wir bedauern, daß die Mainstream-Wissenschaften heute – ob bewußt oder infolge der sich selbst reproduzierenden Systemzwänge des Wissenschaftsbetriebs (Sheldrake 2012) – einem materialistischen Dogma huldigen, das genaugenommen den ursprünglichen Zielen der Aufklärung entgegensteht. Dieser – eigentlich unwissenschaftliche – Dogmatismus, tendiert dazu, den Erkenntnisfortschritt eher zu behindern, als ihn zu fördern. Dies gilt, wie Insider berichten, sogar bis hinein in die 'lichten Höhen' der in dieser Hinsicht bisher völlig unverdächtigen Physik. (vgl. Smolin 2009; Unzicker 2012)

Das Buch zeichnet eine 'wahre Geschichte' nach. Orts- und Personennamen sind allerdings durch andere ersetzt worden. Daneben haben wir auch einige Stilmittel gewählt, die dabei helfen sollen, Leserinnen und Leser nicht sogleich mit wissenschaftlicher Nomenklatur zu verschrecken. Auf *eine* Frage kam es uns primär an:

Kann der Geist die Materie beeinflussen?

Vor allem in den Naturwissenschaften wird allein diese Frage bereits als unwissenschaftlich eingestuft, weil das zugehörige Thema im gültigen 'Kanon' akzeptabler Themen nicht zugelassen ist. Zu den Dogmen der Naturwissenschaft gehört nämlich der Grundsatz, daß 'nur Materie auf Materie Einfluß nehmen kann'. Wir folgen hier hingegen einer erweiterten Auffassung von Forschung, die jedes Thema für zunächst einmal untersuchenswert hält, als Bedingung für 'Wissenschaftlichkeit' aber die Einhaltung der Regeln wissenschaftlicher Methodik verlangt.

Hierzu wurde eine Reihe von Experimenten durchgeführt, deren überraschende Ergebnisse in Teil I beschrieben und in Teil II des Buchs systematisch hinterfragt werden. In Teil III wird dann der Frage nachgegangen, inwieweit in den existierenden Standard- wie auch Alternativ-Verfahren der Physik Ansatzpunkte für eine 'Physik des Bewußtseins' gefunden werden können.

Wir wünschen unseren Leserinnen und Lesern mit den folgenden Seiten ebenso viel Faszination wie wir sie empfunden haben, als wir uns aufmachten, die 'Versprechungen', auf die wir gestoßen waren, durch Experimente zu überprüfen. Es wäre schön, wenn es uns gelungen wäre, ihnen dieses Abenteuer auch emotional näherzubringen, und sie die Lösung der auftauchenden Fragen mit ähnlichem Enthusiasmus miterleben zu lassen, wie sie uns bei den ersonnenen Experimenten gepackt hatte. Wir können nicht behaupten, für den hier beschriebenen Komplex der Grundfrage 'Geist und Materie' die endgültige 'Erklärung' gefunden zu haben, aber für uns war es jedes Mal wieder beeindruckend, uns die dahinterstehenden und oftmals höchst verblüffenden Wahrheiten vor Augen zu führen und dabei der Versuchung zu widerstehen, sie vorschnell in eine 'passende' Schublade zu stecken.

H. S. Adam,
H. P. Schnabl

im Sommer 2014

Prolog

Ich bin Biologin und Naturwissenschaftlerin mit Leib und Seele. Seit mehr als dreißig Jahren interessiert mich experimentelles Arbeiten mit biologischen und biochemischen Materialien und Modellen brennend. Meine Neugier, biologische Zusammenhänge zu hinterfragen, läßt mich nicht ruhen, bis ich die ersten Ergebnisse vorliegen habe und sie auswerten kann. Dann folgen oft langwierige Variationen des Versuchsdesigns, denn das kritische und infolgedessen skeptische Verhalten eines Naturwissenschaftlers verlangt ein Ausreizen einer experimentellen Situation bis zum Letzten, um die Fragestellung jeweils auf den Punkt zu bringen.

Mit diesen Eigenschaften gerüstet, begann ich schon gleich nach dem Studium meine eigenen Forschungsarbeiten zu realisieren. Es fing regelmäßig damit an, daß mich eine Projektidee 'anflog', die mich fesselte. Dann machte ich Vorversuche, sammelte die 'Vor-Ergebnisse', stellte einen Forschungsantrag bei den entsprechenden Gremien, um die dafür nötige finanzielle Ausstattung (Geräte, Verbrauchsmaterialien, etc.) zu erhalten, denn erst damit – wenn ich das Glück einer positiven Begutachtung hatte – konnte ich für einen definierten Zeitraum diese Forschungsarbeiten durchführen. Im Falle erfolgreicher Ergebnisse war es unbedingt notwendig, diese in wissenschaftlichen Journalen zu publizieren, denn die nationale und internationale Kooperation und auch Konkurrenz sind der Maßstab der eigenen Forschungen.

Wenn ich die letzten dreißig Jahre Revue passieren lasse, so erstaunt mich im nachhinein, daß ich mich niemals über einen

Mangel an Ideen beklagen konnte. Meist jagte eine Idee die andere, oft kam ich mit den Versuchen gar nicht hinterher. Diese Ideen erschienen mir selbst häufig als sehr verrückt. Meist konnte ich sie nicht einmal logisch begründen. Manchmal kamen mir die Ideen in einer Weise 'zugeflogen', daß ich sie nur mit Mühe als meine eigenen definieren konnte, eher sah ich mich als 'Empfänger' dieser Ideen. Ich hatte sie nicht aus wissenschaftlichen Quellen entnommen, sie lagen auch selten im 'Mainstream' der wissenschaftlichen Forschungen, sodaß ich fast immer eigene Wege finden mußte, um sie letztlich im Wissenschaftskontext zu 'legitimieren'. Das war keineswegs einfach, denn es implizierte oft eine einsame Vorgehensweise und ein nur dürftiges Diskutieren-Können mit Kollegen sowie ein meist hartnäckiges Auftreten für die Durchsetzung der Projektideen bei den wissenschaftlichen Fördergremien. Weit mehr noch erstaunt mich aber im Nachhinein, daß ich meistens die Ergebnisse zu diesen Experimenten schon vorher 'ahnte' oder daß ich im voraus 'wußte', was herauskommen würde. Ich war in meinem tiefsten Inneren zumeist überzeugt, daß meine Versuche erfolgreich verlaufen würden und daß die Resultate auch so eintreten würden. Das ging sogar so weit, daß ich die Ergebnisse oft schon klar 'vor mir sah', noch bevor ich die Experimente begonnen hatte, die sich dann in den Versuchen meistens bestätigten.

Auf dem internationalen Parkett jedoch lösten meine Vorträge und Publikationen häufig ungläubiges Staunen aus, das dann natürlicherweise, wenn man alleine auf weiter Flur steht und nicht die Gruppenübereinstimmung hinter sich hat, zu Kritik führt. Mehr als einmal hörte ich die Kollegen sagen: „Ihre Versuche sind doch nicht reproduzierbar", was dazu führte, daß ich sie zu mir ins Labor einlud, um das Ergebnis vor Ort zu demonstrieren (Es kam jedoch kein einziger von ihnen). Ich lernte schnell, daß ich – um wissenschaftlich erfolgreich zu sein – ohne die Akzeptanz und eine zumindest minimale Übereinstimmung seitens der Wissenschaftskollegen nicht auskam. Anderenfalls gab es keine positive Begutachtung, und das bedeutete kein Geld, keine weitere Forschung.

Dies änderte sich, als ich im Laufe meiner Karriere nicht mehr die Zeit hatte, die Versuche selbst durchzuführen. Ich übergab sie meinen Diplomanden oder Doktoranden als deren Aufgabenstellungen. Ich war häufig irritiert, daß die Dinge dann etwas anders verliefen. Meine Arbeit als Professorin verlangte zunehmend Konzentration auf Verwaltungsarbeiten, Gremienarbeit in der Hochschulselbstverwaltung und Gutachtertätigkeiten, sodaß eine Teilnahme an Experimenten nicht mehr wie früher möglich war. Als sich dann vor fünf Jahren eine Konstellation ergab, bei der ich zum ersten Mal von einem Typus von Geräten hörte, die angeblich geistige Affirmationen verwenden, um damit Heilwirkungen an Menschen zu bewirken, war ich trotz meiner anfänglich skeptischen Zurückhaltung 'ganz Ohr'. Mich begann sofort die Frage zu beschäftigen, ob es möglich wäre, hierfür wissenschaftliche Beweise zu finden, indem man dies mit Experimenten überprüfte. War es vielleicht möglich zu zeigen, daß starke geistige Überzeugungen einen Versuch in diese Richtung beeinflussen können? Sofort fielen mir die oben geschilderten Erfahrungen wieder ein, und es juckte mich in den Fingern, es auszuprobieren. Dieses Mal ohne den Hintergrund der Hochschule.

Die konkrete Idee, die mich sofort faszinierte, bestand darin, diesbezüglich Versuche mit Pflanzen zu machen. Ein System, bei dem systematisch die Reaktion von Pflanzen auf Variationen externer Faktoren getestet wird, nennt man 'Bioindikator'. Hierzu wählt man eine 'natürliche' Reaktion von Organismen (z. B. pflanzliche Organe oder Gewebe, etwa das Längenwachstum einer Wurzel), die man unter einfachen Bedingungen vermessen kann. Üblicherweise wird dann eine Veränderung dieser Reaktion unter Einwirkung von sogenannten abiotischen Stressoren (etwa Salz oder Hitze/Kälte) oder biotischen Stressoren (z. B. Pilze, Bakterien) registriert. War ein Experiment denkbar, geistige Affirmationen auf pflanzliches Material wirken zu lassen und in diesem eine eindeutig meßbare Reaktion zu induzieren, die mit der Affirmation korrespondierte? Das Versuchsdesign sollte nachvollziehbar und einfach sein, denn je komplexer die Anordnung, desto verwischter und somit unklarer die Aussage. Bis dato hatte ich noch kaum Veranlassung gehabt, an die Möglichkeit einer Beeinflussung von physiologischen Parametern im pflanzlichen Gewebe durch geistige Affirmationen zu denken. Wie sollte das gehen? Wenn mich jemand darauf angesprochen hätte, dann hätte ich das sicherlich als absoluten Humbug zurückgewiesen.

Als ich jedoch zum ersten Mal von der Existenz eines Gerätes hörte, das angeblich Affirmationen 'ausspuckt', die Zustände bei Menschen und Tieren transformieren sollen, lief diese ganze Gedankenkette erneut vor mir ab. Könnte man nicht diese Behauptung mit nachvollziehbaren Versuchen auf ihren Wahrheitsgehalt testen? Das hieße, pflanzliches Material diesen Affirmationen auszusetzen und auf diese Weise über ein Gerät Stressoren zu simulieren, auch wenn die geistigen Affirmationen für die Pflanzen keine Stressoren im eigentlichen Sinne darstellten.

Dieses Gerät, ein solcher 'Affirmationsproduzent', lief uns durch einen 'Zufall' über den Weg, der in den nachfolgenden Kapiteln beschrieben wird. Sollte denn auch ich damals, als ich – wie kurz schon beschrieben – meine Ideen bekam und sie in meinen Experimenten mit pflanzlichem Material verwirklichte, so etwas wie eine 'Produzentin geistiger Affirmationen' gewesen sein? Während ich meine Versuche durchgeführt hatte, 'redete' ich mit den pflanzlichen Zellen (natürlich nur in meinen Gedanken), denn ich entwickelte zu jeglichem biologischen Material eine gewisse Affinität. Da ich die Ideen gehabt hatte, und da ich ja die Ergebnisse 'kannte', hatte ich möglicherweise diese als 'Affirmationen' auf die Zellen, mit denen ich arbeitete, in Wertschätzung und mit Achtung, um nicht zu sagen, 'mit Liebe' übertragen. Hatte ich – ohne daß mir das bewußt gewesen wäre – die Zellen geistig beeinflußt?

Und hatten die Zellen eben darauf in entsprechender Weise reagiert? War dies das Geheimnis meiner wissenschaftlichen Erfolge gewesen, das ich mir nie so richtig erklären konnte?

Die Leserinnen und Leser mögen sich nun selbst ein Urteil bilden, wenn sie die folgende Geschichte lesen. Wir waren mit großer Skepsis an die Versuche herangegangen, aber die Ergebnisse haben einige Male unsere kühnsten Erwartungen noch übertroffen. Ich wünsche unseren Lesern und Leserinnen, daß sie dabei dieselbe Faszination erleben, wie wir sie hatten, als wir die Versuche durchführten.

H. S. Adam

Teil I

Experimente mit einer Black Box

Ein Treffen mit weitreichenden Folgen

Wir lernen ein interessantes Gerät kennen

Nichts ist so stark, wie eine Idee,
deren Zeit gekommen ist.

Victor Hugo

Wir trafen uns etwa Mitte September 2008 auf der Piazza dei Signori in Verona, jenem Platz mit dem schönen Dante-Denkmal in der Mitte, das so geduldig die 'Huldigungen' der zahlreichen Tauben über sich ergehen läßt. Seit wir uns berufsbedingt nur noch selten sehen konnten, nutzten wir die Gelegenheit, uns anläßlich eines Urlaubsaufenthalts zu treffen, wenn es sich bei den jeweiligen Urlaubsplänen ohne große Probleme realisieren ließ.

Es war Nachmittag und nicht mehr ganz so heiß, sodaß es sich unter den Sonnenschirmen des Impero bei einem Prosecco ganz gut aushalten ließ. Die jungen Mütter der Stadt hatten den ansonsten von Touristen dominierten Platz zunehmend in einen Spielplatz für ihre bambini umfunktioniert, die nun ihrerseits mit allerlei beweglichen Spielsachen den Platz unsicher machten oder auch mit lautstarkem Vergnügen den Tauben hinterherjagten.

Wir hatten uns mit Gerhard und Anne getroffen. Er hatte eine gutgehende Zahnarztpraxis, und sie war, nachdem nun die Kinder aus dem Hause waren, dabei, sich nach ihrem letzten Jahr Heilpraktikerschule auf die Prüfung vorzubereiten. Seit Stefanie, meine Frau, vor einigen Jahren einen Ruf an eine der Universitäten der Bundesrepublik erhalten hatte und dort nun neben ihren Forschungs- und Lehraufgaben auch noch die vielen Verwaltungsaufgaben zu schultern hatte, die so ein Job mit sich bringt, war mir das Los zugefallen, fortan von einem anderen Ort aus zu meiner Universität zu pendeln und auf diese Weise zum Bestand unserer (Wochenend-) Partnerschaft beizutragen, was Vorteile mit sich brachte, aber natürlich auch Nachteile bezüglich des Jobs. Wir tauschten uns bei unseren Treffen mit Gerhard und Anne stets gerne über unsere jeweiligen Lebenssituationen aus. Gerhard seinerseits konnte zu unseren Gesprächen seine „Begeisterung" über die Auswirkungen der stets im Wandel begriffenen Gesundheitspolitik beitragen. Wir klagten auf hohem Niveau, und dies in einer phantastischen Umgebung, die eigentlich solche Gedanken gar nicht aufkommen lassen sollte.

„Aber in drei Jahren, da hänge ich meinen Beruf an den Nagel und werde mit Hilfe des QTX Unternehmensberater", ließ sich Gerhard plötzlich vernehmen. Das war nun wirklich eine überraschende Perspektive. Wir horchten auf.

„Entschuldige, was ist 'QTX', und wieso kannst du als Zahnarzt plötzlich Unternehmensberater werden, du hast dafür doch gar keine Ausbildung, wie soll denn das gehen?", fiel Stefanie ihm ins Wort.

Gerhard grinste übers ganze Gesicht und ließ die Katze aus dem Sack. „QTX[1] ist ein Radionikgerät und wird von vielen Heilpraktikern, aber auch Ärzten und eben auch von Unternehmensberatern verwendet."

---

1 Wir nennen das Gerät QTX, um keinem Verdacht von Schleichwerbung für irgendeinen bestimmten Typ von Radionikgeräten Vorschub zu leisten. Es gibt mittlerweile mehrere solche Geräte von verschiedenen Herstellern auf dem Markt.

„Was ist denn 'Radionik'?", fragte ich zurück.

„Nun, Radionik gibt es schon seit den Zwanziger Jahren des letzten Jahrhunderts. Damals waren Radionikgeräte noch mit Skalen und Knöpfen ausgestattet, die man einstellen mußte, um einen gewünschten Zustand zu erreichen, weswegen man auch von Raten sprach. Heute geht dies – wie eben beim QTX – vollautomatisch durch das Bedienungsprogramm, und man muß, statt die Raten aus irgendwelchen Listen herauszusuchen und einzustellen, nur noch selbstformulierte Affirmationen in Textform eingeben. Das Gerät 'bewellt' dann das sogenannte Zielobjekt, also beispielsweise einen Patienten oder ein Unternehmen, und 'strahlt' den Inhalt der Affirmation so ab, daß der erwünschte Zustand nach einiger Zeit erreicht wird."

„Kannst du dafür ein Beispiel geben?", fragte Stefanie zurück.

„Nimm an, du hättest öfters Kopfweh und willst es loswerden, möchtest aber keine Pillen einnehmen und statt dessen nun QTX dafür verwenden. Dann würdest du eine Affirmation in ungefähr folgender Form in das Programm eingeben:

Ich habe einen klaren Kopf. Frühere Kopfschmerzen sind transformiert in großes Wohlgefühl. Dafür danke ich!

Wahrscheinlich würde diese Affirmation allein schon genügen. Wichtig hierbei ist, daß Worte wie 'kein' oder 'nicht' in der Affirmation nicht auftauchen, sondern daß diese durchweg positiv formuliert ist, denn das Universum kennt diese Worte nicht und würde deshalb mit deren Bedeutung so verfahren, als ob sie nicht dastünden und – ganz entgegen deiner Absicht – 'ich habe Kopfschmerzen' lesen."

Stefanie schien ganz Ohr zu sein.

Gerhard fuhr fort: „Man kann professioneller vorgehen, indem man ein Foto von dir in das Formular einbezieht, da nach Auffassung oder Erfahrung von Radionikern die Fotografie eines Patienten dessen 'Schwingungen' wiedergibt Die 'negativen' Anteile hiervon werden sodann radionisch transformiert. Außerdem kann das QTX auch die Resonanz dieser Schwingungen mit den Inhalten einer ziemlich großen Datenbank vergleichen, die alle möglichen Lebensbereiche umfaßt. Es kann daraus auch sogenannte 'Nosoden' ableiten, die dann gleichzeitig nebenbei mitbewellt und dadurch zur Anwendung gebracht werden. Es leistet dies mit Hilfe einer sogenannten 'weiß rauschenden Diode', die sowohl für das Empfangen der Resonanzen als auch für das sogenannte Bewellen des Zielobjekts verwendet wird. Diese weiß rauschende Diode bildet quasi das Geheimnis des Geräts, und sie arbeitet angeblich auf Basis der Quantentheorie, genauer gesagt mit dem, was in dieser als 'verschränkte Photonen' bezeichnet wird."

„Das ist aber schon ganz schön starker Tobak", ließ sich Stefanie erneut vernehmen. „Ich würde das eher Verschränkung von Quantentheorie mit Hexeneinmaleins nennen", setzte sie noch eins drauf, und man konnte ihr ansehen, daß sie mehr als skeptisch war und statt dessen wohl argwöhnte, Gerhard wolle sie mit diesen Erklärungen auf den Arm nehmen.

„Nein, nein", entgegnete er im vollen Ernst. „Ihr braucht nur mal unter 'QTX' zu googeln und dann die Homepage des Herstellers mit den dort beschriebenen Referenzen der Wirkungen durchzugehen. Ein Einwand hiergegen könnte ja nur lauten, dies seien alles Lügen. Aber die Belege in Form von – ja, im Prinzip nachprüfbaren – Sanierungen von Firmen mit in der Folge deutlich gesteigerten Gewinnen oder der Reparatur von Gewässern ohne Verwendung von Chemikalien oder ohne sonstige, etwa biologische Eingriffe, oder auch Beispiele von Erntesteigerungen im Agrarbereich wie der erfolgreichen Beseitigung von Schädlingen, etwa Nematoden in einer Zierpflanzenfarm, nachdem alle anderen Mittel ausgeschöpft waren, Belege wie diese kann keiner einfach so 'erfinden'. Außerdem kann man so etwas ja auch selber noch nachprüfen. Also wir haben uns das Gerät bereits zugelegt."

„Das war unsere Investition in die Zukunft“, pflichtete Anne bei. „Gerhard wird das Gerät erst so etwa in drei Jahren einsetzen, aber für mich kann es schon bei der Eröffnung meiner Praxis von großem Nutzen sein, und die plane ich bereits für die nächsten vier Monate, gleich nach dem Bestehen der Heilpraktikerprüfung. Im Übrigen arbeiten Heilpraktiker schon seit Jahrzehnten erfolgreich mit Radionikgeräten. Für uns ist das also eigentlich nichts besonders Neues. Nur die elegante Handhabung des QTX, das ist eine Innovation, das gab es so bisher noch nicht.“

„Was kostet so ein Radionikgerät wie das QTX?“, wollte ich wissen.

„Etwas weniger als ein gebrauchter Mittelklassewagen, mit allen Datenbanken, sozusagen betriebsbereit“, war Gerhards Antwort.

„Das ist allerdings eine Stange Geld“, konstatierte Stefanie, die sichtlich dazwischen schwankte, ob sie die Versprechungen ernstnehmen oder gleich als blanken Humbug abtun sollte.

„Wieso?“, mischte sich Anne wieder ein. „Sieh es mal eher als Investition! Wenn du weißt, daß das beschriebene Potential real ist, dann ist doch dieser Preis nicht zu hoch. Du würdest ja auch nicht meckern, wenn du ein Auto kaufst und diesen Betrag dafür auf den Tisch legen mußt, schließlich kannst du dann ja eine ganze Weile damit herumfahren, zum Beispiel nach Verona, um dich hier mit uns zu treffen und über so verrückte Dinge zu plaudern“, schloß sie unter allgemeinem Gelächter.

Stefanie warf mir einen bedeutungsvollen Blick zu, dessen umfassende Aussage ich in diesem Moment allerdings noch nicht so richtig entschlüsseln konnte.

„Dieses QTX ist also so etwas wie eine ‘Wunschmaschine’, die für uns ‘Bestellungen beim Universum’ aufgibt – und dann auch noch mit ziemlich hoher Perfektion? Interpretiere ich euch da richtig?“, versuchte Stefanie das Gespräch zusammenzufassen.

„Gut erfaßt“, gab Gerhard zurück. Stefanie schüttelte nur ungläubig den Kopf.

„Mir kommt da noch ein Gedanke", nahm sie den Gesprächsfaden wieder auf. „Wenn man mit dem Gerät nun ein Unternehmen bewellt und dann noch eines, und dann vielleicht auch noch einen Acker, dann kann man das Gerät doch nicht dauernd mit sich herumtragen, dann braucht man doch drei oder fünf Geräte, je nach Anzahl von Objektzielen, oder?"

„Nein, nein", entgegnete Gerhard, „Radionik bedeutet nicht, daß da irgendwelche Radio- oder Lichtwellen von dem Gerät ausgehen würden. Es werden überhaupt keine elektromagnetischen Strahlen abgestrahlt oder elektrische Felder erzeugt. Vielmehr muß man sich das so vorstellen, daß die weiß rauschende Diode das Quantenfeld – man kann ebensogut sagen: das morphogenetische Feld –, das nichtlokal wirksam ist, ‘informiert'. Das bedeutet, die Wirkung ist sozusagen ‘gleichzeitig', also mit Überlichtgeschwindigkeit, an jedem Ort und zeitgleich im ganzen Universum vorhanden. Daher kann sich das Zielobjekt überall befinden, und es können auch viele Zielobjekte damit bewellt werden, allerdings immer nur eines zur selben Zeit. Die Kapazität des Gerätes endet dort, wo die Summe aller Bewellungszeiten die 24 Stunden des Tages aufgebraucht hat."

Ich konnte in Stefanies Gesicht sehen, wie sie hin- und hergerissen war zwischen der mutigen Aussage zur Konsequenz aus der Quantenphysik und der Verrücktheit der Perspektive, die sich daraus ergab. Meine erste Reaktion war viel pragmatischer. Sofort ging mir wie ein Blitz der Gedanke durch den Kopf: Wenn Gerhard mit so einem Gerät Unternehmensberatung machen kann, dann kann ich das auch. Mit meinem Verständnis von Systemdynamik sollte ich dazu mindestens ebenso gut in der Lage sein wie ein Zahnarzt. Dieser Gedanke löste weitere Blitzgedanken aus, auf die ich an dieser Stelle der Geschichte noch nicht so detailliert eingehen möchte. Auf jeden Fall hatte die Idee Unternehmensberatung in meinem Kopf an diesem Nachmittag Anker geworfen, war doch die soeben durch die Presse geisternde Lehman-Pleite in den USA mit ihren weitreichenden Folgen ein Indikator dafür, daß in verschiedenen Publikationen schon seit längerem vorhergesagte Erschütterungen der Wirtschaft nun auch auf internationaler Ebene um sich griffen und ihren realen Hintergrund mehr und mehr bloßlegten. Falls das in der Literatur in Aussicht gestellte wirtschaftliche Katastrophenszenario wirklich Realität werden sollte, dann wäre auch die Pension nicht mehr sicher, die ich in drei Jahren erhalten sollte, und so ein Gerät mit derart „wundersamen" Eigenschaften konnte vielleicht einen Ausweg dafür bieten, dann etwas für den Lebensunterhalt zu tun. Unternehmen würde es immer geben, und in einer Krise wäre wahrscheinlich die Nachfrage nach einer Beratung oder Hilfestellung dieser Art größer als im Augenblick.

Mittlerweile war es fast dunkel geworden, nachdem zuvor die Farbsäume der untergehenden Sonne die gegenüberliegenden ghibellinischen Zinnen der alten Scaliger-Paläste grau-rosa eingefärbt hatten. Wir hatten uns die Speisekarten kommen lassen und ein schönes mediterranes Abendessen bestellt. Während wir uns genußvoll unserer Mahlzeit widmeten und den hervorragenden Rotwein schlürften, ging die Diskussion munter weiter.

„Wir haben einen Lehrer in der Heilpraktikerschule, der das Gerät selbst besitzt und uns davon vorschwärmte. Er braucht praktisch keine Homöopathie mehr, die wird vom Gerät selbst erzeugt oder notfalls in Globuli eingeschwungen, sodaß man den Heilungsvorgang auch kostengünstiger für die Patienten gestalten kann", erläuterte Anne zwischen zwei Bissen ihres Cotoletta Milanese.

„Ich hatte keine Ahnung von den Möglichkeiten, die ein solches Gerät bieten kann, bis Anne eines Tages nach Hause kam und mir davon vorschwärmte", fiel Gerhard wieder ein. „Wir haben uns dann im Internet verschiedene Anwendungsbeispiele angeschaut, und dabei fiel mir die Anwendung durch einen Zahnarzt auf, der herausragende Erfolge bei Implantaten erzielt hat, die so weit gingen, daß das Zahnfleisch schließlich sogar implantierte Zähne umschloß, und das ist etwas, das normalerweise nie vorkommt", fuhr er fort. „Das war für mich natürlich der Hammer. Da war mir klar, das will ich auch ausprobieren. Und da Anne ohnehin so begeistert war und den positiven Beispielen ihres Lehrers so viel Glauben schenkte, habe ich nicht weiter gefackelt und das Gerät gekauft. Wir haben es zwar noch nicht in der Praxis angewendet, da es gerade eben vor unserem Urlaub geliefert wurde, aber wenn wir jetzt zurück sind, will ich mich gleich daran machen und es in gewissen Bereichen, in denen man es in der Praxis anwenden kann, auch ausprobieren."

„Ich muß sagen, ihr seid ganz schön mutig", ließ sich Stefanie nun vernehmen, „ich würde mir vor einer solchen Entscheidung erst mal die Literatur dazu ansehen."

„Habe ich auch gemacht", antwortete Gerhard.

„So habe ich mir etwa das Buch *Phänomen Radionik* von Peter Köhne zugelegt, das unter anderem die Geschichte der Radionik beschreibt, beginnend mit Dr. Albert Abrams und seinem ERA-Gerät in den Zwanziger Jahren des 20. Jahrhunderts, und dann die Weiterentwicklungen durch Ruth B. Drown und andere in den Dreißigern und Vierzigern. Darin wird aber auch die Theorie hinter der Radionik recht gut belegt, und zum Schluß bringt das Buch darüber hinaus etliche Erfahrungsberichte von durchaus erfolgreichen Anwendungen. (Köhne 2008) Allerdings bezieht sich darin alles auf ein Radionikgerät älteren Typs, bei dem man die besagten Raten noch in gewissem Umfang eigenhändig ermitteln und einstellen mußte, auch wenn ein integrierter Computer schon dabei half, besagte Affirmationen in eine Bewellung zu transformieren. Beim QTX erfolgt dies mit Hilfe der weiß rauschenden Diode automatisch, sodaß die Anwendung wesentlich schneller und komfortabler durchführbar ist als mit den von Köhne beschriebenen Vorläufer-Geräten."

Irgendwie erschien mir diese Aussage merkwürdig. Wieso mußten die früheren Geräte 'Raten ermitteln' oder 'einstellen'? „Was meinst du mit 'Raten'?", wollte ich deshalb wissen.

„Nun, das hat mit der Geschichte der Radionikgeräte zu tun", erwiderte Gerhard. „Es gab lange Zeit nur Geräte, auf denen man viele Potentiometer hatte, deren Stellungen mit Drehknöpfen justiert werden konnten. Die Kombination dieser Positionen wurde als Rate bezeichnet. Diese Positionen wurden empirisch ermittelt und dann in langen Listen erfaßt. So gab es beispielsweise eine Rate für Angst, eine andere für Liebe, für Gesundheit, für verschiedene Krankheiten und so fort."

Er hielt einen Moment inne, um sich zu konzentrieren: „Wartet mal, ich kann mich da schwach an so eine Rate erinnern, die +333222... stand, glaube ich, für 'Transformiere Angst in Liebe', oder so. Die letzten Ziffern lauteten, wenn mich nicht alles täuscht, 4 und 8, aber so genau weiß ich das jetzt nicht mehr. Mit dem +-Zeichen vor der Zahlenrate oder mit Minus-Korrekturen wurde dann versucht, mittels der am Gerät vorgenommenen Einstellung der Raten auf das Objekt der Bewellung Einfluß zu nehmen, es zu balancieren. Die Entwicklung und zunehmende Integration von Computern hat dann dazu geführt, daß diese umständliche und zeitraubende Vorgehensweise immer mehr von Rechnern übernommen wurde – bis hin zur automatischen Schnittstelle zwischen der schriftlichen Formulierung von Affirmationen in normaler Sprache, die der Ersatz für die früheren Zahlencodes ist, und der automatischen Umsetzung dieser Affirmation in eine Bewellung durch den Computer, wie sie im QTX realisiert ist."

„Aber dann spielt doch dabei die Sprache eine Rolle", meinte Stefanie. „Wie kann der Computer denn den Sinn 'verstehen', er kann doch kein Französisch oder Italienisch, wenn etwa ein Italiener die Affirmation formuliert, oder ist da ein Übersetzungsprogramm eingebaut? Wie soll das denn funktionieren?"

Gerhard setzte sich aufrechter hin und holte erstmal Luft, als wolle er zu einer längeren Erwiderung ausholen. „Da hast du wirklich einen ganz wichtigen Punkt berührt", nickte er. „Jetzt wird die Erklärung wahrscheinlich noch verrückter. Peter Köhne hat seinem Buch den Untertitel ***Kommunikation mit dem kollektiven Bewußtsein*** gegeben und an anderer Stelle im Buch definiert, daß Radionik '*eine Technik in Wechselwirkung mit dem Bewußtsein*' sei, wobei vor allem das Bewußtsein des Radionikers, also dessen, der das Gerät anwendet, maßgeblich für die Wirkung sei. (Köhne 2008) Dieses Bewußtsein äußert sich in Bezug auf das Gerät in der Formulierung der Affirmation bzw. der Affirmationen. Wir wissen alle, daß Affirmationen wirken. NLP, also die Neuro-Linguistische Programmierung, funktioniert nach diesem Prinzip, und wie sich mittlerweile herumgesprochen hat, sollen so auch die ***Bestellungen beim Universum*** funktionieren. Und wer das dann noch nicht verstanden hat, der lese den ***Realitätscode*** von Gregg Braden (Braden 2008) oder Bücher wie ***The Secret*** oder ***The Law of Attraction***.

Daß Affirmationen bei der affirmierenden Person sogar erwünschte Veränderungen etwa für die eigene Gesundheit in Gang setzen können, dürfte kaum noch bezweifelt werden. Dieses Phänomen ist ja als Autosuggestion oder Placebo-Effekt längst bekannt. Aber auch in Bezug auf andere Personen sind positive Effekte etwa von Betkreisen auf die Gesundung von Patienten vor allem in den USA statistisch belegt worden. Spannend wird es hier, wenn – wie nun von Köhne behauptet wird – ein Radionikgerät bei der Fokussierung und Verstärkung derartiger Affirmationen hilft, und zwar über das Maß hinaus, das ohne ein solches Gerät zu erzielen wäre. So gesehen ist das QTX also ein Affirmationsverstärker und der moderne Nachfolger der tibetischen Gebetsmühle, die, angetrieben vom Wind, den in ihr enthaltenen Wunschzettel dreht und dreht..." Gerhard lachte bei der Vorstellung, wie sie ihm selbst in diesem Moment wohl vor Augen stand.

„Das heißt, die eigentliche Wirkkraft kommt von den Affirmationen und nicht vom Gerät?", konnte man die skeptisch dreinblickende Stefanie wieder mit einem fragenden Unterton hören.

„Eindeutige Antwort: Ja! Aber das Gerät hat eben auch sehr große Vorteile, die mit Affirmation allein kaum zu realisieren sind. Das Gerät wiederholt die Affirmation – analog zur tibetischen Gebetsmühle – eben von allein, ohne daß wir selbst uns noch darum kümmern müßten. Für eine Person wäre es sehr anstrengend, die hierfür nötige Konzentration mehrmals am Tag in gleichbleibend hoher Qualität immer und immer wieder aufzubringen. Das Gerät ermüdet hingegen nicht und kann den Service auch nachts erbringen. Dadurch steigt die Wahrscheinlichkeit, daß das morphische Feld die Information aufnimmt und in einen schöpferischen Akt umsetzt, sozusagen manifestiert, der die gewünschte Veränderung bewirkt."

„Das morphische Feld, ist das etwas anderes als Sheldrakes morphogenetisches Feld?", fragte Stefanie.

„Ja und nein", antwortete Gerhard. „Der Begriff morphogenetisches Feld stammt aus der Biologie und meint den hinter den Genen bzw. der Genexpression stehenden, Zusammenhang, der zur Formung der Lebewesen führt. Demgegenüber ist der Begriff morphisches Feld allgemeiner und bezieht sich auf das Denkmodell einer allgemeinen Blaupause für Schöpfungs- oder Entstehungsprozesse auch nichtbiologischer Art. (Sheldrake 2008) Hast du schon mal die Geschichte vom hundertsten Affen gehört?"

Stefanie nickte. „Ich kann mich dunkel erinnern. Japanische Forscher hatten auf einer isolierten Insel den dort ansässigen Affen Süßkartoffeln gegeben, sie aber in den Sand fallen lassen, was den Affen, die die Kartoffeln gerne aßen, weniger gefiel. Schließlich kam eine ältere Affendame auf die Lösung, die Kartoffeln im Meerwasser zu waschen, und die anderen machten es sehr schnell nach. Nachdem die Affenkolonie dieses Verhaltensmuster praktisch durchgängig übernommen hatte – es waren so ungefähr 100 Tiere, ganz genau wurde das nie gezählt –, stellte man plötzlich fest, daß Affen auf einer anderen, etwas entfernt gelegenen Insel plötzlich in großer Zahl dasselbe Verhalten zeigten, obwohl es ihnen niemand beigebracht hatte. Die Idee des dahinter liegenden Denkmodells führte dazu, eine Art Kollektiv-Bewußtsein zu postulieren, an dem andere Mitglieder der Art offenkundig partizipieren konnten, und zwar auch ohne in direkter Kommunikationsverbindung miteinander zu stehen. Sheldrake hat in seinen Büchern ja noch weitere, ähnliche Beispiele angeführt. Ich erinnere mich an das Beispiel eines Hundes, der immer wenn sein Herrchen zurückkehrte – auch gegen dessen Verbot – auf einen Hügel lief, um sein Herrchen zu erwarten und ihm dann von dort aus entgegenzulaufen. Dieses Verhalten war indes nicht an irgendwelche Regelmäßigkeiten gebunden, denn der Hund lief nicht zum Hügel, wenn sein Herrchen wie üblich zu erwarten war, aber noch an der Rückkehr gehindert wurde. Es war, als wenn der Hund aus der Entfernung von vielen Kilometern wahrnehmen konnte, ob sein Herrchen sich auf den Weg gemacht hatte oder nicht. Über diese Dinge habe ich früher schon mal was gelesen. Es wird also unterstellt, daß die Radionikgeräte dieses Feld, nennen wir es mal ein morphisches, einerseits anzapfen können beziehungsweise anders herum auch beeinflussen können?“

„Offensichtlich scheint es irgendwie in dieser Weise zu funktionieren“, erwiderte Gerhard amüsiert, da er von Stefanie bis hierher nur ungläubige Bemerkungen erhalten hatte. „Es gibt sogar ein Projekt, das wissenschaftlich überprüft ist und das dies belegt. Es ist das sogenannte *Global Consciousness Project*, das auch mit den erwähnten ‘weiß rauschenden Dioden’ arbeitet, von denen circa fünfzig über die ganze Welt verteilt sind. Ihre Werte werden kontinuierlich ausgelesen und an einen Zentralcomputer übermittelt. Sowohl am 11. September 2001 als auch bei Dianas Tod, also bei besonders herausragenden Ereignissen, die das Bewußtsein der ganzen Menschheit erschütterten, zeigte sich ein signifikanter Ausschlag – beim 9/11-Ereignis in New York sogar schon Stunden vorher. Es scheint so, als 'wußte' das Kollektivbewußtsein bereits *vor* der Ausführung dieser schrecklichen Tat, daß etwas Schlimmes passiert. Dies scheint die These von der Existenz eines Kollektivbewußtseins zu stützen." Gerhard wandte sich wieder seinem Scalloppina al limone zu, und auch wir konzentrierten uns auf unsere exzellenten Gerichte. Vor lauter Diskussion konnte man sich gar nicht angemessen dem guten Essen widmen, das die Kellner mit großer Fürsorge aufgetragen hatten.

Der Abend war lau, und die Atmosphäre, die er ausstrahlte, stand in einem seltsamen Gegensatz zu unserem sachlichen Disput. Zwischendrin wurde er von den musikalischen Darbietungen einer kleinen Band verschönert, die beim Schein der Kerzen mit der bizarr-melodiösen Kombination eines Saxophons und einer Geige die schönsten romantischen Melodien wie *La vie en rose* intonierte und damit erreichte, daß wir mittendrin unseren Gesprächsstoff vergaßen.

Der Abend war in jeder Hinsicht gelungen. Als wir uns verabschiedeten, versprachen Anne und Gerhard, uns bei der nächsten Urlaubsgelegenheit von ihren Erfahrungen zu berichten, und wir beteuerten unsererseits, daß wir an den Ergebnissen sehr interessiert waren.

Kaum im Hotel angelangt, gingen wir beide zum Internet-Terminal des Hotels und googelten nach QTX, was uns auf der damit verlinkten Homepage eine Bestätigung der von Anne und Gerhard erzählten Details brachte. Außerdem fiel uns ein Buch des Herstellers des QTX-Gerätes auf, das wir uns sogleich bestellten.

Da uns die von Gerhard zum Begriff der Radionik dargestellten Zusammenhänge etwas irritiert, aber auch neugierig gemacht hatten, googelten wir mehr zum Begriff Radionik und wurden ebenfalls fündig. Allerdings waren die Informationen, die wir unter Wikipedia fanden, nicht sehr erhellend, aus heutiger Sicht sogar teilweise falsch. Auch die anderen Fundstellen führten nicht weiter. Sie waren zumeist pure Werbung für irgendwelche Radionikgeräte oder Anpreisungen bestimmter Serviceleistungen, aus denen man höchstens schließen konnte, daß Radionik in zuvor noch nicht erwähnten Gebieten eine gewisse Bedeutung hatte oder Anwendung fand.

Wir ließen es dabei bewenden. Für heute war nichts mehr zu tun. Wir ließen den Tag und die Gespräche mit Anne und Gerhard noch an der Hotelbar bei einem Glas Veneziano an uns Revue passieren und begaben uns dann aufs Zimmer. Morgen sollte der erste Tag unserer Heimfahrt sein, und danach würde man weitersehen.

Eine kleine Weichenstellung...

...bringt neue Informationen über das QTX

Und jedem Anfang wohnt ein Zauber inne...

Hermann Hesse

Zuhause angekommen wurden zuerst die Koffer ausgepackt und ihre Inhalte verstaut oder für die Waschmaschine fertiggemacht, aber dann war der Postkasten dran. Stefanie stürzte sich auf die vielen Briefe und Umschläge und zog auch nach ein paar Sekunden schon einen braunen Umschlag hervor, der das Buch enthielt, das wir drei Tagen zuvor bestellt hatten. Als sie das Buch öffnete, um darin ein wenig zu schmökern, fiel ein zusammengefaltetes DIN-A4-Blatt heraus, auf dem die Einladung zu einem Vortrag über die Anwendung von QTX zu sehen war.

„Wo findet der Vortrag denn statt?", wollte ich auch gleich wissen.

„Moment mal", Stefanie scannte das Blatt blitzartig von oben nach unten. „In Frankfurt, in einem Konferenzhotel. Aber sieh mal da, was glaubst du, wann der Vortrag stattfindet?", war ihre Gegenfrage. „Na wann schon? Vielleicht morgen?", lautete meine Antwort. „Nein, am Samstag dieser Woche."

„Dann wird es sicher keine Plätze mehr geben", wagte ich einzuwenden, denn nach der Heimfahrt hatte ich im Moment keine große Lust, gleich wieder wegzufahren, wegen eines Vortrags über ein Gerät, von dessen Existenz wir vier Tage zuvor noch keine Ahnung hatten, und jetzt sollte in zwei Tagen ein Vortrag dazu sein.

„Das werden wir gleich sehen." Stefanie griff, ohne eine Sekunde zu zögern, zum Telefonhörer und rief eine der angegebenen Nummern an.

„Hallo! Ich interessiere mich für den Vortrag, der am Samstag in Frankfurt im Arabella-Hotel stattfindet. Sind da noch zwei Plätze frei?"

Die Antwort auf der anderen Seite konnte ich natürlich nicht verstehen, aber ich war doch sehr erstaunt, Stefanie plötzlich sagen zu hören: „Das ist ja wunderbar. Ok, dann möchte ich teilnehmen. Bitte reservieren sie für Samstag zwei Plätze. Wann beginnt der Vortrag? Um zehn Uhr? Ok. Nein, das ist kein Problem. Vielen Dank. Auf Wiedersehen."

„He, du hast mich nicht mal gefragt, ob ich auch teilnehmen möchte", warf ich ein.

„Das spielt auch keine Rolle", erwiderte sie. „Falls du keine Lust hast, fahre ich allein. Schließlich sind es höchstens drei Stunden dorthin. Und es ist kein Problem, am Samstag um 7 Uhr hier wegzufahren, auch wenn das deiner Bequemlichkeit nicht entgegenkommt. Aber stell dir vor, der Hersteller des Geräts hält selbst den Vortrag, was heißt hier Vortrag, es geht um einen ganzen Workshop, der von 10 Uhr mit einer Mittagspause bis 17 Uhr dauert. Und da hoffe ich doch noch einiges über QTX erfahren zu können, was uns Gerhard bisher nicht vermitteln konnte."

Ich knurrte ein bißchen vor mich hin, war aber im Prinzip ganz zufrieden, denn ich sah es eigentlich genauso. Gerhards Erzählungen hatten uns irgendwie herausgefordert. Entweder war alles Blödsinn, was er uns erzählt hatte, oder wir waren da einer höchst spannenden Sache auf der Spur. Und der Workshop würde uns weitere Klarheit bringen können.

Der Samstag morgen sah uns also wieder auf der Autobahn, diesmal in Richtung Frankfurt, wo wir nach einigen Stunden angenehmer Fahrt bei wenig Verkehr vor dem Tagungs-Hotel ankamen und auch sogleich einen Parkplatz fanden. Der Saal war einer der üblichen Konferenzsäle mit hintereinander aufgestellten Tischen nebst Stühlen, so daß an die 60 Personen Platz finden konnten. Er war schon zu etwa drei Vierteln belegt, wir konnten uns aber in einer der hinteren Reihen noch einen guten Platz sichern.

Der Vortragende begann mit einer allgemeinen Einführung in die quantentheoretischen Hintergründe des QTX-Gerätes. Am Notebook, das er während des Vortrags bediente, gab es ein Verbindungskabel zu einem daneben stehenden kleinen Kästchen, das vermutlich eine elektronische Schaltung enthielt. Wie wir später erfuhren, handelte es sich bei dieser Elektronik um die sogenannte weiß rauschende Diode, die wohl den physikalischen Kernbestandteil des Gerätes darstellte, während der 'Rest' der Funktionen von der Software im Computer besorgt wurde.

Laut Vortrag bestand das Konzept des QTX in einer Kopplung von Bewußtseinsprozessen mit physiologischen oder biophysikalischen Prozessen in lebenden Organismen über die sogenannte weiß rauschende Diode mit einer Fernwirkung, die auf der Quantenphysik von 'Zwillingsphotonen' beruht. Diese präzise Definition des Vortragenden brachte die Sache zwar einigermaßen auf den Punkt, konnte aber zu diesem Zeitpunkt noch kaum zu einem tieferen Verständnis beitragen. Deshalb setzte er nun dazu an, diese Sachverhalte im einzelnen 'auseinanderzunehmen'.

Die Diode, die das weiße Rauschen erzeugte, (ab jetzt nur noch *wrD* geschrieben für *weiß rauschende Diode,* damit sich beim Schreiben die Finger nicht verheddern), diese wrD also war nichts anderes als ein elektronischer Zufallsgenerator. Das 'weiße Rauschen' bezog seinen Namen von einem vom Fernsehempfang früherer Zeiten her bekannten Phänomen, bei dem der Bildschirm damals nach Programmschluß (in jenen Tagen blieb das Sende-

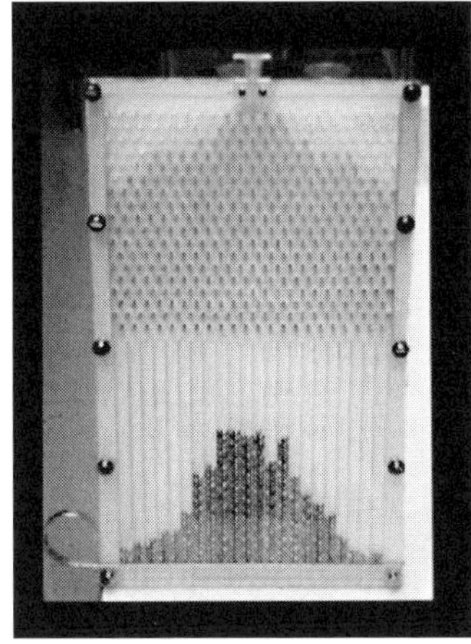

a b

Abb. 1 Galton-Brett mit erwarteter Gauß-Verteilung (a) und mental beeinflußter, verzerrter Verteilung (b)

(*Quelle:* http://noosphere.princeton.edu)

signal nachts abgeschaltet) ein weißes Schneegrieseln zeigte, das auch im Tonkanal wahrnehmbar war, dort als vernehmbares Rauschen. Für Techniker bedeutet der Ausdruck Rauschen darüber hinaus, daß das von der Diode erzeugte Signal innerhalb einer größeren Bandbreite zufällig variiert.

Genau das war der Knackpunkt. Die wrD war also ein elektronischer Zufallsgenerator mit Gleichverteilung der Frequenzen. An dieser Stelle kamen die Untersuchungen am PEAR-Lab, einem berühmten Institut in Princeton ins Spiel, bei denen der Einfluß von Bewußtsein auf Zufallsprozesse ganz allgemein und grundsätzlich erforscht worden war und die die erstaunlichen Ergebnisse mit einer wissenschaftlich einwandfreien Methodik belegten. Das ging bis hin zum Nachweis, daß sogar recht grobe Zufallsgeneratoren, wie etwa ein sogenanntes Galton-Brett (vgl. Abb. 1a), in ihrem Verteilungs-Ergebnis durch Versuchspersonen beeinflußt werden konnten. Da bei Gültigkeit der Zufalls-Annahme eine

'Gaußverteilung' (ähnelt stark einer Glockenkurve, vgl. Abb. 1a) der Kugeln zu erwarten ist, wenn man sehr viele Kugeln durch die Nagelreihen hindurchfallen läßt, ist eine Verzerrung der Ergebnisse durch „Bewußtseinseinflüsse" schon etwas Erstaunliches. Die Gauß-Verteilung entsteht dadurch, daß jede Kugel immer von oben her genau auf einen Nagel trifft und sich dabei 'entscheiden' muß, ob sie links oder rechts an diesem Nagel vorbei abgleitet. An ihrer neuen Position steht sie sogleich eine Reihe tiefer beim nächsten Nagel wieder vor genau derselben 'Entscheidung'. Wenn aus Sicht der Kugeln die Wahrscheinlichkeit, am jeweils nächsten Nagel links oder rechts vorbeizugleiten, immer genau 50 Prozent ist, so resultiert die Verteilung der Kugeln zwangsläufig in einer Gauß-Verteilung (vgl. Abb. 1a). Forschern am PEAR-Institut war nun der Nachweis gelungen, daß diese Verteilung von Versuchspersonen willentlich, durch ausschließlich mentale Beeinflussung, nach links oder rechts 'verschoben' werden konnte (Abb. 1b). Dieses Ergebnis war schon einigermaßen 'unerwartet'. Das galt auch für die übrigen Resultate der Untersuchungen zur Interaktion zwischen Bewußtsein und Zufallsprozessen, die sehr ausführlich im Buch *An den Rändern des Realen – Über die Rolle des Bewußtseins in der physikalischen Welt* von Robert G. Jahn und Brenda J. Dunne (Jahn und Dunne 2006) dargelegt sind.

Zusammengefaßt konnte man all dem zufolge behaupten: Das Bewußtsein kann Materie (nachgewiesen an physikalischen Zufallsgeneratoren) beeinflussen. Das würde bedeuten, Geist könne eine Wirkung auf Materie ausüben – etwas, das in den Naturwissenschaften als „unmöglich" eingestuft wird.

Das war es, was als Herausforderung ins Auge stach. Zwar hatte Gerhard in unserem Gespräch in Verona schon auf diese Versuche angespielt, aber daß der Vortragende es hier so deutlich auf den Punkt brachte und vor allem mit solchen methodischen Schwergewichten belegen konnte, empfand ich schon als 'Hammer'. Ich blickte Stefanie an, die mir einen vielsagenden Blick zuwarf, dem

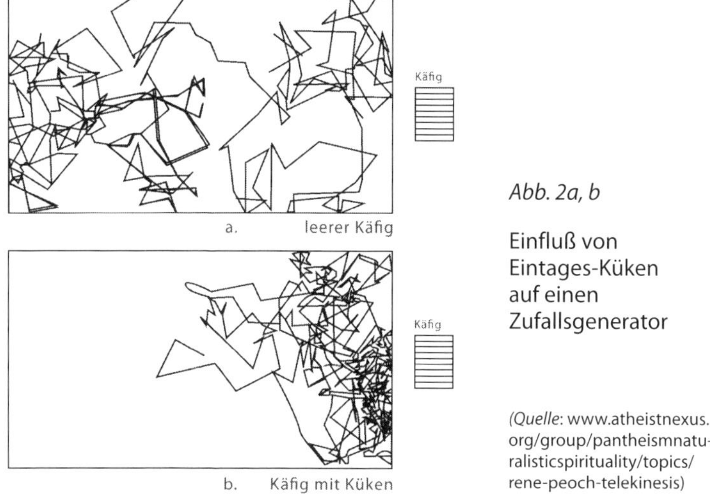

Abb. 2a, b

Einfluß von Eintages-Küken auf einen Zufallsgenerator

(*Quelle*: www.atheistnexus.org/group/pantheismnaturalisticspirituality/topics/rene-peoch-telekinesis)

ich entnahm: Ganz schön starker Tobak! Oder? Das würde ohne Zweifel Stoff für weitere Diskussionen geben.

Die Rauschverteilung bei elektronischen Zufallsgeneratoren per Willkür zu verzerren war für die Versuchspersonen natürlich einfacher zu realisieren, als die Verteilung von massereichen Kugeln zu verschieben. 'Geeignete' Personen konnten allerdings in beiden Versuchsreihen Veränderungen bewirken.

Das folgende spektakuläre Experiment von René Peoc'h – in einem Buch von Rupert Sheldrake (Sheldrake 2007) dargestellt – wirkte auf mich noch viel überzeugender:

In einem umrandeten Areal fährt ein Roboter herum, zufallsgesteuert durch eine wrD, wobei seine Bewegung von einem Stift aufgezeichnet wird. Das Ergebnis ist etwas, das die Wissenschaft einen *randomwalk* nennt, ein zufälliges Umherirren. (Diagramm Abb. 2a) Ein neben dem 'Rollfeld' aufgestellter Käfig ist zunächst leer. Dieses ist sozusagen der Kontrollversuch. Das Diagramm in Abb. 2b entstand, als sich im Käfig neben dem Feld nunmehr Eintagesküken befanden. Abb. 2b zeigt, daß die Anwesenheit der

Küken offensichtlich das Verhalten des Roboters verändert hat. Statt zufällig kreuz und quer über das ganze Areal zu laufen, hielt der Roboter sich jetzt bevorzugt in der Nähe des Käfigs mit den Küken auf. Wie ist das zu erklären?

Von Konrad Lorenz' Versuchen wissen wir, daß Küken in ihrer ersten Lebensphase nach dem Schlüpfen alles, was sich in ihrer unmittelbaren Umgebung bewegt, für ihre Mutter halten, der sie stets zu folgen versuchen. Da sich der Roboter vor den Augen der Küken hin und her bewegt, können wir annehmen, daß sie nach kürzester Zeit auf den Roboter konditioniert sind und ihn für ihre Mutter halten, der sie nun folgen möchten. Dies geht allerdings nicht, da der Käfig sie daran hindert. Wir können weiterhin folgern, daß sie den Wunsch verspüren, die Mutter möge in ihrer Nähe bleiben. Dieses Wunschbewußtsein programmiert offenbar die wrD im Roboter, deren Zufalls-Signaloutput die Vor-Zurück-Links-Rechts-Logik des Roboters ansteuert, von der natürlich die Küken nichts wissen. Besonders faszinierend an diesem Experiment ist die offensichtlich automatische Rückkopplung zwischen dem emotionalen Bewußtseinszustand der Küken und der zunächst willkürlich gewählten technischen Zuordnung zwischen den Zufallssignalen der wrD und der Fahrtrichtung des Roboters. Durch die sich offensichtlich automatisch einstellende Rückkopplung wird auf jeden Fall das von den Küken unbewußt herbeigesehnte Ergebnis erreicht. Peoc'h konnte aber auch mit dem umgekehrten Ansatz ein erfolgreiches Experiment durchführen. In einem Schlaflabor ließ er wieder einen Roboter umherfahren, wieder wrD-gesteuert, dessen Fahrgeräusch nachts tendenziell die Schläfer stören sollte. Das Ergebnis: Das (Un-)Bewußtsein der Schläfer schickte den Roboter in die entfernteste Ecke des Raumes, wo die Störung durch seine Fahrgeräusche am geringsten blieb. Diese Versuche wurden mehrmals wiederholt, genau wie die Kükenversuche, doch sie führten immer wieder zum selben Ergebnis.

Damit war glaubhaft belegt, daß Bewußtsein von Lebewesen über den 'Sensor' wrD Einfluß auf Maschinen nehmen kann, oder anders formuliert: *Geist* ***kann*** *Materie beeinflussen.*

Der Vortragende fuhr fort und zeigte einen kleinen Film sowie einige Bilder vom *Global Consciousness Project* (GCP), das Roger Nelson in Princeton leitet. (www.noosphere.com) Zuerst, so erzählt Nelson darin in einer kurzen Szene, habe man versucht, die Befindlichkeit einer größeren Gruppe mit einer wrD zu scannen, hier unter den Teilnehmern an einem Konzert in einem Konzertsaal. Dann hatten sie die Idee, mehrere wrDs an verschiedenen Punkten auf der Erde zu postieren, in den USA und in Europa, und die Ergebnisse auf Korrelationen hin zu untersuchen. Der erste ermittelte erstaunliche Gleichklang war dann das Begräbnis von Lady Di. Das brachte sie auf die Idee, auf dem ganzen Planeten wrDs, sogenannte REGs (*Random Event Generators*) zu verteilen und deren Signale via Internet auf dem Zentralrechner in Princeton auszuwerten. Den Angaben einer Website des GCP zufolge waren es im Jahre 2009 weltweit etwa 65 REGs oder auch EGGs, wie sie die Sensoren mittlerweile nennen (von ElectroGaiaGramm), abgeleitet von der Vorstellung, ein EEG, wie es beim Menschen gemacht wird, würde auf die ganze Erde übertragen.

Man kann sich das sehr vereinfacht so vorstellen, als würden zehn Würfelspieler einmal pro Minute jeder gleichzeitig einen Würfel rollen lassen. Ein Würfel hat sechs Flächen, und wenn er unverzerrt ist – eine unabdingbare Voraussetzung für 'Zufälligkeit' des Ergebnisses –, so wäre die Wahrscheinlichkeit, eine 5 zu werfen, genau ein Sechstel, ebenso natürlich für die 1 oder die 2 etc. Der Durchschnittswert für einen Wurf wäre dann 3.5 – eine Zahl, die es auf dem Würfel freilich nicht gibt. Sie errechnet sich, wenn man z. B. ganz simpel die beiden Extremwerte 1 und 6 nimmt und davon den Mittelwert errechnet, also $(1+6)/2 = 3.5$ oder ausführlicher: $1 + 2 + 3 + ... + 6 = 21$ und $21/6 = 3.5$ (bei 6 möglichen Ergebnissen eines Wurfs). Der Durchschnittswert eines Wurfs und damit der sogenannte Erwartungswert ist also 3.5. Zufallsprozesse haben es so an sich, daß nicht bei jeder einzelnen Realisation, wohl aber bei einer großen Anzahl von (unabhängigen) Wiederholungen die gemessene relative Häufigkeit sich dem 'Durchschnitt', also dem 'Theoretischen Erwartungswert', beliebig genau annähert. Der Mittelwert von zehn Würfen liegt viel näher bei 3.5 als der von nur drei Würfen, mittels Würfeln kann das jeder leicht selbst ausprobieren.

Bei bedingten Ereignissen (wie der Frage: Wie hoch ist die Wahrscheinlichkeit, daß sowohl beim ersten als auch beim zweiten Wurf eine '5' gewürfelt wird), ist die Wahrscheinlichkeit das Produkt der Einzelwahrscheinlichkeiten, also 1/6 x 1/6 = 1/36.

Um nun das einfache Beispiel weiter fortzuführen und sodann auf die EGGs zu übertragen: Würfelt jemand hintereinander zehn mal die Fünf, dann ist dies derart unwahrscheinlich, daß man vermuten würde, hier liege eine systematische Verzerrung vor, d. h. der Zufall wäre durch ein systematisches Element ausgeschaltet (etwa wenn der Würfel manipuliert wäre, weil auf der gegenüberliegenden Seite der Fünf ein winziges Bleikügelchen unter der Oberfläche angebracht wäre). Die Wahrscheinlichkeit, zehn mal hintereinander die Fünf zu würfeln, wäre gerade mal (1/6) hoch zehn. Das ist eine so ungeheuer kleine Wahrscheinlichkeit für ein noch 'zufälliges' Eintreten eines Ereignisses, daß man es in wissenschaftlichen Experimenten als 'nicht realistisch' ausschließt, es also im Umkehrschluß als systematisch begründet annimmt.

Die pragmatische Vorgehensweise der statistischen Entscheidungstheorie kennt hierbei drei Stufen: Eine Stichprobe ist signifikant, wenn die Wahrscheinlichkeit (p) für das Eintreten der erhaltenen Werte kleiner/gleich 5 Prozent ist. Hoch signifikant ist sie, wenn die Eintrittswahrscheinlichkeit $p \leq 1\%$ ist, und höchstsignifikant erst, wenn sie bei $p \leq 0.1\%$ liegt. Die Statistik drückt diese verschiedenen Signifikanz-Stufen häufig auch durch einen Quotienten 'Sigma' (σ) aus, wobei $p = 5\%$ etwa der 2-Sigma-Regel und $p = 0{,}1\%$ ungefähr der 3-Sigma-Regel entspricht.

Man sieht ganz leicht, daß schon vier nacheinander (oder gleichzeitig) gewürfelte Sechsen höchste Signifikanz ausdrücken (1/(6*6*6*6) = 1/1296 = 0,077%). In allen empirisch vorgehenden Methodiken, die bei der Entscheidung helfen sollen, ob eine bestimmte Hypothese 'wahr' ist, verwendet man je nach Wichtigkeit in der Regel eine der genannten drei Stufen. Weicht etwa ein neues pharmazeutisches Produkt mit einer Eintrittswahrscheinlichkeit von weniger als 1% ab von der sogenannten Nullhypothese (= kein Unterschied zum bisherigen Vergleichsmedikament) im Sinne besserer Heilerfolge, so heißt das, die neue Medizin ist signifikant besser als die herkömmliche. Häufig werden Theorien auf diese Weise ganz allgemein akzeptiert oder verworfen.

Man kann das zehnmalige Würfeln derselben Zahl nun auch als Korrelation zwischen den Würfelergebnissen interpretieren. So sagt man, eine gute Korrelation liegt vor, wenn 4 mal die 5, 3 mal die 6 und 3 mal die 4 gewürfelt werden, also 10 mal Werte größer/gleich 4. Eine schlechte Korrelation oder 'Unkorreliertheit' liegt dann vor, wenn alle Werte von 1 bis 6 in etwa gleich häufig vorkommen.

Damit haben wir alle Puzzlestücke zusammen, um einigermaßen nachvollziehen zu können, was das GCP ermittelt:

Statt eines 'Würfels mit sechs Flächen' benutzt das GCP die bekannten REGs, die pro Sekunde eine 200-stellige Bitfolge von 0 und 1 ausstoßen. Im übertragenen Sinne wäre das so etwas wie ein Würfel mit 2^{200} Flächen oder entsprechend varianten 'Würfelergebnissen'. Der Erwartungswert ist mithin genau 100, resultierend aus 100mal einer EINS plus 100 mal einer NULL. Wenn nun also keine 'Verzerrung' der Zufallsgeneratoren vorliegt und sie damit tatsächlich echte Zufallsgeneratoren sind, dann wird der Mittelwert der weltweit installierten REGs einen Wert nahe 100 anzeigen.

Ich überlegte, was der Vortragende mit diesen vielen Details, die für sich genommen sehr spannend waren, eigentlich sagen wollte.

Zum Zeitpunkt des Vortrags gab es weltweit ungefähr 50 wrDs, ein Updatestand der Website *GCP Home* nennt 2009 rund 65 REGs. Die aktuelle Zahl hängt von der jeweils aktuellen weltweiten Kooperationsbereitschaft interessierter Institutionen ab. Die Abbildung 3 im Farbabbildungsteil zeigt ein Bild vom Stand der EGGs im Mai 2010.

Während die Korrelationen in 'normalen' Zeiten also schwach seien, steige bei Ereignissen, die die Menschen emotional bewegen, die Korrelation regelmäßig an. Das Signal sei dann deutlich kohärenter und sorge für Ausschläge oberhalb der 'Zufallslinie', fuhr der Vortragende fort.

Die ersten erstaunlichen Ergebnisse habe das GCP-Projekt bei der Beisetzung von Lady Diana gezeigt, bei der die weltweit verteilten REGs plötzlich ein stärker korreliertes Verhalten aufwiesen, d. h. die zeitlich aufeinander folgenden Mittelwerte drifteten 'systematisch' von der Null-Linie des Erwartungswertes weg. Darauf ließ eine deutlich höhere Korrelation zwischen den Signaloutputs der einzelnen wrDs schließen. Der Signifikanzgrad betrug hierbei jedoch 'nur' etwa 5% (also etwa Stufe 2-Sigma). Was hatte sie zu dieser Reaktion, also zur Abweichung von ihrem Erwartungswert veranlaßt? Die Interpretation der Betreiber des GCP lautete hier, ein Ereignis, das viele Menschen emotional erfaßt, sei geeignet, die wrDs zu beeinflussen und somit zu diesem Ergebnis zu führen. Diese These könnten sie vor allem durch viele ähnliche inzwischen registrierte Ereignisse stützen, was im Durchschnitt aller aufgezeichneten Ereignisse sogar eine Signifikanz auf der 5-Sigma-Stufe beinhalte (Sigma = 3 ist schon höchstsignifikant). Kaum jemand dürfe es gemäß den allgemeinen Usancen einer empirisch vorgehenden Wissenschaft noch wagen, dies als gültige Hypothese der Bedeutsamkeit von EGGs[2] zu verwerfen.

2 Das Wort ist abgeleitet vom EEG (=ElectroEncephaloGramm) und bedeutet World-EEG oder ElectroGaiaGramm

Ein besonders herausragendes und die Welt tief beeindruckendes Ereignis war die Terrorattacke auf das World Trade Center am 11.09.2001. Hier war der Signifikanzwert mit 2,8 Prozent Wahrscheinlichkeit für ein zufälliges Auftreten gar nicht einmal so hoch, wie man ihn in Bezug auf das Ereignis hätte erwarten können[3]. Wesentlich bedeutsamer sei hier aber die Tatsache, daß die Kurve der mittleren Zufallszahlen schon vier Stunden vor dem eigentlichen Ereignis vom Erwartungswert wegzudriften begann, um schließlich über längere Zeit beständig signifikante Abweichungen vom Erwartungswert zu etablieren.

Der ganze Saal hörte jetzt gebannt zu.

Ermittele man das Signifikanzniveau[4] aller aufgezeichneten Ereignisse über mehrere Jahre, etwa von 1998 bis 2010, so erscheine dies, wie Abb. 4 (im Farbabbildungsteil) zeigt, als ein sehr hohes Niveau.

Diese Daten schienen das Publikum nicht sonderlich zu 'erstaunen'. Vielleicht war es ohnehin eher pragmatisch eingestellt, weil es ihm wie den Heilpraktikern oder Ärzten unter den Anwesenden vornehmlich um die einfache Tatsache ging, daß da etwas funk-

---

3 Dies hängt auch mit der Definition des Ereigniszeitraums zusammen, der sich hier, beginnend mit dem ersten Einschlag und den folgenden Geschehnissen, über mehrere Stunden erstreckte. Dean Radin vom *Institute for Noetic Sciences* berechnete alternativ die kumulative Abweichung über längere Zeithorizonte und kam dabei auf Signifikanzwerte von 5 Promille und sogar auf 0.9 Promille, also höchst signifikante Werte.

4 Die grüne p = .001- oder 0,1%-Linie entspricht der 3-Sigma-Regel für als „höchstsignifkant" gewertete Zusammenhänge. In der empirischen bzw. entscheidungsorientierten Wissenschaft zählt dies üblicherweise zu den höchsten erreichbaren oder erwünschten Ergebnissen, die in pragmatischer Sicht – trotz der grundlegenden wissenschaftstheoretischen Einwendungen gegen derartige Induktionsschlüsse – dann als „Wahrheit" anerkannt werden. Die in der gezackten roten Linie dargestellte Gesamtperformance des EGG-Systems über alle bisher vom System registrierten Ereignisse hinweg weist einen Signifikanzgrad von $P = 8 \times 10^{-10}$ auf (eine Zahl, bei der die 8 erst an der 10. Stelle rechts vom Komma auftritt). Die Interpretation dieses Sachverhalts lautet: Die Wahrscheinlichkeit, daß die Ergebnisse des EGG-Systems zufällig sind, ist kleiner als ein Milliardstel.

tionierte, und da ließen sie wahrscheinlich solche eher unverständlichen Statistikfetische eher kalt – oder aber das Ausmaß der gezeigten Beweiskraft war dem Publikum noch gar nicht recht bewußt geworden.

Ich versuchte wieder in Stefanies Augen abzulesen, was sie dachte, und sah, daß sie tief beeindruckt war, nicht anders als ich, wußte ich doch, daß ihre Zunft sich bei ihren mühsamen Versuchen mit wesentlich kleineren Brötchen zufrieden geben muß. Vor allem im Bereich biologischer Experimente muß man schon zufrieden sein, wenn sich eine Trennung der Kurven auf der Basis je einer Standardabweichung ergab, was de facto circa einer 2-Sigma-Regel entspricht. Dies geht natürlich auf die bei lebendigem Material stets vorhandene große Heterogenität von Lebewesen zurück, seien dies nun Pflanzen, Tiere oder andere Lebensformen: Häufig verdirbt die 'Lebendigkeit' des Materials dem Experimentator den Spaß. In anderen Wissenschaften sind die Standards zwar etwas höher, aber über den 1%-Bereich kommt selten jemand hinaus. Die Entscheidung über neue Pharmazeutika wird meist im 5% bis 1%-Bereich getroffen (also Sigma ≈ 2.5, das bedeutet in etwa hochsignifikant). In der Praxis berechnet man mangels großer Stichproben meist den sogenannten t-Wert, der grob gesagt ganz ähnlich zu interpretieren ist wie die genannten Sigma-Regeln. Hier kommt noch die Zahl der sogenannten 'Freiheitsgrade' hinzu, die sich aus der Summe der beiden Stichprobenumfänge n_1 und n_2 ableitet.

Und trotzdem ist man sich in diesen Wissenschaften darüber einig, sich mit diesen Signifikanzniveaus zufriedenzugeben. Alle wissen, daß Besseres im wissenschaftlichen Alltagsbetrieb kaum zu erreichen ist. Gleichzeitig wußte Stefanie genauso gut wie ich, daß die eben vorgeführten, erstaunlichen Signifikanzniveaus im Kollegenkreis kaum jemanden dazu bewegen würden, das EGG-Verfahren damit als wissenschaftlich solide zu akzeptieren. Signifikanz allein reicht nicht, wenn man nicht 'einsehen' kann, daß nachvollziehbare Kausalzusammenhänge vorliegen. Und in der

Sicht der herkömmlichen Wissenschaft kann nun einmal nur Materie auf Materie einwirken und Geist hat in dieser Hinsicht *per definitionem* keinerlei Wirkung, basta! Meine Gedankengänge wurden jäh unterbrochen durch die Tatsache, daß alle Teilnehmer sich plötzlich erhoben und dem Ausgang zustrebten. Auch Stefanie nickte mir zu. Offensichtlich ging es in die Kaffeepause, die wir uns nach anderthalb Stunden konzentriertem Zuhören auch redlich verdient hatten.

Nach der Pause gab es einen Themenwechsel. Jetzt ging es nicht mehr um die Frage: „Wie kann ein Gerät mit dem Patienten oder aber mit dessen (Un-)Bewußtsein kommunizieren?", sondern wie kann man sich erklären, daß ein Gerät wie das QTX eine 'heilende Fernwirkung' erzielt. War also vor der Pause der Input des QTX betrachtet worden, so ging es nun darum, uns klarzumachen, wie der Output zustandekommt. Was die nun ausgebreiteten theoretischen Grundlagen anging, so handelte es sich dabei um die Theorie der verschränkten Photonen und die damit verknüpfte rätselhafte, 'spukartige'[5] und instantane Fernwirkung des Gerätes. Wir beide hatten zwar zu Beginn unseres Studiums auch etwas Physik studiert, aber moderne Quantentheorie kam da nicht vor, was vor allem daran lag, daß diese sich erst in den 60er Jahren des 20. Jahrhunderts so richtig entwickelte. Um so interessanter war, was uns hier geboten wurde. Schlauer würde man sich dazu schließlich anhand der zahlreich angegebenen Literatur ja später noch machen können, was wir dann auch ausgiebig taten. Insofern fließt in die aktuelle Beschreibung hier auch schon manches von dem ein, was wir erst später besser verstanden haben.

---

5 Dieser Ausdruck stammt von keinem Geringeren als Albert Einstein, vgl. hierzu das sog. EPR-Paradox nach Einstein, Podolski und Rosen, die 1935 einen Aufsatz über die 'Unmöglichkeit' dieses Phänomens veröffentlichten. (Einstein, Podolski, Rosen 1935)

Der Referent begann den Vortrag nach der Kaffeepause mit der Erläuterung der sogenannten 'verschränkten Photonen' oder auch 'Zwillingsphotonen'. Darunter sei zu verstehen, daß ein lichtemittierendes Objekt quasi ein System darstelle, welches Photonen aus derselben Quelle, auch wenn sie in verschiedene Richtungen davonfliegen, eine Eigenschaft mitgibt, die die beteiligten Photonen später veranlaßt, sich an diese Herkunft quasi zu 'erinnern'. Man müsse also zwei Photonen, auf die dies zutrifft, als Zwillinge betrachten. Stoße nun einem dieser Photonen etwas zu, das den Quantenzustand dieses Photons verändert, so sei augenblicklich (= instantan, also ohne den geringsten Zeitverzug) auch das andere Photon davon betroffen, da es instantan den Quantenzustand seines 'Zwillings' annimmt, und zwar – hierauf komme es ganz wesentlich an – unabhängig davon, wie weit die beiden Zwillingsphotonen sich bereits vom Ort der ursprünglichen Trennung entfernt haben.

Die 'Wirkung' der Änderung eines Quantenzustands bei Photon A müßte sich also schneller als mit Lichtgeschwindigkeit übertragen, was nach allgemeiner Auffassung der Physik nicht möglich ist, hatte Einstein dies doch mit seinen Theorien belegt. Dieses Verhalten war Albert Einstein bereits in den dreißiger Jahren des letzten Jahrhunderts so unmöglich erschienen, daß er es als 'spukhaft' ablehnte und zusammen mit zwei Kollegen, Boris Podolski und Nathan Rosen, einen Aufsatz darüber veröffentlichte, worin er die Möglichkeit eines solchen Verhaltens verwarf. (Einstein, Podolski, Rosen 1935) Im Jahre 1986 konnte jedoch der französische Physiker Alain Aspect mit einem Versuch nachweisen, daß dieses seit Einsteins Artikel so benannte EPR-Paradox eine Tatsache ist und Einstein und seine ebenfalls hochgeschätzten Kollegen nicht recht gehabt hatten. Seitdem sind diese Versuche in vielen verschiedenen Varianten wiederholt und in ihrem Ergebnis immer wieder bestätigt worden. Die modernste Variante hierzu im europäischen Raum stammt vom österreichischen Experimentalphysiker Anton Zeilinger. In all diesen Fällen konnte die Gültigkeit des Verschränkungseffekts und darüber hinaus auch die Fernwirkung im Detail nachgewiesen werden, wobei die Prüfung der Fernwirkung natürlich gewisse Endlichkeitsaspekte praktischer Physik tolerieren mußte, aber immerhin bei einer Strecke von 800 m quer über die Donau funktioniert habe. (Zeilinger 2007)

Ein Abfallprodukt von Zeilingers Versuchen war dabei die 'Quantenkryptographie', die es erlaubt, mit Hilfe des Zwillingsphotonen-Effekts an zwei Stellen gleichzeitig einen Codeschlüssel zu erstellen, der mit einem weiteren Schlüssel die Entschlüsselung erlaubte. Hätte ein Dritter versucht, den Code abzufangen, so wäre dies bei der Entschlüsselungsstelle sofort bemerkt worden, da der Zwillingsphotonen-Effekt diese Option nicht zuläßt.

Die Möglichkeit einer Quantenkryptographie war zwar ganz interessant, aber was hatte das nun alles mit QTX zu tun? Ich war etwas irritiert über den Gang des Vortrags und schaute zu Stefanie hinüber. Sie schien aber weiter durchaus interessiert, ebenso wie die anderen Teilnehmer am Workshop.

Nun legte der Vortragende dar, daß vom QTX ein Bild des Zielobjekts (üblicherweise eines vom Patienten) eingescannt wird, womit das Gerät auf der Basis der Quanteninformation des Bildes unter Mithilfe der wrD eine Diagnose erstellen konnte. Wie das genau geschieht, blieb allerdings das Geheimnis des Herstellers. Immerhin wußte ich nun etwas mehr drüber, wie die Information über das Zielobjekt ins Gerät gelangen sollte.

Die dieses Photo konstituierenden Photonen seien nun beim Fotografieren mit anderen Photonen verschränkt gewesen, da sie aus demselben System stammten. Wenn nun die im Foto präsenten Photonen von der Wirkung der Bewellung durch das Gerät in irgendeiner Weise betroffen würden, so teile sich dies wegen des Verschränkungseffekts instantan und über beliebige Distanzen hinweg auch dem Original mit, hier also dem Patienten. Insofern sei dieses Modell ein Erklärungsmodell für die immer wieder zu beobachtende Fernwirkung der QTX-Bewellung. Ich war in diesem Moment ebenso fasziniert von der Perspektive wie skeptisch angesichts der Kühnheit des Erklärungsversuchs.

Natürlich sei dies nicht als Beweis anzusehen, fuhr der Vortragende fort, denn wie genau nun Bewußtsein oder Geist auf Materie einwirkt, wisse im Moment niemand so richtig. Immerhin hätten wir mit dieser Theorie gewisse, durchaus passende Puzzlestücke in der Hand, die die beobachtbare Wirkung des Gerätes wenigstens modellhaft nachvollziehbar mache.

Mittlerweile standen die Zeiger der Saal-Uhr auf Eins, und wir waren erleichtert, uns zum Mittagessen begeben zu können. Genauso ging es anscheinend auch den anderen Teilnehmern, denn es gab ein allgemeines Gedränge beim Verlassen des Saals. Das Buffet war reichhaltig, und das Essen schmeckte gut, was aber für die Nachmittags-Sitzung des Workshops nicht ganz so günstig war. Das konnte nur ein Cappuccino halbwegs wieder richten. Wir diskutierten mit anderen Anwendern, die das Gerät offensichtlich schon länger besaßen und voll des Lobs waren über dessen Möglichkeiten. Im Moment waren wir vor allem neugierig und versuchten, so viele Informationen wie möglich zu sammeln. An diesem Vormittag war ohnehin schon so viel Neues auf uns eingestürzt, da konnte nun ein bißchen Quanten-Latein auch nicht mehr schaden. Es half sicher mit, jenseits der intellektuellen Schiene mehr Vertrauen in das Gerät aufzubauen, als es der Vortrag bisher eventuell vermocht hatte.

Pünktlich um 14 Uhr 30 ging es mit dem Vortrag weiter. Die Zeit bis zur Kaffeepause war diesmal dem Nachweis der Wirksamkeit des QTX gewidmet, die sich durch Berichte verschiedener Anwender in den letzten Jahren ergeben hatten.

Ein spektakuläres Beispiel aus dem Metier der Pferdehaltung war das 'Doping' einer Stute für das Galopprennen beim Großen Preis von Madrid mit Hilfe von QTX. Das Pferd, das normalerweise gar keine Siegaussichten hatte, gewann das Rennen. Das 'Doping' hatte darin bestanden, die Muskulatur des Pferdes mit der Information zu bewellen, die darin bestand, das Umschalten vom aeroben in den anaeroben Stoffwechsel so lange wie möglich hinauszuschieben. Im Rennverlauf ging die Stute als vorletztes Pferd in die Schlußrunde, rollte dann aber noch das ganze Feld auf, weil es im Gegensatz zu den anderen Pferden immer noch im aeroben Leistungsmodus lief und schließlich gewann. Das Pferd war noch nie zuvor eine so hervorragende Zeit gelaufen.

Ich blickte Stefanie an, die dem Vortrag ebenso gebannt wie ich lauschte. Hatten wir am Mittagstisch die Gespräche vielleicht noch ein wenig als Profilneurose der Gesprächsteilnehmer mit wenig realem Hintergrund abgetan, so war dieser Bericht doch von einer anderen Qualität. Die Fakten waren leicht nachprüfbar, wenn man sich nur ein wenig Mühe gab. Der Vortragende konnte sich also kaum erlauben, eine solche Geschichte einfach in die Welt zu setzen, wenn sie nicht stimmte, und genau das war es, was uns interessierte: Gab es verläßliche Beispiele für die Wirksamkeit von QTX oder war das nur immer die Begeisterung für eine – zugegeben – grandios wirkende Technik, die einem eine rosarote Brille aufsetzt und zum Befürworter werden läßt?

Stefanies Blicke signalisierten auch ohne Worte, daß sie genau so dachte wie ich. Wir hatten kaum Zeit, diesen kritischen Gedanken nachzuhängen, denn es folgten unmittelbar weitere Belege. Das nächste Beispiel war ein Bericht von den Erfolgen einer Zierpflanzen-Farm in Kenia. Der großflächige Anbau von Johanniskraut war dort von einem Nematoden-Befall gefährdet. Nachdem alle konventionellen, vor allem die 'chemischen' Verfahren mit Mitteln wie Nemacur, Temik, Vydate etc. erfolglos geblieben waren, kam man auf eine Kombination von sanften Alternativmaßnahmen mit einer geeigneten QTX-Bewellung. Von den zur Bewellung bestimmten Johanniskraut-Feldern wurden Luftaufnahmen gemacht, die dann in das QTX eingescannt wurden.

Das Behandlungsprotokoll wurde – so der Bericht – extrem genau formuliert, um alle Einflußfaktoren optimal einzustellen. Es gab also zuerst ein Behandlungsprotokoll für den Boden, um ideale Bedingungen für die Aussaat zu schaffen, sodann für die einzelnen Wachstumsphasen und schließlich für die Ernte selbst. Auch die Phasen nach der Ernte bis hin zur Vermarktung wurden mit 'optimierenden' Behandlungsprotokollen begleitet. Die Ergebnisse waren äußerst positiv. Nematodenzählungen hätten ergeben, daß die Zahl auf ein akzeptables und offenbar deutlich weniger schädliches Maß zurückgegangen war. Ein weiteres Ergebnis war eine gesteigerte Qualität der Johanniskraut-Pflanzen, die sich auch in einem erhöhten Gewinn niederschlug.

Eine Besonderheit habe sich auf einem der vielen Felder ergeben: Dort hatte die Nematodenzahl trotz der Bewellung noch zugenommen. Gerade auf diesem Feld aber wurde die beste Qualität und die größte Menge geerntet, die auf der Farm pro Flächeneinheit jemals erzielt werden konnte. Dies könne man wohl als Wink ansehen, daß Probleme nicht immer nur durch Bekämpfen beseitigt werden sollten, sondern daß eine Lösung sehr wohl auch in einer Verbesserung der Symbiose zu suchen sein könne. Schließlich gebe uns niemand das Recht, andere Lebewesen oder Spezies zu vernichten. Daß gerade auf diesem einen Feld mit erhöhter Nematodenzahl eine Rekordernte erzielt werden konnte, sei ein über den konkreten Fall hinausweisendes Lehrstück der Natur. Gerade solche Formulierungen im Behandlungsprotokoll, die auf 'optimale Verhältnisse' abstellen, lassen der Umsetzung mehr Spielraum, um derartige Situationen zu 'lösen'.

Es folgte ein Beispiel-Protokoll zur Wasseraufbereitung mit Hilfe von QTX, dem noch ein besonders erfolgreicher Fall nachgeschoben wurde. Hier hatte es große Probleme mit zwei mitten in einem Stadtgebiet gelegenen 'gekippten' Seen gegeben, sodaß die Stadt nacheinander einige namhafte Wassersanierungsfirmen beauftragte, die sich aber erfolglos um die Rettung der Seen bemüht hätten. Schließlich kam bei einer Firma das QTX zum Einsatz, und der Erfolg war schon nach drei Wochen da: Die Geruchsbelästigung war verschwunden und das Fischsterben beendet. Die Stadt gab daraufhin eine Fortführung der Behandlung in Auftrag. Der Vortragende projizierte mit dem Videoprojektor ein Schreiben an die Leinwand, das diesen Vorgang belegte.

Stefanie sah mich an. „Das kann ja nun nicht einfach getürkt sein“, meinte sie. „Das wäre zu leicht nachprüfbar. Für mich wird das Potential dieses Geräts immer realer. Wie siehst du das?“

Ich konnte nur nicken, denn mir ging es genauso. Ich bemerkte erstaunt, daß wir beide – auch nach den naturwissenschaftlichen Belegen des Vormittags, die ja noch keine Beweise darstellten, sondern nur stimmige Denkmodelle – aufgrund dieser zusätzlichen Belege für die Wirksamkeit der QTX-Anwendungen einen kleinen, fast unmerklichen Schwenk in unserer Einstellung vollzogen hatten. War beim Mittagstisch immer noch eine gehörige Portion Skepsis vorhanden gewesen, wie es sich für Wissenschaftler auch gehört, so wich diese nun mehr und mehr einer Verwunderung über das, was das Gerät anscheinend vermochte. Es erinnerte mich an eine Magier-Vorstellung in einer Show in Las Vegas, wo vor aller Augen ein Löwe aus seinem Käfig verschwand, der auf einem fünf Meter hohen, komplett durchsichtigen Gerüst stand. War das QTX auch nur so ein ‘Zauberkasten’? Es wurde immer spannender, denn die Belege für sein Funktionieren schienen noch nicht erschöpft.

Waren wir bisher im Bereich des Lebendigen geblieben, was man sich noch halbwegs vorstellen oder eventuell als Stimulation eines Placeboeffekts interpretieren konnte, so ging es nun um die Beeinflussung von purer Materie. Ein wiederum schlagendes Beispiel mit Bildbelegen war der folgende Versuch: Ein 6TX-Kunde, der über die entsprechenden technischen Anlagen verfügte, beschloß, sein QTX damit zu testen, daß er analog zu den bekannten Versuchen des japanischen Arztes Masaru Emoto (Emoto 2002) Tropfen

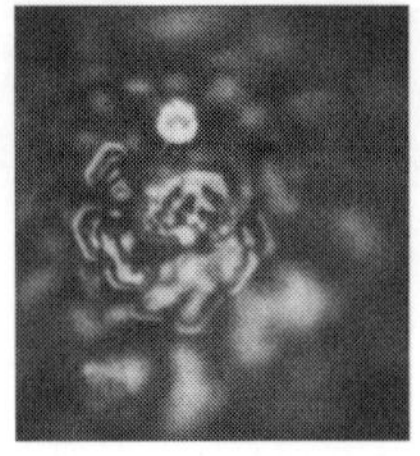
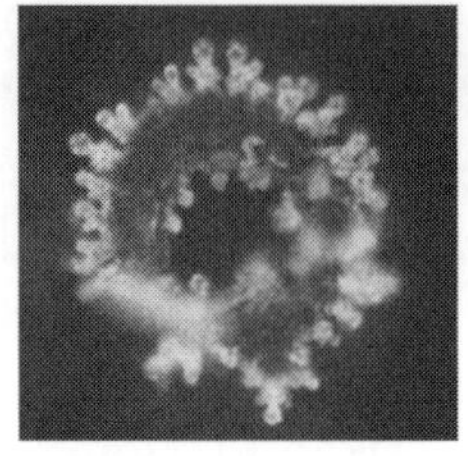
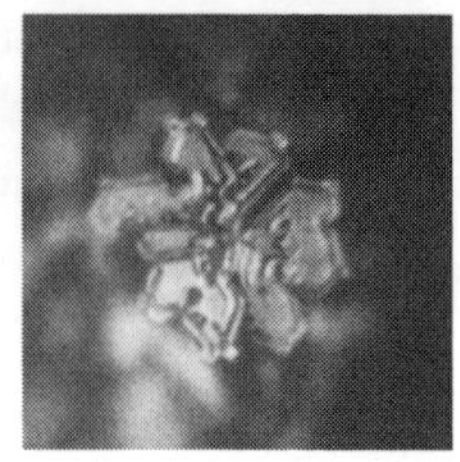

Abb. 5 Amorphe nichtkristalline Strukturen eines bewellten Tropfens destillierten Wassers *(Quelle:* v. Buengner 2009, S. 37)

von bewelltem destillierten Wasser einfror. Der Referenzversuch, also die „Kontrolle", bestand darin, destilliertes Wasser ohne jegliche Zusatzinformation einzufrieren. (Abb. 5)[6]

Er bewellte nun Wassertropfen aus 20 km Entfernung mit der Strukturinformation einer fünfzackigen Kornkreisformation, die als Bild die Affirmation ergänzte (Abb. 6). Das Ergebnis ist in Abb. 7 zu sehen und spricht für sich selbst: Die uns per Videoprojektor gezeigten Strukturen waren denen der Kornkreis-Information sehr ähnlich und zeigten im Gegensatz zu den vornehmlich sechsstrahligen Bildern von Emoto eine gewisse Tendenz zum Fünfstern.

Abb. 6

Strukturinformation (ein Kornkreismuster), die mittels QTX auf Wassertropfen übertragen wurde.

6 Die Autoren danken Herrn v. Buengner, M-Tec-Verlag, für die Genehmigung zum Wiederabdruck der Abbildungs-Sequenz Abb. 5 bis 7

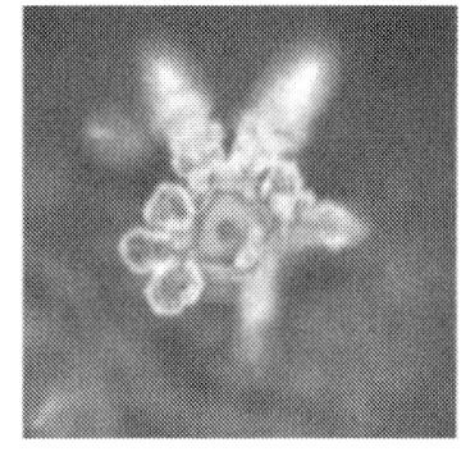

Abb. 7 Form-"Übertragung" der Struktur/Information aus Abb. 6 auf die Struktur gefrorenen (destillierten) Wassers (*Quelle:* v. Buengner 2009, S. 38)

War das ein Hinweis darauf, wie QTX arbeitet? Offensichtlich wurde hier eine Gestaltinformation auf ein anderes Medium übertragen, ganz so als gäbe es eine Sprache, in der sich physikalische Prozesse untereinander verständigen. Auch Emoto hatte etwas ähnliches mit rein geistigen Maßnahmen erreicht, etwa indem er auf einem Glas Wasser einen Aufkleber mit dem Wort 'Liebe' anbrachte, woraufhin die Struktur des Wassers eine kristalline Form annahm. Auch die Ergebnisse der Bildstrukturen bestätigten diesen Gedankengang. (Emoto 2002)

In dieselbe Kerbe schlug der Vortragende mit dem nächsten Beleg. Ein Notar hatte mit seinem Jeep, dessen 4,2-Liter-Motor mit 275 PS nie unter 15 Liter/100 km verbraucht hatte, mittels QTX den 'Benzindurst' gedrosselt. Nach einer einmonatigen Bewellung sank der Verbrauch um drei Liter/100 km auf nur noch 12 Liter. Diese Werte seien durch einen Test auf einem Motorenprüfstand bestätigt worden. Der Vortragende zeigte ein Meß-Protokoll, das diese Daten bestätigte.

Noch ein Beleg dafür also, daß QTX mittels 'Information' des morphogenetischen Feldes oder des Quantenfeldes rein physikalische Prozesse beeinflussen kann. Das war einerseits so frappierend, daß man geneigt war, es rundweg als Märchen abzutun, andererseits waren die Belege existent und nicht leicht wegzudiskutieren. Auch hier konnte man die Belege für diese Wirkungen kaum fälschen, und wenn doch, dann waren die Versuche gleichwohl klar und nachvollziehbar, und somit hätte der Vortragende riskiert, daß irgendjemand sie hinterfragt und als 'getürkt' entlarvt. Sie waren damit auf jeden Fall überprüfbar, und darauf kam es prinzipiell an. Man mußte die Wirksamkeitsbelege nicht einfach glauben, man konnte sie grundsätzlich auf ihren Wahrheitsgehalt prüfen. Dazu war es gar nicht nötig, daß das hier vorgestellte Ergebnis in jedem Fall bestätigt würde, es wäre schon eine hinreichende Anzahl von Bestätigungen ausreichend, um die Effekte als real zu klassifizieren.

Als letzter Punkt vor der nun anstehenden nachmittäglichen Kaffeepause stand das Thema *Consulting*, also Unternehmensberatung mittels QTX auf der Agenda. Es wurden einige Beispiele erfolgreicher Begleitungen unternehmerischen Handelns gezeigt. Bestätigungsbriefe einiger Teilnehmerfirmen dienten hier als Belege dafür, daß QTX auch auf diesem Felde wirksam sein könne. Gewinne oder Umsätze waren durch die Bewellung nachgewiesenermaßen erhöht worden, ebenso wie zumeist das Betriebsklima und die Qualität der von der Firma gestalteten Produkte verbessert worden waren. Natürlich konnten diese Bestätigungen nicht als 'wasserdichte Beweise' durchgehen, aber sie zeugten zumindest von einer positiven Reaktion der Betroffenen. Dieses Gebiet interessierte mich persönlich unmittelbar, weil es ja für die Option stand, im Falle einer wirklichen Krise mit einer Unternehmensberatung noch ein wirtschaftliches Eisen im Feuer zu haben.

Einerseits war das, was uns durch den Vortrag an Beweisen für die Wirksamkeit des Gerätes geboten worden war, vor allem aus naturwissenschaftlicher Sicht, höchst überraschend, zumindest aber faszinierend. Andererseits bot sich hier ganz pragmatisch ein Ansatzpunkt, die Optionen für sich selbst zu nutzen, die das Gerät eröffnete, ohne zunächst viel darüber nachzudenken, ob das, was hier versprochen wurde, theoretisch überhaupt möglich ist oder nicht. Diese Betrachtungsweise empfand ich inzwischen sogar als sehr reizvoll. Zudem konnte man diese Option, falls das Gerät wirklich hielt, was hier behauptet wurde, auch als Herausforderung in wissenschaftlicher Hinsicht betrachten.

Der Saal leerte sich. Es war Zeit für die Kaffeepause. Ich erzählte Stefanie, wie ich die Sache im Moment sah. Sie nickte nur zustimmend.

„Meine Einstellung zu diesem Gerät hat sich während der Vorträge auch noch einmal deutlich gewandelt", sagte sie. „Zuerst war ich eher skeptisch. Aber jetzt sehe ich, daß das, was uns Gerhard an dem Abend in Verona erzählt hat, vielleicht doch den Tatsachen entsprechen könnte. Andererseits muß ich wieder feststellen, daß das Ganze noch nicht so recht in meinen Kopf will. Wie soll das eigentlich gehen, wenn es wirklich so funktioniert wie hier dargestellt? Meine naturwissenschaftliche Einstellung und Ausbildung sagen mir einfach: 'Quatsch, das kann gar nicht funktionieren.'"

„Vielleicht stimmt das mit der Quantenphysik ja doch, auch wenn wir es im Moment nicht ganz nachvollziehen können", entgegnete ich.

Die Zeit für die Kaffeepause war schnell um, und die Schar der Zuhörer strömte wieder in den Saal zum letzten Vortragsteil des Tages. Nun ging es um die reine Praxis. Der Vortragende zeigte zunächst einmal mit kurzen Ausschnitten anhand einer Videoprojektion, welche Bausteine die Software von QTX besaß, wie man für ein Zielobjekt (einen Patienten, ein Tier, einen Betrieb etc.) einen Datenbank-Scan macht, um damit gleichsam eine Diagnose zu erstellen. Daneben ging er auch kurz auf die zusätzlichen Möglichkeiten der Software ein, aus den sehr umfangreichen Datenbanken die für das Zielobjekt geeigneten und zutreffenden Affirmationen zu extrahieren. Das sei natürlich nur ein Streifzug, der lediglich ein wenig von den Möglichkeiten des Geräts demonstrieren sollte, keineswegs eine Einführung in den Gebrauch der Software, denn die würde ohnehin bei einem Kauf mit einer Einführung mitgeliefert.

Im Anschluß an diesen Überblick konnte sich eine Person melden, um sich als 'Versuchskaninchen' für eine echte Demonstrationssitzung zur Verfügung zu stellen. Eine Frau kam nach vorn und nahm neben dem Vortragenden Platz, woraufhin per Videoprojektion alles wiedergegeben wurde, was er nun am Gerät eingab und was das Gerät daraufhin als Reaktionen zeigte. Zuerst nahm der Redner mit einer Digitalkamera ein Foto von der Frau auf, das er mittels Kabelverbindung in die Software einscannte, sodaß es im Behandlungsprotokoll erschien. Dann fragte er sie, ob sie irgendwelche Beschwerden behandelt haben wolle. Die Dame hatte Probleme mit der Lunge, die als Affirmation formuliert wurden. Nach einem Datenbank-Scan ergaben sich zehn bis zwölf Einträge. Die Befunde schienen recht genau zu der Person zu passen, die diese gleichsam durch ihr 'Unbewußtsein' über die wrD provoziert hatte.

Dabei wurde als Parallele auf den Versuch mit den Eintagesküken im Käfig verwiesen. Ganz ähnlich wie dort seien die selektierten Datenbankelemente zu interpretieren. Sie seien einerseits so etwas wie ein Diagnose-Ergebnis, stellten aber andererseits auch schon eine Art Nosode dar, die geeignet sei, eine sich damit artikulierende Störung bereits von dem Moment an zu kompensieren, ab dem dieses Datenbankelement bei der Bewellung eingesetzt werde.

Unter den aufgelisteten Elementen befanden sich auch drei, die zu den sog. ICD10-Kategorien[7] gehören, einer davon entsprach einer Tumorerkrankung. Wir waren in diesem Moment gespannt, wie dieser Umstand interpretiert werden würde. Auf diesen Sachverhalt angesprochen, erläuterte der Vortragende, dies müsse nicht grundsätzlich bedeuten, daß die Person schon Krebs habe. Er wies auf die in den jeweiligen Affirmationszeilen stehenden

7 ICD10 = *International Catalogue of Diseases* listet alle möglichen Krankheiten auf, katalogisiert nach einem einheitlichen Schema.

statistischen Maße hin sowie auf die vom Gerät vorgenommene Einordnung in eine der drei an die Homöopathie angelehnten Kategorien D, C und LM mit zusätzlichen statistischen Maßzahlen. Darüber hinaus sei im Auge zu behalten, daß die Auswertung – und entsprechend seien dann auch die Ergebnisse zu interpretieren – auf der Basis von Schwingungen erfolge, wie auch die Bewellung wieder Schwingungen realisiere, auf die der Körper dann entsprechend reagiere. Generell gehe es um IN-formation.

Die Auswertung zeige mithin, daß der Körper in diesem Falle eine Nosode mit diesem Schwingungsinhalt als förderlich oder heilend betrachte, auch wenn gar kein Krebs vorliege. Sollten die Hinweise auf eine schwerwiegende Krankheit in mehreren Zeilen und mit höherer statistischer Signifikanz auftreten, so sei vorbeugend angeraten, weitergehende medizinische Untersuchungen vorzunehmen. Aber auch falls man sich für eine zusätzliche medizinische Untersuchung entscheide, könne es sein, daß im medizinischen Befund (noch) nichts feststellbar sei, weil es sich um eine Entwicklung im absoluten Vorstadium handele, die vom QTX sehr wohl schon diagnostiziert werde, für manifeste Befunde jedoch noch nicht real genug sei. Gerade in einem solchen Falle aber würde das vom QTX dann zugeordnete Datenbankelement als Nosode verwendet und damit Heilwirkung entfalten, sodaß ein verborgener, gerade gestarteter Erkrankungsprozess im Vorstadium sehr erfolgreich geheilt werden könne. Ansonsten werde bei manifestem Krebs dringend davon abgeraten, QTX als adäquate Therapie anzusehen.

Diese Darlegungen waren nochmals sehr erhellend. Auch zur Vorgehensweise mit der Software hatten wir einen – in Anbetracht der kurzen Zeit – recht guten Überblick erhalten. Ich schaute wieder zu Stefanie hinüber, die wie ich gebannt den Ausführungen und der Videoprojektion gefolgt war. Wir nickten einander zustimmend zu.

Mit diesem Vortrag war die Konferenz beendet. Die Leute im Saal standen auf und strebten dem Ausgang entgegen. Wir hatten uns ebenfalls erhoben, um den Nachhauseweg anzutreten, als uns von hinten ein Mann ansprach, der die ganze Zeit über hinter uns in der letzten Bank gesessen hatte.

„Mein Name ist Steiner", stellte er sich vor, indem er uns seine Visitenkarte überreichte. „Ich bin der Repräsentant für QTX in Deutschland. Ich habe Sie schon eine Weile während des Vortrags beobachtet und wollte Ihnen nur noch sagen, daß Sie jederzeit eine etwas umfangreichere Vorführung des Gerätes in Ihren eignen vier Wänden bekommen können, wenn Sie das wünschen. Dies ist ganz unverbindlich. Sie brauchen mich nur anzurufen. Natürlich muß ich meine Besuchstour entsprechend abstimmen, aber innerhalb von acht bis vierzehn Tagen können wir sicher einen Termin ermöglichen." Wir bedankten uns für dieses Angebot und verließen den Saal.

Wenig später rollten wir in unserem Wagen auf der Autobahn Richtung Heimat. Die Sonne mochte noch gut zwei Stunden über dem Horizont stehen, sodaß wir wohl um die Zeit der Abenddämmerung zu Hause ankommen würden. Das abendliche Licht, das sie verbreitete, war von dieser seltenen Friedlichkeit, die Herbstabende mit ihrem golden-rötlichen Farbenspiel zuweilen auszeichnen. Es war eine beschauliche Heimfahrt ohne Hetze, die zu Gesprächen während der Fahrt einlud.

„Was hältst du denn nun vom QTX?", fragte Stefanie provozierend, während ich den Wagen im fünften Gang auf 'leisen Sohlen' dahin rollen ließ. „Dasselbe wollte ich dich gerade fragen", gab ich zurück. „Das gilt nicht", lachte sie. „Das hättest du wohl gerne. Nein, nein. Du zuerst!" Ich mußte lachen, weil dies häufig so geschah. Ich gab mich geschlagen.

„Also, ich fand die ganze Veranstaltung sehr gut, sowohl die quasi-wissenschaftliche Fundierung am Vormittag als auch den eher praktischen Teil nach dem Mittagessen. Ich finde, es wurde eigentlich immer stärker, je später es war." Stefanie nickte zustimmend.

„Mir ging es genauso", sagte sie. „Am Anfang war ich noch reichlich skeptisch. Auch die Begründung mit der Quantentheorie war noch nicht das, was mich eigentlich überzeugt hat. Die könnte ja quasi als Erklärungsmodell nachgeschoben sein, ohne daß dies ein Beweis dafür wäre, daß es wirklich so funktioniert. Mich haben die Darstellungen am Nachmittag am meisten überzeugt. Vor allem die Wirkungsbelege, ich denke nur an das Pferd, das, obwohl es gar nicht so gut gewesen war, den Preis gewonnen hat, nur weil es mit der Bewellung durch das QTX länger durchhalten konnte als die anderen. Auch das Beispiel der Wasserverbesserung fand ich eindrucksvoll. Alle diese Belege kann man eigentlich kaum fälschen, ohne daß es auffliegen könnte. Das aber hieße, sie bestätigen einen wahren Sachverhalt. Während der Patientensitzung habe ich mir überlegt, daß es auch für uns privat gut wäre, so eine Möglichkeit dafür zu haben, uns selbst zu kurieren, wenn es mal nötig sein sollte. Ich habe mir sogar ganz zum Schluß überlegt, ob wir nicht wirklich den Repräsentanten zu einer Vorführung einladen sollten. Wie er gesagt hat, ist ja das immer noch unverbindlich."

„Oho! Da bist du ja schon ganz schön weit gediehen. Mich flog ein ähnlicher Gedanke auch schon an, während er uns das Angebot gemacht hat, aber ich wollte erst mit dir ausgiebig diskutieren, bevor wir einen solchen Schritt erwägen. Mir wäre das durchaus recht, aber ich bin eigentlich doch sehr überrascht, wie positiv du mittlerweile eingestellt bis, wo du noch in Verona noch sehr, sehr skeptisch warst nach den Stories von Gerhard."

„Gut, dann werde ich Anfang nächster Woche mal den Herrn Steiner anrufen und um eine Vorführung bitten. Wir können uns dann in aller Ruhe noch Fragen überlegen. Ich muß sagen, daß ich mir durchaus vorstellen könnte, ein solches Gerät zu besitzen und auszutesten. Ich wüßte auch gar nicht, was bei mir höhere Priorität hätte: die Möglichkeit, die eigene Gesundheit zu unterstützen oder die Option, im Falle des Falles damit Unternehmensberatung zu machen." Stefanie lachte wieder, und mir war der kleine Seitenhieb nicht entgangen, der darin versteckt war. Ich meinerseits mußte über die 180°-Wendung schmunzeln, die Stefanie in den letzten drei Tagen hingelegt hatte.

Die Sonne war schon untergegangen, aber es herrschte noch das fahle Licht der Dämmerung, in der sich die ersten Sterne zeigten, als wir zu Hause anlangten. Dieser Tag hatte neue Möglichkeiten eröffnet, die sich bald realisieren sollten.

Die Sache wird ernst...

Erste eigene Erfahrungen mit dem Gerät

Jede Reise beginnt mit dem ersten Schritt

Laotse, Tao-te-King

Stefanie führte aus, was sie sich vorgenommen hatte. Am Montag rief sie Herrn Steiner an, und der konnte es ermöglichen, uns in derselben Woche im Rahmen seiner Tour zu berücksichtigen. Um neun Uhr morgens am Donnerstag klingelte es an der Haustür, und Herr Steiner stand mit zwei Koffern da und begrüßte uns mit freundlichem Lachen.

Nachdem er das QTX aus dem einen Koffer ausgepackt und den Notebook-Computer, auf dem die Software lief, an die Steckdose angeschlossen hatte, konnte die Vorführung beginnen. In einen der USB-Steckplätze des Notebooks steckte Herr Steiner ein Kabel, an dessen Ende ein kleines Kästchen hing. „Das ist das eigentliche QTX", sagte er, die sogenannte weiß rauschende Diode mit der dazugehörigen notwendigen Elektronik.

Herr Steiner startete nun das Programm auf dem Notebook. Zuerst zeigte er uns die drei Programmfenster mit den wesentlichen Eingabemasken, die sich auf den Kunden, ein Zielobjekt sowie auf das Behandlungsprotokoll bezogen – ein Protokoll der später zu bewellenden Affirmationen. Im Laufe einer Stunde zeigte er uns, wie die einzelnen Bausteine zusammenwirken, wie man einen Datenbank-Scan macht und eine Bewellung startet. Das kannten wir ja im Prinzip schon vom QTX-Workshop. Im Folgenden sollte anhand eines fiktiven Behandlungsprotokolls (BP) einmal ein kompletter Durchgang gezeigt werden. Herr Steiner gab in die erste Zeile des BP ein:

Herr ... ist wieder vollkommen gesund. Dafür danken wir!

In die folgenden Zeilen können bzw. sollten dann weitere Affirmationen eingetragen werden, die üblicherweise nicht direkt mit dem ursprünglichen Gesundheitsaspekt zu tun haben, aber im Sinne eines Gesamtziels das BP „abrunden“ (wie etwa: *Herr ... freut sich, daß er wieder gesund ist, und er fühlt sich an seinem Arbeitsplatz sehr wohl*). In dieser Hinsicht ähnelte das QTX wiederum herkömmlichen modernen Radionikgeräten, bei denen Affirmationen auch schon über Texte mit Hilfe des Computers eingegeben werden können (und nicht nur die sogenannten ‘Raten’, die aus Handbüchern herausgesucht und als Ziffernfolgen eingetragen werden müssen).

Der QTX-typische Stil sei jedoch völlig verschieden von den Formulierungen herkömmlicher Radionikgeräte. Anstelle von Formulierungen wie: *Bringe das IDF des Erkrankten in den ursprünglichen Zustand* sei beim QTX eben die konstatierende Form zu verwenden. Das klingt dann so, als sei der erwünschte Zustand bereits erreicht (vgl. oben: *Herr ... ist wieder vollkommen gesund*). (Paris u. Köhne 2001, S. 215ff) Wie uns Herr Steiner erklärte, solle die vom Anwender einzugebende Affirmation keinerlei negative Formulierungen enthalten, also kein „nicht“ und keine Ausdrücke mit „un-“, weil das Universum keine Negationen verstehe und dann möglicherweise das Gegenteil dessen bewirke, was man beabsichtigt habe. Auch das hatten wir auf dem Frankfurter Vortrag schon gehört.

Das BP erschöpfe sich jedoch nicht in derartigen ‘handgefertigten’ Affirmationen, sondern das Besondere am QTX bestehe gerade darin, daß es durch die Option des Datenbank-Scans individuell passende Affirmationen aus einer sehr umfangreichen Datenbank selektiere und automatisch zu einer Affirmationszeile des BP mache.

Bei jedem dieser Vorgänge nutze das QTX die weiß rauschende Diode in einem ‘Generatorlauf’, um die Korrelation zwischen einem Datenbank-Eintrag und den Behandlungserfordernissen der Person sicherzustellen. Auf diese Weise könne der Anwender ziemlich sicher sein, daß er lediglich relevante, also nur auf die betreffende Person zutreffende Einträge für das BP als Affirmationen erhalte.

Es sei nicht unbedingt ratsam, mehrere oder zu viele BPs parallel laufen zu lassen, weil es zu kaum kontrollierbaren Interferenzen und damit nicht zu Überreaktionen kommen könne. Es sollten insbesondere keine zwei BPs mit demselben Thema für dasselbe Zielobjekt laufen. Die gängige Auffassung „Viel hilft viel“ sei hier mit Sicherheit falsch. Im Prinzip seien dies aber Regeln, die im normalen medizinischen Alltag ohnehin selbstverständlich seien.

Eine besondere Sache auf geistiger Ebene sei die – nennen wir es mal – ‘Autorisierung’ eines BP durch den ‘Besitzer’ des Zielobjekts. So ist bei einem erwachsenen, selbstverantwortlichen Patienten eigentlich selbstverständlich, daß nur der Patient selbst die Zustimmung dazu geben könne, daß er behandelt wird. Bei Kindern wird dies, wie auch sonst im Alltagsleben, durch die Erziehungsberechtigten getan. Der Hintergrund für diese eigentlich selbstverständliche Regel sei, daß ein Verstoß dagegen, insbesondere im Sinne negativer Affirmationen, quasi so etwas wie einen ‘Voodoo-Zauber’ darstelle, der aber wegen einer eingebauten ‘Sicherung’ des QTX nicht wirken würde. (Am Ende jedes BP sei automatisch immer der Zusatz *All dies zum Besten des Ganzen* eingefügt, der zumindest alle negativ gemeinten Affirmationen abblocken sollte). Es sei in einem kosmischen Sinne jedoch ebenfalls unethisch, ein wohlmeinendes BP für jemanden zu machen, der nicht seine Zustimmung dazu gegeben habe. Dies alles sei unter 'Mißbrauch' zu subsumieren, der im Sinne der Karma-Zusammenhänge auf den nicht autorisierten Anwender zurückfallen werde. Um so mehr gelte dies für jeden Mißbrauch des QTX als 'Voodoo-Maschine'.

Herr Steiner machte bei diesen Ausführungen eine sehr ernste Miene und wollte uns offensichtlich klarmachen, daß hiermit nicht zu spaßen sei und daß das QTX kein Spielzeug sei, sondern nur verantwortungsvoll genutzt werden dürfe. Da es hochgradig wirksam sei, würden bei ihm selbstredend dieselben Regeln gelten wie für andere medizinische Anwendungsbereiche.

„Wie ist es denn, wenn ich meine Zimmerpflanzen bewellen möchte, wenn die nach unserem Urlaub wieder einmal schlecht aussehen?", fragte Stefanie, „muß ich die dann auch fragen, ob ich sie bewellen darf?"

„Bei Gegenständen gehen wir immer davon aus, daß ihr Besitzer auch das Recht hat, über sie 'zu verfügen'. Sie gießen ja auch Ihre Pflanzen oder stutzen Ihre Hecken, ohne sie vorher zu fragen. Sie essen auch einen Salatkopf, den Sie für diesen Zweck gekauft haben. Im Alltagsleben können wir durchaus davon ausgehen, daß das Wort der Bibel gilt: 'Macht euch die Erde untertan.' Auf der Ebene irdischer Ethik ist dies alles in Ordnung. Einen Salat aufzuessen, der einer anderen Person gehört, das wäre allerdings nicht in Ordnung", setzte Herr Steiner seine Ausführungen mit leichtem Schmunzeln fort.

„In Bezug auf den Salat, den wir essen, ohne ihn vorher zu fragen, ob er das will, könnten wir uns aber auch noch eine höherrangige 'kosmische Ethik' vorstellen, indem wir das göttliche Prinzip der Freiheit eines jeden von Gott geschaffenen Wesens anerkennen. Damit billigen wir die Freiheit, die wir als Menschen geschenkt bekamen, auch den anderen Geschöpfen Gottes zu, also auch

Tieren und Salatköpfen. Dadurch wird dergleichen natürlich schon ein wenig schwieriger, nicht nur bei der Ernährung. In unserer westlichen Zivilisation haben wir uns natürlich angewöhnt, nur noch den Tieren eine Seele oder ein Wesen zuzugestehen. Vegetarier glauben dann, sie hätten die Lösung, wenn sie keine Tiere essen. Wenn man aber Bücher wie ***Das geheime Leben der Pflanzen*** (Tompkins u. Bird 2009) gelesen hat, dann weiß man, daß dies letztlich nur eine andere Methode ist, dieses Problem zu verdrängen. Und wenn Sie QTX für Pflanzen verwenden, werden Sie wahrscheinlich auf diesem Wege auch etwas von diesem verborgenen Leben und der 'Seele der Pflanzen' mitbekommen." Herr Steiner machte eine kurze Pause, um sich zu vergewissern, ob wir seinen Ausführungen noch folgten.

Stefanie nickte zustimmend und erwiderte: „Die Aborigines in Australien haben dafür eine für mein Empfinden ganz gute Lösung gefunden. Sie bedanken sich sowohl bei den Tieren wie auch bei den Pflanzen, daß diese sich dafür 'zur Verfügung stellen', von ihnen verzehrt zu werden. Sie würdigen damit den Beitrag, den ein anderes Lebewesen liefert, um ihr eigenes Überleben zu sichern, denn essen oder sich ernähren müssen auch die Aborigines, selbst wenn sie den Verzehr von Fleisch auf ein absolutes Minimum begrenzen."

Herr Steiner nahm die Zustimmung von Stefanie dankbar auf. „In Bezug auf das QTX könnte es manchmal durchaus sinnvoll sein, eine Pflanze zu fragen, ob sie bewellt werden möchte. Dies entspräche eher einer kosmischen Ethik, und ich kann mir vorstellen, so auch oft mehr Erfolg zu haben, zumindest aber damit eine Erfahrung zu machen, die tiefer reicht, als wenn man diese Perspektive ignorieren würde."

„Ich habe noch eine Frage zur Form der Affirmation", hakte ich nach dieser ausführlichen und einleuchtenden Erläuterung von Herrn Steiner nach. „Warum soll man sich am Ende der Affirmationsformel bedanken?"

„Das hängt damit zusammen, daß wir damit zum einen die Vision, die in der Affirmation angesprochen ist, als bereits 'realisiert' betrachten, denn das kommt der Energetik der Wunschrealisation entgegen, es verhilft also eher dazu, die mit der Affirmation herbeigerufenen Zustände zu realisieren. Zum anderen aber balanciert es auch wieder die kosmische Energie. Es ist doch ein Riesengeschenk, wenn jemand, der krank ist, durch die Affirmationen tatsächlich wieder gesund wird. Das Universum hat ihm dann das Geschenk der Gesundheit gemacht. Dafür kann man seinen Dank schon mal mit ein paar Worten 'abstottern', um sein Schuldenkonto nicht zu sehr im Minus zu belassen. Das 'Danke' soll uns darüber hinaus auch daran erinnern, daß nicht wir die Macher sind, sondern daß wir mit den Affirmationen über das QTX einen kosmischen energetischen Zusammenhang bedienen 'dürfen'. Das QTX ist aber kein Zigarettenautomat, in den man oben seine Affirmation hineinwirft, damit unten so etwas wie 'eine Schachtel Zigaretten' herauskommt (auch wenn viele Leute das QTX vielleicht in dieser Weise benutzen, ohne sich viel Gedanken darüber zu machen). Es würde uns viel besser anstehen, uns jederzeit des Privilegs bewußt zu sein, mit QTX einen erleichterten Zugang zu kosmischen Energien zu haben, für den Dankbarkeit sehr wohl angebracht ist." Herr Steiner blickte einen Moment etwas nachdenklich, und ihm war anzusehen, daß er bei diesen Worten selbst berührt war und diese tieferliegenden Zusammenhänge für sehr wichtig hielt. „Noch weitere Fragen?", sagte er, während er sich räusperte.

Wir schüttelten beide den Kopf.

„Dann wäre noch kurz auf das sogenannte Sendemodul einzugehen. Wenn wir jetzt wissen, wie man vorgeht, um Affirmationen in das QTX-BP einzutragen, stellt sich als letztes die Frage der geeigneten Bewellung, also in welchen Intervallen und mit welcher Dauer die Affirmationen jeweils an das Zielobjekt gesendet werden sollen." Herr Steiner hantierte wieder mit der Maus, machte einige Klicks und zeigte dann eine zufriedene Miene.

„So, das wäre auch erledigt. Gibt es an dieser Stelle noch Fragen?" Herr Steiner hatte nach diesem Vortrag schon eine leicht heisere Stimme.

„Möchten Sie vielleicht einen Kaffee?", sprang Stefanie ein. Herr Steiner nickte dankbar.

„Der Kaffee wird uns den Kopf wieder etwas frei machen", pflichtete ich bei. Während Stefanie nebenan mit den Tassen hantierte und die Kaffeemaschine anwarf, kam mir noch eine Frage in den Sinn, die mit den hier vorgetragenen Details nicht unmittelbar zu tun hatte. Stefanie kam mit den Kaffeetassen und schenkte uns ein.

„Kommt es denn auch mal vor, daß QTX eine Verschlechterung bewirkt?", fragte ich, während sie die Kaffeekanne auf ein Stövchen stellte.

„Natürlich", antwortete Herr Steiner. „Vielleicht haben Sie auch bemerkt, daß auf dem BP bei jeder Affirmation eine Zusatzinformation über eine homöopathische Potenz sowie ein Faktor für die 'Intensität' steht. Wie in der Homöopathie kann es auch bei QTX zu einer sogenannten Erstverschlimmerung kommen. Wir sollten deshalb mit dem Patienten auch in gutem Kontakt stehen, um davon zu erfahren. Wir können dann per Hand sowohl für einzelne oder alternativ für alle Affirmationen des BP eine Reduktion des Faktors 'Intensität' einstellen, sodaß dadurch die Wirkung der Bewellung abgeschwächt wird. Darüber hinaus haben Sie noch die Option, das ganze BP auf den Status 'inaktiv' zu setzen, was ebensogut – wenn auch in anderer Weise – erreichbar wäre, wenn wir den Sendeplan per Hand verändern, indem wir ihn löschen und zu einem späteren Zeitpunkt wieder anlaufen lassen", war seine Antwort.

„Was passiert eigentlich, wenn Sie auf einer Reise sind – bei der Sie ja das Notebook ausgeschaltet haben und das QTX deshalb nicht sendet – und es dann danach wieder anschalten? Dann wird der Sendeplan ja 'gestört', oder?", fragte Stefanie.

„Sehr gut mitgedacht", schmunzelte Herr Steiner. „Aber keine Angst, das QTX arbeitet dann den Sendeplan weiter ab, indem es die nicht gesendeten Bewellungen einfach nachholt. Die Sendefrequenz wird in dieser Nachholphase dann eben etwas dichter, solange bis Plan und Realität wieder im Gleichschritt sind."

„Kann das nicht gegebenenfalls unangenehme Wirkungen auf die Patienten haben, wenn sie in einem schnelleren Rhythmus bewellt werden, als es optimal gewesen wäre?", hakte Stefanie nach.

„Theoretisch schon, aber in der Praxis spielt das kaum eine Rolle, da die nachzuholenden Zeiten nicht so lang sind. Meist sind es doch nur drei oder vier Bewellungen, die aufgeschoben wurden. Und durch die zuvor unterlassenen Bewellungen ist ja auch eine 'Ausdünnung' der Gesamtintensität erfolgt, sodaß mit der etwas konzentrierteren Nachholung in der Regel kein Problem verbunden ist." Er schlürfte genüßlich den Rest seines Kaffees.

„Noch eine Tasse?", fragte Stefanie. „Aber gerne", nickte Herr Steiner. „Der Kaffee schmeckt wirklich gut."

„Was gibt es denn nun im QTX-Programm noch kennenzulernen? Sind wir nicht jetzt durch mit der Demonstration?", fragte ich.

„Ach, da gäbe es noch viel zu zeigen", antwortete Herr Steiner. „Zum Beispiel wie man sich selber eine Datenbank erstellt. Oder auch, wie man Datenbanken importieren oder exportieren kann, oder – manchmal auch ganz wichtig – wie man das Programm anweist zu filtern, wie man ihm angibt, nur eine Teilmenge der Datenbanken zur Selektion verwenden. Im Gesamtarsenal der Datenbanken gibt es etwa auch einige für Unternehmensberatung oder für Veterinärmedizin. Versetzen Sie sich mal in die Lage eines Arztes, der seinem Patienten erklären soll, warum unter den Affirmationen für seine Erkrankung eine Affirmation für Marketing auftaucht. Das wäre dem Patienten wohl nur schwer zu vermitteln. Für solche Fälle kann man dazu einen Filter anlegen, der dann die Datenbank für Unternehmensberatung ausschließt. Das 'Filtern' ist also eine zusätzliche Hilfestellung und oft sehr nützlich."

„Aber wie kann es denn sein, daß die weiß rauschende Diode einen Eintrag wie ‘Optimierung des Marketing’ selektiert, wenn der Patient viel eher irgendeine Medizin für seine Erkrankung bräuchte?“, hakte Stefanie sofort nach.

„Das erscheint auf den ersten Blick in der Tat sehr merkwürdig, und es läßt manche Leute denn auch an der Präzision des QTX zweifeln. Aber hier gibt es zwei Fakten zu bedenken:

- das QTX wählt aus den Einträgen der vorhandenen Datenbanken immer diejenige mit der größten Resonanz aus
- es kommt auf die ‘Schwingungs-Information’ an, die eine Affirmation beinhaltet.

Gibt das QTX nun also als erstes eine Pferde-Nosode an, so dürfte diese normalerweise für den Patienten besser geeignet sein als irgendeine andere. Nehmen wir dem QTX diese Wahl durch eine Vorab-Filterung weg, dann sucht es sich die nächstgeeignete Affirmation aus. Warum aber soll nicht, was für Pferde gut ist, auch für Menschen gut sein, schließlich sind wir alle Eins.“ Herr Steiner lachte verschmitzt, und wir mußten mitlachen.
„Wenn Sie im Moment keine weiteren Fragen haben, möchte ich Ihnen, wie ich es bei einer solchen Demonstration bei Kunden immer mache, ein BP anbieten für einen ganz konkreten Fall. Also wer von Ihnen beiden möchte ein BP bekommen?“

Stefanie und ich sahen uns an. „Auf jeden Fall mein Mann“, platzte Stefanie heraus, er hat mit seinem Blutdruck nämlich ein spezielles Problem.“ Ich protestierte, mußte ihr aber im Prinzip recht geben.

„Sollen wir denn Herrn Steiner mit dieser ganzen Geschichte hier belasten?“, fragte ich zurück.

„Nein, das natürlich nicht, aber genau dies wäre doch ein wundervoller Testfall für das QTX, an dem es seine Qualitäten beweisen könnte“, war ihre Antwort. Ich gab mich geschlagen.

„Nun, dann wollen wir mal sehen, was das QTX für Sie tun kann." Er fing an, das BP zu formulieren. Zuerst schrieb er eine Art Generalaffirmation in die Hauptzeile des Sheets.

Peter hat einen vollkommen normalen Blutdruck und freut sich, daß es ihm wieder gut geht. Dafür danken wir!

In einer Liste, die verschiedene 'Organe' wie Skelett, Augen oder Herz enthielt, suchte er nach einer Zeile *Blutgefäße und Blutdruck*. Er klickte diese Zeile an, worauf sich ein weiteres Fenster öffnete, in dem einige Fragen durch anklicken zu beantworten waren. Wir gingen die weiteren Spezifikationen durch, wobei Herr Steiner mir jeweils die Frage stellte, ob dies zutreffe oder nicht. Nach dem letzten Punkt erfolgte noch ein Klick auf den Start-Button, und das Gerät zeigte ein neues Fenster mit meinem Bild an, das Herr Steiner vorher angefertigt und in den Computer geladen hatte. In dem Bild gab es auch eine Veränderung, die offenbar die Aktivität der weiß rauschenden Diode symbolisieren sollte, und kurz darauf erschien eine Liste mit einigen, offenbar vom QTX selektierten Affirmationen. Einige bestanden aus Nosoden, andere aus Akupunkturpunkten, aber auch speziellen Mineralien, die offensichtlich alle zusammen gegen Bluthochdruck gerichtet waren. Eine andere Kategorie entstammte der psychischen Domäne. Sie thematisierte die Begriffe Freiheit oder das Loslassen. Besonders klar in die Richtung der psychischen Seite des Bluthochdrucks wies die folgende Affirmation, die das QTX aus den Datenbanken selektiert hatte:

Mein Blutdruck ist wieder normal. Ich habe begriffen, daß mein Blutdruck der Spiegel des hohen Drucks war, unter den ich mich gestellt hatte. Ich suche jetzt Anerkennung und Zuneigung abseits von purem Leistungsdenken. Ich habe ein gutes Selbstwertgefühl, auch wenn ich weniger leiste. Ich mache Pausen, sorge dafür, daß ich mich immer wieder entspannen kann und halte Stress und Druck so gut es geht von mir ab...

Diese Zeile wurde durch einen Kommentar ergänzt, der nochmals erläuterte, wie persönliches Verhalten oder innere Einstellungen einen 'unter Druck' setzen können, was dann zu erhöhtem Blutdruck führt. Ich fand diese Ergebnisse recht plausibel. Es konnte sicher nicht schaden, auf diese Weise durch die Bewellung einen sanften Anstoß in die Richtung zu erhalten, mehr loszulassen. Besonders interessant fand ich auch eine Zeile, die eine Tarot-Karte enthielt:

Macht – Ich öffne mich für Strukturen, die der Liebe und der Freiheit Raum geben.

Auch hier war wieder ein Kommentar beigefügt, der eine gewisse Erläuterung gab. All dies erschien mir durchaus stimmig im Kontext von 'Loslassen' oder 'Mach mal Pause', um Druck aus dem Lebensalltag zu nehmen. Herr Steiner erstellte mit einigen weiteren Mausklicks einen Sendeplan. Wieder konnten wir erkennen, wie etwas über mein Foto 'scannte'. „Fertig", meinte er zufrieden.

„Wie lange wird das Behandlungsprotokoll nun bewellt?", wollte ich wissen.

„Das läuft ab jetzt ungefähr sechs Wochen, und dann könnten wir weitersehen", antwortete Herr Steiner, „aber vielleicht haben Sie bis dahin schon ein eigenes Gerät und können sich dann selbst ein BP schreiben."

Der Angelhaken war gut ausgeworfen, aber Stefanie hatte sich schon vorher entschieden, sodaß das gar nicht nötig war.

„Wenn wir uns heute entscheiden würden, ein Gerät zu kaufen, wie lange würde es dauern, bis Sie es liefern könnten?", fragte sie. Sie hatte die Option, daß wir für uns selbst Behandlungsprotokolle schreiben konnten, schon früher als ausreichend dafür angesehen, daß wir uns trotz des nicht gerade niedrigen Preises ein Gerät zulegen, und diese Demonstration hatte offensichtlich ihre Entscheidung weiter bestärkt.

„In circa ein bis zwei Wochen könnten wir Ihnen ein Gerät liefern“, war Herrn Steiners Antwort. „Ein Mitarbeiter von mir kommt dann vorbei und führt sie auch nochmals etwas detaillierter in die Handhabung des Geräts ein.“

Stefanie sah mich fragend an. Wir hatten uns ja eigentlich schon vorher abgesprochen und waren uns ziemlich einig, daß wir diesen Schritt machen wollten. Herr Steiner bemerkte unser stummes Zwiegespräch und warf daraufhin ein: „Wir haben im Augenblick auch noch ein Werbeangebot. Wenn Sie die komplette Datenbank-Sammlung bestellen, erhalten Sie darauf einen Rabatt von zehn Prozent.“

Das war immerhin ein Angebot. Stefanie und ich nickten uns zu. „Dann machen wir das Geschäft“, sagte ich. Herr Steiner holte einige Vertragsunterlagen heraus, begann sie auszufüllen und legte sie uns schließlich zur Unterschrift vor. Wir unterschrieben beide. Herr Steiner telefonierte kurz mit seinem Büro. „Das Gerät wird voraussichtlich nächste Woche geliefert, den genauen Termin werden wir noch mit unserem Mitarbeiter und Ihnen telefonisch abstimmen.“ Er klappte zufrieden seine Mappe mit den Vertragsunterlagen zusammen. „Gibt es sonst noch irgendwelche Fragen?“

Wir verneinten.

„Dann möchte ich Ihnen meinen Glückwunsch aussprechen, daß Sie sich entschlossen haben, dieses Gerät zu kaufen. Sie werden bei der Anwendung noch viele erstaunliche Erfahrungen machen.“ Wie recht er doch behalten sollte. Aber das konnten wir in diesem Moment noch nicht ahnen.

Herr Steiner händigte uns noch einige Datenblätter aus und verabschiedete sich gut gelaunt.

*****

Eine Woche später besuchte uns Herr Schober, ein Mitarbeiter von Herrn Steiner, und installierte die QTX-Diode und die Software vor unseren Augen auf unserem Notebook. Dann gab er uns nochmals eine Kurzeinweisung in die Handhabung des Programms. Wir hatten auch ausreichend Gelegenheit, noch Fragen zu stellen, so etwa auch, wie wir es ähnlich zuvor bereits von Herrn Steiner hatten wissen wollen: „Wie sicher ist es, daß der angestrebte Effekt mit dem QTX auch erreicht wird, oder anders formuliert: Kann man damit einen Zustand auch verschlimmern, statt ihn zu verbessern?“

Er bejahte diese Möglichkeit. Aber man könne ja die Bewellung auf verschiedenen Wegen ‘drosseln’, ähnlich wie ein Homöopath dies mache, indem er die Medikation nach einer Erstverschlimmerung auf geeignete Weise einstelle.

„Damit ist aber dann wirklich sichergestellt, daß eine allfällige Negativwirkung aufgehoben ist?“, fragte Stefanie akribisch, die sich genau für diese Schritte interessierte.

„Nein, nicht unbedingt“, war die Antwort. „Man muß sich vorstellen, daß – da es sich um eine Bewußtseinstechnologie handelt – prinzipiell ein Behandlungsprotokoll auch dann noch weiter wirken kann, wenn das Gerät abgeschaltet ist und kein Strom fließt. Radionik-Experten haben dies in den fünfziger Jahren in England sogar einmal nachgewiesen – allerdings mit einem anderen Geräte-Design. Sollte so ein Fall wirklich einmal eintreten, dann gibt es keine andere Lösung, als das BP komplett zu löschen.“

„Wie kann es denn überhaupt dazu kommen, daß die faktische Wirkung eine Umkehrung des erwünschten Effekts bewirkt?“, wollte Stefanie nun genauer wissen.

„Nun, manche Leute denken, wie auch von der Schulmedizin bekannt: ‘Viel hilft viel’, und sie machen dann, wenn das erste BP nicht sofort zu wirken scheint, ein zweites mit derselben Thematik oder bezüglich desselben Organs, und es kommt dann zu einer

Überlagerung. Manche haben ein BP auch schon mal auf Dauerbewellung geschaltet und sich dann gewundert, wenn der Effekt nicht der gewünschte war. Ich weiß von einem Fall, wo ein Unternehmensberater – aus Kulanzgründen gegenüber dem Kunden – für dessen akute persönliche körperliche Probleme drei Affirmationen in das Firmen-BP übernommen und zusammen mit dem Firmen-BP bewellt hat. Nun muß man wissen, daß Firmen normalerweise alle 15 bis 30 Minuten bewellt werden. Das ist für Personen in der Regel viel zu häufig und damit viel zu stark. Der Unternehmensberater fiel dann auch aus allen Wolken, als er mitbekam, daß sein Kunde ins Krankenhaus gekommen war, und er hat dann diese Affirmations-Zeilen sofort aus dem BP gelöscht, woraufhin sich der Fall auch sofort besserte." Herr Schober mußte beim Gedanken an diese Situation ein wenig schmunzeln.

„Wie in der Medizin, so gilt auch hier die Regel: 'Die Dosis macht das Gift.' Wann eine Reaktion umschlägt, wird höchstwahrscheinlich dadurch bestimmt, wie intensiv die Bewellung stattfindet. Mein Ratschlag, um derartige ungewollte 'Übersteuerungen' zu vermeiden: Machen Sie keine Doppel- oder Dreifach-BPs und stellen Sie das Bewellungsintervall nicht allzu kurz ein. Sollte es Ihnen doch einmal angezeigt erscheinen, diese Regel zu durchbrechen, so sollten Sie sich bei der Person in engen Zeitabständen rückversichern, daß das BP seine positive Wirkung zeigt und keine ungewollten Nebenwirkungen auftreten. Haben Sie sonst noch Fragen zum praktischen Vorgehen?"

Wir waren zufrieden und überlegten uns, ob es noch weiteren Klärungsbedarf gab. Aber das war im Augenblick nicht der Fall. Und bei später auftretenden Fragen zu technischen Details könnten wir uns, so wurde uns versichert, an die Hotline wenden.

„Dann wollen wir zum Abschluß noch gemeinsam ein BP machen, damit Sie sich sicher sind, daß Sie die wesentlichen Schritte auch beherrschen. Für wen von Ihnen beiden soll denn ein BP erstellt werden?"

„Ich würde vorschlagen, für meinen Mann", beeilte sich Stefanie, mich wieder als Versuchskaninchen zu gewinnen. „Er hat Probleme mit dem Blutdruck, dafür hat Herr Steiner schon ein BP gemacht, aber vielleicht wäre es zweckmäßig, auch noch ein BP für seine Verdauungsorgane zu machen, denn seine Blutdruckattacken hängen anscheinend mit den Verdauungsorganen zusammen."

„Wissen Sie das genau? Das ist doch eher unüblich", wollte Herr Schober wissen.

„Genau wissen wir das nicht, aber es spricht vieles dafür", antwortete Stefanie. „Und das QTX könnte dafür doch jetzt auch so etwas wie eine Diagnose liefern, oder?"

„Sicher", meinte Herr Schober. „Außerdem dient das Anfertigen eines BP im Moment eher der Einübung in die Vorgehensweise, und wenn Sie den Eindruck haben, das Protokoll paßt nicht, können Sie es ja ganz einfach löschen. Sie haben ja jetzt alles unter Ihrer eigenen Kontrolle. Das ist ja das Schöne, wenn man über ein eigenes QTX verfügt."

Diesmal mußte ich mich vor das Gerät setzen, und Herr Schober lenkte den Vorgang der Erstellung meines eigenen BP mit Tips, wenn ich einmal nicht weiter wußte. So schrieb ich in die Überschriftszeile:

Meine Verdauungsorgane funktionieren phantastisch. Dafür danke ich!

Sodann schrieb ich in eine weitere Affirmationszeile:

Meine Bauchspeicheldrüse produziert alle für die Verdauung wichtigen Enzyme. Meine Leber liefert ebenfalls alle hierfür nötigen Enzyme und stellt diese für eine perfekte Zusammenarbeit mit der Bauchspeicheldrüse bereit. Das Ergebnis dieses Zusammenspiels ist ein rundum gesunder Körper, der voller Energie ist. Dafür danke ich!

Herr Schober nickte anerkennend. „Gut gemacht, das dürfte für die manuellen Einträge auch schon reichen. Vielleicht versuchen Sie jetzt, die Datenbanken einzubauen."

Wieder steuerte er mich geschickt durch die verschiedenen Masken, sodaß ich nach kurzer Zeit eine ganze Reihe von passenden Affirmationen in das BP integriert hatte. Das Behandlungsprotokoll hatte nun schon einen Umfang von drei Seiten. Ich überflog kurz den Inhalt und sah, daß auch die Leber angesprochen war, zudem einige Mineralien und verschiedene Medikamente aus dem Bereich der Homöopathie, aber auch der Regenwaldmedizin. Besonders interessant erschien mir, daß am unteren Ende eine Tarot-Karte mit längerem Kommentar angezeigt war. Ich las mir die ersten drei Zeilen des Kommentars durch und fand, daß die Karte meine persönliche Situation ganz gut erfaßt hatte. Zumindest schienen mir die darin enthaltenen Hinweise sehr bedenkenswert.

Auch Herr Schober schien mit dem Ergebnis zufrieden. „Haben Sie noch irgendwelche Fragen zum Erstellen eines Behandlungsprotokolls?", fragte er.

Wir schüttelten beide den Kopf. Wir hatten durch seine nochmalige Einführung einen guten Überblick über die Möglichkeiten und den Ablauf bei der Erstellung eines BP gewonnen und trauten uns nun auch zu, eigene Protokolle zu erstellen, ohne daß wir Hilfe brauchten.

„Wenn Sie keine weiteren Fragen mehr haben, dann darf ich mich verabschieden. Ich habe auch den Eindruck, daß Sie mit dem Programm ganz gut zurechtkommen."

Wir bedankten uns für seine Bemühungen, uns gründlich in das Programm einzuarbeiten und verabschiedeten ihn mit unseren besten Wünschen.

Die folgenden zwei Wochen über wurde der Blutdruck noch etwas häufiger gemessen als sonst, also drei bis fünf mal am Tag, um die Veränderungen durch das BP genauer verfolgen zu können.

Zwei Wochen lang zeigte sich nichts Besonderes. Bei wohlwollender Interpretation konnte man vielleicht sagen, daß der Blutdruck leicht sank und sich nun öfter im Bereich 125/80 bis 135/85 aufhielt als sonst. Aber wir hatten diesbezüglich eigentlich eine stärkere Wirkung erwartet und dachten, das werde wohl schon noch kommen.

Doch es kam ganz anders. Nach Ablauf der zweiten Woche nach dem Besuch von Herrn Schober stieg der obere Blutdruckwert kontinuierlich auf 140, dann 160, 180 und schließlich auf 200, der untere auf 100 bis 105 an, ohne daß wir diesem Blutdruckverhalten irgend einen Grund zuordnen konnten. Wir waren zunächst ratlos. Dann kam Stefanie plötzlich auf die Idee, daß dies mit dem BP im QTX zu tun haben könnte.

Wir gingen sofort zu unserem QTX und löschten das BP, das ich im Beisein von Herrn Schober bei der Einführung geschrieben hatte. Doch der Blutdruck blieb gleichmäßig hoch bei 200/100 bis 200/105.

„Ich glaube immer noch, daß das mit dem QTX zu tun hat. Wenn es nicht unser eigenes BP ist, dann ist es vielleicht das, was auf dem Computer von Herrn Steiner läuft“, sagte Stefanie. „Du mußt ihn anrufen und ihm sagen, daß er dein Behandlungsprotokoll ausschalten soll.“

Gesagt, getan. Ich rief bei Herrn Steiner im Büro an. Der war aber nicht da, sondern am Apparat meldete sich seine Frau. Sie ließ sich von mir erläutern, warum ich annahm, daß das BP bei mir eine Blutdruckerhöhung bewirkt haben könne.

„Ich sehe, daß Sie eine Leberstauung haben“, sagte sie plötzlich.

„Können Sie hellsehen?“, fragte ich erstaunt zurück.

„Ja, so etwas ähnliches“, war ihre Antwort. „Tun Sie etwas, um die Leber zu entlasten, trinken Sie ausreichend. Die Leber hat Probleme mit der Entgiftung, und deshalb hilft alles, was diese fördert. Also hinreichend Wasser trinken, keinen Alkohol, und für einen guten Säure-Basen-Ausgleich sorgen! Ich werde meinem

Mann, wenn er nach Hause kommt, sofort sagen, er soll Ihr BP abschalten. Aber machen Sie sich keine Sorgen, die Stauung geht auch wieder weg, und dann wird der Blutdruck sich normalisieren."

Ich war einerseits beunruhigt, andererseits neugierig, was nun passieren würde. Am nächsten Morgen sank der Blutdruck auf 150/90, verblieb aber die folgenden Tage auf diesem Niveau, obwohl ich fleißig meine Batterie von Tabletten einnahm und deshalb einen Blutdruck dieser Höhe eigentlich gar nicht hätte haben sollen.

Nach drei Tagen rief ich Herrn Steiner wieder an. Diesmal hatte ich ihn selbst am Telefon, schilderte ihm nochmals meine Vermutungen und bat ihn, das BP komplett zu löschen. Er antwortete, ein BP zu löschen sei völlig unüblich. Ich bestand darauf und bekniete ihn entsprechend, von seinen angestammten Regeln eine Ausnahme zu machen. Es gab eine längere Diskussion, an deren Ende er sich schließlich bereit erklärte – unter Protest – das BP ganz zu löschen.

Am nächsten Morgen hatte ich wieder einen Blutdruck von 130/80, der auch weiterhin leicht um diese Marke oszillierte. Die zweimalige Absenkung des Blutdruckniveaus auf die entsprechenden Maßnahmen hin hatte mich noch mehr darin bestärkt, daß das QTX funktionierte, daß es eine Wirkung hatte. Gerade der Umkehreffekt war für mich ein stärkerer Beweis für seine Wirksamkeit als die bisherigen Belege.

Der klassische Homöopath freut sich, wenn er eine Verschlimmerung durch ein Heilmittel registrieren kann. Diese ist eine Bestätigung, daß er auf dem richtigen Wege ist. Die Verschlimmerung, die in der homöopathischen Praxis meist zu Beginn der Therapie auftritt und deshalb auch unter dem Begriff Erstverschlimmerung bekannt ist, signalisiert ihm darüber hinaus, daß er die Potenz anders wählen muß. Bei der QTX-Anwendung war die Verschlimmerung zwar erst nach ungefähr drei Wochen eingetreten, sie war aber schließlich durch die Löschung des BP endgültig beseitigt worden. Daraus konnte man – analog zur Homöopathie – schließen, daß das QTX wirkte, aber daß die Dosierung 'nicht in Ordnung' war.

„Was hältst du von der Reaktion des Blutdruck-Niveaus auf das BP?", fragte ich Stefanie am nächsten Tag beim Frühstück.

„Nun, offensichtlich war da irgend etwas 'zu viel'. Aber wir konnten das BP ja nicht beeinflussen, da es auf dem Computer von Herrn Steiner lief. In Zukunft können wir das selbst kontrollieren, und wir haben auch eine viel engere Rückkopplung zum aktuellen Geschehen. Wir wissen leider nicht, ob die ausufernde Blutdrucksteigerung durch das zweite BP ausgelöst wurde. Wenn ich die 'Ferndiagnose" von Herrn Steiners Frau mal ernst nehme – und sie paßt hervorragend in den ganzen Ablauf – dann würde es auch genügen, wenn das zweite BP eine verstärkte Entgiftung bewirkte und die dadurch hervorgerufenen Zustände, sprich die Leberstauung, dann nicht mehr sofort von selbst zurückgingen. Wenn wir diesen Ablauf für einen Moment mal als Denkmodell nehmen, so hätte das, was das zweite BP bewirkt hat, auch von irgendeiner anderen, etwa auch einer rein medizinischen Maßnahme bewirkt worden sein und dann den Zielen des ersten BP entgegengewirkt haben können. Immerhin hat aber dann die totale Löschung des ersten BP zugelassen, daß sich die Leberstauung und damit auch der Blutdruck normalisierten." Stefanie machte eine Pause, um über das gerade Gesagte nochmals nachzudenken.

„Ich würde nur zu gern dieser sehr komplexen Situation mit einem Modellexperiment auf den Grund gehen, wie wir das auch bei biologischen Fragestellungen machen", fuhr sie fort. „Hierzu würden sich beispielsweise Keimungsversuche mit bestimmten Samen gut eignen, denn die sind in der Keimungsphase sehr empfindlich gegenüber den Umgebungsbedingungen. Wenn wir sie in dieser Phase nun mit bestimmten Affirmationen bewellen, könnten wir anhand etwaiger Unterschiede diese gerade formulierten Zusammenhänge weiter erforschen.

Ein solcher Modellansatz wäre in mehrfacher Hinsicht geeignet, derart grundlegende Fragen abzuklären. Er wäre systematisch und würde nicht von zufälligen äußeren Ereignissen abhängen, er wäre einfach zu gestalten, weil wir die Komponenten und damit die Komplexität vorher definieren. Er wäre präzise und vor allem reproduzierbar – alles Bedingungen, die ein guter naturwissenschaftlicher Versuch erfüllen sollte. Aber darüber hinaus – und nicht zu vernachlässigen – hätte er noch einen unschätzbaren Vorteil: Keimlinge unterliegen keinem Placebo-Effekt. Das macht sie für uns zu einem verläßlichen Partner bezüglich der Auswertung. Deshalb sind sie die nahezu idealen Bioindikatoren – wir variieren definierte Einflußfaktoren, etwa die QTX-Affirmationen, und der Bioindikator zeigt uns durch seine Reaktion, ob eine Wirkung eintritt, beziehungsweise ob die Wirkung eintritt, die wir vorher via QTX bestellt haben." Sie lachte verschmitzt.

„Mir wäre auch nicht ganz wohl bei dem Gedanken, daß wir, wenn wir das QTX zu Heilzwecken anwenden wollen, unter Umständen in so eine Übersteuerung hineingeraten, wie es mir bei dem Blutdruck-BP in den letzten Wochen passiert ist. Da möchte ich doch gerne mehr Systematik in die Angelegenheit bringen", antwortete ich.

Auf die Idee, Experimente zur 'Übersteuerung' mit einem BP zu machen, wäre ich allein nicht so schnell gekommen. Aber die Idee gefiel mir. Denn ich bin ja ebenfalls für systematisches Vorgehen und sah keinen Grund, das QTX von dieser Haltung auszunehmen.

Die nächste Frage war, welche Modellpflanze wir für die Experimente am besten verwenden sollten. Es kamen mehrere Möglichkeiten in Frage. In der engeren Auswahl blieben schließlich Erbsen und Kresse. Wir kauften in einer größeren Samenhandlung Saatgut der beiden Pflanzen, sowie einige Schalen, in denen sich die Keimungsversuche gut durchführen ließen. Nach einigen Vorversuchen mit der Keimungszeit und den ausreichenden Umgebungsbedingungen entschied sich Stefanie für die Erbsensamen. Sie waren leicht zu messen, d. h. sie waren robust genug, wenn man sie mit der Pinzette aus den Schalen herausnahm oder sie wieder hineinlegte, und sie erlaubten zudem offensichtlich eine gute Separierung, was auch vorteilhaft für irgendwelche später vorzunehmenden Meßversuche war. Bei der Kresse hingegen konnte man ein einzelnes Pflänzchen kaum ausmessen, ohne es zu beschädigen. Die Modellpflanze stand damit fest. Was konnten wir nun damit anstellen, um mit den Experimentalergebnissen hinter die Kulissen des QTX zu schauen?

Die ersten Experimente

Keimen die Erbsen durch Bewellung wirklich schneller?

Nur ein Narr macht keine Experimente

Charles Darwin

Stefanie schlug als erstes Experiment einen normalen Keimungsversuch mit Erbsensamen vor. Als 'Meßvariable' bot sich direkt die Länge der Keimwurzeln an, die nach mehreren Tagen bis zu einer Länge von 70 bis 80 mm heranwachsen konnten. Hier war hinreichend Differenzierung möglich.

„Wir machen oft solche Versuche mit der Länge der Keimwurzeln, wenn wir einen einfachen und schnellen Test auf den Einfluß von Umweltfaktoren haben wollen", erläuterte sie mir. „Die Keimwurzel-Länge, die man ganz einfach mit dem Lineal abmessen kann, ist dann der Parameter, der den Einfluß eines Faktors spiegelt. Sind Umweltfaktoren schädlich, so wächst die Wurzel langsam und ist deshalb kürzer als bei der sogenannten 'Kontrolle', die von derartigen Einflüssen frei bleibt und sozusagen den natürlichen Referenzstandard darstellt."

„Aber was wollen wir denn hier testen, oder genauer gefragt: Wie willst du in diesem Kontext einen Einfluß von QTX messen?“, wollte ich wissen.

„Nun, wir können doch eine Affirmation schreiben, daß die Keimlinge schneller wachsen sollen oder so ähnlich. Wir können ihnen beispielsweise eine optimale Versorgung mit Wasser, Vitaminen, Nährstoffen über die Affirmationen des QTX zukommen lassen, während der Keimling – genauso wie die Kontrolle – in Wirklichkeit lediglich auf einer feuchten Unterlage in den Keimschalen heranwächst. Diese Versuche sind tatsächlich ganz trivial, und das QTX könnte dabei zeigen, ob es auf die Wachstumsrate einen Einfluß hat oder nicht. Was hältst du davon?“

Mir gefiel der Gedanke. „Wir würden also zwei Gruppen bilden, eine mit QTX-Affirmationen, die bewellt wird, ‘schneller zu wachsen’ und eine andere, die Kontrollgruppe, die nicht bewellt wird, ansonsten aber unter gleichen Bedingungen auskeimt wie die Experimentalgruppe, also gleiche Temperaturumgebung, gleicher Feuchtigkeitsgehalt und so fort, richtig?“

„Genau so“, antwortete Stefanie mit einem verschmitzten Lachen. „Und dann kannst du dich mit der Statistik abplagen, um unsere Messungen auch einigermaßen in eine vernünftige Darstellungsform zu bringen, wie man das so macht.“ Sie lachte wieder.

Mir war es nur recht so. Der Versuch war ja noch durchaus überschaubar. Wir wollten je eine Gruppe von zehn Erbsensamen verwenden und später den gesamten Versuch noch einige Male wiederholen, um eine breitere statistische Basis zu haben. Die Beschränkung auf erst einmal „nur“ zehn Erbsensamen war zunächst einfach bloß einer Laune zu verdanken. Wir sahen den Versuch im Moment noch eher wie eine Spielerei, als daß wir uns hier schon Gedanken darüber gemacht hätten, daß man für eine ernsthafte Aussage eine wesentlich größere Stichprobe braucht. Andererseits erwies sich dann die Ausmessung per Hand in der Praxis – und es sollte ja auch um Wachstumskurven gehen, also um mehrfache Meßpunkte – doch als weit aufwendiger, als wir uns das zunächst gedacht hatten.

Das Foto der Erbsensamen war schnell gemacht, ebenso die manuelle Affirmation des BP:

Die vorgequollenen Erbsensamen keimen hervorragend und zeigen schnelles, gerades und effizientes Wachstum der Keimwurzeln. Sie zeichnen sich durch starke Biomasseproduktion aus.

Diese Affirmation bekam von der wrD eine 'LM 700', was schon als Hochpotenz zu bezeichnen ist. Die restlichen Affirmationen zu finden, überließen wir dem Datenbank-Scan der Software. Die Bewellung stellte das Gerät auf ein Intervall von 2,2 Stunden und die Bewellungsdauer auf 7 Sekunden ein. Insgesamt lief dieser Versuch ca. 130 Stunden, also gut 5 Tage.

Die ersten Ergebnisse fielen deutlich und sehr erfreulich aus. Das Resultat erschien uns im ersten Moment geradezu unglaublich. Die bewellten Erbsensamen hatten im Durchschnitt etwa 25 Prozent längere Keimwurzeln als die Erbsen aus der Kontrollgruppe, die unter gleichen Bedingungen im Nebenraum gelegen hatte. Abb. 8 zeigt ein Exemplar aus der Gruppe der bewellten Erbsensamen (die obere, längere Wurzel) und ein Exemplar aus der Kontrollgruppe.

Die Abbildung 8 ist natürlich kein Beweis, da es sich ja nur um einen Vergleich zwischen den jeweils längsten Exemplaren der beiden Gruppen handelt. Da fehlte noch die solide Statistik. Aber wir hatten Blut geleckt. Und der Versuch mußte ohnehin wiederholt werden.

„Diesmal sollten wir den Versuch mit etwas mehr Statistik begleiten", meinte Stefanie, als wir uns die Ergebnisse genauer ansahen. Der nächste Versuch war bald geplant, und diesmal sollten zusätzlich noch die Optionen getestet werden, die die Software des Geräts zur Verfügung stellte: Eine Bewellung mit den fest eingestellten, der Homöopathie entlehnten Potenzen (als D-, C- oder

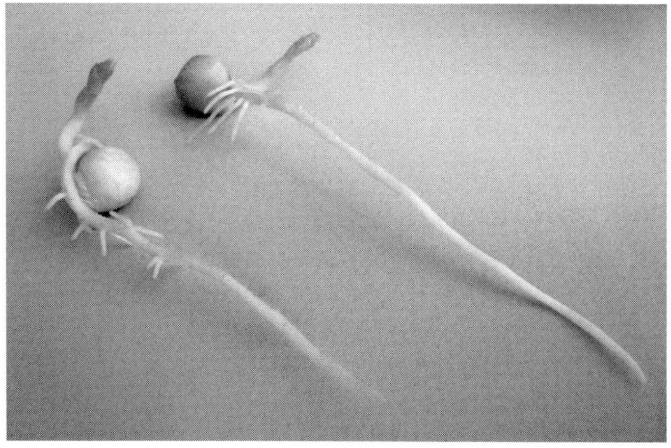

Abb. 8 Die beiden Erbsensamen mit den jeweils längsten Wurzeln aus einer Gruppe bewellter (oben) und unbewellter Erbsensamen.

LM-Potenz) einerseits oder aber mit 'Optimum', bei dem – nach Aussage des Herstellers – bei jedem Bewellungsvorgang immer wieder abgefragt und auf die für diesen Zeitpunkt beste Potenz justiert wird. Der Versuchsaufbau war diesmal etwas komplexer, weil wir nun neben der Kontrollgruppe zwei 'Bewellungsgruppen' hatten. Die sogenannte Hauptaffirmation war identisch mit der des ersten Versuchs, der Datenbank-Scan verlief genauso, nur daß diesmal zuerst ein gemeinsames Foto aller zu bewellenden Erbsensamen verwendet wurde und die sich insgesamt ergebenden Affirmationen dann in einem (durch Kopie duplizierten) Behandlungsprotokoll einmal auf die L_C_D-Gruppe und ein andermal auf die 'Optimum'- Gruppe angewandt wurde. Die eine Gruppe wurde also mit denselben Affirmationen bewellt wie die andere, nur daß im einen Fall die Potenzen in der ursprünglichen Form belassen wurden, während für die zweite Gruppe generell auf 'Optimum' gestellt wurde. Sendeintervall und Sendedauer waren jedoch bei beiden wieder gleich und betrugen diesmal 2,8 Stunden

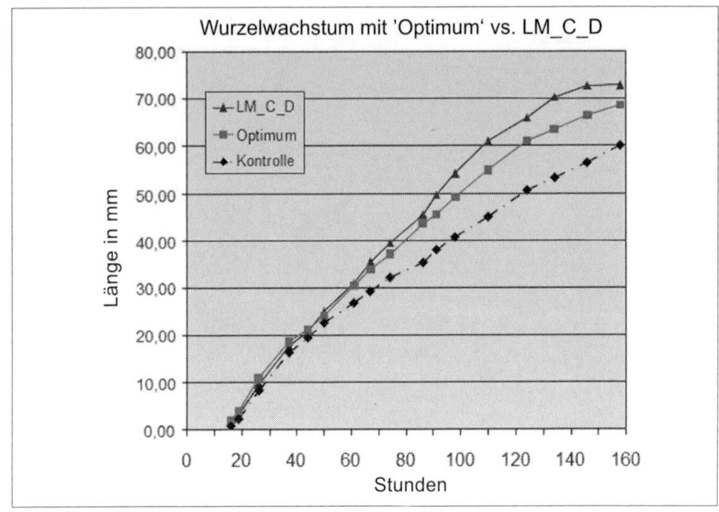

Abb. 9 Wurzelwachstum Erbsensamen (LM/C/D) vs. 'Optimum' und Kontrolle

sowie 17 Sekunden. Diesmal lief der Versuch über insgesamt 158 Stunden, also gut 6 Tage.

Wie aus der Graphik der Abb. 9 zu ersehen ist, zeigten die Keimwurzeln bei den beiden bewellten Gruppen ein besseres Wachstum als die Kontrolle, die den 'natürlichen' bzw. 'normalen' Keimungsvorgang spiegelt. Dabei war, wie eine Detailrechnung zeigte (hier aus Platzgründen nicht aufgeführt)[8], die sog. LM-C-D-Variante[9]

8 Wir bilden hier nicht die zugrundeliegenden Ergebnistabellen ab, wie es für rein wissenschaftliche Arbeiten nötig wäre, weil dies den Raum der Darstellung sprengen und die Leser bestenfalls langweilen würde. Die Ergebnisse werden deshalb in knappen Worten verbal/graphisch dargestellt.

9 Die LM-C-D-Variante unterscheidet sich von der Variante 'Optimum' des QTX dadurch, daß hierbei durchgängig die von der wrD gefundenen Potenzen (d. h. LM, C oder D für die einzelne Affirmation) konstant über den gesamten Versuchsablauf gesendet werden, während bei der 'Optimum-Variante' bei jeder Besendung vorher auf die im Augenblick für das Zielobjekt optimale Potenz geprüft und diese erst dann gesendet wird.

nach ungefähr 50 Stunden mit um die 30 Prozent Wachstums-Plus 'besser' als die Optimum-Variante, die gegenüber der Kontrollgruppe um durchschnittlich jeweils 20 Prozent vorne lag.

Lediglich gegen Ende der für diese Art von Versuch ohnehin relativ langen Versuchszeit (an die sechseinhalb Tage ohne explizite Sterilitäts-Bedingungen, Konservierungsmittel oder ähnliche Maßnahmen) holte die Kontrollgruppe gegenüber den beiden Testgruppen wieder etwas auf, sodaß der Wachstumsvorteil am Versuchsende nur noch 15 Prozent (Optimum-Variante) bzw. 22 Prozent (LM-C-D-Variante) betrug. Die Ursache lag darin, daß beide bewellten Gruppen offenbar schon einem 'Sättigungsphänomen' erlagen, während, wie Abb. 9 zeigt, die Kontrollgruppe immer noch einen relativ linearen Wachstumsverlauf aufwies.

Unsere Schlußfolgerung aus diesem Versuch, den wir noch zweimal mit etwa dem gleichen Ergebnis wiederholten, war, daß es für 'effizientere' Ergebnisse einer QTX-Bewellung offenbar günstiger ist, wenn man die ursprünglichen Potenzen verwendet, anstatt sich der Optimum-Variante zu bedienen. Die Optimum-Variante schien vielleicht eher angezeigt, wenn es darum ging, gute Erfolge zu erzielen, aber auf eine eher 'sanftere Tour'.

Die Experimente waren in gewisser Hinsicht ein Erfolg gewesen, hatte die QTX-Bewellung doch die besseren Ergebnisse erbracht. Aber ganz zufrieden waren wir trotzdem noch nicht.

Die Experimente werden härter

Kann das QTX
auch äußere Stresseffekte kompensieren?

Wer heilt, hat recht!

Fritz König, Heilpraktiker

Jesus sah sie an und sagte: „Hab keine Angst!
Dein Vertrauen hat dir geholfen."
Im selben Augenblick war die Frau geheilt.

(Matthäus 9.22)

„Das ist ja ganz nett, was wir da bisher erreicht haben", meinte Stefanie am nächsten Morgen beim Frühstück, „und wir haben uns selbst damit auch bestätigt, daß das QTX offensichtlich eine Wirkung hat, aber das gleicht weder dem normalen Einsatzzweck – nämlich der Heilung oder Besserung von Krankheiten – noch ist es ein Programm, das – laß es mich mal so sagen – einen fehlerhaften Zustand 'korrigiert'. Wir haben lediglich ein ohnehin vorhandenes Programm, nämlich den Wachstumsvorgang, etwas beschleunigen können. Aber die eigentliche Frage, die sich auch Ärzte und Heilpraktiker stellen, ist doch: 'Kann man damit einen körperlichen Mangel oder Fehler beheben, kann man damit heilen?'"

„Aber wie können wir dies mit wiederholbaren, sozusagen typisierten Experimenten darstellen?", war meine Gegenfrage.

„Das ist vielleicht gar nicht so schwer. Im Labor erzeugen wir auch künstliche Mangelzustände in Pflanzen, indem wir sie einem speziellen Stress unterwerfen und dann beobachten, wie sie sich verhalten. Da gibt es viele Optionen: Kältestress, Hitzestress, Trockenstress, oder man infiziert sie mit 'geeigneten' Bakterien, Viren oder Pilzkeimen, sodaß die Pflanze Abwehrmaßnahmen organisieren muß. Nun, Viren oder Pilzkeime möchte ich wirklich nicht hier im Hause haben, und im Labor möchte ich diese Pflanzenversuche mit QTX auch nicht machen, weil dann blöde Fragen von den Mitarbeitern kommen würden, was ich denn da tue."

Sie sinnierte einen Moment. „Ich hab's, ein ganz einfacher und bei uns häufig angewandter Stresstest ist der Test mit Salzlösungen unterschiedlicher Osmolarität, das heißt mit Salzlösungen unterschiedlicher Konzentration. Pflanzen sind bis auf wenige Ausnahmen nicht gut an Salzböden angepaßt. Wir könnten die Erbsen in Salzlösungen keimen lassen. Die jeweils 'geeignete' Osmolarität der Salzlösung muß nur in Vortests ermittelt werden. Dazu macht man eine Testreihe verschiedener Kochsalzlösungen mit aufsteigender Konzentration und wählt dann für den Versuch diejenige Konzentration, bei der noch annähernd 50 Prozent der Erbsensamen keimen. Auf die derart gestressten Erbsenkeimlinge könnten wir dann das QTX anwenden und sehen, ob es die Stresswirkungen beheben oder wenigstens etwas gegensteuern kann."

In den nächsten drei Wochen war Stefanie in ihrer Freizeit damit beschäftigt, die Erbsen in Kochsalzlösungen mit unterschiedlichen Konzentrationen keimen zu lassen. Schließlich hatten wir unsere 50%-Situation mit 0,1 molar (= 0,1 M) NaCl-Lösung ermittelt.[10]

10 0,1-molar oder abgekürzt 0,1 M bedeutet daß 1/10 des Molgewichts von Kochsalz, d. h. NaCl (= 35 g) auf 1 Liter Wasser gelöst ist.

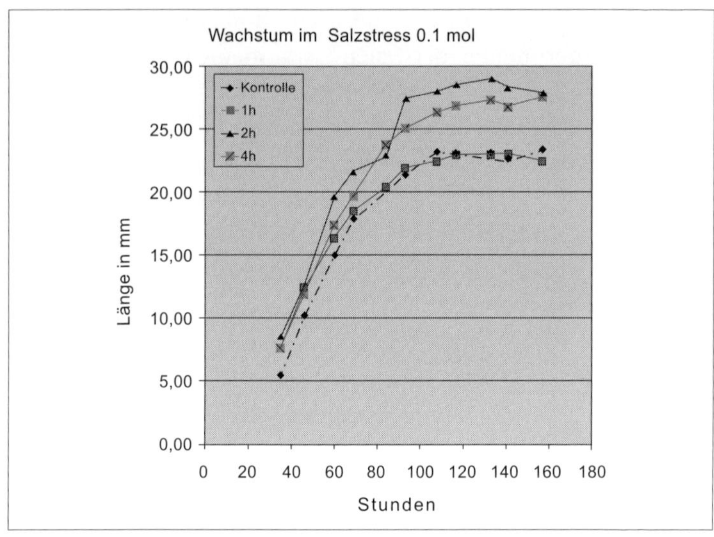

Abb. 10 Erbsenkeimung unter 0,1 M Salzstress bei 1 h, 2 h und 4 h Intervall

Das Prozedere war nun im Prinzip wieder dasselbe wie schon bei den vorangehenden Wachstumsversuchen. Wir machten für alle Erbsensamen, die am Bewellungsversuch teilnahmen, zunächst ein gemeinsames Foto, das für die Erstellung des BP Verwendung fand.

Die Hauptaffirmation lautete hier:

Die Erbsensamen keimen trotz Salzstress in 0,1-molarer NaCl-Lösung hervorragend. Die Keimlinge weisen eine hohe Vitalität auf. Die Wurzeln wachsen gerade und sind aufgrund der guten Abwehrlage gefeit gegen jedwede Parasiten, Bakterien oder Viren. Sie zeichnen sich durch starke Biomasseproduktion aus. Dafür danken wir!

Den Rest der Affirmationen besorgte wieder QTX über den Datenbank-Scan, der die wrD verwendet.

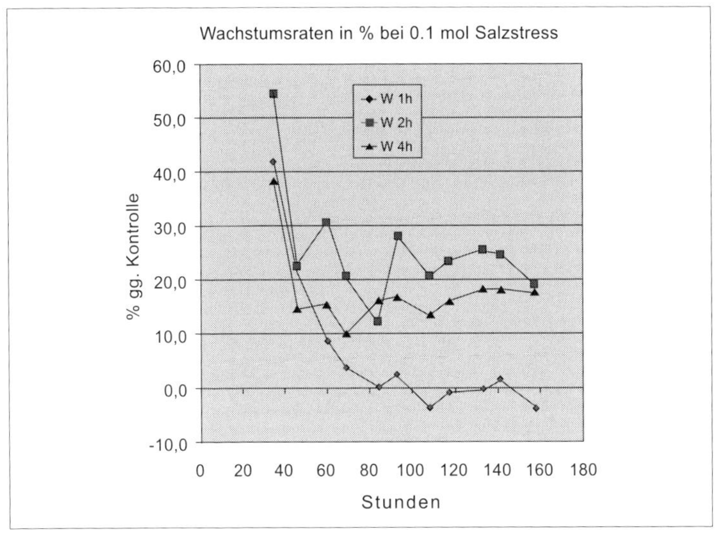

Abb.11 Wachstumsraten in % bei 0,1 MSalzstress; Intervalle: 1 h, 2 h, 4 h

Neben dem eine 'Krankheit simulierenden' Test auf Salzresistenz der Erbsenkeimlinge hatten wir diesmal auch noch vor, gleichzeitig verschiedene Bewellungs-Intervalle zu testen. Zunächst begannen wir mit den drei Intervallzeiten 1 h, 2 h und 4 h sowie der Kontrolle, die unbewellt blieb, aber selbstverständlich demselben 0,l-molaren Salzstress unterworfen war wie die bewellten Gruppen. Das Ergebnis ist in den Abbildungen 10 und 11 zu sehen. Die Ergebnisse lassen sich wie folgt zusammenfassen:

- auch bei diesem Versuch hatte die Bewellung mit QTX wieder ein intensiveres Längenwachstum zur Folge, als dies bei der Kontrolle der Fall war, unter ansonsten gleichen Bedingungen.

- Abb. 10 zeigt jedoch, daß dies genaugenommen nur für die Bewellungen mit mehr als 1 h Intervalldauer gilt. Bei einem

Intervall von einer Stunde ist das Wachstum zunächst leicht besser als bei der Kontrolle, ab ca. 80 h Keimungsdauer aber teilweise deutlich schlechter. Dies zeigt sich besonders deutlich in Abb. 11, die die Ergebnisse von Abb. 10 in prozentualen Wachstumsraten ausdrückt.

- In Abb. 11 wird deutlich, daß die Bewellung im 2-h-Takt die höchsten Wachstumsraten erzeugt (im Band zwischen 20 und 30 Prozent über den Gesamtverlauf). Außerdem wird deutlich, daß die 4-h-Bewellung im mittleren Bereich liegt (im Band von 10 bis etwa 18 Prozent Wachstumsrate). Die Bewellung im 1-h-Takt startet mit einer Wachstumsrate von ca. 22 Prozent gegenüber der Kontrolle, um dann kontinuierlich zu fallen und bei ca. 100 Stunden Keimungsdauer unter Null zu liegen. Ab etwa 100 h Keimungsdauer ist die Wachstumsrate hier sogar negativ.[11]

Daß die 2-stündige Bewellungs-Taktung die höchsten Wachstumsraten erzielte und nicht die 4-stündige, blieb noch im Rahmen der Erwartungen, daß aber der 1-h-Takt nach einer gewissen Anlaufzeit sogar gegenüber der Kontrolle zurückfiel, war von uns nicht erwartet worden. Doch war das nicht ein Hinweis auf ein Phänomen der 'Übersteuerung', ähnlich dem, wie wir es bei meinem Blutdruck-BP erlebt hatten?

Offenbar 'wirkte' das QTX bei der 1-h-Bewellung, aber nicht wie erwartet, sondern es schien das Zielobjekt nach einer gewissen Zeit (hier 100 h) zu irritieren, da das Zielobjekt nicht einmal mehr das normale, sich in der Kontrollprobe spiegelnde Verhalten aufwies, sondern sich das Wachstum sogar verschlechterte. Kurz gefaßt könnte das Fazit also lauten: Es gibt offenbar so etwas wie ein Optimum des Bewellungsintervalls (wie auch vermutlich der

11 Berechnet nach der Formel: 100 x Länge(Bl)/Länge(K) – 100, mit B1 = Wurzellänge für Intervall 1 h, K = Kontrolle.

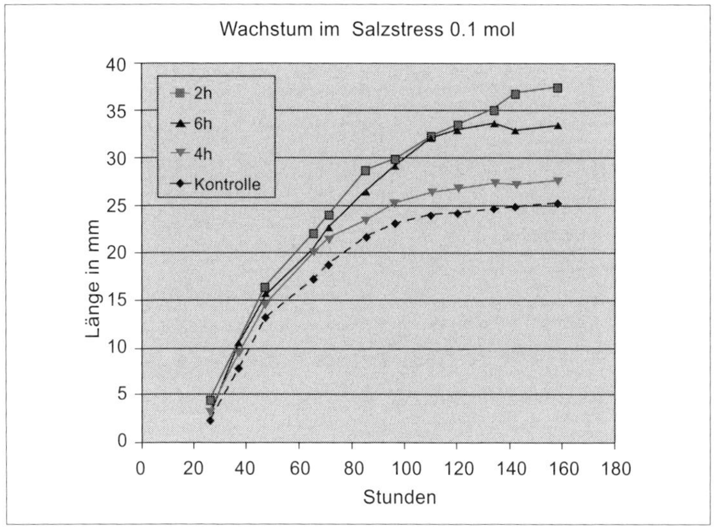

Abb. 12 Erbsenkeimung unter 0,1 M Salzstress bei 2 h, 4 h und 6 h Sende-Intervall

anderen Parameter, etwa der Dauer oder der Intensität der Bewellung, die wahrscheinlich zudem noch interdependent sind), das bei 1 h unterschritten und bei 4 h überschritten worden war.

Dieses Ergebnis machte uns natürlich neugierig, und wir planten eine Wiederholung dieses Versuchsaufbaus, bei dem alles (nämlich die Affirmationen, die aus den 'Vorlagen' des letzten Versuchs übernommen werden konnten) identisch sein sollte, bis auf die Bewellungsintervalle, die wir diesmal in etwa verdoppelten. Wir benutzten also statt des Parametersatzes 1-2-4-h nun den Satz 2-4-6-h. Die Ergebnisse sind in den Abb. 12 und 13 zu sehen, die inhaltlich zu den Abb. 10 und 11 analog sind.

Diesmal war die Bewellung im Zwei-Stunden-Takt sogar fast 50 Prozent effektiver als die Kontrolle, wobei diese durchschnittliche Wurzellänge mit 25 mm nach ca. 160 h, also nach fast einer Woche Keimungsdauer, höher ausfällt als beim Versuch in Abb. 11. Alles

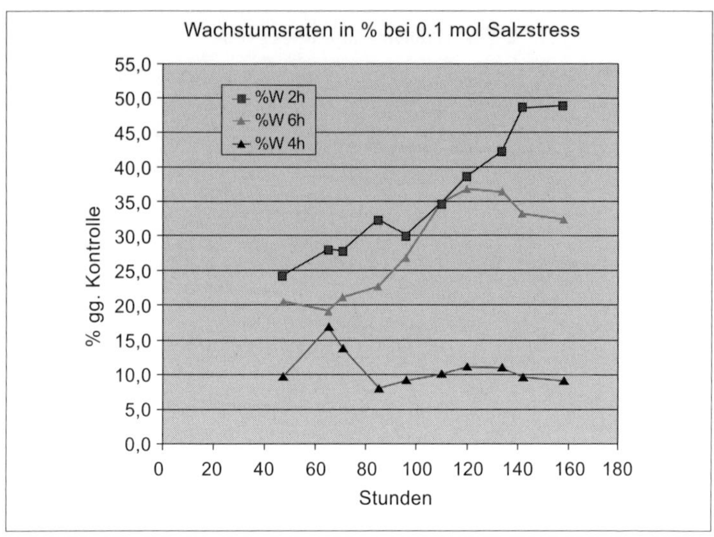

Abb.13 Wachstumsraten in % bei 0,1 M Salzstress; Intervalle: 2 h, 4 h, 6 h

in allem sind die Werte aus beiden Versuchsreihen recht gut vergleichbar und bestätigen sich gegenseitig. Auch hier können wir feststellen, daß eine Bewellung eine eindeutige Intensivierung der Wurzelkeimung trotz des Salzstresses bewirkte (auch die Kontrolle war ja dem Salzstress ausgesetzt). Die Bewellung hat also die Stresswirkung der 0,1 molaren Salzlösung in gewisser Weise kompensiert.

Dieser Effekt war jedoch in seinem Ausmaß abhängig von der 'Taktung' der Bewellung, wobei in allen Fällen die Bewellungsdauer mit 19 sec konstant gehalten wurde. Die Vorgabe des QTX hatte für den Versuchsansatz 4 h für das Intervall und 22 sec für die Dauer ergeben. Demgegenüber zeigte sich, daß ein 2-h-Intervall in beiden Fällen (Abb. 11 vs. Abb. 13) die bessere Wahl gewesen wäre.

Faßt man die Zuwachsraten aus Abb. 11 bzw. Abb. 13 in geeigneter Form zusammen, wobei man für die 2-h und 4-h-Varianten

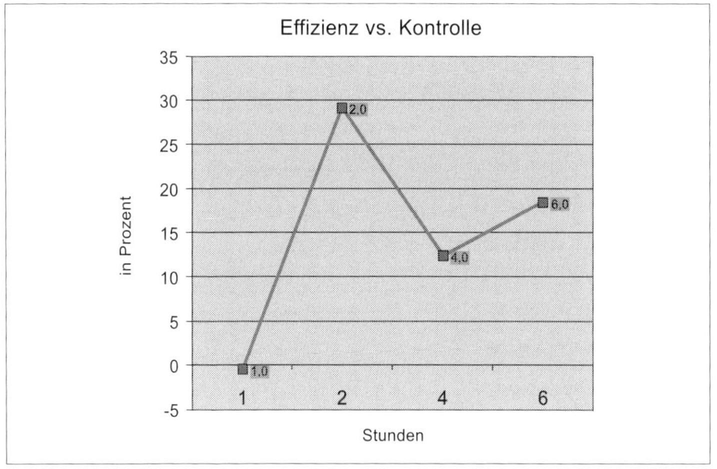

Abb. 14 Schema-Graphik zu erwartender Bewellungseffekte nach Intervalldauer

jeweils die Mittelwerte bildet, so kann man eine in Abb. 14 dargestellte Schema-Kurve einer Bewellungseffizienz gegenüber der Kontrolle ermitteln, deren Werte allerdings im Augenblick nicht 'allzu wörtlich' zu nehmen sind, sondern als Aussage für ein mögliches Muster verstanden werden sollten. Bei einem 2-h-Intervall erhielten wir also das Optimum der QTX-Wirkungen für dieses Experiment[12] (vgl. Abb. 12), d. h. die Bewellung bewirkte ein um gut 50 Prozent höheres Längenwachstum der Erbsenwurzeln, als dies bei der unbewellten Kontrolle der Fall war.

Demgegenüber fiel die Effizienz sowohl bei einer Intervall-Verlängerung auf 4 h als auch bei 6 h ab. Bei der 1-h-Taktung fiel die Wachstumsrate sogar in den negativen Bereich (vgl. Abb. 10 und 11). Auch beim 1-h-Intervall 'macht' das QTX also etwas mit dem Zielobjekt – nur nicht das, was wir erwartet hatten, sondern mehr

12 Bei anderen Pflanzenversuchen oder auch Personen als Zielobjekt könnte das Optimum natürlich bei einer anderen Stundenzahl liegen.

oder weniger das Gegenteil davon. Es kompensierte den Salzstress nicht, sondern es schien ihn zu verstärken. Um im Modellansatz zu bleiben – es 'heilte' nicht die Störung, die durch die Salzlösung entstanden war, sondern es verschlechterte sogar noch den Zustand gegenüber einer 'Nichtbehandlung'. Irgendwie war dieses Ergebnis aber auch tröstlich. Denn es besagt: QTX wirkt, auch wenn die Wirkung schon mal negativ ausfällt. Wie können wir dann aber die Wirkungen der Affirmationen optimieren? Indem wir versuchen, die geeigneten Parameter zu finden.

Die andere Frage, die sich hier sofort stellte, war: Die relative Reduzierung des Wurzelwachstums, die bei 1-h-Taktung der Bewellung nach ungefähr 100 h auftrat (vgl. Abb. 10 bzw. 11), war möglicherweise so etwas wie eine Erstverschlimmerung, wie sie aus dem Bereich der Homöopathie bekannt ist, nur daß sich diese hier als eine relative Spätverschlimmerung darstellte. Die Entwicklung der Kurve in Abb. 11 sah ganz so aus, als ob nach anfänglichem Erfolg der QTX-Einstellung die Erbsen-Keimlinge, die dieser relativ dichten – einhämmernden (?) – Bewellung ausgesetzt waren, schlapp machten, weil sie nicht mehr in der Lage waren, den Impulsen der Bewellung zu folgen. Konnte hier eine mögliche Erklärung für diese Reaktion liegen?

In der theoretischen Fundierung der amerikanischen Verhaltenspsychologie der 60er und 70er Jahre des zwanzigsten Jahrhunderts war das sog. '**S**timulus-**R**esponse-Schema' (SR-Schema) das gängige Erklärungsmodell für Experimente gewesen. Ein von außen gesetzter Reiz verursachte eine Reaktion. Die damit arbeitenden Theorien stießen jedoch schon bald auf Schwierigkeiten, die man später mit dem 'SOR-Schema' zu überwinden suchte. Hierbei steht das 'O' ergänzend für den Organismus (Zelle, Tier, Mensch), dem damit auch ein gewisses Eigenleben zugestanden wurde. Reaktionen wurden dann nicht mehr ausschließlich mit dem Stimulus S begründet, sondern es wurde ein expliziter Verarbeitungsschritt im Organismus postuliert, der seinerseits vom aktuellen Zustand, der Geschichte, den Erfahrungen sowie vor allem den Kapazitätsgrenzen des Organismus in Bezug auf die Reizverarbeitung abhängen konnte. In den Sozialwissenschaften resultierte hieraus später das sehr effektive Konzept des sogenannten *information-overload,* das auch heute noch in allen möglichen Bereichen erfolgreich Anwendung findet.

Konnte es sich also bei der Reaktion auf die 1h-Bewellung um so etwas wie einen *information-overload* handeln? Wir waren uns klar, daß wir hier auf jeden Fall einen wichtigen Anknüpfungspunkt gefunden hatten, um dem Geheimnis des QTX und seiner Wirkungsweise näherzukommen.

Die Salzstress-Versuche waren damit (nach jeweils fünfmaliger Wiederholung) zwar abgeschlossen, hatten aber weitere Fragen aufgeworfen, denen wir in der Folgezeit nachgehen wollten.

Die Versuche liefen meist unter der Woche, und Stefanie hatte Mühe, die pro Versuchsansatz nötigen Messungen für meist vierzig Erbsen für jeden Meßpunkt auf der Kurve neben ihrem stressigen Berufsalltag unterzubringen. Am Wochenende, meist am Samstag nahmen wir uns dann bei einem ausgiebigen Frühstück die Zeit, unsere Erfahrungen der Woche auszutauschen und die QTX-Versuche zu diskutieren.

„Die Ergebnisse der Salzstress-Versuche sind ja ganz schön, aber wenn das jemand sieht, der wissenschaftliche Ansprüche stellt, wird er sofort fragen, wie es mit der Signifikanz steht“, warf ich nach Sichtung unserer Ergebnisse ein.

„Bleib mir bloß vom Hals damit“, antwortete Stefanie. „In der Biologie haben wir regelmäßig eine dermaßen hohe Streubreite bei den Pflanzen, daß es meistens unmöglich ist, eine ‘vernünftige’ Standardabweichung[13] zu erhalten, und damit ist das dann meist

13 Die sog. Standardabweichung ist die Quadratwurzel aus dem Mittelwert der quadrierten Differenzen der Einzelwerte zu ihrem Mittelwert und reagiert deshalb auf 'Ausreißer' überproportional.

das 'Aus' für einen Signifikanz-Nachweis. Deshalb drücken die Kollegen hier gerne ein Auge zu, wenn wenigstens die Kurven der Mittelwerte – so wie in unserem Versuch – hinreichend gut voneinander abweichen. Aber du kannst dir ja mal die Arbeit machen, die kompletten Einzelwerte heranzuziehen und sie in dein Programm einzutippen", war ihre schnippische Antwort, denn sie glaubte ohnehin nicht, daß ich mit meinem Ansinnen irgendeine Chance haben könnte.

„Ok, das mach ich, das interessiert mich wirklich", sagte ich. Am selben Nachmittag setze ich mich hin und tippte die ganzen Einzelwerte in ein entsprechendes EXCEL-Spreadsheet im Computer, wobei ich die Werte von drei Versuchen à je zehn Erbsenkeimlinge für die Kontrolle und jedes der drei Bewellungsintervalle sowie insgesamt rund 14 Meßpunkte einer ganzen Woche (jeweils morgens und abends für jeden Tag) eintippte. Das Spreadsheet war in Blöcke für jeden Meßpunkt aufgeteilt, sodaß es – mit den entsprechenden Statistik-Formeln unterlegt – beim Eingeben der jeweils letzten Zahl sofort den Mittelwert und die Standard-Abweichung aller im jeweiligen Block enthaltenen Meßwerte ausspuckte.

Stefanie behielt leider recht. Die Standard-Abweichungen waren, vor allem in der kritischen Region der Versuchs-Endphase, mit teilweise mehr als einem Drittel des Mittelwertes so hoch, daß von einer nennenswerten Signifikanz keine Rede sein konnte. Damit Leser oder Leserinnen verstehen können, worum es bei diesem 'wissenschaftlichen Ritual' geht, sei dieser Zusammenhang kurz in einer Graphik in Abb. 15 gezeigt.

Die hier dargestellten Zusammenhänge muß jeder Student der empirisch arbeitenden Naturwissenschaften, wie Biologie, Medizin oder Pharmazie schon im Grundstudium lernen. Ausgangspunkt ist meist der 'Grundzustand' einer Gesamtheit, beispielsweise die Verteilung der Körpergröße von Männern. Entweder entspricht diese Verteilung ohnehin schon einer 'Normalvertei-

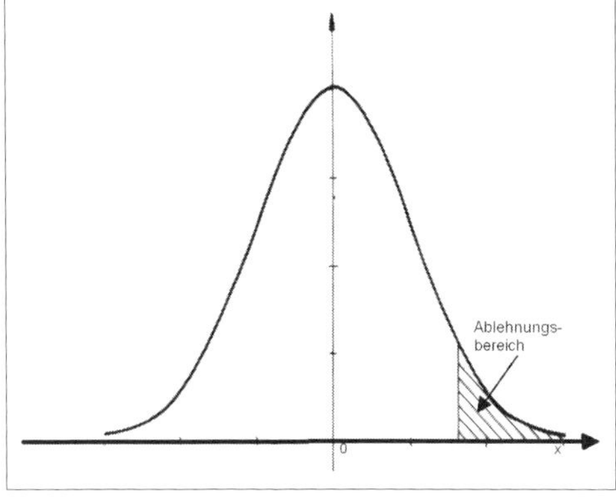

Abb. 15

Annahme- und Ablehnungsbereich (schraffiert) einer Normalverteilung

lung', wie sie als typische symmetrische Glockenkurve in Abb. 15 zu sehen ist, oder aber man arbeitet mit Mittelwerten aus sogenannten Stichproben, indem man die Stichprobenwerte mehrerer 'Individuen' mittelt. Diese Mittelwerte sind dann nach einem grundlegenden Theorem der Statistik auf jeden Fall normal-verteilt. Normiert man diese Verteilung noch auf den Erwartungswert 0, so sieht die Verteilung so aus wie in Abb. 15 dargestellt.

Die folgenden Absätze bis Seite 101 befassen sich etwas eingehender mit Statistik und sind daher eher trocken. Für das generelle Verständnis des Textes ist es nicht zwingend notwendig, sie zu lesen.

Nehmen wir einmal an, die Verteilung der Körpergröße x von Männern in Deutschland liege im Mittel bei 175 cm mit einer sog. Standard-Abweichung (StdAW) von 7 cm. Das beinhaltet (als stringente mathematische Folge der Normalverteilung), daß sich innerhalb von ± 1 StdAW um den Mittelwert (MW) herum 68 % aller Männer wiederfinden, innerhalb ± 2 StdAW rund 95 % aller Männer und bei ± 3 StdAW rund 99,9% aller Männer. Wenn nun im Intervall MW ± 2 StdAW um den Mittelwert (= 175 cm + 7 cm) herum 95% aller vorkommenden Fälle liegen, dann bleiben für den Rest nur 5 % übrig (= Differenz auf 100 %), das sind rechts außerhalb dieses Intervalls (also Größe > 184 cm) 2,5 % und links des Intervalls (also Größe < 161 cm) die restlichen 2,5 %. Kurz gesagt: das 2-StdAW-Ereignis (x > 184 cm oder auch σ wie im Beispiel hat eine Eintrittswahrscheinlichkeit p = 2.5 %.

Für manche Unterscheidungsprobleme (etwa die Wirksamkeit eines Krebsmedikaments) ist eine Eintrittswahrscheinlichkeit von p = 2,5 % allerdings noch relativ groß. Senken wir sie etwa auf p = 0,1 % (also 1 Promille), so besagt die Konvention, sie sei nun so klein, daß man bereit ist, das Ereignis als nicht mehr zufällig zu betrachten ist, sondern als signifikant verschieden. Diese Situation wäre also gegeben, wenn der in einer Stichprobe realisierte Wert ± 3 StdAW (3-σ-Fall) vom Mittelwert entfernt läge. Diese Grenze wäre im obigen Rechenbeispiel bei 175 cm ± 3 x 7 cm gegeben, also wenn eine Stichprobe einen Wert > 196 cm oder alternativ < 154 cm ergäbe. Um genau zu sein, wären die Eintrittswahrscheinlichkeiten wegen der Symmetrie der Normalverteilungskurve (also dem Fall ' >' oder '<') sogar nur ein halbes Promille, da die restlichen 0,1 % im 3-σ-Fall sich wieder auf die beiden Seiten der Glockenkurve verteilen. In einem solchen 'symmetrischen Fall' spricht man in der Statistik auch von einem 'zweiseitigen Problem'. Das Prinzip ist also leicht erkennbar: Je weiter die Stichprobe vom Mittelwert entfernt unter der Glockenkurve liegt, desto kleiner die Restfläche unter der Kurve und desto signifikanter die Stichprobe.[14]

---

14 Im Statistiker-Deutsch verwendet man oft auch den Ausdruck 3σ-Ereignis, das man als 'höchstsignifikant' einstuft, weil es eine Eintrittswahrscheinlichkeit p von nur noch 1 Promille besitzt. Ein 2σ-Ereignis ist dementsprechend nur 'signifikant', und ein Wert, der bei rund 2.5 σ liegt (p = 1%), würde als' hochsignifikant' gekennzeichnet. Alternativ findet man statt σ-Stufen auch die Bezeichnungen z-Wert oder t-Wert (je nach verwendeter Testvariable). Das in Abb. 15 gezeigte Grundprinzip bleibt aber stets gültig. Die genannten Werte kann man meist im Tabellenteil von Statistik-Lehrbüchern nachschlagen oder auch im Internet finden, beispielsweise unter *http://eswf.uni-koeln.de/glossar/tvert.htm*

In den empirisch orientierten Naturwissenschaften muß man sich aufgrund der meist relativ großen Heterogenität der statistischen 'Basis' (entspricht großen Standardabweichungen) meist mit einem Sigma von 2 zufrieden geben, und spricht dann von einer Signifikanz auf dem 5%-Niveau, falls der Test 'einseitig' ist, wenn also aus sachlichen Gründen auf der anderen Seite des Erwartungswerts keine Werte auftreten können, oder aber man spricht von einem 2,5%-Niveau bei 'zweiseitig' auftretenden Abweichungsmöglichkeiten vom Mittelwert. (Daß der Mittelwert in Abb. 15 mit Null angegeben ist, braucht uns hier nicht zu stören, da dies lediglich das Entscheidungsschema betrifft, das auf einen Mittelwert 0 abstellt, wie er sich durch eine Normierungsrechnung ergibt. Das bedeutet, der tatsächliche Mittelwert, wie der obige mit 175 cm wird auf den Erwartungswert Null 'umgerechnet')

Bei unserem Salzstress-Versuch hatte die Berechnung mit 30 Werten für die Kontrolle, die hier natürlicherweise die sogenannte Null-Hypothese darstellt, einen Mittelwert von 23,6 mm ± 4,16. Bei zwei Standard-Abweichungen, also einem Sigma = 2 würde der Ablehnungsbereich somit bei 23,6 + 2 x 4,16 = 31,92 mm beginnen. Der Mittelwert der 'besten' Testgruppe lag jedoch nur bei 29,87 mm und damit noch innerhalb des Annahmebereichs, wie er in Abb. 15 gezeigt wird. Wir hatten also nicht mal eine Signifikanz auf dem Niveau von 2,5% erreicht, und das war für irgendwelche 'Signifikanz-Träume' doch etwas wenig.

„Das hab ich dir ja gleich gesagt" reagierte Stefanie etwas hämisch, als ich ihr die Ergebnisse meiner Rechenbemühungen zeigte.

„Das ist eben so in der Biologie. Hätten wir eine Standard-Abweichung von nur 2,0 mm, dann wärst du jetzt der King und ich würde sagen: 'Dolles Ergebnis!', aber so erringen wir eben nicht den Lorbeerkranz der hehren Wissenschaft und bleiben einfach auf dem Teppich des wissenschaftlichen Alltags. Schließlich ist das ja auch mein täglich Brot, und warum soll es uns mit diesem Versuch ausgerechnet besser ergehen als so vielen Doktoranden und Diplomanden in ihren täglichen Experimenten. Aber wie heißt der Spruch: wer immer strebend sich bemüht …'? Vielleicht klappt's ja bei unserem nächsten Versuch, wer weiß?" Stefanie konnte sich ein Lachen nicht verbeißen, und ich kam nicht umhin, mit einzustimmen.

„Du überraschst mich doch immer wieder", sagte ich etwas verdutzt, nachdem ich mich von unserem gemeinsamen Humor-Anfall erholt hatte, „was ist es denn diesmal?"

„Wart's ab", kam es prompt zurück, während sie weiterlachte.

Der Gesang im Feuerofen

Überleben die Erbsen dank QTX auch eine Hitze von 80 Grad C?

Aber der Engel des Herrn ...
trieb die Flammen des Feuers aus dem Ofen hinaus
und machte das Innere des Ofens so,
als wehte ein taufrischer Wind.
Das Feuer berührte sie nicht.

Daniel 3,51

„Ich hab dir doch schon erzählt, daß wir im Labor bei Vitalitäts- oder Stress-Tests die verschiedensten sogenannten Stressoren einsetzen. Dazu gehören neben den abiotischen Stressoren wie Salz, Hitze oder Trockenheit auch die verschiedenen biotischen Stressoren, etwa Pilze oder Bakterien. Aber Versuche mit biotischen Stressoren wollten wir ja hier zu Hause auf gar keinen Fall machen. Wir verfügen jedoch noch über ein ganz simples Mittel mit hoher Wirkungskraft."

Stefanie sah mich ganz verschmitzt und zugleich etwas erwartungsvoll an, so als müsse ich von selbst auf die Lösung kommen.

„Ich meine unseren Backofen. Wir werden die Erbsen auf eine kritische Temperatur erwärmen, sodaß unter den noch auszutestenden Bedingungen nur noch an die 50 Prozent der Keimrate der Erbsensamen übrigbleiben und lassen dann das QTX diese 'Schädigung' reparieren. Das wird bestimmt ein sehr interessanter Versuch." Sie lachte wieder.

Die nächsten Wochen vergingen – wie schon beim Salzstress-Experiment – mit langwierigen Vorversuchen, um den kritischen 50%-Ausfall-Bereich einzugrenzen. Diesmal war es schwieriger, weil wir nicht nur einen Parameter zu ermitteln hatten sondern deren zwei – nämlich Temperatur und Zeit. Das Keimungsverhalten der Erbsensamen zeigte sich als erstaunlich resistent gegenüber der Hitze. Eigentlich war zu erwarten, daß ab einer Temperatur von etwa 45°C alle Enzymsysteme geschädigt wurden, doch die Erbsen reagierten erst ab circa 65° in wirklich kritischem Ausmaß, von da an aber ging es rapide mit der Vitalität bergab. Die tolerierbare Zeitspanne, für die die Erbsen der Hitze ausgesetzt werden konnten, verkürzte sich also ab einer gewissen Temperatur sehr rasch.

Schließlich hatte Stefanie eine Spanne für beide Parameter gefunden, für die die 'Schädigung' in etwa der üblichen 50%-Ausfallrate entsprach. Diese Bedingungen lagen zwischen ca. 65° bis 80°C und 10 bis 30 min Expositionszeit. Während die Wirkungen vom QTX auf den körperlichen oder den seelischen Status eines Menschen ein überaus facettenreiches System darstellen und daher immer der Einwand bleibt, daß es sich bei etwaigen Heilungserfolgen des QTX um rein suggestive Wirkungen bzw. einen Placebo-Effekt handeln könnte, war es demzufolge unser Ziel, seine Effekte an einem einfachen, nicht manipulierbaren biologischen Organismus darzustellen. Diese Vorgehensweise gehört – wissenschaftlich gesehen – in den Bereich der Bioindikation. Als Bioindikatoren werden lebende Organismen bezeichnet, die auf äußere Einwirkungen, Stressoren jedweder Form mit meßbaren Veränderungen ihrer Lebensfunktionen antworten. Das gewählte pflanzliche System, unser relativ einfach zu bemessendes Testsystem der Erbsensamen, deren dynamisches Keimwurzelwachstum als Lebensfunktion im Zuge einer Meßkampagne ohne bzw. mit QTX-Behandlung gemessen werden konnte, erschien uns aus den weiter oben schon genannten Gründen optimal. Wie schon eingangs dargestellt, sollte mit dem neuerlichen Versuch die Frage beantwortet werden, ob QTX den Effekt des Hitzestresses von Samen ganz oder wenigstens teilweise kompensieren kann, verglichen mit einer Charge von Kontrollsamen, die keine QTX-Behandlung erhielten. Eine solche Fragestellung ist nicht nur von rein akademischem Interesse, sondern könnte durchaus auch für reale Keimversuche in der Landwirtschaft von Bedeutung sein, insbesondere wenn unter bestimmten ungünstigen Umgebungsbedingungen (wie etwa Trockenheit) die Keimrate sinkt.

Stefanie unterteilte die Erbsen zunächst in zwei gleich große Gruppen. Die eine war vorgesehen für die Bewellung durch QTX (im folgenden mit mB = mit Bewellung gekennzeichnet) und die andere als Kontrollprobe, die natürlich keine QTX-Bewellung (oB = ohne Bewellung) erhielt. Bei Einsatz des Stressfaktors Hitze wurden die noch nicht vorgequollenen Erbsensamen einer Hitzequelle von 80° Celsius[15] für 20 min bzw. 30 min ausgesetzt, bevor sie dann 7 Stunden in Wasser vorquollen und danach in Plattierschalen zum Auskeimen der Wurzeln in feuchtes Medium gebracht wurden. Je ein Drittel der sog. Kontrollgruppe und der Bewellungsgruppe blieben ohne Hitzebehandlung. Dadurch ergaben sich die folgenden sechs Chargen à jeweils zehn Erbsensamen:

Ohne Bewellung: Kontrolle (oB), 20 min (oB), 30 min (oB)
Mit Bewellung: Kontrolle (mB), 20 min (mB), 30 min (mB)

15 Verwendet wurde ein Haushaltsbackofen mit Sichtfenster und ein zusätzliches, auf 1°C feinskaliertes Backofenthermometer (WMF, 0 bis 120°C), sodaß unter Handaussteuerung die Einhaltung der Solltemperatur von 80° gut eingehalten werden konnte, wohingegen sich der Backofen-Thermostat hierfür als zu grob erwies. Die genaue Einhaltung der absoluten Temperatur war jedoch insofern nicht entscheidend, als die 20 bzw. 30 min behandelten Chargen gleichzeitig im Ofen waren und die lediglich 20 min behandelten früher herausgenommen wurden.

HS-Name:	Erbsen: Perfekter Schutzschild gegen Hitzestress und Angst im Ofen, sowie für das Keimen mit optimaler Versorgung mit Nährstoffen, Vitaminen und Mineralien.		
Morphische Felder		**Pot/Int/QRS**	
1	Die Erbsen sind frei von jeglicher Angst vor der Hitze im Backofen. Sie wissen, dass sie trotz der Hitze optimal keimen und wachsen. Sie fühlen sich durch die Bewellung voller Kraft und Vitalität. Sie lieben die hohe Temperatur. Alle Enzyme behalten ihre volle Funktionsfähigkeit. Dafür danken wir.	LM 200 19 0	Schutzschild gegen Hitze
2	Das Wurzelwachstum der bewellten Erbsensamen, die bei 80° im Backofen inkubiert wurden, verläuft optimal. Die Erbsensamen fühlen sich sehr wohl und ihre keimenden Wurzeln wachsen mit großem Elan. Sie sind frei von Kontaminationen und strotzen vor Lebensfreude, Vitalität und Übermut. Die bewellten Erbsensamen keimen um die Wette. Dafür danken wir!	C 300 9 0	Optimales Wachstum und Vitalität
3	Alle bewellten Erbsensamen erhalten während des Keimungsvorgangs sämtliche benötigten Nährstoffe, Vitamine und Mineralien, so dass sie alle am Wurzelwachstum beteiligten Enzyme und Hormone in vollem Umfang synthetisieren können. Ihre Wasserversorgung ist ausgezeichnet, so dass alle physiologischen und biochemischen Prozesse während des Keimens und während des Wurzelwachstums optimal ablaufen. Dafür danken wir!	LM 2000 2 0	Nährstoffe, Vitamine und Mineralien
4	TCM - Therapeutische Prinzipien als Affirmationen ▪ Beruhige die Leber und eliminiere Hitze aus dem Magen	C 7 12 150	TCM
5	ICD10 ▪ XIX. Verletzungen, Vergiftungen und bestimmte andere Folgen äußerer Ursachen ▪ Sonstige und nicht näher bezeichnete Schäden durch äußere Ursachen ▪ Hitzeerschöpfung durch Wasserverlust Nosode	D 21 1 75	ICD10

Abb. 16 Die erste Seite (von 5) des Behandlungsprotokolls: „Schutzschild gegen Hitze".

Die ersten drei Affirmationen sind manuell eingegeben, die restlichen hat das QTX-Gerät mit der wrD nach dem Prinzip der Resonanz selbständig aus den Datenbanken gezogen.

Bei Einsatz der QTX-Bewellung wurden die hierfür vorgesehenen Erbsen durch ein entsprechendes Behandlungsprotokoll (siehe Abb. 16 „Schutzschild gegen Hitze") 30 min vor Beginn der Hitzebehandlung kontinuierlich bewellt. Das BP lief während der 20- bzw. 30-minütigen Hitzebehandlung bei 80° Celsius weiter und wurde auch während einer 30-minütigen hitzefreien Nachbehandlung fortgesetzt.

Nach der unmittelbar danach einsetzenden siebenstündigen Vorquellung in destilliertem Wasser wurde das Behandlungsprotokoll auf die dem Erbsenkollektiv entsprechenden Sendeoptionen eingestellt (hier alle 1,2 h / 19 sec) und für insgesamt ca. sechs Tage bis zum Ende der Meßkampagne damit bewellt. Die Bemessung der ausgekeimten Wurzeln erfolgte wieder ungefähr im Zwölf-Stunden-Rhythmus. Stefanie ließ es sich nicht nehmen, den Versuch einige Male zu wiederholen, da die Parameter sich immer wieder etwas änderten, und so wurden insgesamt fünf Versuche mit Hitzebelastung durchgeführt, die aber mit kleinen Abweichungen im Prinzip ein ähnliches Ergebnis aufwiesen: QTX hatte in sämtlichen Versuchen einen positiven Einfluß auf die Restitution der hitzebelasteten Erbsensamen im Verhältnis zu den gleich belasteten unbewellten Versuchschargen, und die Größe dieses Einflusses war zudem abhängig vom schwer quantifizierbarem Ausmaß der vorangehenden Schädigung.[16]

In den hier gezeigten Graphiken (Abbildung 17 und 18) ist die jeweilige Durchschnittslänge der Erbsenwurzeln (in mm) aus der jeweiligen Testgruppe des Versuchs gegen die Auskeimungszeit (in Stunden) aufgetragen, wobei die Wurzeln ohne Hitzebehandlung (= Kontrollwerte, oB) nach 132 h eine Länge von fast 40 mm aufwiesen im Vergleich zu den mit Hitze behandelten von nur 5,5 mm (nach 20 min) bzw. 4,5 mm (nach 30 min). Abb. 17 zeigt also den reinen Stresseffekt der Hitzebehandlung von 80°C nach 20 bzw. 30 min (ohne Bewellung) gegenüber der ungestressten Kon-

16 Da keine biochemischen Untersuchungen über die Hitzeauswirkungen im Hinblick auf Hormon- oder Enzymausstattungen vorgenommen werden konnten, kam als Ersatz nur eine Bestimmung der Restkeimrate in Frage. Diese mußte jedoch – wie oben geschildert – in einer Reihe von Vorversuchen zu den eigentlichen Tests erst ermittelt werden. Diese Vorversuche wurden dadurch erschwert, daß eine Variation in Bezug auf die Zeit der Hitzeexposition gleichzeitig von der Höhe der Temperatur abhing, auf die die Keimrate aber in der Region um 80°C für die vorliegende Samencharge äußerst sensibel reagierte, sodaß 2 bis 5 Grad mehr zu einem rapiden Abfall bzw. Totalausfall der Keimrate führten.

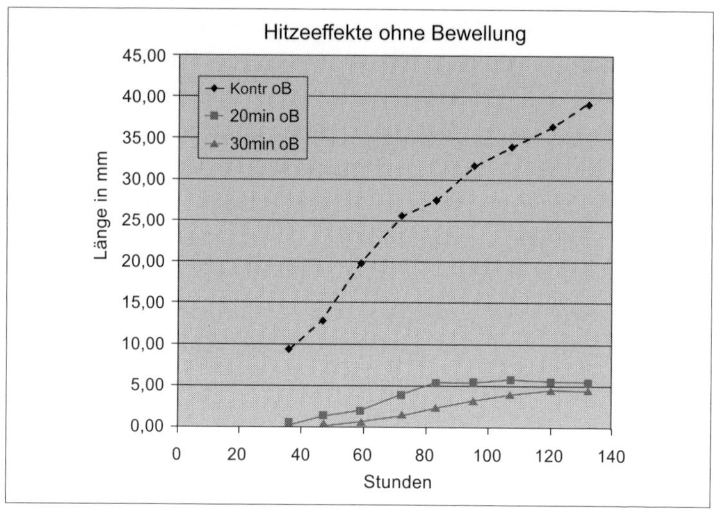

Abb. 17 Erbsenwurzeln ohne Bewellung: Kontrolle ohne Hitzeeinwirkung und ohne Bewellung (Kontr oB). Hitze 80°C: 20 min (oB) und 30 min (oB) im Auskeimungs-Verlauf

trolle. Der Effekt des Hitzestresses beträgt sowohl nach 20 wie auch nach 30 min mehr als 85% Reduktion des Wurzelwachstums.

Stefanie zeigte mir die Fotos, die den Inhalt der Abb. 17 auf plastische Weise real machten. „Das sind aber deutlich mehr als 50 Prozent Keimungs-Verlust", kam es mir beim Anblick der Fotos (Abb. 21c) sofort in den Sinn.

„Ich wollte eine Kombination von Hitze und Zeitdauer erreichen, bei der es das QTX eben 'besonders schwer' hat", antwortete sie mir. „Da kann man schon mal über die 50%-Grenze gehen." Aber konnte das QTX dann noch etwas gegen diese brutale Hitzewirkung ausrichten, schoß es mir durch den Kopf.

Stefanie reichte mir nun schweigend das Laborbuch mit den aufgezeichneten Meßergebnissen. Ich machte mich an die Arbeit. Das erste erstaunliche Ergebnis ist in Abb. 18 zu sehen. Ich zeigte

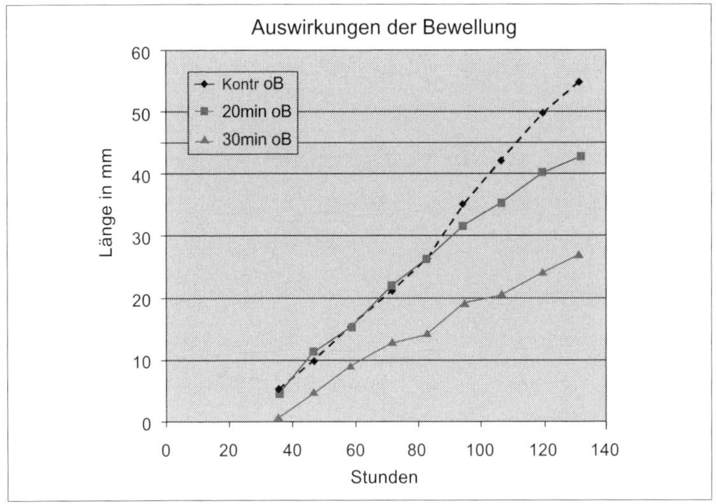

Abb. 18 Erbsenwurzeln mit Bewellung: Kontrolle mit Bewellung (Kontr mB), Hitzeeffekt 80°C: 20 min (mB) und 30 min (mB) im Zuge der Auskeimung

Stefanie sofort die ersten groben Ergebnisse, kaum daß der Drucker sie ausgespuckt hatte.

Vergleicht man die Keimungskurven der unter Hitzeeinwirkung stehenden Erbsensamen (untere Kurven in Abb. 17 [= oB] und Abb. 18 [= mB]) mit ihrer jeweils ungestressten Kontrolle, so sieht man, wie dramatisch der Effekt des QTX ist: Während die Wurzeln der unbewellten Erbsen (Abb. 17) nach Hitzebehandlung nur noch minimales Wurzelwachstum zeigten (noch ca. 11% bis 13% der Kontrolle), wuchsen die bewellten Erbsenwurzeln nach 20 min Hitzestress noch bis auf etwa 76% des vergleichbaren bewellten Kontrollwerts[17] (Abb. 18) bzw. noch bis auf fast 51% nach

17 Um den adäquaten Vergleich anzustellen, müssen die bewellten hitzegeschädigten Chargen auch mit einer bewellten Kontrolle verglichen werden.

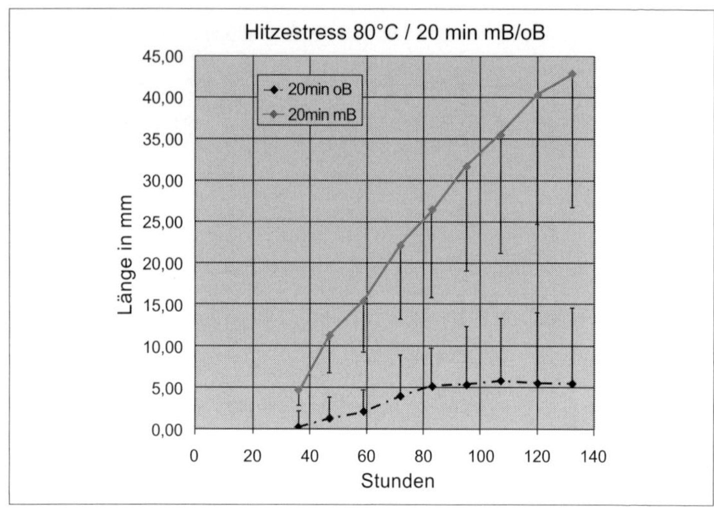

Abb. 19 Erbsenwurzeln mit und ohne Bewellung: nach Hitzestress 80° C: 20 min (mB / oB) im Zuge der Auskeimung inkl. je 1 Standardabweichung

30 min Hitzestress. Vergleicht man die Effekte an den bewellten Keimlingen (Abb. 18) mit den Wachstumswerten der 'natürlichen', unbewellten Kontrolle (Abb. 17), so ergeben sich sogar Werte von 110% nach 20 min bzw. 55% nach 30 min Hitze. Das QTX hatte also den Hitzeeffekt für die 20-min-Exposition gegenüber der 'natürlichen', völlig unbehandelten Kontrolle sogar überkompensiert.

„Diese beiden Graphiken sind schon ganz schön, aber wir sollten den Effekt noch deutlicher machen, indem wir die mB-Werte den oB-Werten für die mit Hitze behandelten Chargen direkt gegenüberstellen", meinte Stefanie. Ich machte mich wieder an die Arbeit am Computer.

„Ich habe bei den 20 Minuten lang behandelten Erbsen gleich die Standard-Abweichungen nach unten bzw. oben an die Kurven angetragen (Abb. 19). Du wirst dich freuen. Diesmal überschneiden

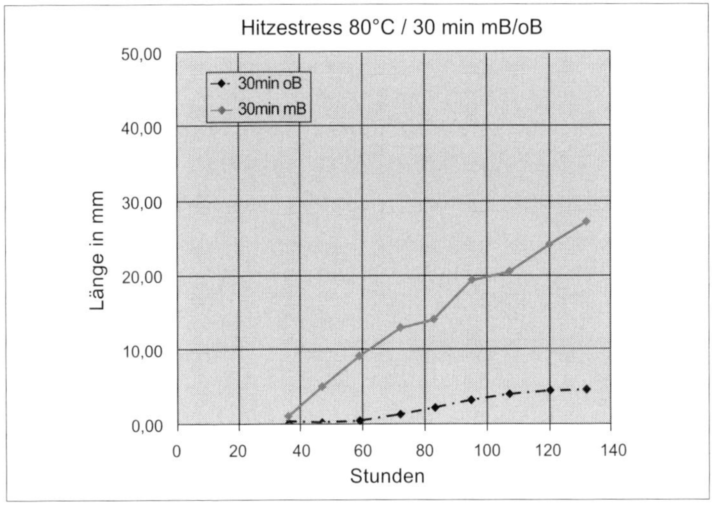

Abb. 20 Erbsenwurzeln mit und ohne Bewellung: nach Hitzestress 80° C: 30 min (mB / oB) im Zuge der Auskeimung ohne Standardabweichung

sich diese Linien nicht, sondern sie bleiben getrennt. Wir dürften sogar, nach der Graphik zu urteilen, erstmals eine statistische Absicherung einer signifikanten Wirkung der QTX-Bewellung gegenüber der nicht bewellten Charge erzielt haben, zumindest für die 20-minütige Hitze-Behandlung. Für die 30min-Charge konnte ich das allerdings so nicht durchführen. Hier liegen die Kurven relativ gesehen zu nahe beisammen, und die Standard-Abweichungen würden sich deshalb 'überlappen'. Daher habe ich sie erst gar nicht eingetragen (Abb. 20). Es hat mich aber doch gereizt, die t-Werte für beide Versuche mal genau auszurechnen, und das Ergebnis hat mich dann doch überrascht. Bei der Gegenüberstellung in Abb. 19 ergibt sich für den Endwert der unteren Kurve nach 132 h Keimung eine durchschnittliche Wurzellänge von 5,5 mm ± 8.6 und für den Endwert der oberen Kurve 42,9 mm ± 15,6 ein t-Wert von 6,64 bei 18 Freiheitsgraden. Die Irrtumswahrscheinlichkeit zu diesem t-Wert ist – wie du in den entsprechenden Tabellen in jedem Statistiklehrbuch nachschauen kannst – wesentlich kleiner als 0,1 Promille. Aber auch für Abbildung 20, also die 30-min-Tests fällt der t-Wert – analog berechnet (Mittelwerte 4,9 mm ± 5,9 vs. 27,2 ± 5,9 bei 18 Freiheitsgraden) – mit 3,04 noch hochsignifikant aus. Hier entspräche schon ein t-Wert von 2,88 bei 18 Freiheitsgraden einer Irrtumswahrscheinlichkeit von 1%. Es lohnt sich also doch, den genauen t-Wert zu bestimmen und nicht nur die Standardabweichungen graphisch abzutragen."

„Da hat sich mein 'Ausreizen' der Parameterkonstellationen ja doch noch gelohnt, und wir haben ein selbst nach unseren üblichen Biologen-Maßstäben wirklich vorzeigbares Ergebnis." Stefanie hielt die Graphiken triumphierend in die Höhe.

„Ja, in beiden Fällen hat das QTX – dank deinem Herumspielen mit immer brutaleren Hitzewirkungen – bewiesen, daß es eine Art Schutzschirm für Erbsensamen bereitstellen konnte und gegenüber den jeweils genauso 'gequälten' Proben eine höchstsignifikante Verbesserung erzielen konnte."

Stefanie sah mich amüsiert an. „Du hast völlig recht", warf sie ein. „Wenn du dir die entsprechenden Fotos anschaust (vgl. Abb. 21a-e im Farbabbildungsteil), die ich gemacht habe, so unterstreicht das nur, was du da berechnet hast. Ich habe anhand der Fotos zwar schon so etwas erwartet oder zumindest geahnt. Aber die Statistik-Zahlen sind natürlich schlagend. Der Punkt geht an dich."

„Für die 30-min-Charge ohne Bewellung hast du aber kein Foto?", wandte ich ein, als ich die Abzüge sah.

„Ich hatte schon eines, aber das war praktisch identisch mit diesem hier." Sie zeigte auf das Foto von Abb. 21c. „Deshalb habe ich davon keinen eigenen Abzug gemacht. Aber die Fotos machen plastisch, was deine Zahlen sagen. Der Unterschied zwischen den Erbsenwurzeln ohne Bewellung (linke Seite der Abb. 21 = a und c) und mit Bewellung (rechte Seite Abb. 21b, d, e) ist eklatant. Und ich gebe zu, mit unserem Biologen-Standardverfahren, die Standard-Abweichung an die Kurven abzutragen, wären wir zumindest im Falle der 30-min Charge nicht auf das wahre Ausmaß der QTX-Wirkung gekommen. Die wäre uns womöglich entgangen."

„Ja, die Ergebnisse sind toll, aber da gibt es noch einen kleinen Haken." Es tat mir leid, immer noch ein wenig den Spielverderber spielen zu müssen. „Wenn wir das den Kollegen zeigen würden, käme sofort der Einwand, daß die Meßbasis ja nur zehn Erbsen pro Charge umfaßt, und das ist für eine verläßliche statistische Aussage einfach zu wenig. Üblicherweise setzt man hier eine Untergrenze von dreißig. Aber ich weiß schon, was du mir da antworten wirst: 'Vermesse du doch mal sechzig Erbsen von Hand zweimal am Tag neben dem ganzen Berufsalltag, dann weißt du, was du getan hast.'"

„Damit magst du ja recht haben. Aber du bist wirklich päpstlicher als der Papst. Ich finde, du verlierst etwas den Boden der biologischen Realität unter den Füßen. Viele Doktoranden würden sich beglückwünschen, wenn sie in vergleichbaren Versuchen solche Ergebnisse hätten. Du kommst hingegen mit deinen hohen statistischen Standards, die ja richtig sein mögen, das weiß ich auch, aber denen meist unsere ungehobelte, rauhe Wirklichkeit in der Biologie entgegensteht. Andererseits, auch wenn wir im Stichprobenumfang momentan noch nicht die höchsten Standards erfüllen – und ich füge hinzu – angesichts aller Umstände auch schwer erfüllen können, so haben wir doch mit dem QTX ein ganz erstaunliches Resultat erzielt, von dem wir uns noch vor ein paar Wochen nicht hätten träumen lassen. Außerdem: Wir sind ja nicht hier angetreten, um die Welt der Wissenschaft mit einem 'wahnsinnigen Versuchsergebnis' von den phantastischen Möglichkeiten des QTX zu überzeugen, sondern um vor allem selbst Erfahrungen mit dem Gerät in experimentellen, wiederholbaren Versuchen zu machen, die unseren eigenen Ansprüchen einigermaßen genügen. Letztlich geht es doch um die Frage, ob das QTX uns selbst überzeugen kann. Und wenn du jetzt – auch wenn sich das nicht mit einem exakten 'Übereinanderlegen' aller Versuchsergebnisse so präzise darstellen läßt wie bei dem letzten Versuch – die Ergebnisse der andern vier Versuche hinzunähmest, so würde das Argument 'nur zehn Erbsen und deshalb nicht fundiert genug' in meinen Augen hinfällig. Ist es nicht so?"

Ich mußte ihr recht geben. Da die anderen Versuche alle mit denselben Tendenzen ausgefallen waren, auch wenn wir mangels exakter Vergleichbarkeit die Signifkanztests nicht in diese extreme Richtung getrieben hatten, ergab sich aus allen fünf Versuchen mit insgesamt dreihundert Erbsen-Keimlingen eine einheitliche, stringente Aussage: Nämlich, daß das QTX in der Lage war, einen Hitzeschutzschild für die Erbsensamen aufzubauen, der sich in einer offenkundigen Restitution des Enzymhaushaltes (der in den vorliegenden Analysen allerdings nicht biochemisch analysiert werden konnte) trotz der durch die Hitzewirkung gestörten Vitalität äußerte. Außerdem war das QTX offenbar in der Lage gewesen, einen eventuellen Mangel von Nährstoffen, Mineralien und Vitaminen sowie Wasser zu kompensieren und die Erbsen damit zu befähigen, sich so zu verhalten, als ob die Hitzesituation sie nur teilweise gestresst hätte.

„Du hast ja recht. Wir sollten die Kirche im Dorf lassen und uns lieber klar machen, was wir da insgesamt schon erreicht haben. Hier habe ich übrigens noch eine Graphik, die inhaltlich eigentlich gegenüber den früheren reinen Wachstumsversuchen nichts Neues zeigt, aber trotzdem in einem Punkt sehr interessant ist, über den wir bereits bei den Salzstress-Versuchen gestolpert sind."

Ich legte ihr eine weitere Graphik vor, die ich aus den Daten ihres Labor-Buchs aufbereitet hatte. Es zeigte eine Gegenüberstellung des Wachstums der Erbsenkeimwurzeln für die beiden Kontrollchargen unseres Versuchs aus allen fünf Versuchen (Abb. 22). Die Kurve der unbewellten sowie der bewellten Kontrolle, beide ohne jede Hitzeeinwirkung, zeigten ein schönes Wachstum, wobei die bewellte Charge – erwartungsgemäß – mit fast 50 mm Durch-

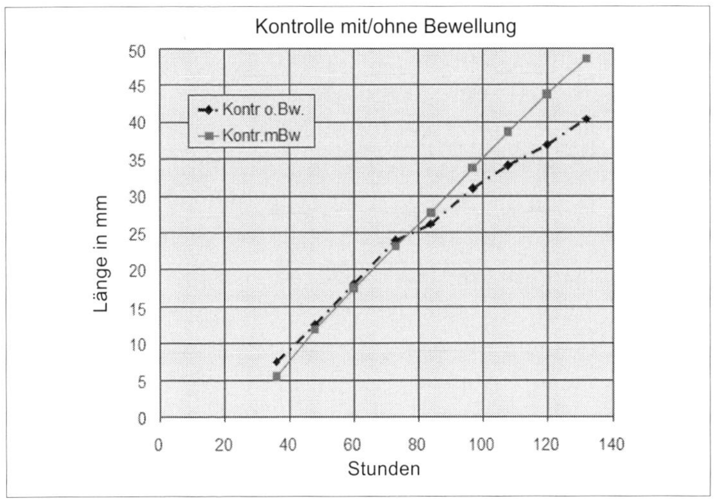

Abb. 22 Basisreaktion der QTX-Bewellung: Wachstumssteigerung bei den ungestressten Kontrollen (Kontr oB vs. Kontr mB)

schnittslänge nach 132 Stunden die unbewellte Kontrolle, die 'nur' ca. 40 mm erreicht hatte, um rund 20 Prozent an Wachstum übertraf. Wir kennen diese beiden Kurven schon aus Abb. 17 und 18, wo sie sich allerdings nur auf den betreffenden Versuch mit zehn Erbsen bezogen, um als Referenz zu dienen. Der interessante Aspekt ist aber nicht nur die Wachstumsdifferenz von gut 20% nach 132 h Bewellung, die lediglich unsere allerersten QTX-Versuche ein weiteres Mal bestätigt, sondern der Schnittpunkt beider Kurven im Mittelfeld der Graphik, bei ca. 75 Stunden Keimdauer. In der ersten Phase der Keimung war hier die 'naturbelassene' Kontrolle im Wachstum besser als die bewellte Kontrolle und zwar in der Spitze um fast 40 Prozent.

Das QTX schien also die bewellte (zur Erinnerung: ebenfalls nicht der Hitze ausgesetzte) Kontrollcharge zu 'irritieren' und offenkundig ihren natürlichen Wachstumsablauf zu stören und belegte damit wieder einmal das Phänomen der Erstverschlimmerung. Jenseits der 75-h-Marke jedoch entwickelte sich die bewellte Charge hervorragend und zog schließlich mit einem um rund 20 Prozent besseren Ergebnis davon.

Auch wenn wir für dieses Verhalten noch keine schlüssige Erklärung hatten, so war uns doch klar, daß es einen gewissen Einblick in die Arbeitsweise des QTX bot, die wir im Zuge unserer Experimente gerne weiter entschlüsselt hätten.

Da das QTX mehr als zehn Meter von den bewellten Erbsensamen entfernt und überdies in einem anderen Raum stand, kann man davon ausgehen, daß es sich bei der 'Bewellung' um eine Fernwirkung des Gerätes handeln mußte. Da unmittelbar einsichtig ist, daß die zugrundegelegten und hier offenkundig auch wirksamen geistigen Affirmationen (vgl. Abb. 16) eine gedankliche bzw. geistige Wirkung auf das Wachstum der Erbsenwurzeln ausübten, war somit durch die Signifikanz der Versuche ein Grund-Postulat der Naturwissenschaft in Frage gestellt, nämlich, daß Geist nicht auf Materie einwirken kann.

Naturwissenschaftler werden dieser Aussage natürlich sofort widersprechen und dem entgegenhalten, daß der Beleg für die Wirksamkeit des Geistes auf Materie nur auf einer für derart hohe Ansprüche viel zu kleinen Stichprobe beruht und mithin unzureichend für eine derart weitreichende Aussage ist. Nach ihrer Ansicht wäre hier mindestens eine signifikante Kurventrennung auf der Basis von einigen hundert Erbsenkeimlingen notwendig. Diesen Nachweis zu erbringen war im Augenblick mit unseren 'Bordmitteln' bei dem vorliegenden pflanzlichen Modelldesign kaum möglich. Dieser Effekt wäre nur mit einem sehr hohen Stichprobenumfang zu erzielen, der jedoch im verwendeten Pflanzensystem nicht oder nur mit sehr hohem Aufwand durchführbar war.

Um dieses Thema drehte sich dann auch unsere Diskussion beim Frühstück am nächsten Morgen.

„Hast du irgendeine Idee, wie wir den Stichprobenumfang erhöhen können?“, fragte ich Stefanie.

„Also, es reicht mir schon, früh und abends an die sechzig Erbsen zu vermessen, nun komm mir nicht damit, ich solle die Zahl noch steigern.“

„Ich meine auch nicht, daß wir das mit den Erbsensamen hinkriegen“, war meine Antwort, „das ist mir auch klar, daß das viel zu mühsam ist, obwohl uns die Erbsen zumindest am Anfang ein sehr gutes System zu liefern schienen. Es müßte eine Pflanzenart sein, bei der sowohl die Messung schneller funktioniert, als auch größere Mengen in kürzerer Zeit vermeßbar sind. Das hängt doch primär davon ab, welche Variable des Bioindikators wir als Meßgröße definieren.“

„Grundsätzlich hast du damit schon recht“, antwortete Stefanie, „aber welchen anderen Parameter könnten wir hier wählen? Wir haben doch am Anfang der Versuche schon die Auswahl nach gewissen Grundideen der Meßbarkeit getroffen, mir fällt im Moment nicht ein, wie wir das besser machen könnten.“

„Klar, ich kann mich noch gut daran erinnern, warum wir die Kresse verworfen haben, aber da waren wir vielleicht zu sehr fixiert auf die Länge einer Keimwurzel. Nun, was wäre denn, wenn wir statt dessen das Gewicht nehmen würden? Da kommt mir noch ein ganz anderer Gedanke. Ich bin zwar nicht der große Experimentator von uns beiden, aber ich habe da eine Idee, die dem statistischen Design viel besser entgegenkommt als unser bisheriger Ansatz. Paß auf!“

Bäumchen wechsle dich...

Neue Überraschungen durch ein alternatives Meßverfahren

Wenn der Prophet
nicht zum Berge kommt,
dann muß eben der Berg
zum Propheten kommen.

Mohammed

„Also, die Idee ist, sowohl die Homogenität der Stichproben zu erhöhen, als auch mit einer größeren Stichprobe zu arbeiten, sagen wir mit dreißig statt mit zehn, dann kommen wir den üblichen statistischen Ansprüchen sofort näher. Du erinnerst dich doch an die Arbeiten von Jahn und Dunne in ***An den Rändern des Realen***. Die haben zuerst auch ihre Versuchspersonen vor ein Galton-Brett gesetzt, um nachzuweisen, daß der Geist die Materie beeinflußt, indem die Normalverteilung des Galton-Brettes verschoben wurde. Dann mußten sie feststellen, daß das viel zu lange dauerte, sowohl in Bezug auf den Versuch als auch für die Auswertungsphase. Dann kamen sie auf die Idee, statt dessen einen elektronischen Zufallsgenerator zu benutzen, eben das REG, das einerseits unheimlich schnell Zufallszahlen generieren konnte, aber auch deren Verteilung oder die Abweichung von der Normalverteilung mit Hilfe des Computers ermitteln konnte. (Jahn und Dunne 2006)

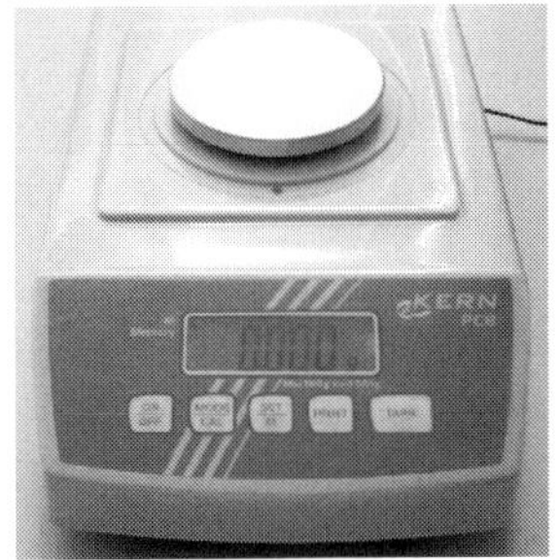

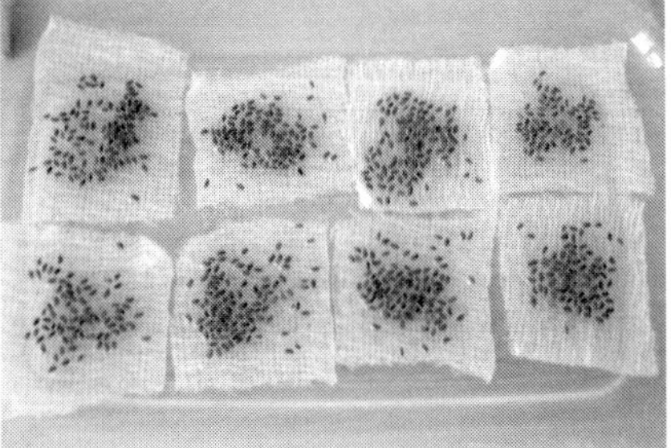

Abb. 23 a) Analyse-Waage mit einem Auflösungsvermögen von 0.001 g (Kern PCB 160-3)

b) Mullpads mit je 2 g Kressesamen (Trockengewicht)

Wir können zwar keine elektronischen Pflanzen erzeugen, aber wir können beispielsweise Kressesamen auf eine etwa briefmarkengroße Mullunterlage (= Pad) aufbringen und dort keimen lassen und dann die Biomasse mit einer Analyse-Waage messen, das geht pro Pad sicher schneller als die Vermessung der Keimwurzeln. Und dem QTX sagen wir in der Affirmation, daß die Biomasse zunehmen soll, statt wie bisher die Wurzellänge."

Stefanie sah mich nachdenklich an. „Die Idee ist gar nicht so schlecht. Willkommen im Club der Experimentatoren."

Für die 'Wachstumsgrundlage' der Kressesamen wählten wir kräftigen, straminartigen Mull, in den sich die Würzelchen der Kresse beim Auskeimen verhaken konnten, sodaß sie auf den kleinen, etwa 2 x 2 cm großen Mullstückchen gut festsaßen, wenn die Pads für die Messung aus der Keimungsschale (Abb. 23b) genommen und auf die Waage (Abb. 23a) gelegt wurden. Der Wägevorgang selbst verlief relativ schnell, es ergab sich allerdings ein anderes Problem, an das wir vorher nicht gedacht hatten.

Das Pad zusammen mit den Kressekeimlingen ergab ein verfilztes Geflecht mit Kapillarwirkung für das Wasser, in das die Kresse-Pads gelegt werden mußten, um hinreichend für Feuchtigkeit im

Abb. 24 Kressepflanzen auf Mullpads

Keimungsprozess zu sorgen. Diese 'Restfeuchtigkeit' stellte einen Sockelbetrag des Gewichts dar, der über alle Messungen hinweg gleich blieb und den wir berücksichtigen mußten. Technisch gesprochen erfuhren die Wachstumskurven in Gewichtseinheiten durchgängig eine Parallelverschiebung nach oben. Um diesen Effekt nicht allzu störend werden zu lassen, versuchten wir deshalb jeweils vor einer Messung den Gehalt an Restfeuchte zu minimieren, indem wir die Pads entfeuchteten. Wir entwickelten eine 'Standard-Prozedur' für die notwendige Entfeuchtung, ohne daß die Kressepflanzen zu sehr austrockneten (1,5 h Trocknung mit einem bestimmten Drainage-Gewebe, zweimaliger Wechsel nach je 30 min).

Abb. 24 zeigt zwei auf diese Weise getrocknete Pads mit ausgekeimter Kresse. Zunächst hatten wir nur unsere einfachen Wachstumsversuche im Auge, mit der Idee, analog zu den Erbsenversuchen später mit Stressoren zu arbeiten. Aber es kam ganz anders, als wir erwartet hatten...

Die Hauptaffirmation des BP lautete:

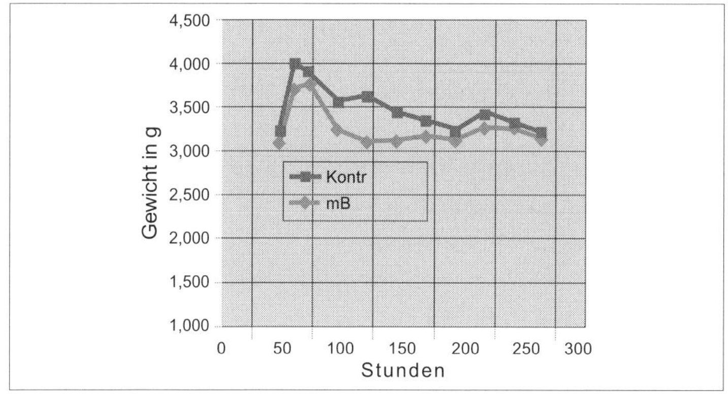

Abb. 25 Wachstum des Kressegewichts/Pad in g gegen die Keimungszeit (Stunden)

Die bewellte Kresse keimt hervorragend und zeigt ein maximales Biomassewachstum. Das Nährstoffreservoir und das Wasserangebot werden infolge der Bewellung optimal in hohe Wachstumsraten umgesetzt. Dafür danken wir!

Obwohl in der Affirmation auf das Wachstum der Biomasse und nicht auf die Länge der Kressewurzeln abgestellt wurde, war das Ergebnis, nach allem, was wir bisher mit dem QTX erlebt hatten, äußerst merkwürdig, wie Abb. 25 zeigt:

Wir hatten schon während der Keimung bemerkt, daß irgendetwas anders lief als bisher. Zwar stieg am Anfang das Durchschnittsgewicht pro Pad sowohl bei der Kontrolle als auch in der bewellten Charge wie erwartet an. Dann trat jedoch plötzlich eine Stagnation des Wachstums ein, und schließlich nahm das Gewicht sogar wieder ab (Abb. 25). Bemerkenswert war außerdem, daß die Kontrolle besser wuchs als die bewellte Charge, aber bei beiden nahm das Durchschnittsgewicht der Pads nach circa 55 h Keimungszeit definitiv ab.

„Das QTX hat diesmal nicht gewirkt", waren meine Worte, als

ich Stefanie die Graphik mit den Kurvenverläufen vorlegte (Abb. 25). Stefanie sah mir meine Enttäuschung sofort an.

„Stimmt nicht, es hat *doch* etwas gemacht, denn die Kurve der bewellten Charge liegt fast durchgängig unter derjenigen der Kontrolle, also hat es etwas 'gemacht', nur nicht das, was wir in der Affirmation gesagt hatten." Sie musterte die Graphik aufmerksam. Dann nahm sie sich noch mal den Wortlaut des BP. Nun schüttelte auch sie den Kopf.

„Das kann ich mir auch nicht erklären. In der Hauptaffirmation heißt es doch klar und deutlich 'Wachstum der Biomasse', und trotzdem nahm das Gewicht ab. Aber wo könnte der Fehler liegen?"

„Vielleicht ist die Biomasse nicht mit dem Gewicht, das wir messen, identisch", warf ich ein. „Biomasse besteht aus vielen organischen Stoffen, aber zu 50 bis 80 Prozent aus Wasser. Was, wenn die Relation von Biomasse zu den osmolar wirkenden Anteilen der Zellen im Zuge des Wachstumsablaufs variiert und dabei der Wasseranteil sinkt? Dann könnten wir durchaus einen Zuwachs des organischen Stoffanteils von, sagen wir 25% oder 30% bekommen, was bedeuten könnte, daß das Gewicht insgesamt trotzdem sinkt."

„Möglich wäre das im Prinzip schon, aber welche Prozesse verbergen sich dahinter?"

Stefanie kam ins Grübeln. Die nächsten Tage wälzte sie Biologiebücher und Fachjournale. Sie hatte Ideen über die Funktion von Hormonen im Wachstumsprozess oder eine Beeinflussung des Stärkestoffwechsels durch das QTX. Aber es fand sich keine zündende Idee.

Eines Sonntagnachmittags kam sie plötzlich in mein Arbeitszimmer gestürmt. „Ich hab's", rief sie, „es sind gar keine Hormone oder komplizierte Enzyme. Es sind die Stomata!"

„Wie kommst du denn darauf?", wollte ich wissen, „und hast du dafür irgend einen Beleg?"

„Stomata oder – auf gut deutsch – Schließzellen, sind kleine spaltförmige Öffnungen, zumeist auf der Blattunterseite von Pflanzen, die einen Gasaustausch ermöglichen sollen. Sie unterliegen einem sehr komplexen, hochsensitiven kybernetischen Regulationsprozess, weil sie für das Überlebenspotential der Pflanzen von entscheidender Bedeutung sind. Sind sie geschlossen, beispielsweise in Dunkelheit, bei Hitze oder bei Schadstoffeinwirkung, kann die Pflanze ihre Wasserbilanz optimieren, die Transpiration wird eingeschränkt, und Wasserdampf tritt nur noch vermindert nach außen. Allerdings kann die Pflanze unter diesen Bedingungen auch kein für die Photosynthese erforderliches Kohlendioxid aus der Luft aufnehmen, um ihre Biomasse über die Stärkeproduktion für ihr eigenes Wachstum zu generieren. Im Licht dagegen und auch unter Anwesenheit von Kalium-Ionen werden die Stomata geöffnet, gasförmiger Wasserdampf tritt vermehrt aus, die Pflanze transpiriert intensiver, ihr Wasserhaushalt wird belastet, sie kann allerdings vermehrt das für sie lebenswichtige CO_2 aufnehmen, um daraus über komplizierte Stoffwechselmechanismen u. a. Kohlenhydrate zu synthetisieren. Durch die entsprechenden Umweltbedingungen (Temperatur, Licht bzw. Dunkelheit, verschiedene Stressoren oder Schadstoffe) wird die Pflanze gezwungen, ihre Stomata-Öffnungsweite relativ schnell anzupassen, um zu überleben. Die Pflanze muß dabei den Zustrom des CO_2, den sie nur bei geöffneten Stomata erhält, und den gleichzeitigen Verlust an Wasserdampf geschickt balancieren. Dazu muß sie die Stomata ausreichend eng stellen, damit nicht zu viel Wasser verlorengeht und gleichzeitig weit genug, damit hinreichend viel CO_2 für die allerdings nur im Licht stattfindende Photosynthese herangeschafft wird. Ein Fehler in dieser Anpassung kommt sie teuer zu stehen: Entweder 'verdurstet' sie, oder sie 'verhungert'. Das sind die 'Skylla und Charybdis', zwischen denen sie geschickt hindurchlavieren muß, und in diesen autonomen Prozess haben wir nun offenbar zugunsten der Biomasse und damit des CO_2-Imports eingegriffen."

„Die These klingt ja toll, aber es fehlt uns immer noch ein Art Beweis dafür", war meine Antwort.

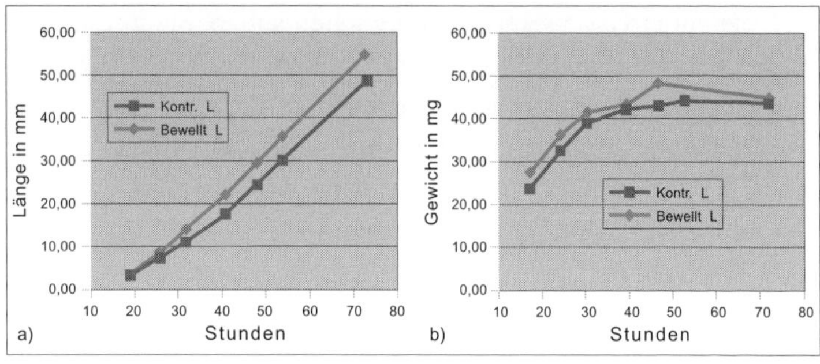

Abb. 27a, b Durchschnitts-Länge (a) vs. Gewicht (b) für einzelne Kresse-Pflänzchen.

L = Länge, G = Gewicht, ■ = ohne Bewellung, ◆ = mit Bewellung

„Gut, aber ich habe eine Idee, wie wir das wenigstens indirekt nachweisen können."

Stefanie versuchte mit der Enttäuschung auf ihre Art zurechtzukommen.

Der Versuch sah so aus, daß mit dem gleichen Behandlungsprotokoll diesmal dreißig Kressesamen bewellt wurden, die einmal in ihrer Länge vermessen wurden und parallel dazu in ihrem Gewicht. Diesmal war ich auch in die Meßvorgänge voll integriert. Stefanie vermaß zunächst die Länge eines einzelnen Kresse-Keimlings und legte ihn alsdann auf die Analysen-Waage. Wir bestimmten das Gewicht und die Gesamtlänge von vier Chargen von je dreißig Pflänzchen (vgl. Abb. 26 im Farbteil), die im Licht auskeimten, wobei jeweils eine Charge als Kontrolle diente, während die andere vom QTX mit dem Ziel der Biomassesteigerung bewellt wurde. Das Ergebnis ist in Abb. 27 a, b zu sehen.

Wir hatten also vier Chargen zu je dreißig Pflänzchen zu vermessen, die alle im Licht gekeimt waren. Erwartungsgemäß war die bewellte Charge im Längenwachstum – wie schon bei allen bisherigen Versuchen – der unbewellten Kontrolle überlegen, wenn auch nicht herausragend. Der parallel gemessene Verlauf beim

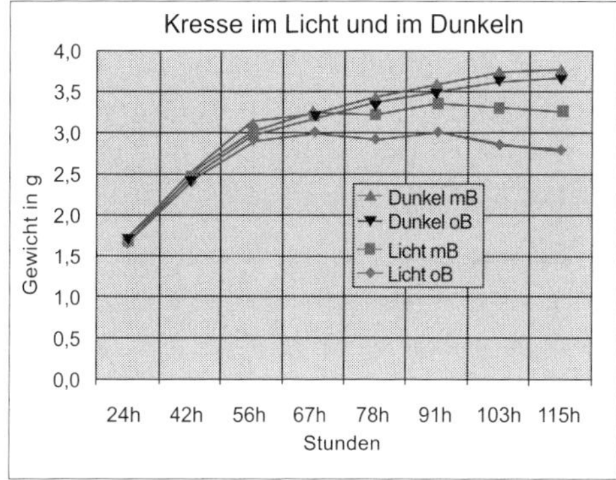

Abb. 29

Licht/Dunkel-Versuche mit/ohne Bewellung (mB/oB) mit Kresse-Pads

Gewicht der einzelnen Pflänzchen sah bis etwa 30 h Keimung ähnlich aus, die Kurven zeigten ab um die 50 h Keimdauer einen Sättigungsverlauf, der für die bewellte Charge auch wieder die schon bekannte stärkere Abnahme aufwies. Da die Einzelpflänzchen durch die Prozedur der Messung etwas stärker gestresst wurden als die Pads, konnten wir den Versuch nur bis 73 h Keimungsdauer durchführen, aber die Vermutung einer 'Entkopplung' zwischen Keimwurzellänge und -gewicht (ab etwa 50 h sogar in Form einer Negativkorrelation) war deutlich genug. Stefanie wollte sich aber noch durch einen anderen Versuch mehr Gewißheit über ihre These verschaffen. Diesmal sollten wieder die mit Kresse bewachsenen Pads der (Gewichts-)Messung zugrunde liegen, aber die Pads sollten einmal im Licht und einmal im Dunkeln gehalten werden.

Die Pflänzchen, die im Dunkeln gehalten wurden (Abb. 28a im Farbteil), zeigten erwartungsgemäß keine Chlorophyllbildung wie die im Licht gehaltenen (vgl. Abb. 28b). Man konnte also vermuten, daß bei ihnen die Biomasse höher sein sollte. Sollte Stefanie mit ihrer Hypothese also richtig liegen, so mußten die im Licht gehaltenen Kresse-Pflänzchen infolge ihrer Stomata-Öffnung wieder die Gewichtsabnahme zeigen, während die im Dunkeln gehaltenen wegen der geschlossenen Stomata wenigstens

Konstanz ihres Gewichts aufweisen sollten. Die Kurven (vgl. Abb. 29) zeigten eindeutig, daß Stefanie mit ihrer Vermutung recht hatte. Die im Licht gehaltenen Pflänzchen (vgl. die beiden unteren Kurven in Abb. 29) zeigten einen Gewichtsabfall nach annähernd 60 h, während die im Dunkeln gehaltenen Pflänzchen (die beiden oberen Kurven in Abb. 29, ▲ und ▼) im Gewicht noch weiter zulegten. Nur die beiden Licht-Chargen zeigten den widersinnig erscheinenden Effekt der Gewichtsabnahme, wobei die bewellte Charge (◆ in Abb. 29) einen noch drastischeren Gewichtsabfall zeigte.

„Na, was sagst du nun?", waren Stefanies Worte, nachdem wir die Kurven etwas genauer unter die Lupe genommen hatten. „Das ist meines Erachtens ein eindeutiger Beweis dafür, daß meine Vermutung richtig ist."

„Da kann ich dir kaum widersprechen", mußte ich zugestehen. „Leider liegen die Kurven relativ nah zusammen, und die Standardabweichung ist in einem Bereich, daß von Signifikanz keine Rede sein kann, aber bei dieser Fragestellung muß das auch nicht unbedingt der Fall sein. Wir wollten eigentlich nur eine Erklärung für den 'offensichtlichen' Widerspruch gegen unsere QTX-Affirmationen, und nun sehen wir, daß es eigentlich gar kein Widerspruch ist, nur eine Fehldeutung aufgrund unserer etwas naiven Erwartungen. Trotzdem oder gerade deshalb sehe ich diesen Versuch mit der Kresse als einen Erfolg, weil er uns Einblick in eine recht komplexe Sachlage gewährt hat. Wenn ich das zusammenfasse, so hat das QTX die Affirmation durchaus realisiert, aber eben auf einer systemischen Ebene, nicht auf der Ebene oberflächlicher Phänomene. Wir dachten, daß das Gesamtgewicht der Pflänzchen zunehmen müsse, wenn die Biomasse zunimmt, aber das war aufgrund der internen Zusammenhänge des Pflanzenwachstums gar nicht möglich. Die Pflanze mußte sozusagen mit einem gewissen Wasserverlust 'bezahlen', wenn sie ihre Biomasse erhöhen wollte, die Menge an organischem Material. Wir hatten nicht daran gedacht, daß sie diesen ‘Preis zahlen’ mußte, und deshalb hatten wir eine zu simple und zu lineare Erwartung.“

„Da hast du völlig recht, ich habe auch nicht daran gedacht und die Gründe in viel komplizierteren Zusammenhängen gesucht“, war Stefanies Antwort.

„Wenn ich das mal verallgemeinere, – falls ich das hier überhaupt schon darf – so sollten wir bei einer QTX-Anwendung nicht so sehr an den Phänomenen – in Bezug etwa auf Heilung – am Symptom kleben. Wir sollten uns also nicht daran orientieren, was sich an der Oberfläche zeigt, sondern uns viel mehr einen ‘systemischen’ Blick angewöhnen, der mehr auf die Zusammenhänge gerichtet ist, die für den Prozess respektive das Gesamtsystem gelten, für das wir mit dem QTX eine Veränderung erzielen wollen.“

„Scheint mir gut formuliert“, war Stefanies Antwort. „Und wenn ich unsere Erfahrungen aus den Erbsenversuchen hier auch noch hinzunehme, dann spielt es dabei ebenfalls eine Rolle, ob wir einen vorhandenen systemeigenen Prozess nur ‘stimulieren’, beispielsweise einen natürlichen Wachstumsprozess beschleunigen, oder einer umfassenden Störung im natürlichen System, etwa einer ‘Krankheit’ oder auch einer Umweltvergiftung, wie wir sie in unseren Salz- und Hitze-Stressversuchen vorgenommen haben, mit dem QTX entgegenzusteuern versuchen. Im ersten Fall setzt das QTX auf einem vorhandenen Programm auf und verstärkt oder aktiviert es, im zweiten Fall ist noch nicht klar, ob ein solches Programm schon besteht oder aktivierbar ist oder ob das QTX möglicherweise sogar ein ‘neues Programm’ erzeugt. Wie dieser zweite Fall aussehen könnte, ist völlig unklar, aber wir sollten diese Idee im Auge behalten“, meinte sie.

„Da hast du völlig recht. Schon wenn ich mir nur die erste Variante genauer betrachte, also eine ‘Systemsicht’ des natürlich vorhandenen Systems vornehme, zeigt sich der Prozess höchst komplex, und es ist zu vermuten, daß das QTX schon in diesem Fall nicht nur ‘an einer Front kämpft’.“

„Haben dich denn nun die bisherigen Versuche gänzlich überzeugt, daß das QTX wirkt, oder hast du noch irgendwelche Zweifel", fragte Stefanie völlig überraschend.

„Darf ich die Frage einfach mal zurückgeben?", versuchte ich zu kontern. „Das ist nicht fair, und es ist nicht gestattet, die Frage einfach zurückzugeben", entgegnete sie ihrerseits mit einem herausfordernden Blick.

„Genaugenommen bin ich mir da noch nicht so sicher", mußte ich einräumen.

„Ich bin einerseits schon ziemlich überzeugt, anderseits hätte ich durchaus noch Lust, einen weiteren Versuch zu machen, der sich als Fortsetzung der Kresse-Versuche darstellt. Es geht mir dabei um die Stomata. Wie du weißt, habe ich früher öfter mit Stomata gearbeitet, warum sollten wir nicht mal einen Versuch mit den Stomata selbst machen? Wenn meine These von der kontra-intuitiven Wirkung des QTX auf die Stomata der Kresse-Pflänzchen richtig ist, so müßten wir doch auch die Stomata einer Pflanze mit dem QTX direkt beeinflussen können. Diese Art von Versuch wäre insofern neu, als wir es nicht mehr mit einer keimenden Pflanze zu tun hätten, sondern nur mit einem Teil einer Pflanze, dessen isolierte Funktion eine eigene Aufgabenstellung für das QTX sein könnte. Wir könnten den Stomata über das QTX sagen 'öffnet euch', und wir würden sehen, was passiert. Stomata lassen sich viel leichter in größerer Zahl vermessen als ganze Keimlinge. Im Sinne deines Statistik-Ansatzes hätten wir hier – analog zu den Arbeiten von Jahn und Dunne – eine größere Chance, zu signifikanten Aussagen zu kommen. Nun, was hältst du davon?" Sie sah mich erwartungsvoll an.

„Klingt ganz gut. Die Statistik-Perspektive gefällt mir auch. Mit welcher Pflanze würdest du diese Versuche machen?", fragte ich nach.

„Im Moment gibt es viel frischen Feldsalat. Bei dem läßt sich die Blatt-Unterseite ganz gut abziehen oder 'strippen', wie wir früher immer gesagt haben. Auf diesen Epidermen befinden sich viele Stomata, die man dann nur unterm Mikroskop entsprechend ausmessen muß. Das Mikroskop kann ich mir für ein paar Wochen im Institut ausleihen, da finde ich schon eine geeignete 'Begründung'."

Die Perspektive eines neuen Versuchs begann ihre Wirkung zu entfalten. Es war wie meistens bei unseren Versuchen; es erzeugte eine gewisse Spannung, die einen Krimi locker in den Schatten stellen konnte. Wir stellten einerseits der Natur und andererseits dem QTX eine Frage, und wir hatten keine Ahnung – höchstens eine Erwartung – wie die Antwort ausfallen würde. Diese Antworten hatten uns allerdings bisher immer weiter geführt. Die nächste abenteuerliche Frage war: 'Kann das QTX die Stomata eines präparierten Blattgewebes von gewöhnlichem Feldsalat in einer bestimmten Weise beeinflussen?'

Wir waren uns bewußt, daß vor uns bislang noch kaum jemand diese Frage gestellt hatte oder sie mit einem Versuch zu beantworten probiert hatte. Ähnlich mußten sich die Forscher im CERN fühlen, wenn sie ihre Hochenergie-Protonen aufeinanderschießen, wobei sie hoffen, tiefere Antworten zu ihren Fragen über die Entstehung der Welt zu erhalten. Unser 'Zyklotron' war das QTX, und wir wollten mit seiner Hilfe ein weiteres Mal unsere Frage ausreizen, ob es dem Geist via Affirmationen möglich ist, die Materie zu beeinflussen.

....und es ward Licht

Ein neues Experiment und die Subsystem-These

Wie oben so unten,
wie außen so innen.

Das Kybalion

Nach den vorausgehenden Experimenten, die einen Gewichtsverlust der Kressepflanzen bei Lichtbehandlung mit und ohne Bewellung nahelegten, hatten wir nun die Hypothese aufgestellt, daß dieser Gewichtsverlust einem Wasserverlust entsprach, der auf eine Erhöhung der Stomaöffnungsweite zurückging, und daß sich die Stomata damit als der von uns gesuchte pflanzliche Wirkort der QTX-Behandlung erweisen könnten. Wenn die Affirmation für das Biomasse-Wachstum in den Kresse-Pflänzchen implizit die Stomata dazu angeregt hatte, sich weiter zu öffnen, so sollte dies mit einer direkten Affirmation für das Öffnen erst recht gelingen.

Diese Vermutung galt es nun zu belegen. Das ging nur, indem man bei einer geeigneten Modellpflanze, deren Stomata sich mikroskopisch gut messen lassen, eine entsprechende Affirmation verwendete und dann den Verlauf der Stomatabewegung beobachtete. Die Kresse selbst war hierfür allerdings nicht geeignet, da die Blättchen viel zu winzig sind, als daß man ihre stomatahaltige unteren Blatthäutchen (Epidermis) 'abziehen' könnte.

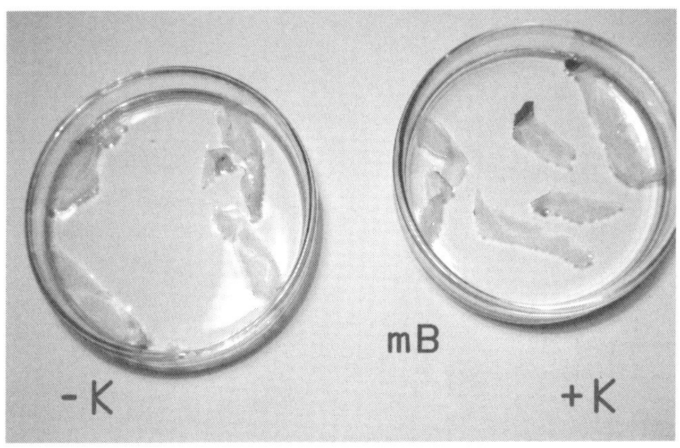

Abb. 30 Im Wassermedium (mit bzw. ohne KCl, 100 mM) inkubierte Epidermen des Feldsalates (von der Unterseite des Blattes abgezogene Häutchen) in Glasschalen (5 cm ø).

Als gut geeignet für ein solches Experiment erwiesen sich hingegen – wie Stefanie schon gesagt hatte – die Blätter des Feldsalats, deren Epidermen sich leicht abziehen ließen. Verschiedene Versuchschargen wurden in einem deionisierten Wassermedium in Glasschälchen (Abb. 30) unter Licht- und Dunkelbedingungen ohne und mit QTX-Behandlung, sowie mit bzw. ohne Kalium inkubiert. Um die Anzahl der Meßvorgänge nicht ausufern zu lassen, entschloß sich Stefanie, die Zahl der Versuchschargen auf sechs zu begrenzen. Wir hatten mithin insgesamt vier Dunkel-Chargen, (mit/ohne Kalium sowie mit/ohne Bewellung und zwei Licht-Chargen, (mit/ohne Bewellung), die jedoch alle beide im Kalium-Medium inkubiert wurden (was die Öffnung der Stomata begünstigt).

Die Epidermisstreifen wurden zehn Stunden in Wasser in Glasschalen inkubiert, ihre Apertur (= Stomaöffnungweite) wurde an unterschiedlichen Epidermisstreifen jeweils nach 4 h, 7 h und 10 h unter einem Forschungsmikroskop des Typs Hund H500 (Fa.

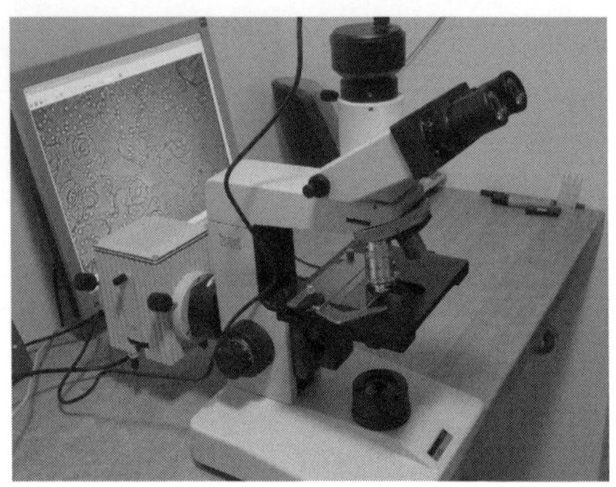

Abb. 31

Messung der Stomata-Apertur mit einem Forschungs-Mikroskop (Fa. Hund, Wetzlar) und Digital-Foto-Kamera (5 Megapixel, Vergrößerung auf dem Monitor ca. 400x).

Hund, Wetzlar) bei 400facher Vergrößerung unter Verwendung eines geeichten Mikrometer-Okulars sowie mit installierter Digital-Fotokamera (DCMC510, Auflösung 5 Megapixel) ausgemessen (s. Abb. 31).

Als erstes machten wir zwei Behandlungsprotokolle für die Bewellung je einer Charge im Licht und im Dunkeln. Die Kopien der jeweils ersten Seiten der BPs sind in den Abb. 32 und 33 auf den beiden folgenden Seiten wiedergegeben. Die Affirmationen 'simulierten' nicht nur eine gute Versorgung mit Kalium, sondern vor allem mit Licht, obwohl – wie oben schon erwähnt – die Dunkel-Chargen die ganze Zeit über im Dunkeln gehalten wurden. Wir spiegelten also den Stomata über das QTX vor, sie seien im Licht.

In den Dunkelversuchen (vgl. das BP in Abb. 32 bzw. Auswertung in Abb. 34) wurden insgesamt 400 Stomata pro Meßpunkt des Kurvenverlaufs aus jeweils vier Epidermen in drei verschiedenen Experimenten ausgemessen, pro Kurvenverlauf im Dunkelversuch wurden also die Aperturen von insgesamt 1200 Stomata gemessen; in den Lichtversuchen (vgl. das BP in Abb. 33 bzw. die Graphik in Abb. 36) wurden sogar 500 Stomata je Meßpunkt in die Auswertung einbezogen, um eine Chance für eine Signifikanz-Aussage zu erhalten.

HS-Name:	**Die Stomata öffnen sich im Dunkeln. Dafür danken wir!**		
	Morphische Felder	Pot/Int/QRS	
1	Die Stomata auf den Epidermen des Feldsalates sind trotz Dunkelheit weit geöffnet. Die Stomata erhalten über das Bewellen intensives Sonnenlicht, das sie zum Öffnen der Poren dringend benötigen. Dadurch fühlen sie sich sehr wohl! Dafür danken wir!	D 25 5 0	
2	Durch das Bewellen erhalten die Stomata des Feldsalates die Wirkung der Kaliumionen, die sie zur Stomaöffnung benötigen. Außerdem sichert ihnen die Bewellung die optimale Verfügbarkeit an allen Mineralstoffen , Vitaminen und Hormonen, um ihre Stomata weit zu öffnen. Sie fühlen sich wohl, da sie so im Überfluß mit allen für sie notwendigen Substanzen versorgt sind. Die sie umgebende Luft ist sehr arm an Kohlendioxid. Ihre Poren sind deshalb weit geöffnet. Alle Streßfaktoren, die einen Stomaschluß hervorrufen würden, sind vollkommen beseitigt. Dafür danken wir!	D 14 16 0	KALIUM
3	Orthomolekulare Medizin: Vitamine - Mineralien - Spurenelemente & Aminosäuren ▪ Zusatz (Plus) ▪ Cat´s Claw *Katzenkralle = Heilkraut der peruanischen Schamanen; Wirkung: ist erstklassig, um das Immunsystem und den Stoffwechsel zu kräftigen. (Kommentar - wird nicht bewellt)*	LM 10000 7 150	
4	Enzyme ▪ EC 3 Hydrolases ▪ EC 3.1 Acting on ester bonds ▪ EC 3.1.3 Phosphoric monoester hydrolases ▪ EC 3.1.3.55 caldesmon-phosphatase	C 22 13 100	Enzyme
5	Allergene und Umweltchemikalien ▪ Top-Eleven Nahrungsallergene (nach Dittmer): ▪ 05. Traubenzucker Nosode	C 13 14 100	Allergene u. Umweltchemikalien

Abb. 32 Die erste Seite des Behandlungs-Protokolls der Stomata-Epidermen, die in ***Dunkelheit*** 10 h inkubiert wurden. Licht und Kalium wurden durch Affirmationen 'simuliert'.

Vgl. die Affirmationen 1 und 2.

In den Licht-Chargen sind Stomata aus insgesamt sechs verschiedenen Epidermen in vier verschiedenen Versuchsreihen gemessen worden, dementsprechend wurden pro Kurvenverlauf die Aperturen von 1500 Stomata zugrunde gelegt. Die Ergebnisse übertrafen unsere Erwartungen, wie die Abb. 34 und 36 zeigen.

Diesmal war auch ich stark integriert in den Ablauf. Stefanie nahm das Auge nicht vom Okular, während sie mir die Öffnungs-

	Morphische Felder	Pot/Int/QRS	
1	Die Stomata auf den Epidermen des Feldsalates haben sich sehr weit geöffnet . Sie liegen im angenehmen Sonnenlicht. Sie fühlen sich sehr wohl! Dafür danken wir!	D 12 10 0	
2	Die Stomata des Feldsalates erhalten im optimalen Umfang Kaliumionen aus dem sie umgebenden Wasser, die sie zur Porenöffnung brauchen, außerdem viele andere Mineralstoffe , Vitamine und Hormone, um ihre Stomata weit zu öffnen. Trotz der weiten, die Verdunstung fördernden Porenöffnungen erhalten sie eine optimale Wasserversorgung. Sie sind vital, da sie so im Überfluß mit allen für sie notwendigen Substanzen versorgt sind. Die sie umgebende Luft ist sehr arm an Kohlendioxid. Alle Streßfaktoren, die einen Stomaschluß hervorrufen würden, sind vollkommen beseitigt. Dafür danken wir!	D 50000 20 0	KALIUM
3	Bach Blüten und Minerale ▪ 09. Clematis (Weiße Waldrebe) - Eukalyptus - Pyrop ▪ Realitätsbewusstsein, zielgerichteter Einsatz der Kreativität im schöpferischen Tun *Man ist mit den Gedanken ganz woanders; zuwenig Aufmerksamkeit für das, was um einen herum vorgeht. (Kommentar - wird nicht bewellt)*	D 23 4 0	
4	Baumblüten nach Körbler ▪ Amerikanische Linde - Anregung von Güte - Ich wachse bei jedem kleinen Schritt auf der breiten Strasse meines Lebens.	D 4000 1 0	Baumblüten nach Körbler
5	Affirmationen nach Vogt ▪ Ich meistere meine Aufgaben mit Freude im Herzen.	LM 3000 16 0	Affirmationen

Abb.33 Die erste Seite des Behandlungs-Protokolls der Stomata-Epidermen, die 10 h in ***Licht*** inkubiert wurden.

Licht und Kalium wurden durch Affirmationen 'angesprochen'. Vgl. vor allem die Affirmationen 1 und 2.

weiten ins Protokoll diktierte. Wir hatten uns vorher ein entsprechendes Schema angefertigt, in das man dann die Werte nur noch einzutragen brauchte. Am Rande angezeigt wurden direkt die berechneten Daten wie Mittelwert oder Standard-Abweichungen der einzelnen Chargen.

Während ich die Protokolldaten übertrug, kamen mir Zweifel, ob es nicht doch zu verrückt war, was wir da trieben. Konnten wir tatsächlich mittels Bewellung erreichen, daß die Stomata sich

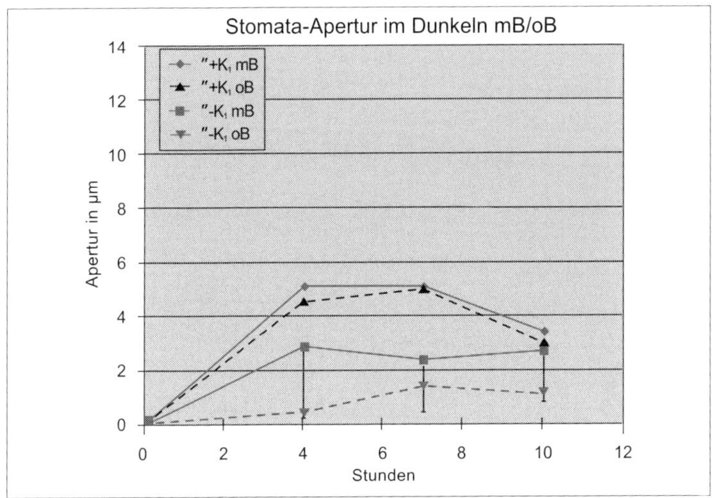

Abb. 34 Stomata-Öffnung im Dunkeln: Apertur (in µm) nach Inkubation der Epidemien (in h) ohne/mit KCl (100 mM, -K/+K) ohne Bewellung (oB) und mit Bewellung (mB) (n = 400 Stomata je Meßpunkt)

öffneten, obwohl weder Licht noch Kalium vorhanden waren, die nun einmal, wie jeder Pflanzenphysiologe weiß, für den Öffnungsvorgang der Stomata unabdingbar sind? Konnte zusätzlich die durchschnittliche Stomata-Öffnung gegenüber dem Normalzustand erhöht werden, wenn Licht bzw. Kalium vorhanden waren?

In Abb. 34 sieht man die mikroskopisch ermittelte stomatäre Apertur (in µm) auf der Ordinate gegen die Inkubationszeit der Epidermen (in h) unter Dunkelbedingungen mit und ohne KCl-Lösung (100mM), sowie bewellt und unbewellt. Wir haben hier schon dieselbe Skalierung gewählt wie im zweiten Versuch unter Lichtbedingungen, um nicht einen unangemessenen Eindruck vom Ausmaß der bewirkten Öffnung zu vermitteln. Aber die Wirkung war da. Während bei Kaliumanwesenheit ohne (oB) oder mit Bewellung (mB) nahezu keine Unterschiede in der Öffnungsweite nach 4-, 7- oder 10-stündiger Inkubation auftraten (vgl. die beiden oberen Kurven in Abb. 34), wurde der Unterschied bei Kaliumabwesenheit in den beiden unteren Kurvenverläufen der Abb. 34 offenbar. Bereits nach vierstündiger Inkubation war mit QTX-Bewellung eine viel größere Öffnungsweite feststellbar; während die Stomata in Dunkelheit ohne Kalium-Ionen ohne jede Bewellung im Durchschnitt (n = 400 gemessene Stomata) nach vier Stunden eine Öffnungsweite von 0,465 µm aufwiesen, wurden sie mit Bewellung nach der gleichen Zeit (4 h) auf 2.61 µm geöffnet. Somit ergab sich durch die Bewellung eine Erweiterung der Porenöffnung um den Faktor 5,6 (!) (s. die beiden unteren Kurven in Abb. 34, sowie die Bilder Abb. 35 a, b im Farbabbildungsteil).

Dieses Phänomen blieb, wenn auch in deutlich abgemilderter Form, selbst nach 10 Stunden noch erhalten (immerhin noch Faktor 2,3). Im entsprechenden Behandlungsprotokoll ist zu sehen, daß in den Affirmationen die Anwesenheit von „Sonnenschein" und die Kalium-Verfügbarkeit – offensichtlich erfolgreich – simuliert wurden. Zwar überlappen die an die -K/mB-Kurve (-■-) angetragenen Standard-Abweichungen die unterste gestrichelte Kurve für die Stomata-Aperturen im Dunkeln ohne Bewellung (-K/oB, -▼-) und scheinen damit zu signalisieren, daß keine Signifikanz vorliegt, aber allein die Tatsache, daß die mit „Licht" und „Kalium" bewellten Stomata im Verhältnis zur Kontrolle eine rund fünffache Zunahme der Öffnungsweite aufwiesen, überraschte uns völlig. Abb. 35b zeigt mit den unter Bewellung etwas geöffneten Stomata sehr schön den Vergleich zu den praktisch total geschlossenen Stomata im linken Bild (ohne Bewellung, Abb. 35a).

Eine genauere Berechnung nach den Regeln des Zwei-Stichproben-t-Tests ergab jedoch für den Mittelwertvergleich der beiden Dunkel-Proben (0,465 µm ± 1,0 vs. 2,61 µm ± 1,7 einen t-Wert von von 21,7 (bei 798 Freiheitsgraden). Wie die t-Wert-Tabellen zeigen, wäre der Grenzwert für eine Irrtumswahrscheinlichkeit von 0,001 in diesem Fall 3,291, wir haben aber einen fast siebenmal so großen t-Wert erhalten. Das Ergebnis war also nicht nur höchst signifikant

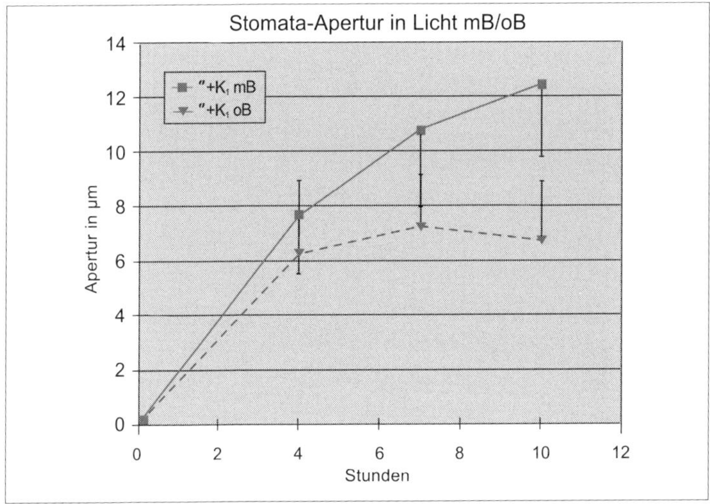

Abb. 37 Stomata-Öffnungsweite (in µm) nach Inkubation der Epidermen (in h) im Licht, mit KCl (100 mM), ohne Bewellung (oB) und mit Bewellung (mB) (n =500 Stomata/Meßpunkt)

sondern hypersignifikant. Aber auch nach 10 h Bewellung, die zwar nur den Steigerungsfaktor 2,3 erbrachte, ergab sich für den Mittelwertvergleich (1,175µm ± 1,87 vs. 2,741µm ± 1,87 ein t-Wert von 11,4, der nach den genannten Vergleichsmaßstäben ebenfalls jenseits einer Ein-Promille-Irrtumswahrscheinlichkeit liegt.

Unter Lichtbedingungen (Abb. 37) betrugen die Unterschiede in den Aperturen nach 10 h QTX-Behandlung zwar „nur" rund 40 Prozent und erreichten damit den uns schon geläufigen Durchschnittseffekt einer QTX-Bewellung (in Abb. 36 nicht gezeigt), während bei Kaliumzugabe die Bewellung nach zehnstündiger Inkubation eine Steigerung der Öffnungsweite um sogar 85 Prozent bewirkte. Die Apertur betrug nach Bewellung somit fast das Doppelte gegenüber der ohne Bewellung (Abb. 37). Hier ergab der Mittelwertvergleich einen t-Wert (6,7 ± 2,175 vs. 12,4 ± 2,6 bei n1= n2= 500) von 37,6 bei 998 Freiheitsgraden. Das Nachschauen in der Tabelle erübrigt sich. Ein derart hoher t-Wert, natürlich gestützt durch die relativ hohe Zahl vermessener Stomata, war ein weiterer schlagender Beweis, daß das QTX mit seinen Affirmationen einen handfesten 'realen' Effekt ausübte. Um auch einen plastischen Eindruck von den Effekten des QTX zu vermitteln, sind die entsprechenden Aufnahmen der Digitalkamera bei rund 400facher Vergrößerung wiedergegeben. (Abb. 35 a, b und 36 a, b im Farbabbildungsteil). Das zugehörige BP der Bewellung ist in Abb. 33 wiedergegeben.

Während also im Dunkelversuch den Epidermen sowohl Licht als auch Kalium 'vorgegaukelt' wurden, war beim Lichtversuch beides real vorhanden, wurde aber durch das Behandlungsprotokoll des QTX verstärkt. Die Reaktion brachte in diesem Falle fast eine Verdoppelung der Öffnungsweite, obwohl es sich doch nur um eine 'Verstärkung' handelte. Dieser Effekt war ebenfalls auf höchste Weise signifikant. Dies zeigte schon Abb. 37 mit den an die Kurven angetragenen Standard-Abweichungen.

Was uns an diesem Versuch selbst überraschte, war die Stärke der Reaktion der Stomata (Faktor 5 bzw. 2,3) – eines pflanzlichen Teilsystems – im Vergleich zu den Ergebnissen früherer Versuche, in denen Gesamtorganismen, also komplette Pflanzen bewellt wurden. Während bei den bisherigen Versuchen die Steigerungsraten zwischen 35% und maximal 50% lagen, hatten wir nun bei den Stomata-Experimenten durch die Bewellung sogar Steigerungen von 85% bis 460%, die sogar statistisch auf höchster Ebene abgesichert waren.

„Das hättest auch du nicht erwartet", meinte Stefanie später, nachdem wir die Daten ausgewertet hatten und alle Ergebnisse ausgedruckt greifbar vor uns lagen. „Und endlich hast du mal deinen Signifikanzbeleg. Diesmal gibt es keine Meckerei. Wir haben jeden Meßpunkt mit 400 bis 500 Stomata belegt, und die Standard-Abweichungen sind erstaunlich niedrig. Die Reaktion ist relativ homogen, viel homogener, als wir das bei normalen Versuchen mit ganzen Pflanzen üblicherweise gewohnt sind. Für mich ist das wieder einmal der Beweis, daß die pflanzlichen Stomata einen hochsensitiven Bioindikator darstellen, der schon nach vier Stunden QTX-Bewellung eine meßbare, reproduzierbare und aussagekräftige Reaktion liefert, wenn du das mal mit dem Faktor 5 gegenüber der Kontrolle in unseren reinen Dunkelversuch ohne Kalium vergleichst."

„Auf dieses Versuchsdesign kannst du mit Recht stolz sein", gab ich zurück.

„Bin ich auch", feixte sie.

„Und darin liegt möglicherweise auch eine Erklärung für diese stärkere Reaktion", fuhr ich fort. „Ein Subsystem ist nicht nur ein Teil eines Ganzen, sondern es besitzt auch meist eine spezifische, abgrenzbare Funktion. Häufig wird diese Funktionseinheit sogar als Abgrenzungskriterium zum Gesamtsystem verwendet. Nimm mal als triviales Beispiel ein Auto, das hat als Subsystem z. B. einen Motor, dessen Aufgabe darin besteht, die Energie für den Antrieb zu liefern. Hierzu gibt es eine Reihe von Wirkungsbeziehungen zwischen Gesamtsystem (= Auto) und Motor, z. B. das Gaspedal, das dem Motor sagt, wie kräftig er laufen soll und vom Motor zurück die Energie, die dieser als Drehbewegung an die Antriebsachse liefert. Innerhalb des Subsystems 'Motor' kannst du wieder eine analoge Beziehung zwischen dem Motor und einem seiner Subsysteme finden, etwa dem Vergaser. Dieses simple Modell kann man nun natürlich auch entsprechend auf eine Pflanze und deren Subsysteme anwenden. Daraus folgt dann auch, daß die Beziehungen zwischen der ganzen Pflanze und ihren Teilsystemen hochgradig vernetzt sind und vielfältige Regelkreise enthalten, mit einem Wort komplexer sind. Das brauche ich dir als Biologin, gerade was die Regulationsprozesse bei Stomata angeht, nicht eigens zu sagen."

„Das weiß ich ja alles, das ist mir nicht neu, aber warum meinst du, man kann daraus herleiten, daß die Reaktion stärker ausfällt, wenn man ein Subsystem direkt anspricht?", lautete ihre Entgegnung.

„Wenn ich die ganze Pflanze mit einer Affirmation anspreche, dann wäre es die Aufgabe der Pflanze, ihre vielen – meist hierarchisch geordneten – Regelkreise, die alle aufeinander abgestimmt sind, auf dasselbe Ziel auszurichten, z. B. darauf, die Biomasse zu erhöhen. Die vorhandenen Regelkreise haben aber als normale Aufgabe, sozusagen als eingebautes Basisprogramm, die Stabilität für die ganze Pflanze zu sichern und arbeiten deshalb äußeren 'Störungen' entgegen. Sie verhindern damit tendenziell ein von außen 'herangetragenes' einseitiges Vorgehen. Das Subsystem hat demgegenüber viel weniger 'Zusatzinformationen' zu berücksichtigen, wird deshalb weniger Gegenregulation fahren und kann damit das in der Affirmation angestrebte Ziel schneller oder 'direkter' erreichen", versuchte ich den systemtheoretischen Gedankengang zu erläutern.

„Das klingt durchaus einleuchtend und ist vielleicht eine gute Erklärung für unsere ja doch ziemlich überraschenden Ergebnisse", meinte sie nachdenklich.

„Das ist nur eine Hypothese, mehr nicht. Viele Thesen, die zunächst plausibel erscheinen, stellen sich am Ende doch als falsch heraus", entgegnete ich. „Schließlich mußte die Menschheit letztlich auch zugeben, daß die Erde sich um die Sonne bewegt, auch wenn es jeden Tag den gegenteiligen Anschein hat."

Stefanie mußte ob dieses Vergleichs lauthals lachen.

„Aber wir sollten unsere Hypothese noch eine Weile prüfen, bevor wir ein vorzeitiges Urteil fällen. So findet sie eine gewisse Bestätigung durch Beispiele, die andernorts bereits dokumentiert wurden. Wie wir im Vortrag in Frankfurt seinerzeit gehört haben, wurde ja etwa der Sieg eines Pferdes im Galopprennen dadurch provoziert, daß seine Muskeln mit der spezifischen Affirmation zur Sauerstoffversorgung bewellt wurden, um das unvermeidliche Umkippen vom aeroben in den anaeroben Stoffwechsel hinauszuzögern.

Ein anderes Beispiel ist die Existenz bestimmter Organ-Listen im QTX, die ebenfalls einzelne Subsysteme und Funktionen spezifisch adressieren (Knie, Auge, Hand etc.). Damit werden offenkundig effektivere Wirkungen erzielt als mit einer allgemeinen Affirmation à la 'Ich bin gesund'. Die Konsequenz daraus ist, daß wir auch beim Menschen erwarten können, daß die jeweils spezifischere Affirmation eine gezieltere Reaktion auslöst als eine allgemein gehaltene Affirmation."

„Aber wenn ich mal im Moment bei deinem Beispiel mit den Organ-Listen bleibe, wird dann nicht eventuell das allgemeine Ziel, im obigen Beispiel also 'ich werde gesund' dabei verloren gehen, oder weniger zum Tragen kommen?", wandte Stefanie etwas nachdenklich ein.

„Hm, das könnte vielleicht sein, und genau genommen wissen wir es nicht. Trotzdem gibt es hier auch eine begründete Hoffnung, daß dieser Fall nicht eintritt. Das Argument hierfür wäre, daß sich bei allen lebenden Systemen durch einen Millionen von Jahren wirkenden hochselektiven Evolutionsprozess eine Hierarchie von Regelsystemen zum 'höchsten Wohle des Ganzen' entwickelt hat. Wird nun etwa das Gesamtsystem bedroht, dann versucht der Organismus über eine 'weise' Relativierung, wenn nicht sogar die temporäre Abschaltung einzelner Teilsysteme, das Kernsystem weiterhin zu stabilisieren, um es am Leben zu erhalten. Diese inhärente Logik beinhaltet, daß das Kernsystem nach Beendigung der Bedrohung wieder in der Lage ist, auch die 'abgeschalteten' Rückkopplungen des Systems wieder zu rehabilitieren, um das Ganze, inklusive der 'abgeschalteten' Teilsysteme, wieder zu vitalisieren und – das ist ohnehin der ganz, ganz übergeordnete Hauptzweck – 'unversehrt' an etwaige Nachkommen weiterzugeben."

„Das war jetzt also deine systemtheoretische Sicht. Und ich muß sagen, diese Perspektive hat eine gewisse Überzeugungskraft, der ich mich kaum verschließen kann. Ich hatte bei deinen Ausführungen gerade meine biologischen Zusammenhänge vor Augen, die sich ganz gut mit dem vereinbaren lassen, was du gerade als relativ abstrakten Zusammenhang formuliert hast", ergänzte sie. Sie war einen Moment in Gedanken versunken. „Ich könnte vielleicht an einem viel anschaulicheren Beispiel einer höheren Pflanze zeigen, wie diese angesprochenen hierarchischen Beziehungen zum Gleichgewicht und damit zum Besten des Ganzen führen", fuhr sie fort. „Nimm nur mal einen Baum. In einem Baum herrscht ein Wirkungskreislauf von unten nach oben und von oben nach unten, der alle Teile einbezieht, in das Ganze einbindet und darauf hinwirkt, daß der Baum als Ganzes lebt und gedeiht. So liefern die Wurzeln Wasser aus dem Boden, angefüllt mit Mineralien. Sie machen dies jedoch nicht aus eigener 'Kraft', sondern der Wassertransport von unten nach oben wird zusätzlich zum relativ geringen Wurzeldruck auch über den Sog des durch die Stomata verdunstenden Wasserdampfs gesteuert. Da dieser, wie ich schon sagte, über die geöffneten Stomata 'verlorengeht', ist das der 'Preis' dafür, daß das zur Photosynthese unerläßliche CO_2 in die Blätter aufgenommen werden kann, wo es seinerseits zum Gesamtwachstum des Baumes beiträgt. Dies geschieht in der Form, daß Produkte der Photosynthese, wie etwa die synthetisierten Kohlenhydrate, in die Blätter, in die Blüten, in den Stamm oder in die Wurzeln geleitet werden, um diese über den Stoffwechsel zu 'nähren'. Nicht zufällig ist der Baum deshalb in allen Kulturen ein Symbol des Lebens, ein Lebensbaum, weil er in der ganzen Welt den Menschen plastisch vor Augen führt, daß er in der Lage ist, das Prinzip der Lebenserhaltung und -stabilisierung über lange Zeit aufrechtzuerhalten. Zufrieden?"

„Ganz dein Fach und genau auf den Punkt gebracht. Das ist wirklich ein sehr schönes und auch genau zu unseren Versuchen passendes Beispiel. Du hast mich links überholt", konnte ich nur zurückgrienen.

„Aber Spaß beiseite, wenn wir die Kernaussage dieser Argumente zusammenfassen, so ergibt sich, daß wir eigentlich wenig Sorge zu haben brauchen, daß eine quasi systematisch angewandte 'Methode' der Bewellung mit möglichst spezifischen Affirmationen, die sich primär an Subsysteme richten, zu schlechteren Ergebnissen führt als eine verallgemeinerte Formulierung. Vielmehr wäre eher zu erwarten, daß eine Bewellung von Getreide etwa mit einer Affirmation der Art: *Die Stomata sind weit geöffnet und sorgen für einen optimalen Einstrom von* CO_2 zu einem höheren Ernteertrag führen sollte als die Affirmation: *Das Getreidefeld bringt optimale Erträge*", faßte ich zusammen.

„Und dies ließe sich auch unmittelbar durch einen entsprechenden Versuch testen. Wir hätten dabei die Erwartung, daß die Getreidepflanzen den relativ zur erhöhten Öffnungsweite eintretenden größeren Wasserverlust von selbst gegenregulieren könnten und dies de facto auch tun. Sollten sie das nicht tun, könnte man immer noch dieses Defizit explizit in eine weitere spezifische Affirmation aufnehmen, etwa: *Die Wurzeln der Getreidepflanzen liefern das benötigte Wasser in optimaler Weise*, setzte Stefanie den Gedankengang fort, „und sollte diese These falsch sein, so wird sich das im Laufe der Zeit sicherlich zeigen. Sollte sich aber bestätigen, daß sie zutrifft, dann wäre es schade, sie nicht in der Praxis anzuwenden."

„Das ist eine sehr weise Haltung. Wenn die Wissenschaft immer so verfahren würde, wäre es wahrscheinlich besser um sie sowie um unsere ganze Gesellschaft bestellt. Immerhin hat uns dieser Versuch ein weiteres Mal gelehrt, daß das QTX funktioniert, oder – da kommt mir gerade der Gedanke an das *Kybalion*[18] in den Sinn – und damit an das dort formulierte erste Gesetz: 'Der Geist herrscht über die Materie.' Das haben wir bereits mit den 'Erbsen im Feuerofen' und nun auch noch an den Stomata, die sich in einem 'Licht' öffneten, das nur als Affirmation vorhanden war,

18 Das Kybalion, Die 3 Eingeweihten, vgl. auch (Sherman u. Sherman, 2009), S. 43

nachgewiesen. Aber jetzt hast du sogar – ohne daran zu denken – ein zweites wichtiges Prinzip des Kybalion angesprochen, dessen zweites Gesetz oder Gesetz der Entsprechung: 'Wie oben, so unten – wie außen so innen', systemtheoretisch formuliert als: 'Wie im Subsystem – so im Gesamtsystem' (oder auch umgekehrt)." Ich mußte selber schmunzeln über den gerade angestellten Vergleich. In der Systemtheorie war das „Gesetz der Entsprechung" bisher noch nicht aufgetaucht, oder war das vielleicht gerade ein Spezifikum von Lebewesen? Vielleicht gab es da noch weitere Erkenntnismöglichkeiten...

„Oder wie in den Stomata, so in der ganzen Pflanze", ergänzte Stefanie. „Das könnte bedeuten, eine Chance zu erhalten zu besserem Pflanzenwachstum, zu höheren Ernteerträgen, zu besserer Erntequalität bei eingeschränkten Chemikalienzusätzen, und so weiter und so weiter."

„Ich denke, das wurde auch schon gemacht. Ich hatte vor kurzem ein Radionikbuch in der Hand, das zwar mit einem älteren Radionikgerät arbeitete, aber ebenfalls Erfolge bei landwirtschaftlichen Anwendungen beschrieb", warf ich ein. (Paris und Köhne 2001, S. 245ff)

„Das kann ich mir gut vorstellen", pflichtete Stefanie bei. „Was ich damit eigentlich sagen wollte – und da verknüpfe ich unsere Ergebnisse auch mit den Aussagen in einem Buch, das ich gerade lese – ich glaube, wir sind auf dem richtigen Weg mit dem von dir so genannten Subsystem-Ansatz bei der Bewellung. Das Buch, das ich meine, ist von Joyce Hawkes, ***Das Bewußtsein der Zellen – Wie Gedanken auf Zellebene heilen.*** (Hawkes 2010) Hawkes war Wissenschaftlerin, hatte Biochemie studiert und ist dann ihrer Berufung zur Heilerin gefolgt. Und sie sagt, daß sie die größten Erfolge hatte, wenn sie mit ihren Heilungsmethoden direkt die Zellebene ansprach. Sie versucht – so sagt sie – direkt mit den Zellen zu kommunizieren, um eine Veränderung im Sinne der Heilung zu bewirken. Und haben wir das mit dem Stomata-Versuch nicht ganz genauso gemacht? Ich würde sagen, es war ein Glücksfall, daß wir auf diese Fährte gekommen sind, die Stomata in der Affirmation direkt anzusprechen, und die Stomata haben auch direkt reagiert. Und hier, hast du dir das Behandlungsprotokoll mal genauer angeschaut, das das QTX aus den Datenbanken 'herausgefiltert' hat?"

Stefanie zog die Behandlungsprotokolle heraus, die wir für die Epidermen des Dunkel- und des Lichtversuchs gemacht hatten. Sie deutete auf den Punkt 4 bzw. 5 des Licht-BP (vgl. Abb. 32 und 33).

„Hier steht beispielsweise:

Ich wachse bei jedem kleinen Schritt auf der Straße meines Lebens.

Oder nimm diesen Eintrag:

Ich spüre die Öffnung für mein spirituelles Wesen.

Oder diesen:

Ich bin der Meister meiner Gedanken, Worte und Taten im unmittelbaren Ausdruck meines wahren, göttlichen Selbstes.

Oder den hier", Stefanie wies mit dem Finger auf die Seiten 2 und 3 des Behandlungsprotokolls für die Epidermen (nicht abgebildet), die im Licht inkubiert worden waren. Da stand:

Ich meistere meine Aufgabe mit Freude im Herzen.

„Das kann mir doch keiner weismachen, daß das alles nur 'Zufall' ist. Die Stomata geben quasi eine Antwort, als wären sie bewußt – so als wären sie geistige Wesen wie wir, und das hat mir eine Idee für einen weiteren Versuch gegeben, du wirst gleich darüber lachen."

„Da bin ich aber neugierig", war meine eher skeptische Antwort, aber gleichzeitig war ich auch wieder wirklich neugierig, wie Stefanie diese Idee, 'den Geist der Stomata' in die Manifestation einzubeziehen, realisieren würde.

„Ganz einfach, ich nehme eine Affirmation hinzu, die genau diesen Gedanken ausdrückt, aber belasse ansonsten das gesamte BP in der Form, die wir es schon beim Stomata-Versuch mit Licht und Kalium verwendet haben (Abb. 33). Das beinhaltet dann zwar nicht die 'optimal' auf die verwendeten Zellen abgestimmten Affirmationen, denn die neuen Epidermen würden sich wahrscheinlich aus den Datenbanken wieder andere Einträge heraussuchen, – es sind ja, wenn unsere These richtig ist, andere Wesen als bei den Epidermen des letzten Versuchs – aber andererseits ist die Wirkung dadurch wesentlich besser vergleichbar."

Ich sah mir die Affirmationen des BP genauer an. In der Affirmation 3 war die Rede davon, daß sich die Stomata in 'Liebe eingebettet fühlen', in Affirmation 4 wurden die Stomata direkt in die Manifestationsaufgabe einbezogen, es wurde also die Umsetzung in die Realität weit geöffneter Stomata angesprochen, so als ob sie handelnde Personen wären.

Affirmation 5 stammte wieder aus dem vorhergehenden Versuchsdesign und war schon dort über die wrD aus den Datenbanken gezogen worden. Sie war mithin zwar nicht aktuell in Bezug auf die vorliegenden Epidermen, aber sozusagen stellvertretend für alle Epidermen, die an diesem Versuch teilnahmen, äußerst passend (vgl. Affirmation 3 in Abb. 33). Das sah alles recht vernünftig, um nicht zu sagen 'stimmig' aus.

„Dann bin ich mal wirklich gespannt, was bei diesem Behandlungsprotokoll herauskommt", sagte ich.

„Da die Auswertung ziemlich umfangreich ist, wenn man immer die Zeit-Kurven für den ganzen Versuchsablauf erfaßt, habe ich mich diesmal entschlossen, nur eine Endpunkt-Bestimmung zu machen. Wir lassen also die Epidermen unter denselben Bedingungen wie im vorherigen Versuchsablauf zehn Stunden im Licht inkubieren und messen erst dann ihre Öffnungsweiten. Wenn meine intuitive Annahmen, die ja auch durch die Erfahrungen von Joyce Hawkes bestätigt werden, stimmen, müßte sich eigentlich eine noch größere Öffnungsweite ergeben als beim letzten Versuch. Aber vielleicht bilden wir uns mit diesem Gedankengang auch nur etwas ein. Dann würde mich allerdings wundern, wie die von Joyce Hawkes beschriebenen Erfahrungen zustande kommen könnten."

Stefanie führte den Versuch durch, wie sie es beschrieben hatte. Die Auswertung war für sie noch viel mühsamer, da ich diesmal komplett ausfiel. Ich hatte mir eine richtige Grippe zugelegt und lag mit 39,5 Grad Fieber im Bett. Es war mir nicht mal mehr möglich, mich aus dem Bett zu bewegen, um die Werte für die Öffnungen zu protokollieren, wie sie sie, während sie durchs Mikroskop blickte, immer ansagte. Das machte es für sie wesentlich mühsamer, die Messungen durchzuführen. Aber sie war finster entschlossen, es auch allein zu schaffen. Und sie schaffte es. Die Auswirkung meiner Grippe war lediglich, daß sie nur rund 100 Stomata auswertete, statt wie wir es im Doppelpack beim letzten Mal geschafft hatten, bis zu 500 Stomata zu vermessen. Aber auch rund 100 Stomata bilden eine ansehnliche statistische Basis.

Das Ergebnis war diesmal keine Kurve, sondern nur eine schlichte Tabelle, die die folgenden Werte (in µm) aufwies:

Ergebnisse des letzten Stomata-Versuchs

(Mittelwerte, StdAW in µm)

	Mittelw.	StdAW	n	t-Wert
Versuch Abb. 33	12,4	2,6	500	
Versuch Abb. 38	12,87	2,61	105	**1,7** / 603

Der Mittelwert der Stomata-Aperturen lag diesmal bei 12,87 µm ± 2,61 und war damit noch größer als beim letzten Versuch nach dem BP aus Abb. 33 (12,4µm ± 2,6). Der t-Wert des Mittelwertvergleichs zur Kontrolle ergab sich zu 1,7 bei 603 Freiheitsgraden. Wäre es um einen sogenannten 'einseitigen Test' gegangen, so wäre dies immerhin noch auf der 5%-Stufe signifikant gewesen. Da wir aber – wie auch in den anderen Versuchen – von einer zweiseitigen Reaktionsmöglichkeit ausgehen mußten, war diese Steigerung der Apertur als nicht signifikant einzustufen.

„Schade, daß die Hinzunahme der Affirmationen 3 und 4 im BP von Abb. 38 nicht zu signifikanten Ergebnissen geführt hat, aber das kann auch daran liegen, daß du nur ungefähr 100 Stomata vermessen hast. Unser altbekanntes Problem“, kommentierte ich die Ergebnisse.

„Das war leider nicht anders zu machen. Es wurde mir einfach zu viel“, entgegnete Stefanie. „Wenn man kontinuierlich durch das Meßokular schaut, ist das Auge gut adaptiert, und die Vermessung geht ganz zügig. Aber wenn du nach jedem Stoma wieder auf das Blatt Papier schauen mußt, um das Ergebnis für dieses Stoma zu protokollieren, wird es einfach zu mühsam. Nach rund 100 Stomata habe ich einfach gestreikt. Ich dachte auch, ich mach mich nicht kaputt für irgend so eine abstrakte Statistik, viel wichtiger waren mir die Fotos, und die sprechen Bände. Sieh mal!“

Stefanie ging mit mir an den Computer und zeigte mir einige der Bilder, die sie mit der elektronischen Kamera gemacht hatte (vgl. Abb. 39a, b im Farbabbildungsteil). „Von der Kontrolle hab ich erst gar keine Fotos gemacht, die sahen genauso aus wie beim ersten Versuch (Abb. 36a). Aber die Stomata-Charge mit der 'besonderen Bewellung' (vgl. das BP in Abb. 38), die haben mir förmlich zugerufen: 'Siehst du, wie wir mitmachen?' Sie waren so prall und ihre Öffnungen so weit, daß man das Gefühl bekam, sie platzten gleich aus allen Nähten. Sieh nur mal! Ich hatte ihnen im BP gesagt: 'Die Stomata transformieren jetzt den Gedanken,

	Morphische Felder	Pot/Int/QRS	
1	Die Stomata auf den Epidermen des Feldsalates haben sich sehr weit geöffnet . Sie liegen im angenehmen Sonnenlicht. Sie fühlen sich sehr wohl! Dafür danken wir!	D 12 10 0	
2	Die Stomata des Feldsalates erhalten im optimalen Umfang Kaliumionen aus dem sie umgebenden Wasser, die sie zur Porenöffnung brauchen, außerdem viele andere Mineralstoffe , Vitamine und Hormone, um ihre Stomata weit zu öffnen. Trotz der weiten, die Verdunstung fördernden Porenöffnungen erhalten sie eine optimale Wasserversorgung. Sie sind vital, da sie so im Überfluß mit allen für sie notwendigen Substanzen versorgt sind. Die sie umgebende Luft ist sehr arm an Kohlendioxid. Alle Streßfaktoren, die einen Stomaschluß hervorrufen würden, sind vollkommen beseitigt. Dafür danken wir!	D 50000 20 0	KALIUM
3	Die weit geöffneten Stomata auf den Epidermenstreifen des Feldsalates fühlen sich sehr wohl, denn sie sind mit allem versorgt. Sie erhalten Liebe und Aufmerksamkei im Überfluss und genießen die ihnen zuteil werdende Ehre, an wichtigen Experimenten teilnehmen zu dürfen, um Erkenntnisse für die Wissenschaft zu liefern. Dafür danken wir!	C 18 11 0	Liebe und Freude
4	Die Stomata transformieren JETZT den Gedanken, GANZ WEIT OFFEN ZU SEIN, in die Materie. Sie wissen, daß sie interaktiv an einem neuen Raum-Zeit-Projekt teilnehmen. Dadurch erschaffen wir gemeinsam eine Neue Raum-Zeit, in der Visonen realisiert werden. Wir stehen gemeinsam an einem Neuen physikalischen Wendepunkt des Verstehens. Die Stomata sind sich der Ehre vollkommen bewußt, dabei zu sein! Dafür danken wir !	LM 8 5 0	
5	Bach Blüten und Minerale ▪ 09. Clematis (Weiße Waldrebe) - Eukalyptus - Pyrop ▪ Realitätsbewusstsein, zielgerichteter Einsatz der Kreativität im schöpferischen Tun *Man ist mit den Gedanken ganz woanders; zuwenig Aufmerksamkeit für das, was um einen herum vorgeht. (Kommentar - wird nicht bewellt)*	D 23 4 0	

Abb. 38 Behandlungsprotokoll mit Affirmationen für die Mitwirkung der Stomata an der Manifestation.

GANZ WEIT OFFEN ZU SEIN in die Materie. … Die Stomata sind sich der Ehre vollkommen bewußt, dabei zu sein.' (vgl. Affirmation 4, Abb. 38) Diese Wertschätzung haben sie mit einer noch weiteren Öffnung beantwortet. Ist das nicht unglaublich?" Stefanie strahlte mich an.

Sie tippte mehrmals auf eine Taste, und auf dem Bildschirm erschienen immer wieder neue Bilder von äußerst weit geöffneten Stomata. Während die Stomata in Abb. 36b nach 'normaler Bewellung' schon weit geöffnet waren, sodaß ihre Form an die Umrisse einer Mango erinnerte, sahen die Stomata in diesem neuen Versuch aus wie zu groß geratene hexagonale Strukturen. Man konnte ihnen direkt ansehen, daß da nochmals 'Power' zugelegt worden war (vgl. Abb. 39a und b, beide als Beispiele für diesen Versuch).

„Die sehen wirklich phantastisch aus", mußte ich zugeben, „Die Hinzunahme einer spezifischen Affirmation, die die Stomata direkt anspricht, bewirkt schon eine sichtbare materielle Veränderung bei den Stomata. Das war es doch, was uns die ganze Zeit vorschwebte. Wie findest du das?"

„Weißt du, als ich diese Stomata vermaß und mir ihre Ausmaße im Verhältnis zum letzten Versuch ganz bewußt machte, wurde mir klar, daß wir hier an einem ganz entscheidenden Punkt angelangt sind. Das war direkte Kommunikation mit einem Wesen. Es war, als würde jede einzelne Zelle mit mir durch das Bild sprechen, als würden sie sagen: 'Da sieh nur, wie wir mitarbeiten, wie wir uns für dich anstrengen!' Du kannst es der Form der Zellen direkt ansehen, der 'Turgor', der innere Zelldruck, der die Öffnung bewirkt, ist extrem, so etwas sieht man unter dem Mikroskop praktisch nie. *Das* hat mich überzeugt, mich hat's *überzeugt*. Wenn ich nicht vorher schon von der Wirkung des QTX überzeugt gewesen wäre, diese Bilder unter dem Mikroskop haben das endgültig geschafft. Im Vergleich dazu sind mir ein paar statistische Kennzahlen ziemlich gleichgültig. Wer sich von solchen Bildern nicht überzeugen lassen will, den kannst du auch mit deinen Statistiken nicht wirklich überzeugen. Ich glaube, das ist wirklich der Gipfelpunkt der Erfahrungen, die wir mit unseren Versuchen machen konnten. Und deshalb war das mein letzter Versuch."

Ich konnte ihre Reaktion verstehen. Wir waren nun wirklich seit zwei Jahren dabei, mit wissenschaftlichen Methoden nachzuweisen, daß QTX eine Wirkung auf ein gewähltes Zielobjekt ausüben kann. Angetreten als eingefleischte Skeptiker, aber mit dem Willen zur Offenheit, hatte uns das QTX Versuch um Versuch immer mehr überzeugt, daß ‘etwas dran war’. Die Ergebnisse gingen systematisch in eine Richtung: QTX wirkt! Bei allen Versuchen war uns dies im großen und ganzen gelungen, mit den letzten Versuchen sogar auf höchstem Signifikanzniveau.

„Was wollen wir eigentlich noch beweisen?“, fragte Stefanie, als ob sie meine Gedanken erraten hatte.

Ja, was blieb eigentlich überhaupt noch zu tun? Sicher, man könnte sich noch eine Menge Versuche ausdenken. Aber würden deren Ergebnisse, die wir jetzt schon erahnen konnten, an der eigentlichen Erkenntnis noch viel verändern?

„Wir haben jetzt etwa zwei Jahre lang Experimente gemacht, mit einem für uns zunächst in dieser Form nicht erwarteten Ergebnis: QTX wirkt“, sagte Stefanie in meine Gedanken hinein. „Ich habe keine Lust mehr, mir mit immer demselben Ergebnis dasselbe immer und immer wieder zu beweisen.“ Sie sah mich herausfordernd an.

„Schluß jetzt mit den Versuchen!“

TEIL II

Fragen zur Wirkungsweise des QTX

QTX wirkt, aber …?

Warum gibt es manchmal gegenteilige Effekte?

Es ist der Geist, der sich den Körper baut.

Friedrich Schiller

Am nächsten Morgen saßen wir wieder bei einem unserer ausgiebigen Frühstücke, die wir uns nur am Wochenende erlauben konnten und die schon Brunch-Charakter hatten.

„Du hast gestern gesagt, 'QTX wirkt', da stimme ich natürlich zu, aber wirkt es immer so, wie wir das *gewollt* bzw. *gedacht* haben?", fragte ich Stefanie, als sie gerade genüßlich in ein kleines Käsebrötchen biß.

„Wenn ich mir unsere Versuche so ansehe, waren da schon einige, bei denen der Schuß eher nach hinten loszugehen schien. Denk nur mal an unsere Erfahrungen mit der 'Biomasse' bei den Kressekeimlingen. Da nahm zwar die Länge zu, aber das Gewicht sank, weil – ganz entgegen unseren Erwartungen – die Stomata zu weit geöffnet waren und dadurch Wasser abgegeben wurde. Dadurch nahm das Gewicht letztlich ab."

„Ja, aber genau genommen können wir das *so* nicht beweisen, weil wir eben das Gesamtgewicht bestimmt haben und nicht die Biomasse im engeren Sinne. Dazu hättest du die Keimlinge weiter behandeln müssen, um die 'echte' Biomasse zu ermitteln, also den organischen Anteil ohne das Wasser. Gehört dann das in den Zellen enthaltene Wasser dazu oder nicht? Vielleicht war da die Formulierung der Zielgröße noch nicht eindeutig genug, vielleicht hätten wir die *meßbare* Zielvariable in die Affirmation schreiben müssen. Aber sei's drum", antwortete ich ihr.

„Dann habe ich noch ein anderes Beispiel", konterte Stefanie. „Denk doch mal an deine Erfahrungen mit dem Blutdruck-BP. Da machte der Blutdruck sogar genau das Gegenteil von dem, was er laut Affirmation tun sollte. Was sagst du zu diesem Beispiel, und hast du dafür auch einen Erklärungsansatz?"

„Ja, ein gutes Beispiel, und beide Beispiele, also das Blutdruck-BP wie auch das Biomasse-BP für die Kresse weisen auf einen Zusammenhang, den wir bisher vielleicht noch nicht so richtig durchdacht haben. Da hab ich durchaus eine Idee. Wir hatten doch bei den Erbsenversuchen unter Hitzestress ein Bild, das wir 'Basisreaktion' genannt haben, kannst du dich noch daran erinnern? Da war das Wachstum der ungestressten Kontrolle ohne Bewellung und das Wachstum der bewellten Kontrolle dargestellt, sozusagen als ganz normaler Wachstumsprozess, einmal ohne QTX und einmal mit QTX?"

„Du meinst die Gesamtauswertung der Kontrollen für 50 Erbsen?"

Ich legte ihr eine Kopie der Graphik vor.[19] „Genau die", sie griff danach. (vgl. Abb. 40a) „Fällt dir an den beiden Kurven irgendwas auf?", fragte ich sie.

„Beide steigen an im Versuchsverlauf ihrer 132-stündigen Keimung. Allerdings schneidet die Kurve der bewellten Keimlinge die Kurve der Kontrolle bei etwa 75 Stunden von unten nach oben", beschrieb Stefanie die Kernaussage der Graphik.

---

18 Die Abbildung ist inhaltlich identisch mit Abb. 22 auf S. 115 und wird hier nochmals gezeigt, um das Zurückblättern zu ersparen.

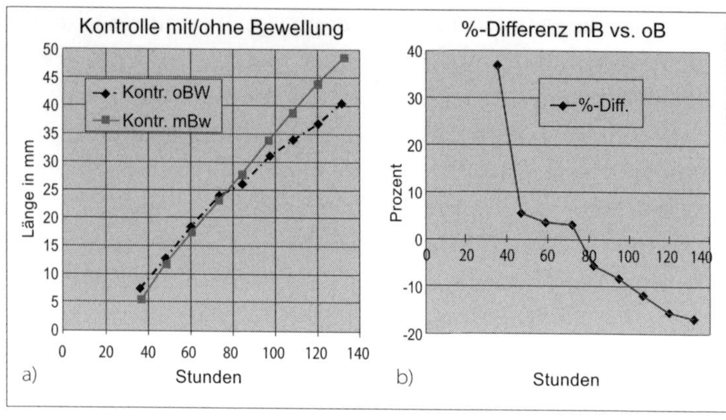

Abb. 40 Längenwachstum der Erbsenwurzeln:

a) die beiden Kontrollen (ohne Hitzebehandlung), ohne Bewellung (oB) und mit Bewellung (mB)

b) Darstellung der Differenzen

„Ja, und eine weitere Besonderheit ist, daß die Kurve der unbewellten Erbsen ab etwa 70 Stunden flacher wird, die Kurve der bewellten Erbsen aber wie am Lineal gezogen weiter nach oben ansteigt. Und darin sehe ich einen zweifachen Beleg, daß die Affirmationen über das QTX gewirkt haben und damit einen gewissen Hinweis darauf geben, *wie* das funktioniert."

„Jetzt machst du mich aber neugierig", antwortete Stefanie.

„Nun, zunächst liegt die Kurve der bewellten Erbsenkeimlinge bis etwa 75 Stunden Keimdauer unter der der eigentlichen Kontrolle. Warum darunter? Was passiert da? Es sieht aus, als würden die gesendeten Affirmationen den Wachstumsprozess regelrecht dämpfen oder bremsen, während die Kontrollgruppe fröhlich vor sich hin keimt und ihre Wurzeln anscheinend schneller wachsen. Erst nach 75 Stunden überholt die bewellte Charge die unbewellte Probe, die ihrerseits langsam ermüdet, wenigstens wirkt es so."

„Sieht ganz so aus", meinte Stefanie.

Ich zog eine andere Graphik heraus, die sich auf die *prozentuale* Abweichung zwischen den beiden Kurven bezog (vgl. Abb. 40b): Hier hattest du die Differenz zwischen unbewellter (oB) und bewellter (mB) Charge als Prozentsatz der bewellten Kontrolle (mB) aufgetragen. Die Kontrolle brachte es in der Primärphase auf bis zu 40 Prozent längere Keimwurzeln. Allerdings nimmt dieser 'Vorsprung' im Wachstumsprozess kontinuierlich ab, bei circa 75 Stunden kommt es in etwa zum Gleichstand, dann beginnt die bewellte Charge zu überholen und gewinnt sogar noch weitere 20 Prozent Vorsprung. Das würde einen schon recht deutlichen Unterschied in Sachen Wachstumsdynamik markieren."

Stefanie schaute ungläubig auf die Graphik. „Wo kommen denn die fast 40 Prozent her? Die Kurven auf der ersten Graphik liegen doch geradezu *aufeinander*. Das kann doch gar nicht sein!"

„Doch, doch. Das liegt lediglich an der relativen Verkleinerung der Anfangswerte durch die viel höheren Endwerte. Der Orginalwert 'oB' nach 36 h Keimung beträgt 7,5 mm ± 1,6 und der der bewellten Kontrolle 5,48 mm ± 1,5. Wenn du die Differenz auf den Wert 'mB' beziehst, erhältst du exakt 36,8%, analog am oberen Ende mit 40,4 mm ± 5,9 (oB) und 48,6 mm ± 4,5 (mB) entsprechend 16,8%. Beide sind zugegebenermaßen nicht überwältigend, wir sind da bisher ganz andere Werte gewohnt. Das kann aber auch daran liegen, daß die fünf Bewellungs-BPs primär gar nicht so sehr aufs Wachstum gerichtet waren, sondern vielmehr auf den Schutz gegen Hitze, von welcher die Kontrollen ihrerseits gar nicht betroffen waren. Um so interessanter ist ein t-Test, der bei 36 h Keimung einen t-Wert von 8.5 (!) und am Ende der Keimung – bei 132 h – von 7.85 ergibt, bei 98 Freiheitsgraden. Das entspricht einer Irrtumswahrscheinlichkeit << 0,1%. Beide Ergebnisse sind demzufolge 'hypersignifikant', denn der Grenzwert für eine 0,1%ige Signifikanz läge laut Tabelle bei t = 3,39 (Zweiseitiger Test). Damit ist die sogenannte Erstverschlimmerung auch statistisch eine Realität. Aber wie kommt sie zustande? Hast du irgendeine Idee?“ Ich war gespannt, ob sie denselben Gedanken hatte wie ich.

„Sieht aus, als hätten die QTX-Erbsen Anlauf-Schwierigkeiten unter der ‘unerwarteten’, eventuell als Stress wirkenden Bewellung gehabt, die Situation dann jedoch mehr und mehr in den Griff bekommen. Man könnte den Vorgang auch als eine Art Adaptionsprozess an die Bewellung interpretieren. Was hättest du denn für eine Erklärung dafür?“

„Das mit den Anlaufschwierigkeiten finde ich ganz treffend. Nun, wenn man systemtheoretisch an die Sache herangeht, so ist sofort klar, daß die Keimung ein höchst komplexer Prozess ist. Die Erbsen haben dafür ihr von der Natur festgelegtes genetisches Programm, das sie eben ‘abarbeiten’. Ihr Genetiker habt dafür, glaube ich, einen bestimmten Begriff, der dieses Umsetzen der DNS-Information in Proteine und Zellstrukturen beschreibt.“

„Ja, sogar zwei: Transkription und Translation“, bestätigte Stefanie.

„Dieser Prozess verläuft, wie die Kurve der Kontrolle (oB) (vgl. Abb. 40a) zeigt, mit einer ihm eigenen Geschwindigkeit und gerät – typischerweise – nach einer gewissen Phase in einen ‘Sättigungszustand’, der sich graphisch als eine geringere Neigung des Kurvenverlaufs ausdrückt. Demgegenüber scheinen die bewellten Erbsenkeimlinge diesem Programm nicht in gleicher Weise zu folgen. Natürlich kann ich nur darüber spekulieren, was da im einzelnen geschieht, aber entweder schaltet das QTX gewisse epigenetische Schalter anders, als sie im ‘Naturzustand’ gesetzt sind, oder aber es greift sozusagen parallel und damit auch konkurrierend zum Normalprogramm in den Expressionsprozess der Erbsenkeimlinge ein, wodurch das Normalprogramm gestört wird. Dadurch bremst es letztlich zunächst das Wachstum. Diese zweite Idee gefällt mir besser, da sie funktional besser erklärt, warum es bis zum Versuchsende bei den bewellten Erbsen bei einer relativ konstanten Wachstumsrate bleibt (das ergibt sich aus der Linearität dieser Kurve), während der natürliche Keimungsverlauf nach ungefähr 75 Stunden einer Art 'Sättigung' unterliegt, die in biologischen Prozessen meist auf eine 'Rückkopplung zum Status des bereits erreichten Ziels' beruht und sehr sinnvoll ist, weil sonst alle Bäume in den Himmel wachsen würden." Ich mußte bei dieser Vorstellung von einem ungehemmt wuchernden Wachstum der QTX-Erbsen unwillkürlich lachen.

„Ich muß zugeben, dieses Denkmodell gefällt mir ganz gut", räumte Stefanie ein. „Natürlich ist das nur eine Vorstellung, die durch unsere Versuche noch keineswegs bewiesen ist, da wir diese, um das alles als Hypothese zu stützen, noch öfter hätten wiederholen müssen, und letztendlich gilt sie auch nur im Rahmen der Keimdauer von gut 130 Stunden. Was passiert danach? Sicherlich wachsen die Erbsenkeimlinge nicht in den Himmel, schon deshalb, weil irgendwelche Kontaminationen den Prozess gar nicht viel länger ungestört weitergehen ließen", meinte sie.

„Mir gefällt sie noch aus einem weiteren Grunde ganz gut: Sie führt die Idee eines 'Programms' als explizite Variable in einen Erklärungskontext ein, was uns erlaubt, einerseits nach der Herkunft und andererseits nach der Konsistenz von Programmen zu fragen. Dabei scheint es meist ein bestehendes zweites Programm zu 'stören', nämlich das schon vorhandene Naturprogramm. Dieses ist relativ festgelegt durch die Gen-Ausstattung, inklusive der epigenetischen Variationsmöglichkeiten, und es gerät in Konflikt mit dem 'neuen' Programm, das offenkundig von den Affirmationen im QTX kommt und nun – auch das zeigt der Unterschied im Verlauf der beiden Kurven in dieser Graphik, beziehungsweise der Kurvenverlauf in Abb. 40b – auch konstant fortwirkt, und zwar abweichend vom Naturprogramm, denn sonst würden die Kurvenverläufe nicht so divergieren. Wenn aber ein Hund zwei Herren dienen muß, so weiß er nicht, zu welchem er als erstes laufen soll. Deshalb habe ich zuvor von der 'Konkurrenz' zweier Programme gesprochen, wobei sich das QTX-Programm dann offenkundig längerfristig durchsetzt und im Endergebnis zu einem deutlich besseren Wachstumsergebnis führt, als es der Naturprozess ermöglichte. Das war ja auch der Sinn des Experiments, bzw. es ist regelmäßig der Sinn eines Einsatzes des QTX in der realen Welt, wenn man mit den Ergebnissen, die ohnehin schon vorhanden sind, nicht zufrieden ist, oder wenn man etwa bei einer Krankheit das QTX einsetzt, um eine Heilung zu bewirken. *Wie* das QTX das im Einzelnen macht, das möchte ich im Moment noch gar nicht hinterfragen", versuchte ich meine Gedanken weiter zu differenzieren.

„Aber ich stimme dir zu, daß da auf jeden Fall eine eigenständige Wirkung des QTX sichtbar wird, und wenn ich an die vielen Versuche denke, die wir gemacht haben, so war eine solche Wirkung immer vorhanden", pflichtete Stefanie mir bei. „Jetzt verstehe ich auch, was du vorhin sagen wolltest, daß im Vergleich der beiden Kurvenverläufe schon eine gewisse Erklärung enthalten ist, wie das QTX auf das Zielobjekt wirkt."

„Ich denke, damit haben wir – zumindest für uns, die wir als Skeptiker angetreten sind – ein Ergebnis erzielt, das bei jeder wissenschaftlichen Herangehensweise der erste Schritt sein muß: Es ist sicherzustellen, daß ein bestimmter Sachverhalt eine Realität darstellt und nicht nur subjektiv oder 'eingebildet' ist. Diese Feststellung ist dann die Voraussetzung für die nächsten Schritte, irgendwelche Regeln oder Gesetzmäßigkeiten des Wirkens herzuleiten. Und nun können wir mit Fug und Recht sagen – insbesondere gestützt durch die zum Teil phänomenalen Signifikanzergebnisse, daß die Wirkung des QTX eine 'Realität' ist." Anscheinend machte ich dabei ein ganz ernstes Gesicht, denn Stefanie mußte plötzlich lachen.

„Dein Eifer ist ja ganz löblich, aber wir sitzen hier beim Frühstück, und du brauchst jetzt keine Vorlesung über Wissenschaftstheorie zu halten." Ihr Lachen war richtig ansteckend.

„Du sollst mich nicht stoppen, wenn ich grad so schön im Fluß bin", versuchte ich vorwurfsvoll zu klingen. „Ich habe da aber

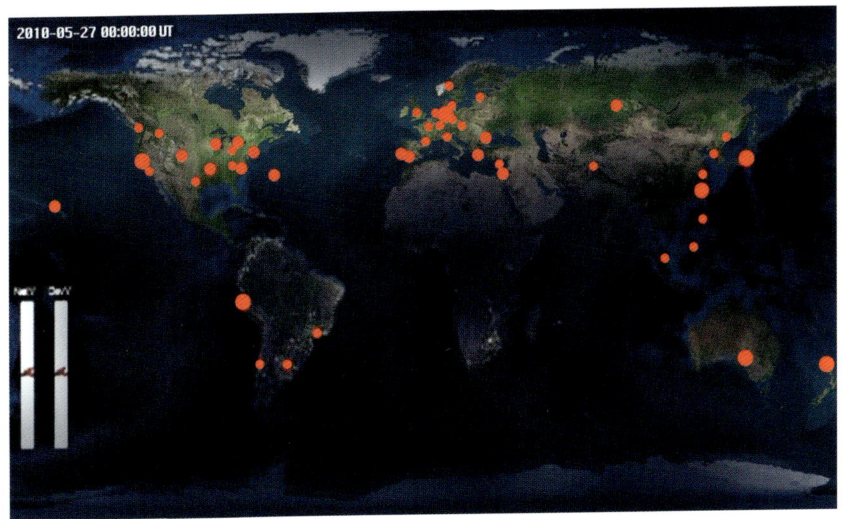

Abb. 3 Das EGG als EEG der Erde, aufbauend auf REGs (rote Punkte) (*Quelle:* http://noosphere.princeton.edu)

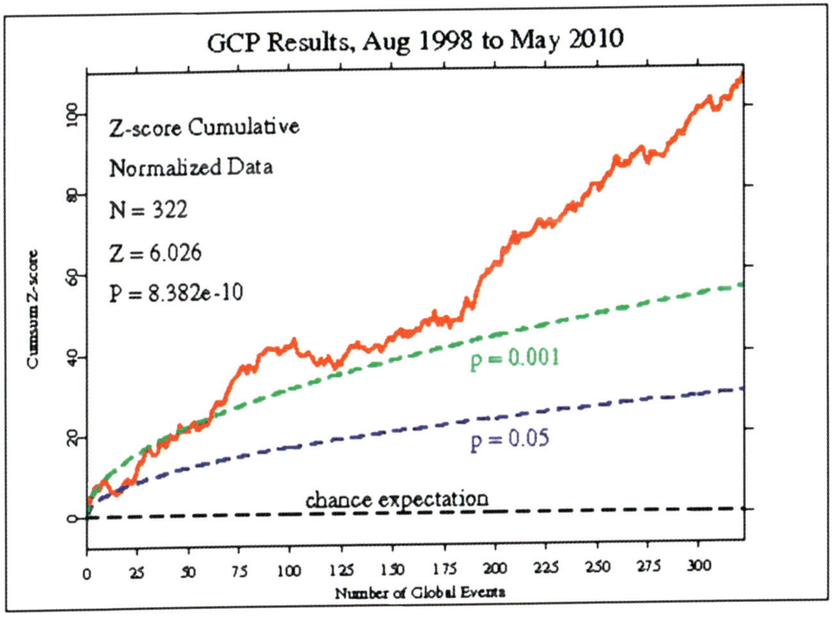

Abb. 4 Kumulierte Bewertung sämtlicher vom EGG von 1998 bis Mai 2010 registrierten Ereignisse. Die rote (gezackte) Kurve der kumulierten Z-Score-Werte übersteigt die grüne (= obere gestrichelte) Linie höchst signifikanter Ereignisse (Signifikanzgrad 0,1%, das bedeutet: p = 0.001) (*Quelle:* http://noosphere.princeton.edu)

Abb. 21a

Abb. 21b

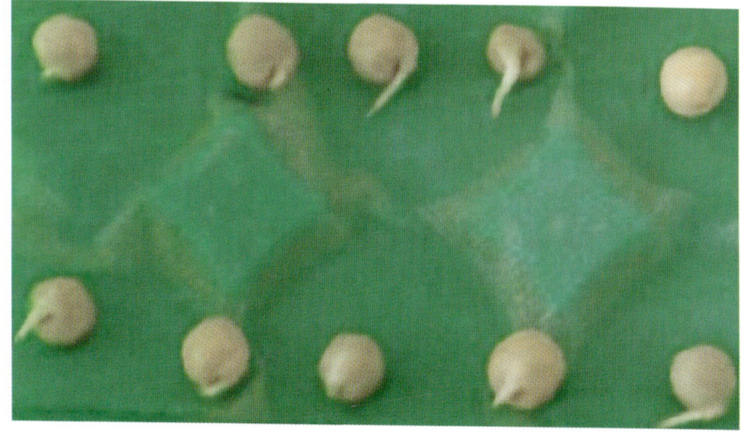
Abb. 21c

Abb. 21d

Abb. 21e

Abb. 21 Stresstest: Keimungsverhalten bei Erbsen unter Hitzeeinwirkung

a) Kontrolle ohne Bewellung ohne Hitze, nach 132 h Keimung)

b) Kontrolle mit Bewellung (ohne Hitze, nach 132 h Keimung)

c) Erbsenwurzeln ohne Bewellung (20 min Hitze, nach 132 h Keimung)

d) Erbsenwurzeln mit Bewellung (20 min Hitze, nach 132 h Keimung)

e) Erbsenwurzeln mit Bewellung (30 min Hitze, nach 132 h Keimung)

Abb. 26

Einzelne Kresse-Pflänzchen in Keimschalen, nach circa 40 h Keimung

Abb. 28 a, b

Kresse-Pflänzchen nach 170 h

a) im Dunkeln

b) im Licht

Abb. 35 a, b Stomata der Feldsalat-Epidemien in Dunkelheit, nach 4 h , ohne Kalium

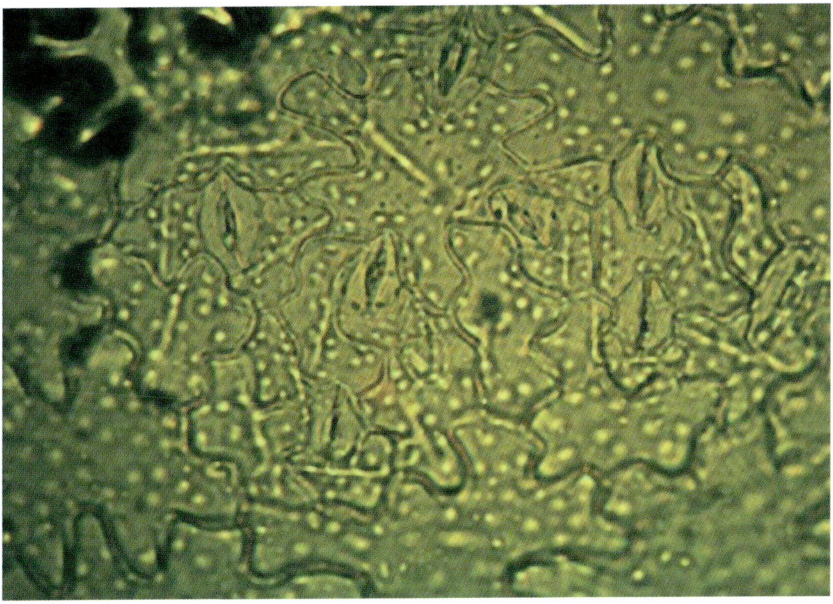

a) ohne Bewellung (oB)

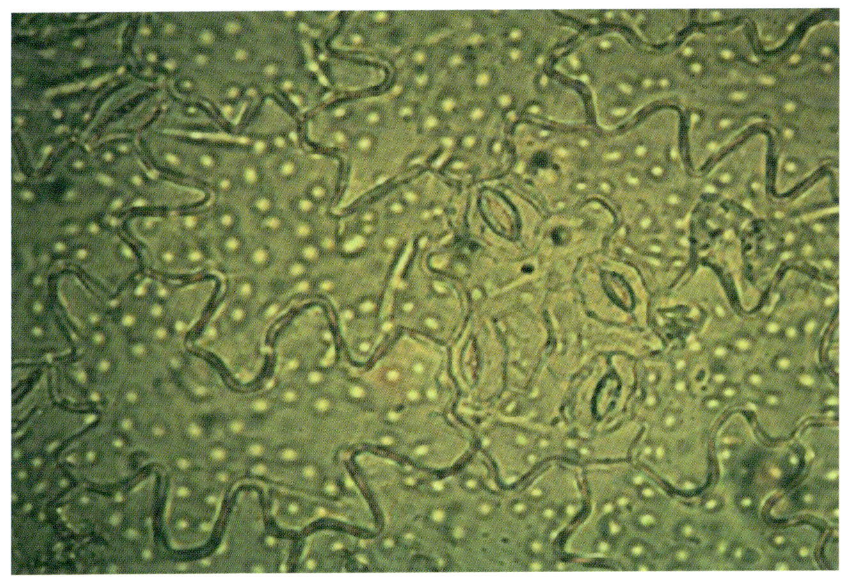

b) mit Bewellung (mB)

Abb. 36 a, b Stomata der Feldsalat-Epidermen nach Lichtbehandlung, 10 h, mit KCl (100 mM),

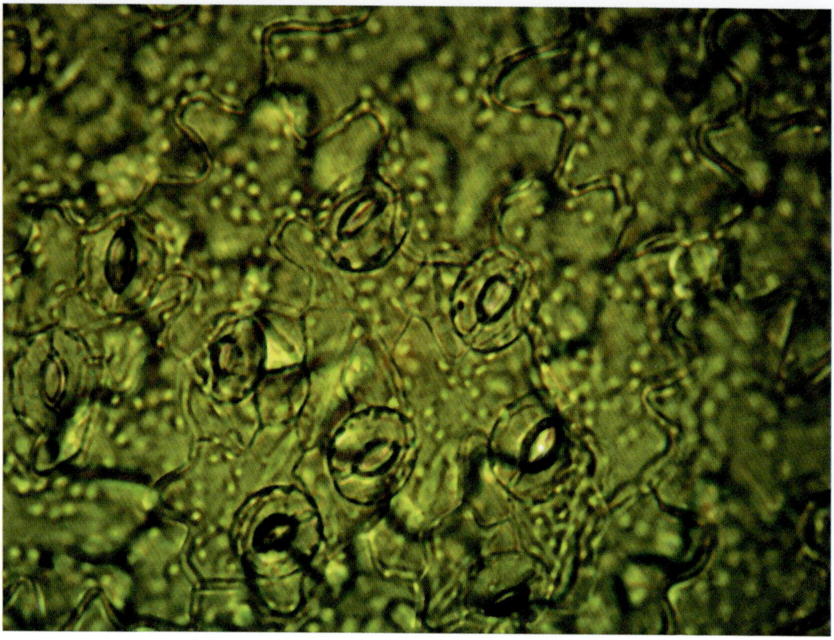

a) ohne Bewellung (oB)

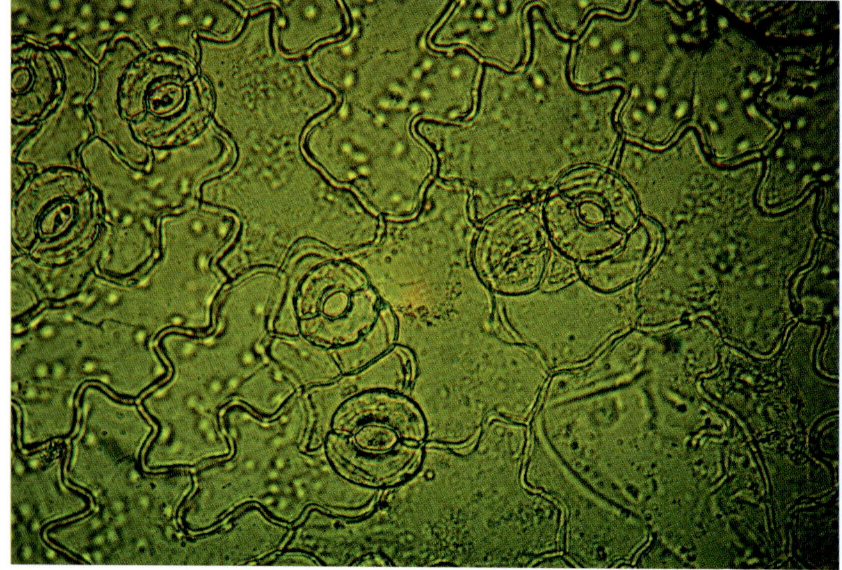

b) mit Bewellung (mB)

Abb. 39 a, b Zwei Beispielfotos für Stomata-Öffnungen nach der Bewellung der Epidermen mit 'bewußtseinsorientierten' Affirmationen (Vergrößerung ca. 400x)

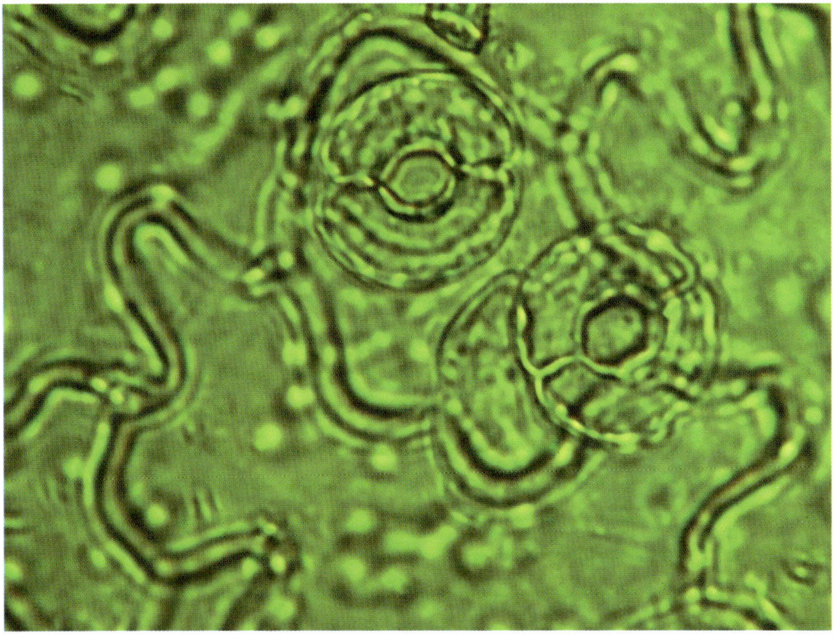

a)

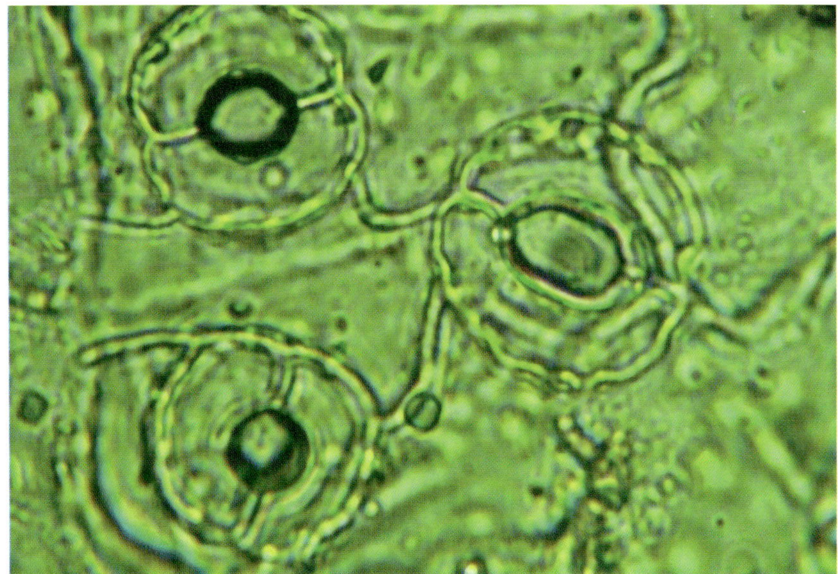

b)

$T_k =$

T_{11}	T_{12}	T_{13}	T_{14}	0	0
T_{21}	T_{22}	T_{23}	T_{24}	0	0
T_{31}	T_{32}	T_{33}	T_{34}	0	0
T_{41}	T_{42}	T_{43}	T_{44}	T_{45}	T_{46}
0	0	0	T_{54}	T_{55}	T_{56}
0	0	0	T_{64}	T_{65}	T_{66}

Abb. 49 Die Tensormatrix 2. Stufe Tik (*Quelle:* Ludwig 2006, S. 4)

Abb. 61 Luftwirbel: Wirbelschleppe eines Flugzeugs (eingefärbt)

(*Quelle:* https://commons.wikimedia.org/wiki/File:Airplane_vortex_edit.jpg)

auch noch einen anderen Zusammenhang entdeckt, der uns im Verständnis der gerade diskutierten Fragestellung weiterbringen könnte: Denk mal an unsere Erfahrungen mit dem Blutdruck-BP. Da hat entweder das QTX-Programm oder ein von den Heilungsbefehlen angestoßenes 'Naturprogramm' offenbar zu einer Entgiftungsreaktion mit nachfolgender Stauung der Leber geführt, die diese nicht rasch genug abarbeiten und auflösen konnte. Da dieser Fall offenbar nicht im QTX-Programm enthalten war und daher auch keine Affirmation diese Eventualität abfangen konnte, kam es eben zu einer Reaktion, die ironischerweise der eigentlichen Zielvorstellung – niedrigerer Blutdruck – genau entgegengesetzt war. Da Entgiftungs-Staus gerade den Blutdruck erhöhen, was wiederum ein Naturprogramm ist, das im Körper selbstregulierend eingreift – der erhöhte Blutdruck soll nämlich, zumindest vorübergehend, die Ausscheidungsleistung vor allem über die Nieren steigern –, kann dies in bestimmten Fällen eben gefährlich werden."

„Klingt sehr erhellend und scheint gut auf den Fall zu passen", stimmte mir Stefanie zu. „Damit hätten wir dann auch eine These, wie die sogenannte Erstverschlimmerung zustande kommt, oder?" Ich nickte.

„Da kommt mir in den Sinn, daß Samuel Hahnemann, der Entdecker der Homöopathie, schon ganz ähnliche Erfahrungen gemacht hat und die auch in seinem *Organon der Heilkunst* an mehreren Stellen beschrieben hat", fuhr sie fort. Stefanie ging in die Bibliothek und holte einen etwas abgegriffenen Packen mit Kopien einer Ausgabe von Hahnemanns *Organon*. „Hier steht zum Beispiel etwas über seine Erfahrungen mit Dosierungen und der sogenannten Erstverschlimmerung."

„Ich wußte gar nicht, daß du so etwas hast", fiel ich ein.

„Aber das kannst du dir ganz einfach aus dem Internet herunterladen und ausdrucken", antwortete sie schmunzelnd. Sie hatte eine von den Seiten aufgeschlagen, zwischen denen einer der vielen Merkzettel steckte und zeigte mit dem Finger auf eine Textstelle. Sie las vor:

„Allzu große Gaben einer treffend homöopathisch gewählten Arznei und vorzüglich eine öftere Wiederholung derselben richten in der Regel großes Unglück an. Sie setzen nicht selten den Kranken in Lebensgefahr oder machen doch seine Krankheit fast unheilbar.."[20]

„Das trifft den Nagel nahezu auf den Kopf", mußte ich eingestehen. „Das hätte ich nicht gedacht, daß schon der alte Hahnemann sich damit auseinandergesetzt hat. Aber du hast natürlich Recht, der Begriff der Erstverschlimmerung ist durchaus bekannt, und es liegt nahe, in diesem Falle einer unerwarteten Verschlechterung des Zustandes auf ihn zurückzugreifen. Aber war es in meinem Fall mit dem Blutdruck nicht eher eine *Spät*verschlimmerung?" Wegen des Wortspiels mußte Stefanie wieder lachen.

„Nein, nein, Spaß beiseite. Die Verschlimmerung, das heißt der Blutdruckanstieg auf 200/100, der offensichtlich durch die Affirmationen via QTX ausgelöst worden war, kam ja erst etwa nach drei Wochen. Deshalb finde ich hier eben – trotz der vorhandenen Verwandtschaft zu den Erfahrungen in der Homöopathie mit der dort häufig vorkommenden Erstverschlimmerung – den Begriff Programm-Konkurrenz treffender. Die kann sowohl am Anfang wie auch erst nach einigen Wochen auftreten, abhängig davon, wie die Prozess-Interaktion der beiden konkurrierenden Programme abläuft und davon, wie stark diese Konkurrenz ausfällt. Leider haben wir viel zu wenig Ahnung von der Komplexität und der Spezifität dieser Programme. Aber wenn du beispielsweise mal daran denkst, wie häufig gutgemeinte Öko-Politik von Seiten des Staates gegenteilige Erfolge erzielt, dann hast du vielleicht eine

20 Samuel Hahnemann, „Organon der Heilkunst", 6. Auflage 1921, §276

Vorstellung davon, wie unvorhersehbar sich vielfach die Eingriffe in ein komplexes System auswirken."

„Da kann ich dir nur recht geben", antwortete Stefanie „und natürlich sind derartige Themen auch in unseren Seminaren häufig Diskussionsgegenstand. Aber hilft das auch wirklich weiter in unserer Anwendung des QTX? Würdest du daraus irgendeine Regel ableiten, wie man besser verfahren sollte, um das anvisierte Ziel auch wirklich zu erreichen und nicht etwa das Gegenteil?"

„Wenn ich mir vor Augen halte, wie so ein Prozess ablaufen könnte, kommen mir schon verschiedene Gedanken, die gewisse Hinweise geben, zum Beispiel sogenannte 'Produktionsprozesse', bei denen in der Kombination bestimmter Faktoren etwas Neues entsteht, wobei die Faktoren – wie man leicht sehen kann – für einen optimalen Erfolg gewisse Relationen einhalten sollten. Stell dir als Beispiel einen chinesischen Betrieb vor, der Jeans produziert. Da sitzt an jeder Nähmaschine *eine* Näherin und näht, was das Zeug hält. Es würde aber nichts bringen, ihr eine zweite Näherin zur Seite zu stellen, oder umgekehrt einer Näherin zwei Maschinen zu geben. Die zweite Näherin oder die zweite Maschine wären völlig überflüssig und würden nur die Kosten erhöhen oder zumindest einen flüssigen Ablauf stören. Die 'optimale' Kombination bzw. das einzig 'richtige' Verhältnis wäre in diesem Falle also immer *eine* Näherin und *eine* Maschine."

„Das klingt ziemlich trivial, also worauf willst du damit hinaus? Das kann ich noch nicht so ganz sehen", war Stefanies Antwort.

„Wart's ab, laß mich den Gedanken einfach noch weiterentwickeln. Nehmen wir ein ähnliches Beispiel mit einem chemischen Prozess, zum Beispiel einen Otto-Motor. Hier wird ein bestimmtes Quantum Benzin mit einer bestimmten Menge angesaugter Luft kombiniert, um bei der Verbrennung in 'optimaler' Weise Energie zu erzeugen, die über die Kolben umgesetzt das Auto antreibt. Wo liegt hier das optimale Einsatzverhältnis? Das Problem ist schon ein bißchen komplexer, weil das optimale Einsatzverhältnis jetzt zusätzlich von der Drehzahl und damit von der – auch technisch bedingten – Strömungs- und mithin Mischungsdynamik der Luft- und Benzinzufuhr abhängt. Dieses Verhältnis variiert, wenn etwa ein Kompressor zum Einsatz kommt oder wenn das Benzin nur in einem Vergaser zerstäubt oder aber direkt eingespritzt wird. Abhängig von diesen Randbedingungen gibt es immer einen optimalen Punkt, bedingt durch die zugrundeliegende Chemie, die die Chemiker sogar einigermaßen vorherberechnen können, denn die Grundgleichung bleibt immer $C + O_2 = CO_2$, und weder das Molekulargewicht von Sauerstoff noch das von Kohlenstoff hat sich seit unserer Geburt verändert."

Stefanie mußte wieder lachen. „Das ist ja ganz nett, aber ich sehe immer noch nicht, was das mit unseren Versuchen oder mit deinem Blutdruckanstieg zu tun haben könnte." Sie machte ein fragendes Gesicht.

„Gemach, gemach. Aus dem zweiten trivialen Beispiel mit dem Benzinmotor können wir schon folgern, daß dieses Gesetz offenbar für alle chemischen, insbesondere alle biochemischen Prozesse gelten muß, wie sie in Lebewesen permanent ablaufen. Und damit sind wir wieder voll beim Thema. Gesundheit von Lebewesen, oder anders gesagt, der Normalzustand eines biologischen Systems ist dadurch gekennzeichnet, daß 'Einsatzfaktoren' der ablaufenden biochemischen Prozesse in ihren jeweils 'optimalen' Relationen vorliegen oder – dynamisch betrachtet – prozessmäßig ablaufen. Eine Störung dieser Relationen, die in der Realität natürlich immer wieder auftritt, wird zunächst durch das System hierarchisch geordneter Regelkreise im Sinne der Homöostase der Teilsysteme und des Gesamtsystems behoben, soweit das Lebewesen noch ausreichend über die Fähigkeiten zur Regulation verfügt.

Nicht optimal vorhandene Faktoren führen meistens zu Mangelkrankheiten. Diese sind etwa bei den Vitaminen ganz gut bekannt und zeigen recht plastisch, wie ein fehlender biochemischer Faktor den gesamten Prozess beeinträchtigen kann. Das Phänomen der Hypervitaminose zeigt jedoch auch, daß nicht nur der Mangel, sondern auch ein Zuviel an Vitaminen den Prozess stören kann, ebenso wie wenn du an eine Nähmaschine zwei Näherinnen setzt. Die überzählige Näherin wird den Nähvorgang der an der Maschine tätigen Näherin eher stören, und sei es nur dadurch, daß sie sich langweilt."

„Jetzt wird mir langsam klar, worauf du hinaus willst", warf Stefanie ein.

„Hierzu gibt es, glaube ich, auch ein systematisches Modell, das von Justus von Liebig aufgrund seiner Erfahrungen mit dem optimalen Einsatz von Dünger in der Landwirtschaft entwickelt wurde: das Modell der 'Minimum-Tonne', das eine einfache Darstellung des Minimum-Gesetzes erlaubt." Ich zeigte Stefanie eine Graphik aus meinem Stapel. (Abb. 41)

„Dieses Minimumgesetz besagt, daß der gesamte biochemische Prozess in seinem Ausmaß durch den knappsten Faktor begrenzt wird. Dieser, an den Optimalbedingungen gemessen 'knappste' Faktor ist damit zum Engpaßfaktor geworden. Erhöht man ihn,

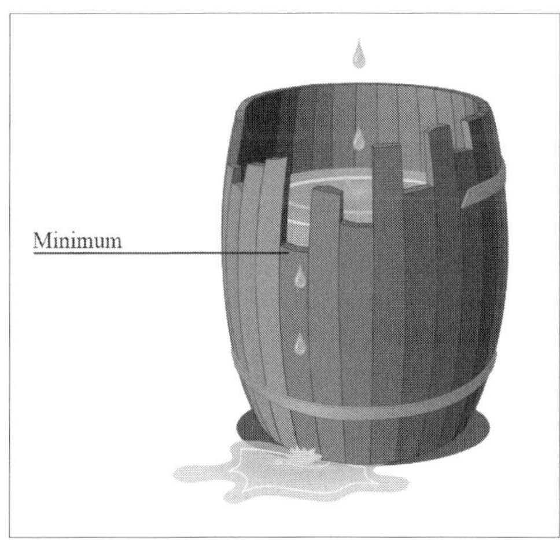

Abb. 41

Die Regentonne mit unterschiedlich langen Dauben als Modell des Liebig'schen Minimum-Gesetzes.

(*Quelle:* http://de.wikipedia.org/wiki/Minimumgesetz)

kann man das Wachstum sehr effizient steigern, weil man damit gerade den stärksten Engpaß beseitigt. Dieser Zusammenhang wird mittels der besagten Minimum-Tonne anschaulich gemacht. Die kürzeste Daube des Fasses entspricht dem Engpaß. Der Wasserspiegel im Faß kann nur so weit steigen (das entspricht dem biologischen Wachstum), wie es die Oberkante der kürzesten Daube vorgibt. Um im Bild zu bleiben: Würde man in dieser Situation eine der anderen Dauben verlängern, hätte dies auf die Höhe des Wasserstandes keinerlei Auswirkung. Analog dazu gilt: Eine Steigerung des relativen Einsatzverhältnisses eines anderen Faktors, der nicht Engpaßfaktor ist, steigert die Effektivität des zugrundeliegenden Prozesses nicht. Dies kann erst passieren, sobald die 'niedrigeren' Dauben verlängert werden, wenn also die davor liegenden Engpaßfaktoren beseitigt sind. Das wußtest du natürlich schon alles, aber ich wollte es an dieser Stelle doch noch mal herausstellen, weil es wahrscheinlich einen gewissen Erklärungsgehalt für unsere gerade gestellte Frage bergen könnte."

„Du klingst, als wärst du damit noch nicht am Ende deiner Gedanken angelangt", warf Stefanie ein.

„Stimmt. Das Modell liefert meines Erachtens noch eine Aussage, die weiter führt, als nur Engpaßfaktoren zu beschreiben. Wenn wir wieder den Fall der Hypervitaminose nehmen, so kann man aus dem damit verbundenen Geschehen noch weitergehend folgern, daß ein kontinuierlich aufrechterhaltener Überfluß von einem Faktor unter mehreren Engpaßfaktoren eine Verstärkung des Engpasses bewirken kann. So ist bei den Vitaminen folgendes bekannt: Ein einseitig und damit – relativ zu den anderen – zu stark eingesetztes Vitamin erzeugt unter Umständen eine Mangelerscheinung bei anderen Vitaminen, eine Avitaminose, die statt in einer Verbesserung des Gesamtprozesses in dessen Verschlechterung resultiert. Genau das aber könnte bei dem gerade diskutierten Umkehrphänomen beim QTX auch der Fall gewesen sein. So könnte ein zu stark eingesetzter Faktor den Prozess zunächst beschleunigen. Da aber andere Faktoren – etwa aufgrund von Kapazitätsgrenzen des Gesamtprozesses – nicht schnell genug in adäquatem Ausmaß herangeschafft werden können, werden sie so zu Engpaßfaktoren, die dann den Gesamtprozess behindern. Ein zweites Programm – durch das QTX in Gang gesetzt –, das sich zum schon vorhandenen Naturprogramm in Konkurrenz setzt, könnte durchaus eine solche Störung bewirken, und das würde sich dann in einer Erst- oder auch in einer Spätverschlimmerung ausdrücken."

„Das klingt ja sehr interessant, aber leider hat die Wissenschaft bisher nur Puzzle-Stücke in der Hand, um ein derartiges Modell im Detail zu belegen. Und solche Vorgänge genauer zu untersuchen wäre eine Mammutaufgabe, für Die du wahrscheinlich nicht einmal Forschungsmittel bekommen würdest. Aber ich halte es durchaus für ein sinnvolles Denkmodell. Doch zurück zur Praxis: Was – wenn dieses Modell richtig wäre – würde daraus dann für die praktische Anwendung folgen, wenn es darum geht, solche Umkehreffekte zu vermeiden?", spielte mir Stefanie den Ball wieder zurück.

„Da kommt uns wieder Hahnemanns Organon zu Hilfe. Wenn du den Paragraphen im Organon nimmst, den du gerade vorgelesen hast, wirst du feststellen, daß unsere soeben formulierte These sehr gut in sein Konzept der 'kleinsten Dosis' paßt. Wenn ich ihn richtig interpretiere, so kommt eine Erstverschlimmerung für ihn immer daher, daß eine homöopathisch richtig gewählte Arznei auch dann zu einer Art Arzneimittelprüfung[21] führt, wenn die Dosis zu hoch war. Die Lösung ist fast ausnahmslos immer die kleinstmögliche Dosis. Auf die Technik des QTX übertragen

---

21 Als Arzneimittelprüfung bezeichnet man in der Homöopathie seit Hahnemann die Beobachtung von Körperreaktionen bei Gesunden auf eine meist nicht-potenzierte (Prüf-)Substanz, die als Leitsymptome später mit einem beim Patienten vorhandenen Krankheitsbild verglichen werden und nach dem Prinzip 'Gleiches mit Gleichem heilen' - das für den Patienten richtige Mittel zu finden.

würde das bedeuten, es sind die Intensität und/oder die Sekundendauer einer Bewellung zu senken, und/oder die Pausen zwischen den Wiederholungen sind zu verlängern. Das alles haben wir nicht versucht, weil wir uns darüber noch nicht ausreichend Gedanken gemacht hatten, oder vielleicht auch, weil wir von der relativen Verschlechterung zu sehr überrascht waren."

„Eins zu Null für dich", entgegnete Stefanie. „Das ist wirklich praktisch anwendbar und wir sollten und werden es in Zukunft auch entsprechend berücksichtigen. Ich glaube, wir können dieses Thema insofern als erledigt ansehen. Ich habe daraus gelernt: Wenn ein Umkehreffekt in Bezug auf das eigentliche Ziel stattfindet, also eine Erst- oder auch Spätverschlimmerung, dann sollte man die Aktivität des QTX-Prozesses reduzieren, wofür wir einige 'Stellschrauben' haben. Aber allein das Bewußtsein dafür, daß auch eine 'Verschlimmerung' eintreten könnte, ist schon eine recht gute Versicherung dagegen, weil man bereits bei den ersten Anzeichen weiß, was man zu tun hätte." Sie klappte ihr Laborbuch zu.

„Das war nun wohl dein 'Wort zum Sonntag'", feixte ich.

Stefanie mußte daraufhin lachen. „Du hast recht, jetzt muß ich noch einige Dinge erledigen, aber ich finde, wir sind sehr gut vorangekommen mit unserer 'Aufarbeitung ungeklärter Fragen', über die wir im Zuge unserer Experimente gestolpert sind. Für dieses Wochenende bin ich gut mit Arbeit ausgelastet. Aber wir können nächste Woche wieder weiterdiskutieren. Ich finde das Thema höchst spannend, vor allem, weil es so verrückt für das normale Denkschema einer Wissenschaftlerin ist."

Ich konnte ihr da kaum widersprechen.

Objekt oder Subjekt?

Wer oder was wird durch die Affirmationen eigentlich angesprochen?

Wie sag ich's meinem Kinde?

Am Wochenende drauf saßen wir wieder zu unserem ausgiebigen Frühstück beisammen und ließen die Woche Revue passieren.

„Unsere letzte Diskussion ist mir noch etwas im Kopf herumgegangen", meinte Stefanie. Die Idee mit dem 'Naturprogramm' – genetisch mehr oder wenig fixiert – und einem vom QTX angesprochenen 'Sekundärprogramm', das man auch als 'Heilprogramm' oder 'Entstörungsprogramm' sehen könnte, welches dann zum Naturprogramm in Konkurrenz tritt und dabei meistens gewinnt, halte ich für ganz fruchtbar. Dann kam mir allerdings wieder in den Sinn, daß wir da eine These hatten, derzufolge das QTX erfolgreicher ist, was die benötigte Zeit wie auch den Umfang der gewünschten Reaktion angeht, wenn man dies im Rahmen eines Subsystem-Ansatzes macht. Denn als wir das Öffnen der Stomata kontrollieren wollten, hatten wir ja die Stomazellen direkt angesprochen und daraufhin – verglichen mit früheren, eher 'makroskopischen' Ansätzen – eine deutlich stärkere Reaktion erhalten.

Aber hast du dir dabei einmal überlegt, an wen wir dieses Sekundärprogramm eigentlich richten? Wer oder was ist der Adressat dieses Programms? Daß dieser Adressat manchmal Schwierigkeiten hat, jenes Sekundärprogramm zu 'realisieren' und dabei einen gewissen Rhythmus braucht oder auch eine gewisse Erholungsphase, damit er nicht überlastet wird, hast du letztes Wochenende sehr schön herausgearbeitet. Aber wer ist hierbei denn nun der Adressat?" Stefanie sah mich mit nachdenklicher Miene an.

So hatte ich mir das noch nicht überlegt. Wir waren wie selbstverständlich immer von einem Zielobjekt ausgegangen, aber versteckte sich dahinter nicht vielleicht eher ein Ziel-Subjekt?

„Du hast recht, so habe ich mir die Frage überhaupt noch nie gestellt", antwortete ich ihr. „Du spielst wahrscheinlich auf den allerletzten Versuch an, in dem wir die Stoma-Zellen direkt angesprochen hatten und prompt eine herausragende und sogar höchst signifikante Reaktion bekommen haben. War das dein 'Bauchgefühl'?"

Stefanie mußte lachen. „Vielleicht ein bißchen. Aber ich hatte natürlich auch schon gewisse theoretische Hinweise. Ich habe dir doch schon von Joyce Hawkes' Buch ***Das Bewußtsein der Zellen – Wie Gedanken auf Zellebene heilen*** erzählt, erinnerst du dich?"

„Ich erinnere mich, natürlich."

„Nun, ich hatte es schon vor ein paar Monaten gelesen, und bei unseren Stomaversuchen kam es mir natürlich wieder in den Sinn. Dr. Hawkes war genau wie ich Wissenschaftlerin, nämlich Biochemikerin, entdeckte dann allerdings nach einem Nahtoderlebnis 1984 ihre Befähigung, geistig zu heilen und hat diese Fähigkeit dann zu ihrem Beruf gemacht. Dann hat sie weitere Erfahrungen damit gesammelt und in diesem Buch veröffentlicht. Sie ist der Ansicht, daß man – um wirklich erfolgreich zu heilen – die dem Leben zugrundeliegende 'kleinste Einheit' ansprechen muß, und das ist bei Lebewesen nun mal die Zelle. Sie hat mit den Zellen ihrer Patienten direkten 'Kontakt' auf der Ebene des Bewußtseins aufgenommen und konnte sie so erfolgreich heilen. Kommt dir das mit den kleinsten Einheiten nicht bekannt vor?"

„Du meinst natürlich unseren Subsystem-Ansatz", fiel es mir sofort wieder ein.

„Natürlich. Das ist ja ganz offensichtlich. Aber wir haben hier nicht nur eine sehr gute Übereinstimmung zwischen Dr. Hawkes' Erfahrungen und unseren eigenen. Sie ging in ihrem Ansatz noch ein Stück tiefer und hat auf der Zellebene fünf Funktionselemente gefunden, die wir uns auch mal zu Gemüte führen sollten."

„Jetzt bin ich aber wirklich neugierig", platzte ich heraus.

„Warte mal ab, ich muß nur noch schnell ein Lehrbuch mit einer entsprechenden Darstellung holen, damit ich dir das auch wirklich anschaulich zeigen kann."

Stefanie ging in ihr Arbeitszimmer und kam kurz darauf mit einem der üblichen Lehrbücher zurück. Sie blätterte hin und her, um eine bestimmte Stelle zu finden, und zog dabei einen eingelegten Merkzettel heraus, der die Kopie einer Graphik enthielt.

„Hier hast du eine Schema-Darstellung einer typischen Zelle am Beispiel einer Pflanzenzelle." Sie deutete auf eine in Grauschattierungen gehaltene Abbildung, die ein Zellschema mit den wichtigsten Zellorganellen zeigte. (Abb. 42, siehe S. 173) „Dr. Hawkes unterscheidet fünf Funktionseinheiten einer Zelle:

- den Zellkern, der für die Information zuständig ist (Mitte unten)
- die Mikrotubuli, das sind kleine Verbindungskanäle zu den Nachbarzellen (in der Darstellung nicht vorhanden)
- das Endoplasmatische Retikulum, zuständig für die Produktion von Enzymen und Proteinen (links unten)
- die Mitochondrien, die Kraftwerke der Zellen (links oben)
- die Zellmembran, Schutzhülle und Wahrnehmungsorgan der Zelle nach außen.Bruce Lipton geht sogar soweit, die letzte der hier aufgeführten Funktionseinheiten, die Zellmembran, als das Gehirn der Zelle zu interpretieren, da die Zellmembran den

> Kontakt zur Umgebung herstellt. Die Rezeptoren auf ihrer Oberfläche senden dabei quasi Botschaften an das Zellinnere und initiieren damit diverse Reaktionen im Plasma bis hin zur epigenetischen Umprogrammierung der Zelle. Diese kann dazu führen, daß neue/andere Proteine oder Enzyme produziert werden oder auch eine bestimmte Produktion 'abgeschaltet' wird. Damit ist eine hochgradig sensible Reaktion einer Zelle auf ihre Umwelt möglich." (Lipton 2009)

„Das klingt ja ziemlich spannend. Aber was sind denn die Funktionen der anderen vier Zelleinheiten?", fragte ich, weil mir klar wurde, daß ich von dieser differenzierten Sicht auf Zellen bisher noch recht wenig gehört hatte.

Stefanie fuhr fort: „Die Aufgabe des Zellkerns ist schon lange klar. Er beherbergt die DNS, und damit hat er die Funktion einer Bibliothek, die alle Informationen darüber beinhaltet, welche Proteine, Enzyme und sonstigen Zellbausteine die Zelle produzieren soll. Die Mikrotubuli sind die 'Telefonleitungen' oder die Transportkanäle zu den Nachbarzellen, und sie vermitteln biochemische Informationen zwischen den benachbarten Zellen, um diese darüber zu informieren, was in einer einzelnen Zelle geschieht. Sie sind also verantwortlich für die interzelluläre Kommunikation. Die Aufgabe des endoplasmatischen Retikulums – man kennt 'rauhes' und 'glattes', wie du hier auf der Abbildung (Abb. 42) sehen kannst – ist die Produktion von wichtigen strukturellen Proteinen und Enzymen." (Hawkes 2010)

„Das ist dann sozusagen das 'Aktions-Zentrum' der Zelle?", warf ich ein, um sicherzugehen, daß ich auch alles verstanden hatte.

„Richtig", entgegnete Stefanie. „Und um diese 'Aktionen' durchzuführen, braucht die Zelle unter anderem Energie. Die liefern die sogenannten Mitochondrien, kleine Kraftwerke innerhalb jeder einzelnen Zelle, die dafür sorgen, daß die notwendigen intrazellulären Aktivitäten überhaupt ablaufen können. Man sieht

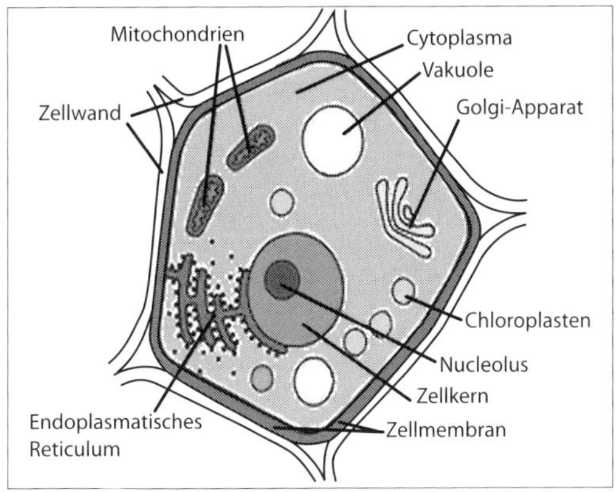

Abb. 42
Die Pflanzenzelle und ihre Organellen

doch jetzt recht gut, wie diese Funktions-Einheiten funktionell ineinandergreifen und sich ergänzen, damit die Zelle als Ganzes ihre jeweilige Aufgabe erfüllen kann. Da man diese subzellulären Funktionen voneinander gut abgrenzen kann, könnte man auch von Subsystemen sprechen, die das Gesamtsystem Zelle ausmachen, genauso wie die ganze Zelle ihrerseits ein Subsystem eines Körperorgans ist und dieses wiederum ein Subsystem des ganzen Körpers. Da hast du also deinen Subsystem-Ansatz wieder." Zwischendurch mußte Stefanie mal kurz Luft holen.

„Ich finde es bemerkenswert, daß Dr. Hawkes mit ihren Erkenntnissen unsere eigenen Beobachtungen aus einem ganz anderen Blickwinkel bestätigt. Denn der Tenor ihres Buches ist doch: 'Wenn wir die Zelle heilen, werden wir bei der Heilung der Menschen erfolgreicher sein'. Dabei geht sie – als ob sie unsere Subsystem-These kennen würde – systematisch nicht nur auf die Zellebene sondern sogar auf die einzelnen Funktions-Einheiten ein, versucht also die Funktionen der Wahrnehmung der Umwelt, der interzellulären Kommunikation, der Produktion sowie der Energie-Bereitstellung gezielt zu stärken, wobei sie eventuell eine einzelne, besonders geschwächte Funktion bevorzugt 'behandeln' würde. Sie macht das natürlich als 'Geistheilerin' nicht mit einem

Radionikgerät wie wir, sondern per Meditation beziehungsweise per Fokussierung ihres Bewußtseins." Stefanie lehnte sich zurück und sah mich nachdenklich an.

„Du meinst also, wir sollten ganz analog vorgehen und auch auf die Funktions-Subeinheiten mit unseren Affirmationen eingehen?", fragte ich zurück.

„Warum nicht? Das scheint mir zumindest eine sinnvolle Vorgehensweise, um mit diesem Ansatz mehr Erfahrungen zu sammeln, und dann wird sich schon herausstellen, ob diese Sichtweise richtig ist. Meinst du nicht?", war ihre Antwort. Ich sah das genauso.

„Aber wie könnten wir Informationen darüber bekommen, welche Subfunktion den Engpaß bildet, um eine Heilung oder – wie in Falle unserer Experimente – eine stärkere Wachstumsdynamik zu bewirken?", entgegnete ich.

„Das scheint mir gar nicht so schwierig. Entweder hat man eine Vermutung durch biochemische Kenntnisse, die schon vorliegen. Wenn eine Person etwa zu wenig Energie hat, so ist das von außen sichtbar, und dann liegt es doch nahe, die Mitochondrien zu adressieren, oder aber man erstellt eine Datenbank der einzelnen Funktionseinheiten und läßt das Radionikgerät selbst auswählen. Ich denke, man sollte es einfach versuchen. Aus Versuch und Irrtum entstehen neue Erkenntnisse, die uns höchstwahrscheinlich weiterbringen."

Ich konnte ihr nur zustimmen. „Das klingt ja wirklich toll, aber letztlich tun wir dabei so, als hätte die Zelle einer Pflanze eine Seele oder ein Bewußtsein."

„Aber selbstverständlich. Wie willst du sonst die Ergebnisse unseres allerletzten Versuchs mit den Stomata erklären?", war Stefanies prompte Antwort. „Außerdem gibt es für diese Annahme schon in der Literatur genügend Hinweise, etwa die Versuche eines gewissen Herrn Cleve Backster mittels seines sogenannten Lügendetektors."

„Ich glaube, von dieser Geschichte habe ich schon einmal gehört", warf ich ein. „Der war doch Spezialist für die Anwendung dieses Geräts zum Befragen von Angeklagten, und er war damit beauftragt, Polizeibeamte für dessen Anwendung auszubilden. Und dann kam er auf die Idee, diesen 'Lügendetektor' auf eine Pflanze anzuwenden, und er erhielt auch prompt eine ganz analoge Reaktion wie bei seinen menschlichen Probanden. Stimmt's?"

Stefanie nickte. „Das Verrückteste dabei war, daß er die Reaktion nicht nur bekam, wenn er der Pflanze etwas 'antat', etwa wenn er ein Blatt abriß, sondern schon in dem Moment, als er sich entschloß, dies zu tun. Der Schreiber des Lügendetektors schlug sofort wild aus, auch als er plötzlich auf die Idee kam, statt ein Blatt abzureißen, eines mit dem Feuerzeug anzusengen, obwohl er sich noch nicht einmal im selben Zimmer befand wie die Pflanze. Das veranlaßte ihn, das Phänomen gründlicher zu untersuchen. (Backster 1968)

Was dabei herauskam, ist als Backster-Effekt bekannt geworden. Eines der Details, die sich relativ unerwartet ergaben, war, daß die Pflanze nicht nur auf negative Absichten von Backster ihr gegenüber mit wilden Ausschlägen des Schreibers reagierte, sondern auch dann, wenn anderen Pflanzen, die sich in der Nähe befanden, etwas von andern Personen 'angetan' wurde, ohne daß die untersuchte Pflanze selbst eine Verletzung erlitt. Diese Art Reaktion erstreckte sich sogar auf Tiere und Bakterien. Immer dann, wenn 'etwas Lebendiges' zu Tode kam, – selbst wenn nur kochendes Wasser in den Ausguß geschüttet wurde – gab es Reaktionen der Pflanze.

Wurde es für die Pflanze 'zu schlimm', dann konnte es passieren, daß sie überhaupt keine Reaktionen mehr zeigte, sich quasi totstellte. Dies konnte auch geschehen, wenn Personen im Raum waren, deren berufsmäßiger Umgang mit Pflanzen generell dazu führte, daß welche verletzt wurden, wie Backster anläßlich des Besuchs eines Forscherkollegen in seinem Labor feststellen mußte. Auf die Frage an den Kollegen, ob er irgendwelche Experimente mit Pflanzen mache, antwortete dieser 'Ich röste sie in einem Ofen, um ihr Trockengewicht zu bestimmen.' (Tompkins u. Bird 2009, S. 18)

Um mögliche Einreden der Wissenschafts-Community zu entkräften, dachte sich Backster einen Versuchsaufbau aus, der den Bedingungen eines modernen Doppelblindversuchs entsprach. Er benutzte dazu einen kleinen Apparat mit einem zufallsgesteuerten Löffel, mit dem kleine, vitale Flußkrebsen in kochendes Wasser gekippt wurden. Da weder er selbst, noch sonst jemand im Labor anwesend war oder auch nur vorab wußte, wann dies geschah, konnten sich die aufgezeichneten Reaktionen der Pflanze somit nur auf deren Wahrnehmung der Todesvorgänge bei den Krebschen beziehen. Das ergab sich aus der hohen Korrelation der 'zufallsgesteuerten Tötung' mit den Aufzeichnungen des Schreibers. (Backster 1968, S. 329) Die Beweise waren schlagend, aber die Community war trotzdem nicht bereit, ihr Paradigma in Frage zu stellen."

„Hast du nicht in deiner Assistentenzeit eine ähnliche Erfahrung gemacht, die diesem Backster-Effekt entspricht?", fiel ich Stefanie ins Wort.

„Stimmt, das hatte ich ja fast vergessen. Du meinst die botanischen Praktika, die ich damals für verschiedene Studentengruppen durchführen mußte. Ich wollte damals in diesem Kurs die Bewegungen an Pflanzen demonstrieren und die elektrischen Signale, die man an ihnen messen kann, mit einem Schreiber als Kurve sichtbar machen. Im Falle der Mimosen war das Ziel zu zeigen, wie sich beim Anzünden eines Fiederblättchens das Ruhepotential in ein Aktionspotential verwandelte, welches dann über die Stengelsegmente in den Hauptsproß geleitet wurde. Alle Fiederblättchen, auch die nicht angezündeten, falteten sich ein, da das Aktionspotential durch den Stengel weitergeleitet worden war und zu den bekannten Reaktionen der Pflanze führte. Nach etwa drei Tagen, an denen ich immer wieder denselben Versuch bei verschiedenen Studentengruppen gemacht und immer wieder dieselben Ergebnisse demonstriert hatte, fing der Schreiber in zehn Metern Entfernung plötzlich an wie wild auszuschlagen, wenn ich nur die Tür zum Versuchsraum öffnete. Die Studenten fragten mich natürlich, was das zu bedeuten habe, und ich schob es auf den Windzug, der beim Öffnen der Türe entstand. Aber das war natürlich eine Ausrede. Das Phänomen war mir nicht entgangen, doch zum damaligen Zeitpunkt konnte und durfte ich im Rahmen des geltenden naturwissenschaftlichen Paradigmas keine Erklärung zu dem beobachteten Phänomen abgeben. Ich mußte darauf achten, in den Augen der Studenten nicht unglaubwürdig zu werden."

„Wie ging es denn dann bei Backster weiter?", fragte ich, da mich die Angelegenheit zunehmend zu interessieren begann.

„Backster wurde über seine Entdeckungen nicht froh. Er verlor später seinen Job, wollte aber seine Versuche nicht aufgeben. Schließlich arbeitete er als Nachtportier, um seinen Lebensunterhalt zu verdienen. Da kannst du mal wieder sehen, wie es jemandem ergeht, der eine unkonventionelle Entdeckung macht." (Tompkins u. Bird 2009)

„War das dann das Ende dieser Untersuchungen, oder gab es doch noch Nachahmer?", fragte ich Stefanie.

„Doch, die gab es. Der Nächste, den das Phänomen faszinierte, war wahrscheinlich Marcel Vogel, ein Forscher, der bei IBM mit Kristallen, insbesondere Flüssigkristallen gearbeitet hatte und dann, nachdem er in der Literatur über den Backster-Effekt gestolpert war, seinerseits Versuche anstellte. (Vogel 1974) Er selbst konnte merkwürdigerweise den Backster-Effekt reproduzieren, während dies seinen Studenten bei IBM nicht gelang. Das gab ihm zu denken. Da er es bei seinen Forschungen primär mit Kristallen zu tun hatte, kam er auf die Idee, ob man die bei Pflanzen zu beobachtenden 'psychischen Kräfte' nicht in Kristallen speichern könnte, wie das auch mit anderen Energieformen möglich war.

Vogel bat eine medial begabte Bekannte namens Vivian Wiley, ihn bei dieser Fragestellung zu unterstützen. Zwar konnte sie ihm bezüglich der Kristalle nicht helfen, hatte aber die Idee, etwas anderes auszuprobieren, um diese 'Kräfte' zu testen. Sie riß von einer Pflanze in ihrem Garten zwei Blätter ab und legte eines auf ihr Nachtkästchen, das andere auf den Wohnzimmertisch. Sie richtete, wie sie Vogel erzählte, jeden Tag ihre liebevolle Aufmerksamkeit auf das Blatt neben ihrem Bett, wobei sie stark daran dachte, daß dieses Blatt 'überleben' möge, während sie das andere Blatt auf dem Wohnzimmertisch ignorierte. Vier Wochen später bat sie Vogel, sie zu besuchen und eine Kamera mitzubringen. Vogel sah, völlig überrascht, den gravierenden Unterschied: das nicht beachtete Blatt war völlig vertrocknet und zusammengerollt, während das Blatt, das neben dem Bett auf dem Nachttisch gelegen hatte, in vollem Grün 'erstrahlte', so als wäre es gerade erst abgerissen worden. Vogel ahmte den Versuch mit Blättern einer Ulme vor seinem IBM-Labor nach und erhielt dasselbe Resultat.

Zwar erfüllten Vogels Versuche in dieser Hinsicht nicht die gängigen wissenschaftlichen Kriterien, doch sie waren für ihn der Startschuß dafür, sich der Sache gründlicher zu widmen. Nachdem er eine für seine Zwecke optimierte technische Ausrüstung entwickelt hatte, die primär auf Pflanzensignale reagierte und nicht so sehr auf Störimpulse aus der Umgebung, machte er zunehmend ebenso interessante wie überraschende Erfahrungen mit 'seinen' Pflanzen. Er mußte feststellen, daß Pflanzen bei Demonstrationen mit Publikum die Mitarbeit verweigerten, wenn Anwesende Feindseligkeit oder eine negative Haltung ausstrahlten. Er lernte jedoch, sich mit den Pflanzen so 'auszutauschen', daß er sie zur Mitarbeit 'überreden' konnte. Die Pflanze schien dabei zu einem 'Teil des Menschen' zu werden.

Vogels Interpretation dieser Erfahrungen war, daß es eine Art kosmischer Energie geben müsse, die allen Lebewesen gemeinsam sei, sie sozusagen 'umgebe', sodaß Menschen, Tiere und Pflanzen daran partizipieren. Die mit Hilfe eines elektronischen Schreibers ableitbaren elektrischen Signale seien lediglich ein Reflex dieses Austausches. (Tompkins u. Bird 2009)

Ein wichtiger Faktor hierbei sei jedoch die Bereitschaft zu einer gewissen Empathie des oder der beteiligten Menschen mit der Pflanze. Er vermutete, daß viele Forscher, die versuchten, seine oder Backsters Versuche nachzumachen und dabei scheiterten, diesen Faktor nicht kannten oder nicht in der Lage waren, die notwendige Affinität zu ihrem Versuchsobjekt aufzubringen. Die üblichen Laborrituale mit Statistiken und Wiederholungen würden hier nicht zu den gewünschten Ergebnissen führen, ja sie würden eher die Reproduktion des Backster-Effekts verhindern, solange nicht der wesentliche Faktor, die Empathie zwischen Pflanze und Mensch auch wirklich gelebt wird."

„Woher weißt du das alles?", unterbrach ich Stefanies Redefluß. „Das ist ja wirklich höchst interessant."

Stefanie stand auf, ging in ihr Arbeitszimmer und kehrte Sekunden später grienend und ein Buch in der Hand schwenkend zurück. „Hier", sagte sie „steht alles drin, was ich dir gerade erzählt habe." Sie hatte das Büchlein auf den Tisch gelegt, und ich konnte nun den Titel lesen: ***Das geheime Leben der Pflanzen*** von Peter Tompkins und Christopher Bird stand da und als Untertitel: 'Pflanzen als Lebewesen mit Charakter und Seele und ihre Reaktionen in den physischen und emotionalen Beziehungen zum Menschen'.

„Das ist ja genau das Thema, über das wir die ganze Zeit diskutieren."

„Stimmt genau", antwortete Stefanie. „Aber mit den Versuchen von Vogel war die Sache noch nicht zu Ende. In der Zeit, von der wir hier reden – das war in den späten 60ern und frühen 70ern des Zwanzigsten Jahrhunderts, so lange ist das schon her – beschäftigten sich noch wesentlich mehr Menschen mit diesem Backster-Effekt, aber wahrscheinlich hatten nur relativ wenige Erfolg damit, was wohl an den von Vogel hautnah erfahrenen Bedingungen für einen Erfolg gelegen haben dürfte. Eine von diesen Forschergestalten war Pierre Paul Sauvin, ein Elektronik-Freak, der sich in den Kopf gesetzt hatte, seine elektrische Eisenbahn unter Mitwirkung einer Pflanze vorwärts und rückwärts fahren zu lassen. (Tompkins u. Bird 2009, S. 46) Auch er stellte viele Versuche mit Pflanzen an und gelangte letztlich zu denselben Ergebnissen und Schlußfolgerungen wie vor ihm schon Backster und Vogel. Nachdem er in der Lage war, zu 'seiner' Pflanze eine enge mentale Beziehung zu etablieren, konnte er feststellen, daß sie auch über große Entfernungen hinweg Reaktionen zeigte, wenn er beispielsweise Schmerzzustände erlebte, etwa einen elektrischen Schlag, ja selbst dann schon, wenn er bloß an ein solches Ereignis dachte. Wie bei Backster reagierten seine Pflanzen, wenn Zellen, andere Pflanzen oder Tiere in der näheren Umgebung der Pflanze getötet wurden. Daraufhin ging er der Frage nach, ob die Pflanzen auch auf positive Emotionen wie Freude oder Glück reagierten, und er konnte feststellen, daß auch hier die Pflanzen mit Ausschlägen der Schreiber reagierten.

Da es ihm nicht gelang, seine Versuchsergebnisse in 'seriösen' Zeitschriften wie *Science* oder *Scientific American* zu veröffentlichen, verfiel er auf die Idee, sie in Fachzeitschriften für Maschinenbau und Technik unterzubringen. Zu diesem Zweck erfand er spezielle Anwendungen, wie etwa das über eine Pflanze gesteuerte Öffnen eines Garagentores. Das kann zwar genausogut mittels eines einfachen Funksenders geschehen, aber der 'Umweg' über die Pflanze hatte den Vorteil, daß kein Fremder, der ja nicht mental mit der Pflanze verbunden war, das Garagentor auf diesem Wege öffnen konnte. (Tompkins u. Bird 2009, S. 51)

Auch ein anderer Forscher, Eldon Byrd, war in der Lage, Backsters Versuche mit Erfolg zu wiederholen. Seine Versuche führten ihn ebenfalls zu der Erfahrung, daß sich Pflanzen in andere Organismen 'einfühlen' können, aber auch 'ohnmächtig' werden, wie schon Backster hatte feststellen müssen, wenn der Stress für sie zu groß wurde. Byrd gelang es auch, seine Ergebnisse im Fernsehen zu demonstrieren, etwa jenes, daß die Pflanze schon reagierte, wenn er nur daran dachte, ihr ein Blatt abzureißen, oder wenn er etwa eine Spinne in einer kleinen Schachtel heftig schüttelte. Auch er konnte allerdings diese Effekte nur konstatieren, hatte jedoch keine bündige Erklärung dafür. Alle bekannten physikalischen Effekte konnten hier nicht weiterhelfen." Stefanie machte eine kurze Pause und schien für einen Moment nachzudenken.

„Und das steht alles in diesem Buch?" Ich deutete auf das vor ihr liegende Bändchen von Tompkins und Bird.

„Ja, und obwohl das Bändchen seine Erstauflage in den frühen 70ern erlebte, ist es doch keineswegs überholt, sondern immer noch ganz modern. Die Wissenschaft ist natürlich darüber hinweggegangen, da nun mal nicht sein kann, was nicht sein darf! Und natürlich gibt es jede Menge 'esoterischer' Literatur zu diesem Thema, der aber fast immer der Ansatz fehlt, den auch wir bisher verfolgt haben, nämlich durch möglichst exakt definierte und nachvollziehbare Versuche diese so ganz unerwartete Realität zu etablieren, diese Phänomene als real nachzuweisen."

„Wenn ich das, was du da eben so farbig erzählt hast, mal nüchtern zusammenfasse, dann sind Pflanzen offenbar in der Lage, bei Personen, auf die sie sich 'eingestellt' haben, Gedanken zu lesen, was so viel heißt wie eine sogenannte außersinnliche Wahrnehmung diesen Personen gegenüber zu zeigen. Aber auch in Bezug aufs 'Bewußtsein' von anderen Pflanzen, von Tieren, ja sogar von einzelnen Lebensäußerungen anderer Spezies scheinen sie zu reagieren, und zwar selbst über große Entfernungen hinweg."

„Ganz eindeutig JA", antwortete Stefanie. „Andere Forscher nehmen sogar an, dieses hier angesprochene Bewußtsein von Pflanzen finde sich selbst auf der Ebene einer einzelnen Zelle wieder, und von einigen wird gar vermutet, daß sich dieser 'Subjektcharakter', der mit einem Bewußtsein verbunden ist, bis auf die atomare Ebene fortsetzt. Man könnte sogar sagen 'Alles hat

Bewußtsein' oder 'Alles ist Bewußtsein' (Schwartz u. Russek 1999) und läge damit auf einer Ebene mit sehr alten mythischen Weisheiten aus dem asiatischen Raum. Aber uns geht es hier ja im Moment weniger um philosophische Fragestellungen, sondern um die Frage der Etablierung einer – nach den Regeln der Experimentalwissenschaften – nicht wegzudiskutierenden Realität, völlig unabhängig davon, ob diese nun von den Kollegen aus der Wissenschaft im Moment akzeptiert wird oder nicht. Die 'Wissenschaft' hat eben ihre Paradigmen und kann diese erst revidieren, wenn sie von der andersartigen Realität schier erschlagen wird." Stefanie mußte auf einmal über ihre eigene, plötzlich so ernst klingende Bemerkung lachen.

„Du beziehst dich auf das bekannte Wort 'Gott schläft in den Steinen, atmet in den Pflanzen, träumt in den Tieren und erwacht im Menschen'?", warf ich fragend ein.

„Genau, daran habe ich zwar im Moment nicht gedacht, aber diese Worte treffen punktgenau, was ich gerade auszudrücken versucht habe. Das ist natürlich metaphysisch bereits umfassend formuliert, auch wenn ein Wissenschaftler damit wohl kaum zu überzeugen wäre." Stefanie lehnte sich zurück und schien einen Moment lang nachzudenken.

„Allerdings ist diese Sichtweise ist auch bei indigenen Völkern anzutreffen. So bezeichnen etwa die australischen Aborigines mit dem Begriff 'Wayrrull' einen von einem Gegenstand – zum Beispiel von einem Baum – ausgehende Kraft, mit ihm in Kontakt zu treten, ihn wahrzunehmen. Sie unterstellen also ganz selbstverständlich einem Gegenstand, er besitze Bewußtsein und werde aufgrunddessen sogar 'aktiv'. Die Aborigines bezeichnen diese Art Bewußtsein auch als 'Träumen'. (Mindell 2010, S. 213) Und diese Sichtweise von der Materie war bis vor noch nicht allzu langer Zeit auch noch bei unseren Wissenschaftlern vorhanden. So glaubte etwa Gottfried Wilhelm Leibniz an eine *vis viva*, an eine geistige Kraft, die allen Objekten innewohne, und er vertrat diese Ansicht auch in seinen Disputen mit Newton. (Mindell 2010, S. 147) Leider hat sich allein Newton mit der gegenteiligen Ansicht durchgesetzt, und seine Ansichten dominieren heute noch."

Stefanie nickte versonnen. „Diese Beispiele sind ja ganz amüsant, aber belegen sie denn in irgendeiner Form, daß Materie für geistige Einflüsse – nun sagen wir mal – 'empfänglich' ist? Da müßten doch wohl etwas handfestere Belege zu finden sein."

Ich nickte. „Warte mal, da fällt mir noch ein Beispiel eines 'moderneren' Wissenschaftlers ein: Wolfgang Pauli, der Nobelpreisträger, auf den das nach ihm benannte 'Pauli-Prinzip' zurückgeht. Er legte stets eine gewisse Offenheit gegenüber paranormalen Phänomenen an den Tag und korrespondierte darüber auch mit C.G. Jung. Ihm wird von Kollegen aus der Münchner Physik nachgesagt, daß immer, wenn Pauli in der Nähe weilte, irgend etwas 'Verrücktes' in den Physik-Laboren passierte. So sollen in solchen Situationen ohne ersichtlichen Grund plötzlich Glasflaschen explodiert oder physikalische Versuche schiefgegangen sein. Diese Phänomene waren für die Betroffenen so offensichtlich, daß man anfing, hierbei von einem Pauli-Effekt zu sprechen." (Mindell 2010, S. 499)

Stefanie lächelte milde. „Du hast schon recht, das sind aber nur Anekdoten und keine experimentellen Beweise. Das würde keinen Naturwissenschaftler dazu bringen, die Möglichkeit eines geistigen Einflusses auf die Materie zu erwägen. Da müßtest du schon schwerere Kaliber auffahren." Sie lächelte mich süffisant an.

Ich mußte angesichts dieses Scheinduells innerlich etwas schmunzeln. „Erinnerst du dich an den Einführungs-Vortrag für das QTX in Frankfurt, wo ein Beispiel vorgeführt wurde, bei dem der Benzinverbrauch eines Jeeps mittels QTX reduziert wurde? Das hat laut Dekra-Protokollen auf dem Prüfstand tatsächlich funktioniert, obwohl der Motor keine Zellen oder Organellen hat, die als Subsysteme dienen könnten. Oder könnte man sich eher vorstellen, daß analog zur Erfahrung, die wir mit einzelnen Zellen gemacht haben, nun schon jedes einzelne Atom Bewußtsein besitzt?“ Ich sah Stefanie prüfend an, gespannt, was sie auf diese Gedanken antworten würde.

„Die Idee ist sehr interessant, möglicherweise auch richtig, aber schon die bloße Vorstellung daß hier ‘grobe’ Materie, wie die Komponenten eines Automotors, sich durch die Einwirkung eines QTX so verändern könnte, daß tatsächlich der Verbrauch sinkt, ließe doch unseren Kollegen die Haare zu Berge stehen. Aber mal gesetzt den Fall, es verhielte sich genau so, woran ich persönlich noch nicht einmal zweifle, wie könnte man dann diese Wirkung *erklären*? Das wäre wahrscheinlich für einen heutigen Naturwissenschaftler die Brücke, die zuerst geschlagen werden müßte, damit er so einen Gedanken überhaupt in Erwägung ziehen könnte.“

„Nun, bevor ich versuchen würde, mir das *Wie* zu erklären, wäre doch, unserem bisherigen Vorgehen gemäß, erst einmal sicherzustellen, *daß* diese Wirkung tatsächlich existiert, was also so viel heißt, daß dies eine Realität ist. Hierzu haben wir keine Versuche angestellt. Unsere Experimente bezogen sich alle auf Pflanzen beziehungsweise auf Pflanzengewebe. Folglich können wir uns hier nur auf Versuche und Belege von Anderen beziehen, und hier gibt es schon einiges. Über ein plausibles Denkmodell, das halbwegs physikalisch untermauert ist, könnten wir später nachdenken“, versuchte ich die Kurve zu kriegen.

„Du meinst die Versuche von Jahn und Dunne, mit dem bekannten Galton-Brett die Verteilung der Kugeln durch Versuchspersonen beeinflussen zu lassen (vgl. Abb. 1a, b, S. 35), sowie schließlich die zahlreichen Nachweise mittels der ‘weiß rauschenden Diode’, daß die Verteilung der damit erzeugten Zufallszahlen höchst-signifikant vom Erwartungswert abweicht. Hier haben wir, und zwar auf einem sehr, sehr hohen statistischen Signifikanzniveau sogar den direkten Nachweis einer Veränderung des ‘physikalischen’ Verhaltens von Materie, also etwas, das fundamental gegen eines der Basis-Paradigmen der Physik und ganz allgemein der materiell determinierten Wissenschaft verstößt. Das ist ja auch einer der

Gründe, warum die Mainstream-Wissenschaft derartige Versuche ignoriert und ihnen jegliche Beweiskraft abspricht. Das Paradigma ist allemal stärker als ein experimenteller 'Beweis'. Nach diesem Paradigma kann ausschließlich Materie auf Materie einwirken und diese verändern. Ein derartiges Potential wird allen anderen Kategorien abgesprochen. Bei konsequenter Verfolgung dieses Paradigmas kann es dann auch so etwas wie *Geist* gar nicht geben. Geist ist dort nur eine fehlinterpretierte Auswirkung von Materie."

„Das hast du wirklich präzise auf den Punkt gebracht, Kompliment", entgegnete ich. Aber es gibt auch Versuche – ich denke mal an die Wasserversuche von Emoto (Emoto 2002) –, die eine in unserem Sinne eindeutige geistige Einwirkung auf die Clusterstruktur des Wassers nachweisen. Wenn ich auf einem Wasserglas einen Zettel (!) mit den Wörtern 'Liebe und Dankbarkeit' anbringe und danach die aus diesem Wasser gewonnenen Eiskristalle eine gänzlich andere, wesentlich klarer strukturierte Form aufweisen (vgl. Abb. 43c) als etwa mit Heavy-Metal-Musik 'behandeltes' Wasser (Abb. 43a), so wird man diese Wirkung wohl kaum dem materiellen Substrat des Schriftzugs oder des Zettels zuordnen

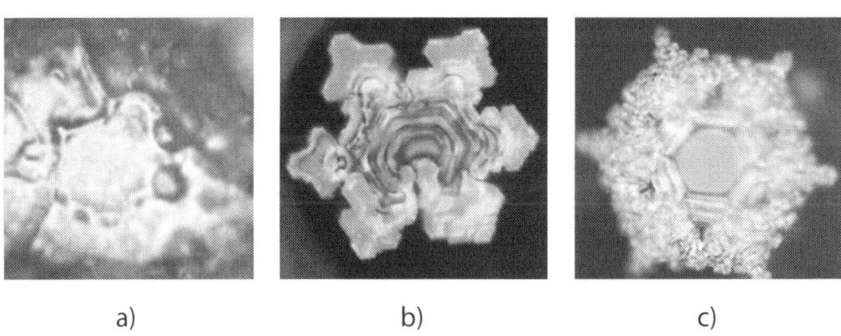

a) b) c)

Abb. 43 Bilder von Masaru Emoto:

a) Wasserkristalle unter Einfluß von Heavy Metal-Musik
b) der Einfluß von Mozarts Sinfonie Nr. 40, g-moll
c) Kristalle von Wasser unter dem Einfluß von 'Liebe und Dankbarkeit'

(*Quelle:* http://www.minotech.de/forschung/lebendiges-wasser/masaru-emoto/)

können, wie es der Materialist nun mal tun 'muß', sondern nur und ausschließlich dem geistigen Konzept, das auf diesem Zettel durch einen Schriftzug zum Ausdruck gebracht wurde. Warte einen Moment, ich kann dir das auch zeigen." Ich ging ins Arbeitszimmer nebenan und kam nach kurzer Suche mit einigen Kopien aus Emotos Buch zurück.

„Emoto hat Tausende von Versuchen gemacht, die alle auf dasselbe Ergebnis hinausliefen: Infolge der geistigen Einflußnahme des Experimentators, sei es nun per stillem 'Segensspruch' oder mittels des Zettels mit der Aufschrift 'Liebe und Dankbarkeit', zeigte die anschließende Kristallisation des Wassers stets ein wohlstrukturiertes hexagonales Kristallmuster wie im rechten Photo, während eine eher destruktive geistige Umgebung mit amorphen Gefriermustern beantwortet wurde, die denen ähnelten, welches unsauberes oder mit Giftstoffen beladenes Wasser erzeugt (Abb. 43a). Interessant wirkt auch der Einfluß einer Mozart-Sinfonie (Abb. 43 Mitte).

Stefanie nickte, schien aber noch nicht völlig überzeugt.

„Da fällt mir noch ein ähnliches Experiment zur geistigen Einflußnahme auf Materie ein, hier speziell auf Blut-Zellen, das in den frühen 90ern von einem amerikanischen Forscher namens William Braud, in einem kontrollierten *in-vitro*-Experiment mit Erfolg durchgeführt wurde. Hält man rote Blutkörperchen in einer wässrigen Lösung, so lösen sie sich wegen des osmotischen Effekts nach einer Weile auf, das ist eine normale biophysikalische Reaktion. Braud ließ nun sowohl einen geistig begabten 'Heiler' als auch Freiwillige mental Einfluß darauf nehmen, daß sich die Blutkörperchen *nicht* zersetzten. Der Versuch war bei Wiederholungen fast durchgängig erfolgreich, und dabei auch statistisch abgesichert." (Braud 1990)

„Die Effekte, die Emoto erzielte, sind sicher ein ganz schönes Beispiel dafür, wie die Materie, in diesem Fall das strukturelle Muster des Wasserkristalls, auf den Geist reagiert. Auch das Hämolyse-Beispiel ist überraschend. Ein eingefleischter Skeptiker wird aber wahrscheinlich immer noch argumentieren, daß dies die Wirkung einer Vielzahl von anderen Variablen sein kann, etwa der Umgebungstemperatur oder irgendwelcher elektromagnetischer Einflüsse aus der Umgebung, die nicht vorab kontrolliert wurden." Stefanie gab ihre Skepsis nicht so leicht preis.

„Da magst du sicher recht haben. Niemand kann letztlich 'gezwungen' werden, etwas als Beweis zu akzeptieren. Was als Beweis gilt, bestimmt der Mainstream eines Wissensgebietes letztlich selbst. Was der Mainstream letztendlich für richtig hält, was er zu seinem Paradigma kürt, erinnert oft eher an die Kreation eines verrückten Modehits auf einem Pariser Laufsteg als an rationale Zusammenhänge."

Jetzt mußte Stefanie lachen: „Ich weiß ja, daß die Wissenschaftstheorie zu deinen Steckenpferden zählt, aber so fundamental wollte ich das hier gar nicht diskutieren. Ich gebe auch zu, daß die Anzahl von Beweisen für ein bestimmtes wissenschaftliches Faktum, also etwa dafür, daß der Geist Einfluß auf die Materie hat, wenn sie im Laufe der Zeit immer mehr wächst, irgendwann auch das geltende rein materialistische Paradigma stürzen wird. Das wird aber erst geschehen, wenn neben den Experimenten, die dafür sprechen, auch auf der Theorie-Ebene eine gangbare Verbindung geschaffen wird, die die Experimentalergebnisse in einem theoretisch akzeptablen Denkmodell kompatibel erscheinen lassen. Das fehlt noch bei den Kristallisations-Versuchen von Emoto. Eine Theorie der Kristallisation, die auch mentale Einflußnahmen zuläßt, existiert eben noch nicht, sodaß bei der Beurteilung hier immer noch das Standard-Paradigma greift, und das lautete eben: 'Nur Materie hat Einfluß auf Materie'. BASTA!"

„Gut gebrüllt, Löwe", konnte ich da nur erwidern. „Aber warte mal, da fällt mir noch eine weitere Kategorie von Experimenten ein. Sie stammt von einer Arbeitsgruppe um William Tiller. Die Gruppe baute ein elektronisches Gerät, das aus einem Schwingkreis, einem EPROM und einer Stromquelle bestand und bat einige medial begabte und erfahrene Personen, dieses Gerät, das sie IIED (*Intention Imprinted Electronic Device*) nannten, geistig mit einer vorgegebenen Intention, einer pH-Absenkung etwa – wir würden sagen: mit einer Affirmation – zu 'imprägnieren'. Die Personen taten dies etwa 15 Minuten lang. Dann wurde das IIED in eine neue physikalische Umgebung gebracht und bewirkte dort beispielsweise eine Absenkung der Raumtemperatur oder eben eine Senkung des pH-Wertes in einem Wasserglas, das in unmittelbarer Nähe des IIED stand, so wie es die vorgegebene Intention beinhaltet hatte. Diese Versuche wurden immer und immer wieder unter verschiedenen Konditionen durchgeführt, um auch 'externe' Variablen auszuschließen, die auf den Versuch Einfluß nehmen könnten. (Tiller 2000 sowie Tiller u. a. 2001) Die Arbeitsgruppe faßte ihre Experimentalergebnisse wie folgt zusammen:

- Es ist offensichtlich möglich, menschliche Intention auf Geräte oder auch Materialien zu übertragen, sodaß diese eine Weile im Sinne der Intention auf andere Materialien fortwirken, ohne daß dabei diese Geräte oder Materialien berührt werden.
- Nimmt man die imprägnierten Repräsentanten der Intention fort, bleibt die Wirkung weiterhin bestehen (teilweise bis zu vier Monaten), was sich nur dadurch erklären läßt, daß der Raum um die Geräte herum 'imprägniert' wurde. Tillers Arbeitsgruppe sprach von 'Raum-Konditionierung' bzw. von 'Vakuum-Domänen'.
- Es wird vermutet, daß die Raum-Konditionierung weitreichende Auswirkungen auf den Grundzustand von Elementarteilchen und damit auf deren Bereitschaft zur Interaktion mit anderen Materieteilchen hat.
- Tillers Beobachtungen zufolge stehe die Stärke dieser Raum-Konditionierung und ihrer materiellen – wenn auch berührungslosen – Folgewirkungen in engem Zusammenhang mit

der inneren Zentriertheit – er sprach von Kohärenz – der am Versuch beteiligten Personen und ihrer Fähigkeit, diesen Zustand über längere Zeit beizubehalten.

Wir haben also eine neue Variable, die in den Zusammenhang zwischen Geist und Materie eingreift. Was die Esoterik-Szene mit dem Begriff 'feinstofflich' belegt, könnte die Funktion einer sogenannten Vakuum-Domäne sein, die mit Materie in Austausch steht, selbst aber ein Erinnerungsvermögen, wenn nicht gar Bewußtsein besitzt, was man wohl unterstellen muß, wenn man eine Interaktion mit dem Bewußtsein der beteiligten Personen zugrunde legt. Was sagst du zu diesen Experimenten?"

„Woher hast du diese ganzen Informationen?", konnte Stefanie sich nur wundern.

„Einen Moment, ich zeig's dir gleich." Wieder ging ich ins Arbeitszimmer und kehrte nach kurzem Suchen mit einem Buch von Marko Bischof zurück. (Bischof 2004)

„Dieser Autor, Marko Bischof, ist an Wissenschaftstheorie sehr interessiert und hat deshalb in diesem Buch die Geschichte des Äther-Konzepts verfolgt, das heute eher als 'Vakuum' bekannt ist. Ich will dich hier nicht mit der Vielzahl von Wissenschaftlern und Experimenten langweilen, die sich alle mit der Frage des Vakuums, seiner Beeinflussung und seiner Interaktion mit Geist und Materie beschäftigt haben. (Bischof 2004, S. 248-286) Was ich gerade gesagt habe, wird von einer Vielzahl von ihnen, zum Beispiel von Reid, Bechmann, Oesterle, Braud, um nur einige zu nennen, bestätigt, darunter sind auch viele Physiker."

„Das zeigt, daß unsere implizite Frage: 'Besitzt Materie Bewußtsein?' etwas undifferenziert und vielleicht auch naiv formuliert ist." Stefanie machte wieder ein nachdenkliches Gesicht. „Diese Perspektive, daß das, was wir mit Bewußtsein bezeichnen und immer so sehen, wie wir unser eigenes Bewußtsein erleben, möglicherweise ein komplexerer Vorgang unter Beteiligung von – wie sagtest du? – 'Vakuum-Domänen' ist, kommt für mich schon etwas überraschend."

„Dann hast du natürlich auch Verständnis dafür, daß es für eine derart innovative Perspektive von fast jedem Wissenschaftler, der an solchen Experimenten beteiligt war, einen eigenen Versuch dazu gibt, diese Ergebnisse in ein gängiges theoretisches Konzept 'einzupassen'. Wenn du versuchst, dich in diese Konzepte einzulesen, schwirrt dir der Kopf. Das geht wahrscheinlich auch vielen Physikern so, die diese Konzepte oder Erklärungsmodelle eigentlich besser verstehen sollten. Da gehört also schon ein hohes Maß an Bereitschaft dazu, sich mit solchen quasi parawissenschaftlichen Experimenten auseinanderzusetzen, statt mit Mainstream-Wissenschaft. Hinzu kommt noch, daß es für die Karriere allemal lohnender ist, sich mit dem Mainstream zu befassen, als mit Experimenten, die zeigen, daß die Natur 'verrückt' sein muß."

„Aber, das war mit Doppelspalt-Experimenten, verschränkten Photonen und der Quantentheorie schon seit hundert Jahren so, und die Quantentheorie hat sich trotzdem entwickelt", konterte Stefanie.

„Auf den ersten Blick sieht das wohl so aus, aber auch dort knirscht es intern gewaltig, ist die Diskussion, was noch real und was nur virtuell ist, voll im Gang. Und was für die einen – weil die Mathematik dazu paßt – schon zur Realität geworden ist, ist für die anderen noch lange keine. Bei den Vakuum-Experimenten müßte eine relevante Gruppe von Physikern die ganzen Experimente erstmal sichten und in einen einheitlichen Ordnungsrahmen stellen, bevor man eine vereinheitlichte Theorie anstreben könnte. Vielleicht ergibt sich dazu eines Tages sogar ein Anstoß aus der Tiefe der Teilchenphysik."

„Stop!" Stefanie sah mich etwas vorwurfsvoll an. „Du bist kein Physiker, wozu versuchst du mir dann hier eine Physik-Vorlesung anzudrehen?" Ich mußte lachen.

„Da hast du wohl recht, aber ich wollte dir nur etwas verständ-

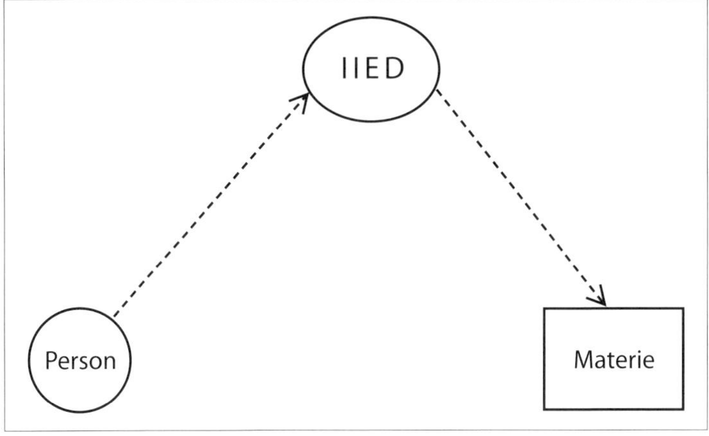

Abb. 44 Schemaskizze der Versuche von William Tiller

licher machen, warum die Lage bezüglich dieser Experimente und Theorien so ist, wie wir sie vorfinden. An uns liegt es, das Beste daraus zu machen. Und da kommt mir wieder eine Idee. Schau mal her!“ Ich zeichnete auf ein Blatt Papier ein kleines Diagramm, das das Schema von Tillers Experimenten mit dem IIED zeigen sollte (Abb. 44).

„Hier hast du also links die Person, die die Intention ausstrahlt, um das IIED (mitte) mit dieser Intention zu ‘imprägnieren’. Das IIED seinerseits beeinflußt dann wieder die Materie, indem sie in einem 20 cm entfernt stehenden Wasserglas den pH-Wert von 7,0 auf 6,0 absenkt. Die Pfeile *P → IIED* sowie *IIED → Materie* habe ich bewußt gestrichelt gezeichnet, um ihre quasi indirekte Wirkung zu kennzeichnen.“

„Was wäre denn für dich dann eine direkte Wirkung?“, fragte Stefanie dagegen.

„Nun, ein ‘normaler’ physikalischer Effekt, beispielsweise eine elektromagnetische Ausstrahlung, um ein Garagentor zur öffnen, oder wenn wir bei der pH-Absenkung sind, daß du etwa ein wenig

Essig ins Wasserglas kippst. Da wir aber weder bei der Wirkung der meditativen Intention, noch bei der Wirkung des IIED auf das Wasser eine bekannte, naturwissenschaftlich 'erklärbare' Reaktion haben, nenne ich das hier mal 'indirekt'. Bei der ersten Einwirkung von *Person → IIED* können wir den Vorgang gut vergleichen mit der mentalen Einwirkung der Versuchspersonen auf das sogenannte REG in den Versuchen von Jahn und Dunne, die wir schon seinerzeit in Frankfurt kennengelernt haben. Das ist ja auch der Weg, wie wir uns vorstellen, daß die 'weiß rauschende Diode' im QTX funktioniert, die ja ein REG ist. Immerhin weiß man durch diese Experimente, daß diese Wirkung eine 'Realität' darstellt. Bei dem zweiten Ast vom IIED zum Wasserglas (Materie) haben wir noch keine Vorstellung über das *Wie*, wir lernen gerade erst durch Tillers Versuche, *daß* diese Wirkung existiert und müssen vorerst glauben, daß es so ist, woran ich aber nicht zweifle. Daß eine Vakuum-Domäne imprägniert werden kann und dann noch dazu von einem Gerät, dem IIED, das selbst mental imprägniert wurde, ist für die Physik – zumindest im Theoriebereich – bisher noch nicht existent."

„Da fällt mir ein Beispiel aus allerjüngster Zeit ein, das zumindest die Realität dieser Tatsache mit einem ganz anderen Experiment nachweist. Hast du schon von Luc Montagnier gehört?"

„Meinst du den, der den Nobelpreis für den HIV-Nachweis erhielt?", fragte ich zurück.

„Genau den. Er hat voriges Jahr einen völlig verrückten Versuch mit einer international besetzten Arbeitsgruppe durchgeführt, der renommierte Wissenschaftler aus Frankreich, Italien und Israel angehörten. Dieser Versuch offenbarte auch der gängigen Quantentheorie bisher unverständliche Wirkungen, die im Internet sogar mit dem – sicherlich nicht ganz zutreffenden – Begriff 'DNS-Teleportation' belegt wurden, ein Begriff, den Montagnier und seine Gruppe ganz bewußt nicht verwendeten. Warte mal, ich habe da, glaub ich, einen Sonderdruck, eine Art Vorabveröffentlichung."

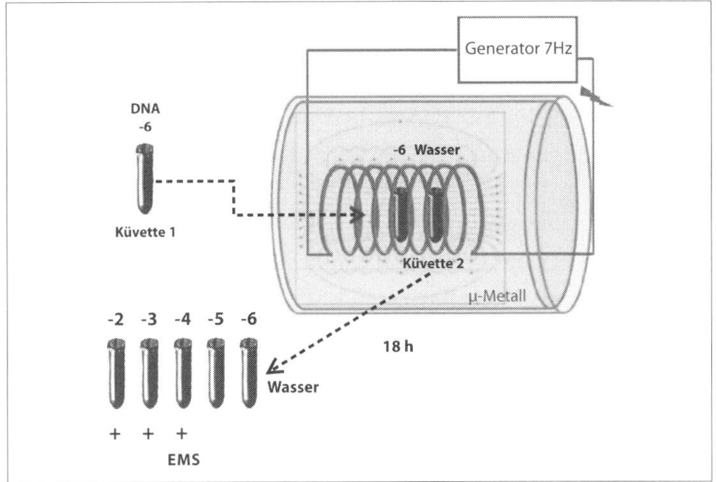

Abb. 45 Das 'Teleportations'-Experiment von Luc Montagnier
(Quelle: Montagnier u. a. 2010, ArXive: 1012.5166v1 [q-bio.OT], 23. Dec 2010)

Stefanie kramte in einem Wust von Papieren und Sonderdrucken, die sich auf ihrem Schreibtisch türmten. „Ach ja, hier hab ich's." Sie deutete auf eine Zeichnung auf einer der eng bedruckten Seiten (Abb. 45).

Der Versuch selbst erscheint einfach, hat aber sehr erstaunliche Ergebnisse. Im oberen linken Teil der Graphik siehst du eine Küvette, in die kleine DNS-Fragmente eingebracht waren. Sie bestanden nur aus circa 100 Basen eines Virus, in einem anderen Experiment auch aus einem bestimmten Bakterium. Die Bezeichnung '-6' soll sagen, daß der Inhalt eine 10^{-6}-fache Verdünnung der DNS enthielt. In der Homöopathie würde man dies eine D6-Potenz nennen. Diese Küvette wurde dann zusammen mit einer zweiten Küvette, die lediglich reines Wasser enthielt, in den speziellen Probenraum eingebracht, der eine elektrische Spule innerhalb eines gegen äußere Magneteinflüsse abschirmenden Zylinders (µ-Metall) enthielt. Die Spule wurde von einem elektrischen Wechselfeld mit etwa 7 Hz durchflossen. Nach ungefähr 16 bis 18 Stunden wurden beide Proben herausgenommen, und beide Küvetten wurden einer PCR[22] unterworfen, wobei auch in die Küvette, die lediglich Wasser enthielt, das für die PCR nötige Material sowie die nötigen *Primer* gegeben wurde, wie natürlich auch in die DNS-Fragment-Küvette. Das höchst erstaunliche Ergebnis war, daß auch die 'Wasser'-Küvette nach dieser 'Bestrahlung' die DNS enthielt, die zu Beginn des Versuchs in höchster Verdünnung nur in der anderen Küvette enthalten war."

„Da kann ich mir vorstellen, daß das der Mainstream-Wissenschaft gewisse Rätsel aufgibt."

„Nun, eine mögliche Erklärung läuft wieder so, wie du das vorhin von den Tiller'schen Experimenten angedeutet hast. Irgendwie ist die Information aus der DNS-Küvette in den 'Raum' der Wasser-Küvette gelangt und hat diesen 'imprägniert', sodaß anschließend das PCR-Verfahren anhand dieser Struktur-Informationen, die ja nur das Wasser als quasi-Kristallisations-Basis hatte, die DNS ausprägen und vervielfachen konnte. Immerhin betrug die 'Ähnlichkeit' in der Basen-Sequenz zwischen Original und Kopie satte 98 Prozent. Allerdings gab es eine Reihe von 'Merkwürdigkeiten' in den Bedingungen. Der Versuch hatte das beschriebene Ergebnis nur dann, wenn die Bestrahlung mit dem Wechselfeld über mindestens sechzehn Stunden durchgeführt wurde. Eine solche Dauer als Voraussetzung widerspricht nach den Äußerungen der Experimentatoren allen quantenmechanischen Erklärungsversuchen. Außerdem funktionierte der Versuch nur, wenn die Frequenz den Bereich von sieben Hertz nicht allzu sehr überschritt, und er zeigte dieses Ergebnis auch nur, wenn die DNS zuvor – wie gezeigt – 'verdünnt' worden war. Wich man von diesen Nebenbedingungen ab, kam das Ergebnis nicht zustande. Die Arbeitsgruppe um Luc

22 PCR = **P**olymerase **C**hain **R**eaction, ein Verfahren, molekulare Bausteine zu vervielfältigen

Montagnier hat dieses Experiment natürlich unter allen möglichen Variationen der Versuchsbedingungen immer und immer wieder gemacht, um sich keiner naheliegenden Kritik auszusetzen. Im Internet gab es auf die Vorab-Bekanntgabe dieser 'verrückten' Ergebnisse natürlich – wie du dir vorstellen kannst – alle möglichen verständnislosen bis ungläubigen Reaktionen, die ich dir im Detail hier lieber nicht schildern will."

„Ich glaube, die Menschheit hat da noch viel dazuzulernen. Und wie uns schon der alte Shakespeare im *Hamlet* sagt: 'Es gibt mehr Dinge zwischen Himmel und Erde, als Eure Schulweisheit sich träumen läßt.' Aber eigentlich bestätigt das nur, was ich vorhin schon sagte. Es müßten erst einmal die vielen Versuche gesichtet und geordnet werden, die man jetzt immer häufiger zu sehen oder zu lesen bekommt. Erst dann sollte man sich daranmachen, nach einer umfassenden Theorie zu suchen – in einer offenen Haltung. Ich sehe das als Parallele zur Frühzeit der Quantentheorie, als der Doppelspalt-Versuch und seine merkwürdigen Ergebnisse sowie das noch verrücktere EPR-Phänomen der verschränkten Photonen oder Elektronen – in jüngster Zeit sogar mit Fulleren-Molekülen[23] nachgewiesen – durch den sogenannten Welle-Teilchen-Dualismus die Physik in lang anhaltende Diskussionen stürzte, die eigentlich bis heute andauern. Die Kopenhagener Deutung, die einer ganzen Generation von Physikern eine Art Denkverbot auferlegte, hat dabei eigentlich eher Schaden angerichtet, als der Lösung näher zu kommen. Ich denke, nur Offenheit gegenüber physikalischen Phänomenen, auch wenn sie noch so verrückt und 'spukhaft' erscheinen, gepaart mit einer sorgfältigen Überprüfung ihrer Realität und der Bedingungen ihres Zustandekommens, können die Wissenschaft und damit das Erkenntnisstreben der Gesellschaft voranbringen. Es bringt uns nicht weiter, im Gegenteil, es blockiert

23 Fußballähnliche, relativ große Moleküle aus Kohlenstoffatomen, benannt nach Richard Buckminster Fuller, in jüngster Zeit erforscht von Anton Zeilinger in Wien.

jeden weiteren Erkenntnisgewinn, wenn man diese Haltung in der Wissenschaft nicht aufbringen kann. Das Ergebnis ist dann die Dominanz des Mainstreams, aber nicht die Dominanz der 'Wahrheit', nach der wir doch angeblich alle streben." Bei diesem Thema konnte ich mich nur zu leicht in Rage reden, deshalb stoppte ich an dieser Stelle.

„Aber denkst du denn, daß diese Versuche irgend etwas beitragen können, um einer Antwort auf die Frage näher zu kommen, die wir im Moment diskutieren, nämlich ob Materie Geist beziehungsweise Bewußtsein besitzt. Das ist eine Frage, die zwar von Schamanen und vielleicht noch von einigen verrückten Wissenschaftlern mit 'Ja' beantwortet wird, aber kaum von Experimental-Ergebnissen", nahm Stefanie den verlorengegangenen Faden wieder auf.

„Du hast recht, im Moment ist noch nicht so recht zu sehen, was eine 'imprägnierte Vakuum-Domäne' mit Materie-Bewußtsein zu tun haben könnte. Aber etwas anderes ist mir vorhin aufgefallen, bevor du das schöne Beispiel mit der 'DNS-Teleportation' gebracht hast – du erlaubst, daß ich der Kürze halber diesen Begriff hier weiterverwende –, das ja möglicherweise eine Bestätigung des Vakuum-Konzepts darstellt. Warte einen Moment!"

Ich griff nach der Zeichnung, die ich vorhin aufs Papier gekritzelt hatte, um das Schema der Tiller'schen Versuche darzustellen, und ergänzte sie um einen Strich sowie um einige Buchstaben. Neben 'Person' schrieb ich 'Anwender', neben 'Materie' im rechten Kreis das Wort 'Zielobjekt' und über die mittlere Ellipse das Buchstaben-Kürzel 'QTX'. „Na, wie gefällt dir die Zeichnung jetzt?" Ich sah Stefanie gespannt an. Stefanie studierte interessiert die 'neue' Zeichnung (Abb. 46). „Sieht ganz gut aus, aber ich würde mich im Moment noch nicht drauf festlegen wollen, ob die Analogie so ganz zutrifft. Ich kann mir zwar vorstellen, was der linke gestrichelte Pfeil vom Anwender zum QTX bedeutet. Damit willst du wohl ausdrücken, daß es mentale Auswirkungen vom Anwender

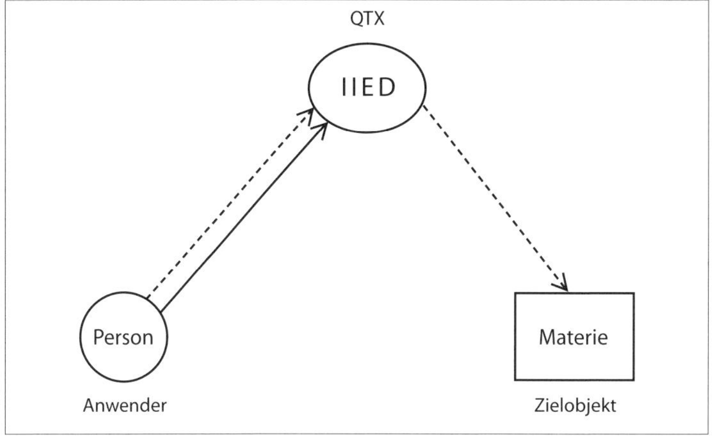

Abb. 46 Analogisierung des QTX-Schemas und der Tiller'schen Triade

auf das QTX gibt. Das möchte ich gar nicht bezweifeln. Der durchgezogene Strich soll wohl versinnbildlichen, daß der hier als Anwender Bezeichnete die Affirmationen in das QTX eingibt und all die anderen 'Knöpfe' drückt, um das Gerät zu einer Bewellung zu veranlassen, die sich dann wohl im rechten gestrichelten Pfeil ausdrückt. Mir scheint hier noch ein Gegenpfeil vom Zielobjekt zum QTX zu fehlen, der eine wichtige mentale Einflußnahme des Zielobjekts auf das QTX beschreibt, wie sie ja etwa im Auslesen von unbewußten Charakteristiken seitens des QTX über die wrD vorgenommen wird."

„Da hast du sicher recht", mußte ich zugeben. „Das kann ich korrigieren, indem ich daraus einen Doppelpfeil mache." Ich zeichnete die Pfeilspitze mit Richtung QTX zusätzlich ein. „Ist die Analogie jetzt eher nachvollziehbar?", fragte ich Stefanie.

„Nein, immer noch nicht ganz. Wenn ich das Schema sehr abstrakt interpretiere, ist es jetzt vielleicht akzeptabel. Aber wenn ich mir die Frage genauer anschaue, ob die Qualität der Einflußnahme oder der Informationsstrom oder eine 'Wirkung' im Falle des QTX und des IIED ähnlich sind, so würde ich das verneinen. Zwar wissen wir in beiden Fällen nicht, worin der 'Informationsstrom' vom QTX zum Zielobjekt bzw. vom IIED zur jeweiligen Materie besteht, aber intuitiv erscheint mir das im jeweiligen Fall verschieden zu sein. Beim Tiller-Experiment scheint der Informationsstrom aus einer Veränderung der Vakuum-Domäne herzurühren. Aber beim QTX habe ich nie auch nur eine Andeutung darüber gelesen oder gehört, daß das mit einer Veränderung des Vakuums und der ihm innewohnenden Informationsstruktur zu tun habe. Aber trotzdem könnte es natürlich genau so sein – wir haben nur im Moment überhaupt keinen Hinweis darauf. Im Gegensatz hierzu argumentieren die Hersteller von Radionikgeräten entweder mit Photonen-Verschränkung oder äußern sich hierzu gar nicht. Bei einem kann ich mich erinnern, daß er als Zubehör extra groß dimensionierte sogenannte Skalar-Antennen anbot, woraus man vielleicht schließen kann, daß ein QTX irgendwie Skalarwellen abstrahlt, die aber, soviel ich weiß, in der Physik nicht so richtig meßbar sind. Ein anderes Detail läßt mich zumindest vermuten, daß da noch ein fundamentaler Unterschied in der Qualität oder der Art der 'Einflußnahme' durch das QTX besteht: Beim IIED ist die veränderte Vakuum-Domäne nicht allzu groß, das heißt es wurden in der Regel nur Versuchsobjekte wie beispielsweise das Wasser in einen Glas beeinflußt, die direkt danebenstanden oder sich im selben Raum befanden, während beim QTX häufig nachgewiesen wurde – nicht nur bei unseren eigenen Versuchen – daß die Wirkung über viele Kilometer hinweg aufrechterhalten bleibt, daß also eine Fernwirkung besteht, die beim IIED nicht postuliert wurde. Ich kann mir aber auch nicht vorstellen, wie die Vakuumdomänen-Wirkung gezielt einen bestimmten Gegenstand – von Personen, Pflanzen oder Tieren sehen wir im Moment einmal ab – betreffen soll und nicht gleichzeitig auf alles, was sich in einem gewissen Umkreis um das IIED befindet. Bei einem QTX hast du aber beides, höchste Spezifität plus Fernwirkung."

„Ich finde, das hast du sehr schön herausgearbeitet", mußte ich Stefanie loben. „Also, die zweite Zeichnung der 'QTX-Triade', wenn wir sie im Moment mal so nennen wollen, ist höchstens in einem sehr schematischen, abstrakten Sinne eine Analogie zur Tiller'schen IIED-Triade, das gebe ich zu. Ich räume auch sofort ein, daß die von dir angemerkten Wissenslücken bezüglich Art und Form des Informationsstroms QTX → Zielobjekt, also der 'Bewellung' des Ziels (Person, Tier, Pflanze, Materie, Unternehmung etc.) natürlich ein großes Problem für Wissenschaftler darstellen, die es immer ganz genau wissen wollen. Wenn man nicht genau weiß, was da physikalisch passiert, kann man es natürlich auch nicht beurteilen. Möglicherweise liegt das auch daran, daß die QTX-Geräte nicht patentiert sind, damit diese Zusammenhänge ein Betriebsgeheimnis bleiben. Meine Einschätzung ist die gleiche wie deine, ich vermute auch, daß es sich um Skalarwellen handelt, und zwar zusätzlich zu dem von dir genannten sehr interessanten Detail der Skalar-Antennen, die bei einem anderen Hersteller, als du ihn gerade im Sinn hattest, glaube ich, irgendwo auch im Werbematerial genannt werden, weil es sich nach allgemeiner Diktion um Radionikgeräte handelt, und die besitzen bekanntlich Skalar-Antennen."

„Spielt das denn für unsere Fragestellung hier eine wesentliche Rolle?", fragte Stefanie wieder zurück.

„Nein, nicht unbedingt, aber es ist mit ihr verknüpft, denn die Informationsströme, die in der Triaden-Graphik gestrichelt gezeichnet sind, sind auch nicht alle von derselben Art oder Qualität, aber untereinander in gewisser Weise 'interdependent', so wage ich zu behaupten, und die 'Fragestellung', die wir nun schon eine ganze Stunde diskutieren, erscheint angesichts dieser Verknüpfung gar nicht mehr so bedeutsam. Die Versuche von Tiller, Jahn und Dunne und auch die von Montagnier haben zwar nicht direkt bewiesen, daß Materie Bewußtsein besitzt, aber sie haben immerhin gezeigt, daß Materie von Bewußtsein beeinflußbar ist und zwar sowohl direkt, als auch über die Vermittlung imprägnierter Materialien indirekt."

„Das hat doch die Quantenphysik auch schon bewiesen", konterte Stefanie. „Das besagt doch auch die quantenphysikalische Diktion vom Welle-Teilchen-Dualismus. Ein Elektron zeigt entweder Wellen- oder Teilchencharakter, je nach Beobachtungsvorgang. Das heißt, ob sich das Elektron so oder so darstellt, hängt vom Bewußtsein des Beobachters ab, und solange er nicht beobachtet, ist völlig unbekannt, wo sich das Teilchen bzw. Photon gerade befindet; lediglich eine Wahrscheinlichkeitsfunktion der möglichen 'Aufenthaltsorte' ist bekannt. Erst durch die Beobachtung, also durch einen Bewußtwerdungsvorgang zeigt sich das Elektron in der einen oder der anderen Form."

„Den zweiten Teil des Arguments akzeptiere ich noch einigermaßen, aber im ersten Teil beinhaltet deine Formulierung meines Erachtens eine Ungenauigkeit, die den Sachverhalt auf den Kopf stellt. Nicht der Bewußtseins-Prozess des Beobachters bringt die Wellenfunktion zum Kollabieren, sondern allein die von ihm vorgenommene Messung. Diese Messung besteht darin, daß dem Elektron/Photon nämlich ein bißchen Materie in den Weg gestellt wird, beispielsweise ein Doppelspalt oder ein Einfachspalt oder, wenn man den Weg des Elektrons/Photons aufzeichnen will, ein kleiner Sensor, der 'Klick' macht, wenn es vorbeikommt. Alle diese kleinen Materie-Stückchen haben die unangenehme Eigenschaft, daß das Elektron/Photon damit kollidiert und auch kollidieren soll und sich somit – je nach Form und Funktion – plötzlich als das erweist, wozu es durch die Kollision wird, nämlich ein Elektron-Teilchen oder aber ein Wellenrelikt auf dem Schirm. Das Bewußtsein des Beobachters spielt dabei – bis auf die Tatsache, daß er die Versuchsanordnung konzipiert und realisiert hat – nämlich überhaupt keine Rolle. Alles andere wäre Quanten-Mystik. Oder hast du schon einmal einen Physiker erlebt, der vor seinem Lasertisch sitzt, einzelne Photonen losschickt und ganz ohne Doppelspalt auf dem

Schirm (der übrigens auch aus 'Materie' besteht) eine Welle 'erzeugt'? Diese Versuche werden immer – ganz im Gegensatz zu den mentalen Beeinflussungs-Experimenten von Jahn und Dunne (Jahn u. Dunne 2006) – unter Zuhilfenahme von materiellen Versuchsaufbauten vorgenommen, nie allein mittels Bewußtsein. Diese beiden Formen der Einflußnahme sollten wir also präzise unterscheiden, sonst wird aus der Quantenphysik ganz schnell Esoterik, die sich diese mangelnde Genauigkeit der Formulierung ja auch schon sehr zunutze gemacht hat und mit dem Slogan 'Quantenphysik hat den Einfluß des Bewußtseins auf Materie nachgewiesen' hausieren geht. Das hat sie mit diesen Versuchen nämlich gerade nicht, sondern das haben bisher in dieser Stringenz nur Jahn und Dunne, auf deren Arbeit letztlich das QTX zurückgeht."

„Das habe ich noch nie in dieser Schärfe gehört", gestand Stefanie ein. „Aber du hast vorhin schon darauf abgezielt, eine 'Empfänglichkeit' von Materie für Bewußtsein würde schon ausreichen, um die QTX-Triade besser zu verstehen oder anzuwenden. Das würde mich aber jetzt genauer interessieren."

„Dann warte einen Moment, dazu muß ich noch etwas zeichnen, damit es klarer wird." Ich radierte aus unserer Zeichnung der QTX-Triade (Abb. 46) alles heraus, was mit dem IIED von Tiller zu tun hatte, ebenfalls den Inzidenz-Pfeil bei dem Kästchen für das 'Zielobjekt', fügte am 'Zielobjekt' noch eine kleine Beule in anderer Färbung hinzu und einen weiteren Pfeil vom QTX auf die 'Beule', die – mit dem Buchstaben P gekennzeichnet –, ein Problem im Bereich des Zielobjekts darstellen sollte (siehe Abb. 47, S. 202).

„So ich glaube, jetzt hab' ich alle Puzzlestücke zusammen. Was du hier siehst, sind zwei gleichartige Pfeile, die vom 'Anwender' sowie vom 'Zielobjekt' zum 'QTX' gehen. Beide sind gestrichelt, um damit anzudeuten, daß es sich um nicht beobachtbare Informationsströme handelt. Es sind in beiden Fällen 'Intentionen', bewußt oder auch unbewußt. Bei den unbewußten könntest du zum Beispiel an die Küken denken, die den Roboter vor ihren

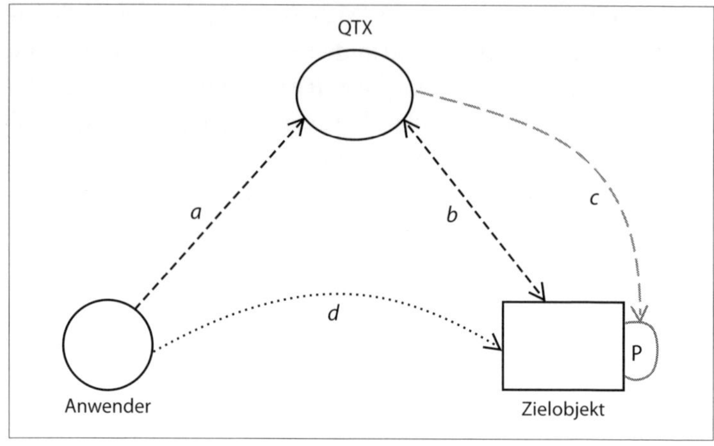

Abb. 47 Schema der Wirkmechanismen zwischen Anwender, Zielobjekt und QTX

Augen in diesem Moment für ihre Mutter hielten und möglichst nahe bei ihm sein wollten. Kannst du dich an dieses Beispiel damals bei dem Frankfurter Vortrag erinnern?" (vgl. Abb. 2b, S. 37) Stefanie nickte.

„Ich schlage jetzt einen Perspektivwechsel vor. Bisher haben wir die vermuteten Informationsströme des Tiller'schen IIED mehr oder weniger nur technisch orientiert betrachtet. Jetzt möchte ich diese Informationsströme im Rahmen einer QTX-Anwendung in Analogie hierzu aber stärker qualitativ-inhaltlich betrachten. Wenn du so willst, wechsle ich jetzt von einer Ebene der syntaktischen Information zur Ebene der Semantik, das heißt ich frage danach, *was* die Informationen bedeuten oder *wie* ihre Beziehung untereinander aussieht. Den vorher noch vorhandenen, durchgezogenen Pfeil *Anwender → QTX*, der die sichtbaren Aktivitäten des Anwenders am QTX betraf, habe ich ganz wegradiert, denn er ist für unsere neue Perspektive überflüssig, weil trivial, und ich habe nur den gestrichelten Pfeil *a* belassen. Der gestrichelte Pfeil *b* vom

Zielobjekt zum QTX stellt jetzt die Wirkung des 'Unbewußtseins' des Zielobjekts dar, das auch das Problem *P* spiegelt. Außerdem haben wir hier noch einen gepunkteten Pfeil *d* vom 'Anwender' zum 'Zielobjekt', der besagt, daß der Anwender sich des Problems *P* beim Zielobjekt bewußt ist und es transformieren möchte. Also, nehmen wir ein plastisches Beispiel: Das Zielobjekt sei der Hund des Anwenders und das Problem *P* sei irgendeine Erkrankung des Hundes, die der Anwender heilen möchte. Soweit alles klar?"

Stefanie nickte.

„Ohne den Anwender und das QTX haben wir den Ausgangszustand, in dem gilt:

$$P > Zielobjekt$$

Dies soll bedeuten, das Problem ist stärker als die Fähigkeit des Zielobjekts, es zu beseitigen, denn es bleibt bestehen trotz der sicherlich vorhandenen unbewußten Intention des Hundes, das Problem loszuwerden.

Jetzt kommt der Anwender mit ins Spiel. Er gibt dem QTX mittels der eingegebenen Affirmationen seine Intention kund, etwa in der Form, daß das Problem *P* in Gesundheit transformiert werden soll. Wenn er das QTX startet und das Zielobjekt bewellen läßt (das entspricht dem gebogenen Pfeil *c* vom QTX zum Problem *P*), wird – sofern alles richtig gemacht wurde – das Problem verschwinden und der Hund gesund werden. Das wäre sozusagen der einfache Fall, den wir aber aufgrund unserer Experimente auch so erwarten würden. Kannst du dem zustimmen?"

Stefanie grinste. „Wie ich dich kenne, holst du mit einer so 'kunstvollen' Graphik nur weit genug aus, um auch alle möglichen Fälle erschlagen zu können." Sie lachte hinterhältig.

„Ertappt!" Ich tat ein bißchen schuldbewußt. „Aber wenn du schon alles weißt, kannst du ja jetzt mit einem der möglichen Sonderfälle weitermachen", versuchte ich sie herauszufordern.

„Deine Zeichnung würde unter anderem implizieren, daß sich die simple Gleichung jetzt ändert."

„Genau. Gut mitgedacht. Sie lautet jetzt:

$$\textit{Intention (Anwender)} + \textit{Intention (Zielobjekt)} > P$$

oder $$a + b > P$$

Das bedeutet: Die Intention des Anwenders und die des Zielobjekts zusammen sind stärker als das Beharrungsvermögens des Problems *P*."

Stefanie nickte. „Das klingt gut und beschreibt auch den letzten Versuch mit den Stomata ganz gut, wo sie auf meine mit Affinität formulierten Affirmationen mit besonderer Stärke reagiert haben. Die nochmals zusätzlich verstärkte Öffnungsweite stellte zwar kein eigentliches Problem dar, aber es ist schon klar, was du damit sagen willst. In diesem – wie im verallgemeinerten Fall – bezeichnet *P* eben eine bestimmte Zielvorstellung des Anwenders zum Zielobjekt, was dann auch ergänzend durch den gebogenen Pfeil *d* versinnbildlicht würde. Pflanzen haben Bewußtsein, das wurde nicht nur indirekt durch unseren letzten Stomata-Versuch belegt, sondern schon durch den Backster-Effekt und die lange Reihe von Versuchen durch Wissenschaftler, die dessen Versuche nachahmten und auch immer wieder zu demselben Ergebnis kamen: Die Versuche konnten nur reproduziert werden, so wie Backster es beschrieben hatte, wenn die Forscher ein Mindestmaß an Empathie mit den Pflanzen entwickelten. Nur dann waren ihre Versuchspflanzen bereit mitzuwirken. Auf einen einfachen Nenner gebracht, heißt das, daß die intentionalen Pfeile *a* und *b* eine konvergente Wirkung über das QTX auf den roten Pfeil *c* bewirken, der sodann die Transformation des Problems – oder allgemeiner, das Erreichen des erwünschten Ziels – 'bewirkte'. Also könnte man verallgemeinert deine Gleichung schreiben als:

$a + b = c$ und daraus folgend $c > P$

Habe ich dich da richtig interpretiert?"

„Ganz genau, das hast du sehr klar herausgearbeitet. Die Pfeile *a* und *b* beinhalten eben mehr als nur den Wunsch: 'Problem verschwinde!' Das QTX ist kein Zigarettenautomat, in den du oben die Euro-Münzen hineinsteckst, damit dann unten die Schachtel 'Problem beseitigt' herauskommt. Die früheren Affirmationen in einigen Radionikbüchern klingen allerdings manchmal genau in diesem Sinne nach dem Motto: 'Stelle das ursprüngliche intrinsische Datenfeld wieder her!' Ich weiß nicht, ob sich das Universum einfach so kommandieren läßt und denke statt dessen, eine liebevolle und dankbare Haltung dürfte eher von Erfolg gekrönt sein. Zumindest kann sie nicht schaden. Kannst du dich an die Stelle in Gregg Bradens Buch ***Der Jesaja-Effekt*** erinnern, wo er einen Regenmacher begleitet, der sein schamanisches Ritual für Regen absolviert? Wenig später regnet es tatsächlich. (Braden 2003, S. 176ff) Er befragte ihn, was er denn gemacht habe, und die Antwort ließe sich recht gut im Sinne deiner gerade formulierten Äußerung interpretieren. Bradens Formel war in etwa, daß positive Intentionen, begleitet von einem starken (emotional gefärbten) Wunsch nach Veränderung sowie vom Gefühl der Dankbarkeit die gewünschte Veränderung bewirkten, und er benennt diese als wichtige Elemente eines 'effektiven Gebetes'. Das ist beinahe schon unsere Gleichung. Wenn die Pfeile *a* oder *b* nun positive Emotionen darstellen, also starke Intentionen für eine Veränderung von *P*, gepaart mit einem starken Wunsch sowie dem Gefühl der Dankbarkeit dafür, daß die gewünschte Veränderung von *P* stattgefunden hat, dann hat die Bewellung durch das QTX, die diese Emotionen ja in irgendeiner Weise als Schwingungsmuster 'transportiert', weil $c = a + b$, mit höchster Wahrscheinlichkeit Erfolg, auf jeden Fall mehr, als wenn diese emotionalen Anteile fehlen. Braden formuliert als Bedingung für ein solches 'effektives Gebet', daß Gedanke, Gefühl und Emotion quasi konfokal auf das Ziel der Sehnsucht oder der Vision gerichtet sind. (Braden 2003, S. 178ff) Der Gedanke wird durch die verbale Formulierung der Affirmation repräsentiert. Das Gefühl sollte jedoch ebenso explizit in der Haupt- oder einer Neben-Affirmation des BP zum Ausdruck kommen wie die Emotion, etwa formuliert als 'jubelnde Freude des Patienten darüber, daß er nun von der Krankheit befreit ist'. Erst wenn Gedanke, Gefühl und Emotion in eins fließen, findet der Wunsch des Patienten Gehör beim 'Universum'. Und um nochmals auf die Bedeutung der Affinität zurückzukommen: Ich kann mir keine stärkere Emotion vorstellen als eine liebevolle, achtsame Zugewandtheit zum Zielobjekt."

Stefanie nickte zustimmend. „Ich kann dabei aus eigener Erfahrung das mit dem Gefühl der Dankbarkeit nur unterstreichen. Deshalb schreiben wir immer wieder bei der Haupt- aber auch bei Neben-Affirmationen: 'Wir danken...', und zwar in einer Form, als ob die Erfüllung der Affirmation schon Realität sei. Das ist eine gute Gegenkontrolle für den Anwender, daß er das BP in der richtigen Haltung verfaßt. Es dürfte ziemlich schwer sein, ein Gefühl der Dankbarkeit für die Realisierung eines Wunsches oder eines Ziels des Anwenders oder eines Patienten auszudrücken, wenn man nicht in einer liebevollen Haltung ist, die eine gewisse Verbundenheit mit dem Universum schon beinhaltet. Natürlich kannst du so etwas auch mechanisch hinschreiben, aber das ist ja, wie du eben betont hast, eher kontraproduktiv.

Da fällt mir noch etwas ein, das den Erfolg deiner Gleichung torpedieren könnte. Du hast das Konzept des Zielobjekts vorhin bereits implizit auf menschliche 'Zielobjekte' angewandt, also auf Patienten eines Heilpraktikers oder Arztes. Ich denke, hier wird die Wirkung des Pfeils *c* um so effektiver sein, je stärker, aber auch je 'liebevoller' die Intention *a* des Anwenders, also des Heilers, aber auch je stärker die Intention *b* des Patienten (also des Zielobjekts selbst) in Bezug auf die Heilung seiner Krankheit *P* ist.

Und was glaubst du wird passieren, wenn der Patient so etwas wie eine Blockade gegenüber seiner Heilung in seinem 'Unbewußtsein' hat?"

„Dann wird der Heilungsprozess holperig verlaufen oder gar nicht eintreten. Da hast du völlig recht, Stefanie, und wenn du genau hinschaust, beinhaltet die Gleichung auch schon diesen Fall. Setze den Pfeil *b* mit einem negativen Wert an – oder zumindest mit einem Restwert nahe Null –, und schon wird klar, daß die Wirkung *c* stark reduziert ist."

„Ich finde, dieser Aspekt ist äußerst wichtig", insistierte Stefanie nochmals. „Diese Tatsache spielt nicht nur bei der Verwendung eines QTX eine Rolle, auf die jeder Anwender achten sollte. Die Literatur beschäftigt sich in den letzten Jahren immer stärker mit diesem Thema (v. Staden 2011 und Standenat 2010), und manche Autoren fügen schon Listen für gängige Selbstblockaden an, die solche Gedanken enthalten wie: 'Ich fühle mich nicht wohl, wenn es mir besser geht als anderen'. Diese Listen lassen sich fast beliebig verlängern."

„Da hast du wohl ein ganz wichtiges Thema angesprochen. Zwar sind wir beide weder Heilpraktiker noch Ärzte oder Lebensberater, aber der von dir hier eingebrachte Gedanke spielt ja grundsätzlich immer eine Rolle, wenn das Zielobjekt ein aktives eigenes Bewußtsein besitzt, das natürlich aufgrund früherer, auch negativer Erfahrungen solche unbewußt und darum um so stärker wirkende 'negative Kanalisierungen' für den eigenen Erfolg besitzen kann, ohne daß Patient oder Anwender auch nur die leiseste Ahnung davon haben. Ich denke, daß derartige 'Gegenintentionen' oder Selbstblockaden bei materiellen Zielobjekten überhaupt nicht auftreten, bei Pflanzen und erst recht bei Tieren bin ich mir nicht mehr ganz so sicher. Aber bei Menschen dürften sie eine ziemlich große Rolle spielen. Ich schätze sogar, daß kaum ein Mensch ohne solche einschränkenden Einflüsterungen durchs Leben geht."

Stefanie nickte zustimmend. „Und wenn wir an die Praxis denken, dann bin ich auch ziemlich überzeugt, daß solche Selbsteinschränkungen in Unternehmen zum täglichen Brot gehören. Wenn wir also ein BP für ein Unternehmen oder auch für uns selbst machen, sollten wir schon im Vorhinein an diese Möglichkeiten denken, ebenso wie wenn du ein BP für jemanden aus der eigenen Familie oder aus unserem Bekanntenkreis gemacht hast und das QTX mal wieder nicht zu funktionieren 'schien'. Wie ich vorhin schon erwähnt habe, ist dieses Phänomen in allen Heilberufen längst bekannt. Und der positiven Wirkung des Placebo-Effekts entspricht natürlich auch der ebenso bekannte Nocebo-Effekt. Was schon die Wirksamkeit eines schulmedizinischen Medikaments in beide Richtungen tangieren kann, ist natürlich bei einer 'Bewußtseins-Technologie' wie bei einem QTX nicht verwunderlich, ja eher sogar zu erwarten. Gerade hier kann aber das QTX vielleicht selbst wieder helfen, indem man in den Scan-Vorgang den Aspekt der Selbstblockade integriert. Dann ist, wenn sich ein solcher Punkt herausschält, die Blockade wenigstens adressierbar, unsere hier diskutierte QTX-Basisgleichung $c = a + b$ gilt aber immer noch.[24] Wenn du die Selbstblockade nicht adäquat berücksichtigst, hast du im Zielobjekt quasi sogleich ein Gegen-QTX. Ich glaube, eine erfolgreiche Behandlung eines Problems beim Zielobjekt steht und fällt mit der bewußten Einbeziehung der Blockade-Option in den Bewußtseins-Prozess eines Patienten oder auch eines Unternehmers. Der Informationsstrom b vom Zielobjekt zum QTX muß hinreichend positiv im Sinne der Zielsetzung sein, sonst fällt der Wirkstrom c zu schwach aus."

„Du hast völlig recht. Dazu gehört auch das Kapitel 'konsistentes Verhalten'. Stell dir einen Unternehmer vor, der mit einer QTX-Bewellung seinen Umsatz steigern will, sich aber dann weigert,

24 Vgl. auch Abb. 47, S. 202

geeignete Werbemaßnahmen zu finanzieren. Damit verstößt er in der Realität gegen seine eigene Zielsetzung, was diese ziemlich schwächt."

„Oder stell dir eine Patientin vor, die bei einem Heilpraktiker ein BP machen läßt, das ihr beim Schlankerwerden helfen soll, und die dann ins nächste Café geht und sich eine Torte genehmigt 'aber bitte mit Sahne'." Stefanie mußte über ihre eigenen Worte lachen, wohl weil sie sich die Situation ganz bildlich vorgestellt hatte. „Es leuchtet nur allzu sehr ein, daß auch das faktische Handeln des Zielobjekts dessen Zielsetzung nicht torpedieren sollte, weil dann das Zielobjekt de facto eine Gegen-Affirmation lebt und damit selbst als ein Gegen-QTX wirkt."

„Ganz genau", konnte ich da nur entgegnen. „Normalerweise macht man sich das nicht so klar, aber natürlich ist das ein wichtiges Element beim Thema 'Wirksamkeit des QTX'. Die Pflanzen, mit denen wir experimentiert haben, hatten offenbar keine Gegenabsichten, die den Wirkstrom *c* geschwächt oder konterkariert hätten, aber schon bei uns selbst oder bei Freunden, für die wir ein BP machen, sollten wir daran denken und ihnen dies auch bewußtmachen. „Achte auf deine Gedanken!", (Hamilton 2011) kann man da nur sagen, und das gilt für alle, für die wir ein BP machen, uns selbst eingeschlossen. Freunden kannst du es noch weniger klar machen. Die denken viel eher: 'QTX ist doch ein Zigarettenautomat, Affirmation rein, Erlösung raus', aber viel eher gilt hier doch die alte Weisheit aus der Computerwelt 'Garbage in, garbage out'."[25] Stefanie mußte jetzt lauthals lachen.

„Das ist gut, das trifft tatsächlich den Punkt. Es zeigt dann wohl auch, daß wir eine gewisse Verantwortung dafür haben, daß jemand, dem wir ein BP anbieten, dies auch richtig einschätzt, sich

25 Frei übersetzt: *Wer Müll verfüttert, erhält auch Müll zurück.* Ein Slogan, der in den frühen Tagen der Computerwelt gegen die naive Einstellung zu Felde ziehen sollte, Computer seien 'intelligent'.

also einerseits der ungewöhnlichen Möglichkeiten eines QTX bewußt wird, andererseits aber auch seine eigene Mitwirkung dabei sieht, die immer im Spiel ist, ob negativ oder positiv. So wie wir tagtäglich unser Schicksal gestalten, wenn wir unsere Potenziale negativ einschätzen und dabei gewisse Blockaden gewähren lassen, es aber ebensogut positiv gestalten können, indem wir eine Vision für realisierbar halten und uns entsprechend verhalten. Das gilt natürlich auch schon ohne QTX, ist aber den wenigsten dauerhaft bewußt. Das QTX erzwingt diesbezüglich ein klareres Bewußtsein, verstärkt darum diese Wirkung noch und macht somit den Effekt nur um so deutlicher."

„Das war wohl wieder ein Wort zum Sonntag. Dem kann ich nichts mehr hinzufügen."

Stefanie sah überrascht auf die Uhr. „So spät schon, mein Gott, ich muß mich noch auf einen Vortrag vorbereiten, in dieser Woche ist ein Workshop, und ich habe noch nichts gemacht. Ende der Veranstaltung. Aber es hat einen Riesenspaß gemacht, auch mal abseits ausgetretener Pfade zu diskutieren." Sie räumte den Eßtisch ab und ging in ihr Arbeitszimmer. In der Türe dreht sie sich nochmals um. „Den Abwasch kannst heute mal du übernehmen. Aber ich würde dir davon abraten, das dem QTX zu übertragen, du hast möglicherweise zu viele Gegenintentionen." Ihr Lachen klang noch fort, als sie die Türe zu ihrem Arbeitsraum schon geschlossen hatte.

Teil III

Auf der Suche nach einer Physik des Bewußtseins

Was also ist des Pudels Kern?

EPR-Phänomen, Dekohärenz und Quantenmythos

Gott würfelt nicht.

Albert Einstein

Albert, Sie sollten endlich aufhören,
Gott vorzuschreiben, was er tun darf.

Niels Bohr

Ein neuer Anstrich lohnt nicht,
wenn das Schiff schon gesunken ist.

Hamburger Redensart

Es war die Zeit der 'langen' Semesterferien. Entgegen landläufiger Ansicht waren dies für die Hochschullehrer jedoch keine Ferien, wie der Name eventuell suggeriert, sondern ganz im Gegenteil – bis auf einen Zeitraum von vielleicht drei Wochen, in denen man dann mal Urlaub machen konnte – eine Zeit emsiger Tätigkeiten, aufgeteilt in Klausurprüfungs- und Korrekturarbeiten, mündliche Prüfungen, aber auch Workshops und Konferenzen, sowie – sofern dann noch etwas Zeit übrig blieb – die 'fest ins Auge gefaßten' Forschungsaktivitäten, für die während des Semesters wegen des intensiven Lehrbetriebs und der Aktivitäten in der akademischen Selbstverwaltung keine Zeit mehr geblieben war.

Es war also kein Wunder, daß ich Stefanie kaum noch zu einem unserer ausgedehnteren Wochenend-Brunches sah, da sie entweder Korrekturen für Examina oder Vordiplom erledigen mußte oder Gutachten für irgendwelche Forschungsanträge von Kollegen schrieb, wenn sie nicht gerade am Wochenende auf einer Tagung weilte.

Ich hatte es da etwas besser, da ich mich nicht um so viele Studenten oder Doktoranden kümmern mußte wie sie und weil auch die Betreuungsintensität bei uns wesentlich geringer war, als es bei Naturwissenschaftlern üblich ist. Deshalb nutzte ich die Zeit intensiv, um der Frage nachzugehen, die am Ende unserer Diskussionen als wesentliche Fragestellung noch offen geblieben war:

> ***Wie kommt die Botschaft der Affirmationen tatsächlich zum Zielobjekt, und wie schafft sie es, die Realität im gewünschten Sinne zu verändern?***

Ich las dazu eine Menge Bücher über Quantenphysik, Quantenheilung und ähnliche einschlägige Themen. Es war – vor allem bei den Physikbüchern – schwierig, in den Stoff einzudringen, da es ja nicht mein eigenes Fachgebiet war, aber nach und nach wurde mir doch vieles klarer.

Schließlich, drei Wochen vor Beginn des nächsten Wintersemesters kehrte wieder so etwas wie ein Normalbetrieb ein, und Stefanie wurde wieder 'häuslicher', was uns gestattete, unseren alten Wochenend-Modus wieder aufzunehmen.

Beim nächsten stattfindenden Frühstücks-Brunch versuchte ich also vorsichtig an unsere vorhergehende Thematik anzuknüpfen.

„Na, hast du in den letzten Wochen denn mal Zeit gefunden, über unsere Experimente mit dem QTX nachzudenken?"

„Wo denkst du hin, ich bin froh, daß ich gerade so über die Runden gekommen bin. Aber hast du denn irgendwelche Entdeckungen gemacht, die dich weitergebracht haben?"

Ich verneinte. „Ich habe gedacht, die Quantenphysik würde uns da weiterhelfen, weil doch damals bei dem Vortrag in Frankfurt das sogenannte EPR-Paradoxon als Funktions-Modell des QTX hingestellt wurde. Aber diese Lektüre hat meine Zweifel eher gesteigert. Ehrlich gesagt, ich glaube nicht so richtig daran, daß dieser Modellfall der Verschränkung von Quanten eine akzeptable Erklärung liefert."

„Aber warum denn, das schien doch ganz einleuchtend", antwortete sie.

„Kannst du mit dem Begriff EPR-Paradox noch etwas anfangen?", wollte ich erst mal wissen.

„Vielleicht solltest du es noch mal kurz erläutern, bevor wir diskutieren, ganz gleich, ob es nun eine Lösung unserer Frage ist oder nicht." Stefanie war ganz sachlich.

„Also, nachdem Einstein 1933 in die USA emigriert und in Princeton gelandet war, veröffentlichte er im Jahre 1935 zusammen mit zwei Kollegen, Boris Podolski und Nathan Rosen einen Aufsatz (Einstein, Podolski, Rosen 1935) mit dem Titel *Can Quantum-Mechanical Description of Physical Reality Be Considered Complete?* Darin versuchten sie nachzuweisen, daß die von der Quantenmechanik gemachte Vorhersage, auch weit voneinander entfernte Teilchen müßten bei einer Messung noch einen 'Zusammenhang' aufweisen, wenn sie vorher verschränkt waren, darauf hindeute, daß die Theorie unvollständig sei. So etwas könne es nicht geben. Einstein selbst hielt die Möglichkeit, daß Messungen an sogenannten Zwillingsphotonen zu korrelierten Ergebnissen führen könnten, sogar für absurd. Schon das Postulat der Speziellen Relativitätstheorie – nach der Licht nicht schneller als die Lichtgeschwindigkeit sein könne, also etwa 300 000 km/s – spreche dagegen. Wenn nun die beiden Teilchen zwei verschränkte Photonen seien, die in entgegengesetzte Richtungen davoneilten, wie sollte dann die Information über das Meßergebnis von dem einen Teilchen sozusagen instantan zum anderen Teilchen gelangen, das mit eben derselben

Lichtgeschwindigkeit davongeeilt war? Einstein, Podolski und Rosen (EPR) gingen also von einer 'lokalen Realität' der Teilchen aus, was soviel bedeutet, daß alle Eigenschaften der Teilchen (d. h. Spin oder Polarisation) schon am Beginn ihrer Erzeugung vorhanden waren, auch wenn sie noch nicht 'gemessen' worden waren. Falls sich beim Messen eine Korrelation herausstellte, konnte dies eben nur eine Feststellung der ohnehin längst vorhandenen Eigenschaften sein. Alles andere war in ihren Augen absurd oder 'spukhaft', mithin als verrückt abzulehnen."

„Du sprichst also von verschränkten Teilchen, von Photonen, die in einem Versuch in entgegengesetzte Richtungen davonfliegen und dann in den Meßstationen am Ende der Meßstrecke dieselbe Polarisierung aufweisen", setzte Stefanie meinen Gedankengang fort. „Ich kann mich noch an ein Bild erinnern, das damals bei dem Vortrag gezeigt wurde, wo Quanteneigenschaften von Photonen gemessen wurden. Da die Meßergebnisse gleich waren, nahm man an, daß die Zwillingsphotonen irgendwie zusammenhängen."

„Genau. Nur daß die Photonen eben keine Zwillinge in dem Sinne sind, daß sie diese Eigenschaften schon von vornherein besäßen, so wie eineiige Zwillinge sie wegen ihrer Gen-Ausstattung haben."

„Heißt das, sie halten untereinander 'Kontakt' in dem Sinne, daß sich die Messung an dem einen Teilchen auf das andere a-u-s-w-i-r-k-t?" Stefanie sprach das letzte Wort ganz gedehnt, um die Ungeheuerlichkeit zu unterstreichen, die dieser Sachverhalt beinhaltete. „Aber wie soll man sich denn das vorstellen, wenn doch die Lichtgeschwindigkeit nicht ausreicht, um diese 'Kommunikation' zu bewerkstelligen, andererseits aber keine Geschwindigkeit schneller als die des Lichts möglich ist?"

„Langsam, langsam, wer sagt denn, daß es keine Geschwindigkeit schneller als die Lichtgeschwindigkeit geben kann?", antwortete ich.

„Na das steht doch in allen Büchern, die du zur speziellen Relativitätstheorie lesen kannst."

„Das stimmt, das steht da oft, aber so wie du es eben gesagt hast, ist das falsch.“

„Wieso?“, wehrte sich Stefanie.

„Es wurde mit den Michelson-Morley-Versuchen bewiesen, daß das Licht eine konstante und eben maximale Geschwindigkeit im Vakuum besitzt, die fast genau 300.000 km/s beträgt, aber Licht ist eine transversale elektromagnetische Welle, für die die Fortpflanzungsgeschwindigkeit eben diese Obergrenze besitzt. Damit ist aber nicht gesagt, daß es nicht noch andere ‘Wellentypen’ geben kann, die schneller als die elektromagnetischen Photonen sind. So hat im Jahre 1993 Prof. Günter Nimtz an der Universität Köln mit seiner Arbeitsgruppe Mikrowellen, denen eine Sinfonie von Mozart aufmoduliert war, durch einen verengten Hohlleiter geschickt, durch den die Mikrowellen hindurch-‘tunneln’ mußten. Auf der anderen Seite kam, wenn auch etwas gedämpft, die Mozart-Sinfonie mit schließlich sogar fünffacher Lichtgeschwindigkeit heraus. (Enders, Nimtz 1993a, 1993b) Damit ist Einsteins Dogma ‘keine Information kann schneller als mit Licht übertragen werden’ durchlöchert. Die Versuche von Nimtz und seinen Kollegen sind aber nicht die einzigen dieser Art. So wird auch von Prof. Raymond Chiao und Mitarbeitern berichtet, daß ihnen bei entsprechenden Versuchen in Berkeley der Nachweis 1,7facher Lichtgeschwindigkeit gelungen ist. (Chiao, Kwiat, Steinberg 1993) Diese Versuche werden jedoch von den Physikern ‘gar nicht erst ignoriert’, wie die Hamburger sagen würden.“

„Dann könnte also doch eine Kommunikations-Verbindung zwischen den beiden Teilchen bestehen“, konterte Stefanie.

„Theoretisch schon, aber in Versuchen, die vor einiger Zeit in Innsbruck und in Wien von den Professoren Anton Zeilinger und Gregor Weihs und ihren Arbeitsgruppen gemacht wurden, wurde der Sache sehr gründlich nachgegangen, und dabei wurde mit speziellen Experimentalaufbauten gezeigt, daß hierzu mindestens die achtfache Lichtgeschwindigkeit nötig wäre. Andere Forscher in

Genf wiesen nach, daß sogar zehnmillionenfache Lichtgeschwindigkeit nötig wäre, um diese Kommunikation zu bewerkstelligen. Das wäre allerdings lediglich eine notwendige Bedingung. Sie ist aber nicht hinreichend, um das Phänomen der Korrelation bei der Quantenverschränkung über weite Distanzen zu erklären." (Zeilinger, 2007, S. 226)

„Wie sahen denn diese Experimente aus? Wie kann man überhaupt so genaue Experimente machen, daß man zu solchen Aussagen kommt?", wollte Stefanie nun wissen.

„Dazu muß ich etwas ausholen, denn zunächst war es nach dem EPR-Artikel von 1935 an die zwanzig Jahre lang ziemlich still um dieses Thema. Es gab einfach noch keine technischen Möglichkeiten, um die Thesen zu überprüfen. Dann kam in den Sechziger Jahren John Bell und leitete mit einem genialen Ansatz her, daß bei Gültigkeit der Lokalen Realität bestimmte Ungleichungen erfüllt sein müßten. Diese Ungleichungen wurden einige Jahre später der Ausgangspunkt dafür, die zugrundeliegende Annahme auch meßtechnisch zu falsifizieren.

Der Bell'sche Ansatz unterstellt zunächst, daß die Quanteneigenschaften der Photonen im Moment der Verschränkung vorgegeben werden und auch genauso erhalten bleiben. Das eine Zwillingsphoton hat also eine bestimmte Polarisierung, nehmen wir mal an 0°, und der Zwilling wegen der Verschränkung ebenfalls. Bell ging also exakt von der Auffassung Einsteins aus, daß die Quanteneigenschaften der Photonen im Moment des 'Losschickens' real und damit quasi 'fix' sind, wie die Haarfarbe von zwei eineiigen Zwillingen beispielsweise. Seine Idee war nun, daß man unter dieser Annahme eine bestimmte Gleichung aufstellen kann, wenn man Gruppen von 'Zwillingen' in gewisser Weise einander gegenüberstellt.

Man kann diese Idee ganz gut mit echten eineiigen Zwillingen verfolgen. Nehmen wir mal an, wir hätten hundert eineiige Zwillinge, die sich in drei Merkmalen unterscheiden (wie die Photonen, bei denen man dann drei verschiedene Polarisationswinkel ermittelte: +30°, 0°, -30°), nämlich in der Größe (x: groß/klein), in der Augenfarbe (y: braun/blau) sowie der Haarfarbe (z: blond/schwarz). Zu jeder Person P(x,y,z) gibt es also stets eine zweite P'(x,y,z) mit exakt demselben Eigenschaften-Vektor (x,y,z), nämlich deren Zwilling; man könnte auch sagen: deren Kopie. Nehmen wir nun an, wir hätten die 100 Zwillinge verstreut in einem großen Saal und lassen anschließend eine Teilgruppe durch zwei Türen gehen, sodaß stets Person P und ihr Zwilling P' in je einen der beiden angrenzenden Nebenräume gehen. Da immer der eine Zwilling P und der andere Zwilling P' durch eine der beiden Türen gehen, hat das zur Konsequenz, daß die Eigenschaften (x,y,z) auch dementsprechend in gleicher Weise in den beiden Sälen verteilt sein müssen (das hier gezeigte Beispiel folgt. (Zeilinger 2007, S. 202) Für eine Teilgruppe von Zwillingen, z. B. alle großen Zwillinge mit blauen Augen, gilt also notwendig, daß:

Zahl der großen Zwillingspaare mit blauen Augen	=	*Zahl der großen Zwillingspaare mit blauen Augen und schwarzen Haaren*	+	*Zahl der großen Zwillingspaare mit blauen Augen und blonden Haaren*

Das ist bis hierhin ziemlich trivial, sozusagen simple Mengenlehre, da ja die Farbe der Haare nicht spezifiziert war und nur entweder schwarz oder blond sein kann. Nimmt man auf der rechten Seite der Gleichung nun einige Zwillinge mit bestimmten Eigenschaften hinzu, so muß notwendigerweise jetzt die linke Seite kleiner sein als die Summe der beiden rechten Terme. So gilt nun:

Zahl der großen Zwillingspaare mit blauen Augen	≤	*Zahl der großen Zwillingspaare mit schwarzen Haaren*	+	*Zahl der Zwillingspaare mit blauen Augen und blonden Haaren*

Wie man durch Vergleich sofort feststellen kann, habe ich in der ersten Gruppe rechts die Beschränkung 'mit blauen Augen' herausgenommen, sodaß nun nicht nur die Zwillingspaare mit blauen, sondern auch noch die mit braunen Augen hinzukamen. Ebenso ist im zweiten Term rechts die Beschränkung auf die 'großen' Zwillingspaare weggefallen, sodaß nun zusätzlich auch noch die kleinen Zwillingspaare hinzukommen. Die Gruppe, die auf der linken Seite des (ursprünglichen) Gleichheitszeichens definiert war, blieb aber gleich, sodaß sich die Gleichung nun in eine Ungleichung verwandelt, im Sinne des dargestellten ' ≤ ' für die linke Seite. Das ist ein Beispiel für die berühmte Bell'sche Ungleichung. Da die Ungleichung von der Annahme der lokalen Realität ausgeht, (das ist das Pendant zu den bei allen Zwillingen von Geburt an vorhandenen und gleichbleibenden Eigenschaften), dürfen wir erwarten, daß sie auch in der Realität gilt, falls die Annahme der Lokalen Realität zutrifft. Der springende Punkt war nun, daß die Physiker anfingen, sich Laborversuche auszudenken, mit denen sie die Gültigkeit der Bell'schen Ungleichheit testen konnten."

„Ich wollte dich schon die ganze Zeit fragen, was das alles mit der Frage zu tun hat, ob es bei den Photonen eine nichtlokale instantane Korrelation gibt", rief Stefanie mich zur Ordnung.

„Gemach, gemach. Es gab verschiedene experimentelle Anläufe, in den Siebzigern des letzten Jahrhunderts, aber den Durchbruch mit dem eigentlichen Beweis hatte erst ein Team um Alain Aspect an der Ecole Normale Supérieure in Paris im Jahre 1986. Seine Versuchsanordnung sah ungefähr so aus wie auf dieser Seite." Ich zeigte ihr die Abbildung[26] in Zeilingers Buch *Einsteins Spuk*.

Aspects Gruppe arbeitete erstmals mit 'Polarisierenden Strahlungsteilern' (*Polarising Beam Splitter*, PBS s. Abb. 48), wodurch

26 Die Autoren danken Herrn Prof. Zeilinger und dem Goldmann Verlag für die Genehmigung des Abdrucks.

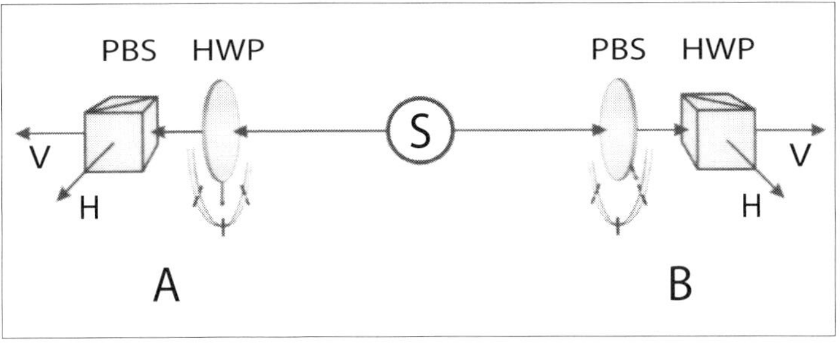

Abb. 48 Experimentalaufbau zum sog. EPR-Paradox.
(*Quelle:* Zeilinger 2007, S. 205)

die Meßeffizienz des Versuchs verbessert wurde. In der Mitte der Anordnung sitzt die Photonen-Quelle S (Source), die jeweils verschränkte Photonen in entgegengesetzte Richtungen aussendet. Die Photonen sind dabei entweder horizontal oder vertikal polarisiert, eine Eigenschaft des Lichts, die bei Gläsern bestimmter Sonnenbrillen dazu genutzt werden, um den Lichteinfall bei Sonne zu dämpfen. Für die Anwendung der Bell'schen Ungleichung besaß ihre Versuchsanordnung dazwischengeschaltete 'Halbwellenplatten' (HWP), die eine von drei Stellungen bei der Messung zuließen, sodaß man die Polarisation in einer von drei Richtungen messen kann (beispielseise 0°, +30° und -30°).

Siehst du nun die Analogie zu den drei Merkmalen bei den Zwillingspaaren?", fragte ich Stefanie. Sie nickte nur.

„Setzt man die bei den Messungen erhaltenen Werte analog in die Bell'sche Ungleichung ein, so müßte, wenn die These der Lokalen Realität zutrifft, die Ungleichung erfüllt sein. Das Ergebnis war jedoch negativ, Bells Ungleichung stimmte also nicht. Das bedeutet: Die Bell'sche Basisannahme der Lokalen Realität trifft nicht zu. Aspect hatte allerdings in seinem Versuch noch ein kleines Defizit: Die Entfernung zwischen den beiden Meßstellen A und B war in der Versuchsanordnung noch zu klein gewesen, um die Annahme bereits vorhandener Eigenschaften der Photonen wirklich vollkommen auszuschließen. Dieser Schönheitsfehler wurde dann von der Innsbrucker Gruppe um Gregor Weihs endgültig 'geheilt'. Um die letzten Ausflüchte der sogenannten 'Realisten' zu widerlegen, also deren Annahme, die Photonen hätten die relevanten Eigenschaften der Messung schon vor der Messung besessen, bauten sie anstelle der Halbwellen-Platten HWP links und rechts je einen 'Elektro-optischen Modulator' (EOM) ein, der – von einem externen Zufallsgenerator gesteuert – in einer Nanosekunde den Drehwinkel der Polarisation der ankommenden Photonen noch verändern konnte. Diese EOMs wurden statistisch 'zufällig' in einem noch schneller taktenden Rhythmus angesteuert als die Messungen erfolgten, sodaß ihre Stellung noch während der Laufzeit der Photonen von der Quelle zum Meßpunkt verändert werden konnte. (Zeilinger 2007, S. 224)

Die Berechnung der Bell'schen Ungleichung ergab, – und damit mehr oder weniger 'endgültig' – daß Photonen nichtlokal sind, das heißt sie sind *so eng miteinander verbunden, daß wir sie – obwohl räumlich getrennt – getrost als ein einziges physikalisches Gebilde betrachten dürfen,* wie Brian Greene es in seinem lesenswerten Buch *Der Stoff aus dem der Kosmos ist* ausdrückt." (Greene, 2008, S. 142)

„Du solltest doch noch Physik studieren", ließ sich Stefanie vernehmen, in einem Tonfall, der gleichermaßen Ironie und Respekt zu enthalten schien.

„Mach dich nur lustig über mich. Das war ganz schön schwierig, sich durch die Literatur durchzubeißen", konterte ich.

„Scherz beiseite", lenkte sie ein. „Willst du damit sagen, das QTX arbeitet doch mit verschränkten Photonen, und die Fernwirkung kann mit der instantanen Fernwirkung erklärt werden, wie sie im EPR-Phänomen auftritt?"

„Eine sehr interessante Frage, die ich mir natürlich immer wieder gestellt habe. Nach einigem Grübeln kam ich zum Ergebnis: NEIN!"

„Aber das QTX weist doch auch gerade diese in den Tests auf Nichtlokalität belegten Eigenschaften auf. Es findet das Zielobjekt auch über größere Distanzen, und es scheint dies – auch wenn wir das nicht experimentell überprüft haben – sogar instantan zu tun, wobei es darauf gar nicht besonders ankommt. Es würde auch 'einfache' Lichtgeschwindigkeit genügen."

„Du denkst wahrscheinlich an den Frankfurter Vortrag, bei dem suggeriert wurde, daß das eine Photon in dem Bild steckt, das in das QTX eingescannt wird, während das andere Photon beim Zielobjekt verblieb, das wegen der Quellenidentität mit dem ersten verschränkt ist, sodaß wir die Situation von 'Zwillings-Photonen' haben, die 'irgendwie' wechselwirken?"

„Genau", antwortete Stefanie. „Ist es denn nicht so?"

„Ich würde sagen: eben nicht! Und zwar nicht einmal wegen der Zeitdifferenz zwischen der Aufnahme des Photos und seiner etwaigen 'Verarbeitung' bzw. der Reaktion des QTX – über die wir, nebenbei gesagt, nichts Genaues wissen. Falls eine solche 'Verarbeitung' im Sinne der Affirmationen und ihrer Umsetzungen stattfindet, entspricht dies dem Meßvorgang in den EPR-Versuchen, und da ist das Photon nach der Messung nicht mehr existent. Das QTX könnte es deshalb auch nicht mehr 'zurückschicken', um mit dem Zwillings-Photon im Zielobjekt zu wechselwirken. Die bei verschränkten Zwillings-Photonen nach der Schrödingergleichung – und diese ist in der Quantenphysik das Maß aller Dinge, weil sie sich bisher bei allen quantentheoretischen Berechnungen bewährt hat – vorhandene 'Superposition' bricht nämlich spätestens bei der Verarbeitung im QTX zusammen. Einige Physiker sprechen hier von einem Kollabieren der Wellenfunktion, andere von Dekohärenz (Zeh 2012), um das Ende des 'kohärenten', also des nichtlokalen, verschränkten Zustands der Photonen zu kennzeichnen. Diese Dekohärenz wäre wahrscheinlich bereits das Schicksal der Photonen auf dem Wege ins QTX, denn hier haben wir es mit 'makrophysikalischen' Vorgängen zu tun, die ganz im

Gegensatz zu den 'sensiblen' quantenmechanischen Vorgängen vor allem deshalb so robust ablaufen, weil die Vielzahl der beteiligten Atome bzw. Quantenzustände sich quasi 'ausmittelt' und dadurch das quantenphysikalische Wahrscheinlichkeits-Chaos einfach 'aufgesogen' wird. Wir sollten uns also schon eine andere Erklärung suchen."

„Schade", antwortete Stefanie „und ich hatte schon gedacht, wir hätten eine schöne quantenphysikalische Erklärung."

„Nachdem ich nun einiges an Literatur zu diesem Thema gelesen habe, mußte ich leider feststellen, daß eine quantenphysikalische Erklärung sowieso schwierig werden dürfte, und zwar nicht, weil es überhaupt keine Ansatzpunkte dafür gibt, sondern weil es eher zu viele Theorien gibt. Die Zunft der Physiker ist sich dabei keineswegs einig, ob die Lokale Realität zutrifft oder nicht. Murray Gell-Mann etwa hält das EPR-Modell, wie wir es hier diskutiert haben und wie es von Zeilinger und seiner Gruppe vertreten und mit hohem experimentellen Aufbau wahrscheinlich auch 'nachgewiesen' wurde, für blanken Unsinn. Er ist – genauso wie Einstein – ein eiserner Verfechter der Annahme einer Lokalen Realität. Für ihn besitzen die Photonen also von vorneherein die Eigenschaften, die schließlich gemessen werden, und sie interagieren überhaupt nicht miteinander (Gell-Mann 1998). Dafür glaubt er fest, die Superstringtheorie würde (eines Tages) alle noch offenen Fragen des Standard-Modells lösen können, wie beispielsweise die Berechnung der Elementarteilchen-Ruhemassen, was wiederum Lee Smolin (Smolin 2009) äußerst kritisch sieht. Für Smolin und eine ganze Reihe anderer Physiker ist die Stringtheorie eine reine Selbstbeschäftigung, eine 'Märchenerzählung', die durch nichts empirisch zu belegen ist und deshalb in völliger Beliebigkeit schwelgt. Du kannst mehr oder weniger davon ausgehen, daß es für jede Gruppe, die eine bestimmte Theorie vertritt, eine andere Gruppe gibt, die genau das Gegenteil behauptet und das jeweilige Problem völlig anders sieht oder 'lösen' möchte. (Unzicker 2012).

„Das kommt mir aber sehr bekannt vor", antwortete Stefanie mit einem Anflug von Lachen. „Du wirst mir aber jetzt nicht einreden wollen, daß du davon wirklich überrascht bist." Bei dieser Wendung unseres Gesprächs mußte ich nun wieder schmunzeln.

„Nein, nein, da hast du sicher recht. Bis zu einem gewissen Grad ist das natürlich der normale Wissenschaftsbetrieb. Eine Theorie kann ohnehin nur solange Gültigkeit für sich in Anspruch nehmen, als sie nicht von Experimenten widerlegt wird. Und deshalb können natürlich auch mehrere Theorien parallel weiterbestehen, solange sie bestimmte Fragen erhellen können. Der Rest unterliegt dann einem Wettbewerb zwischen ihnen, der hoffentlich im Laufe der Zeit zu einer eindeutigen Lösung führen wird. Solange also konkurrierende Erklärungen existieren, sollte man diese auch entsprechend würdigen und nicht so tun – wie man regelmäßig lesen kann –, als hätte man selbst die Wahrheit gefunden, während die anderen sich demgemäß nur irren können. Eine mit dem Rest der Physik vereinbare Erklärung für das EPR-Paradoxon gibt es aber immer noch nicht. Die Gemeinde der Physiker ist deshalb in gewisser Weise auch in verschiedene Gruppen aufgespalten. Die auf Niels Bohr und Heisenberg zurückgehende Kopenhagener Deutung (beschränke dich auf die Möglichkeit, Quantenphänomene zutreffend berechnen zu können, und frage nicht nach Dingen, die niemand beobachten kann) dominiert immer noch das Denken der Physiker. Nur wenige stellen tiefergehende Fragen und geben sich nicht damit zufrieden, Ergebnisse 'nur' berechnen zu können, so angenehm das in pragmatischer Hinsicht auch sein mag. Unter denen gibt es auch Zeitgenossen, die nicht mit herber Kritik sparen, und die haben zum großen Teil ebenfalls recht mit ihrer Kritik, so etwa Alexander Unzicker in seinem Buch ***Auf dem Holzweg durchs Universum. Warum die Physik sich verlaufen hat.***" (Unzicker 2012)

„Der Titel klingt ja schon wie eine Kampfansage an die Physik."

„Das kannst du laut sagen. Aber Unzicker machte es sich nicht leicht, sondern er versucht auch en detail nachzuweisen, wo die

'Physik sich verlaufen hat'. Schätz doch mal, wie viele Arten von Elementarteilchen es derzeit gibt?"

„Du meinst nicht die Menge an Teilchen, sondern verschiedene Arten, wie Elektron, Proton, Neutron, Neutrino und und und? Keine Ahnung, vielleicht fünfzig?", gab Stefanie halb fragend zurück.

„Das war der Stand in den sechziger Jahren des letzten Jahrhunderts. Die aktuelle Zahl liegt bei 1002. So jedenfalls die Physik-Datenbank des Computerprogramms Mathematica (Unzicker 2012, S. 170), und wahrscheinlich ist der Wert heute schon wieder überholt."

"Und in Spanien schon 1003", intonierte Stefanie die Leporello-Melodie aus Don Giovanni, was zu allgemeinem Gelächter führte. „Kannst du mir sagen, wie man überhaupt so viele Teilchen finden kann, das ist ja in der Tat ein Teilchen-Zoo." Stefanie war sichtlich überrascht.

„Die Physik glaubt, sie braucht die Teilchen, um die verschiedenen Wechselwirkungen beschreiben zu können, und sie 'findet' sie mit den großen Teilchen-Beschleunigern, die heute vor allem als 'Collider' fungieren, wie der LHC (*Large Hadron Collider*) am CERN. Dort schießt man Kerne oder Teilchen mit großer Energie aufeinander und beobachtet dann, welche Produkte entstehen. Das sind dann eventuell neue Teilchen, und so wird der Zoo immer bunter."

„Das würde ja bedeuten, daß immer noch Teilchen 'benötigt' werden, um immer mehr Wechselwirkungen zu erklären", setzte Stefanie den Gedankengang fort.

„Eben, denk doch mal an das Higgs-Teilchen, das schon lange vorhergesagt wurde und – angeblich – jüngst endlich gefunden wurde. Das benötigt die Physik, um die Schwerkraft-Wirkung zu erklären. Hier kritisiert Unzicker vor allem, daß dieses Teilchen an seinem Zerfall in zwei Gamma-Quanten 'erkannt' werden soll, wobei diese Reaktion bei fast allen Teilchenpaaren vorkommt. Dies passiert bei einer Datenvielfalt, deren Hintergrundrauschen das eigentliche Signalniveau billionenfach übersteigt, sodaß das gesuchte eigentliche Signal in diesem Datenbrei völlig unterzugehen droht. (Unzicker 2012, S. 213) Warte mal einen Moment!"

Ich blätterte im Unzicker, den ich gerade zur Hand hatte, weil ich ihn noch am Tag zuvor gelesen hatte. „Hier einige Zitate: 'All dies meint man durch Filterungen und Computersimulationen herausrechnen zu können' oder dies hier: 'Je mehr Hintergrund entfernt wird, desto größer die Gefahr, Artefakte zu erzeugen, die Teilchen vortäuschen – vor allem, wenn die Theoretiker dafür längst Namen zur Hand haben. Nichts hindert beispielsweise daran, ein Higgs-Signal als Quark-Antiquark-Paar einer noch unbekannten vierten Quark-Familie zu interpretieren, vor allem wenn man, wie beim Higgs die Ausrede bereithält, nur ein winziger Anteil zerfalle auf diese Weise. Nur stehen Quarks derzeit nicht auf der theoretischen Wunschliste, während das Higgs seit Jahrzehnten verzweifelt gesucht wird.'" (Unzicker 2012, S. 213f)

„Entsprechend hält es Unzicker deshalb auch durchaus für möglich, daß die 'Entdeckung' des Higgs-Teilchens noch einmal revidiert wird, meint aber, daß auch für diesen Fall schon ein 'Ausweg' bereitstehe. Dabei ist die Physik mit dem Standardmodell bis heute nicht in der Lage, das Spektrum der Teilchen-Ruhemassen zu berechnen oder vorauszusagen." (Unzicker 2012, S. 200 u. 216) Dieses sogenannte Standardmodell weist auch immer noch große Widersprüche zwischen der Speziellen Relativitätstheorie und der Quantentheorie auf, die es aber ignoriert. Notfalls greift es auch bei einigen Modellen, so etwa mit der sogenannten Renormierung, zu wahren mathematischen Kunststückchen, um der 'Unendlichkeitsfalle' zu entgehen. Deshalb lautet das Verdikt von Unzicker: 'Die Physik hat sich verlaufen und befindet sich in einem jämmerlichen Zustand.'"

„Das ist allerdings scharfer Tobak, denn dies hieße ja soviel wie: 'Sag mir welches Teilchen du brauchst, und ich liefere es dir bei der nächsten Kollision.'" Stefanie lachte lauthals.

„So ungefähr. Wir wollen jetzt aber nicht hämisch werden. Unzickers Buch ist voll von solcher Kritik, versucht aber davon ausgehend Wege aus der Falle aufzuzeigen. Dazu gehört etwa die Forderung, auch die Rohdaten in einer Datenbank zu veröffentlichen, um auch anderen Wissenschaftlern, die nicht am CERN sind, die Möglichkeit zu eröffnen, Berechnungen nachzuvollziehen zu können, wie es etwa bei Daten in der Astronomie schon gemacht wird. Darüber hinaus versucht Unzicker auch zu diagnostizieren, warum die Physik dorthin gekommen ist, wo sie jetzt steht. Einen Teil dieser Diagnose kennen wir beide schon länger aus persönlicher Erfahrung in unseren eigenen Wissenschaften: Da ist z. B. der Mainstream-Mechanismus, der seine Dominanz mit allen Mitteln verteidigt und damit erreicht, daß Theorie-Entwicklungen, die relativ zum Mainstream am Rande liegen oder – zunächst – inkompatibel dazu erscheinen, ausgesondert oder ausgemerzt werden. Hierzu können Veröffentlichungen unterbunden oder Fördermittel versagt werden. Dadurch bestätigt sich der Mainstream immer mehr selbst, wird zum Standard und schließlich zum Dogma. Leider geht das in der Physik – aber wie wir beide wissen nicht nur in der Physik – schon sehr lange so."

Ich mußte plötzlich lachen. „Was ist denn daran so erheiternd?", fragte Stefanie irritiert.

„Mir fielen gerade einige von Unzickers äußerst treffenden, fast comedyhaften Kommentaren zum letzten Punkt ein, aber die finde ich jetzt nicht so schnell. Das solltest du schon selber lesen."

„Wenn ich das alles richtig interpretiere, dann haben wir wenig Chancen, bei der Quantenphysik oder überhaupt in der Physik eine Erklärung zu finden, die die Wirkung des QTX plausibel macht?"

„Bingo, du hast es erraten." Und selbst wenn du eine Theorie finden würdest, würdest du gleich drei andere Theorien oder Protagonisten finden, die jeweils das Gegenteil behaupten. Wie schon gesagt, bis zu einem gewissen Maße ist das normaler Wissenschaftsbetrieb. Aber die Hoffnung, beim Standard-Modell der Physik eine gewisse Erklärung dafür zu finden, wie das QTX funktioniert, die kannst du wirklich aufgeben. Doch gerade das gibt uns eine größere Freiheit, einen größeren Spielraum. Wenn die Physiker sich bei ihren Theorien weitgehend selber widersprechen, so zeigt das doch: Die 'Wahrheit' ist eben noch nicht gefunden. Also können wir selbst versuchen, eine Erklärung zu finden."

„Ich möchte auch meine 'fixe Idee', daß man das QTX einem 'wissenschaftlich interessierten' Fachkollegen plausibel machen können müßte, noch nicht ganz aufgeben. Irgendeine wissenschaftlich wenigstens halbwegs gestützte Erklärung müßte sich doch finden lassen", erwiderte Stefanie trotzig.

„Ich glaube, um einer solchen Erklärung näherzukommen, sollten wir uns jeweils zwei Fragen stellen:

a) gibt es irgendein physikalisches (oder anderes naturwissenschaftliches) Modell, das die QTX-Wirkung direkt erklärt oder

b) können wir Puzzleteile der Quantenmechanik – oder anderer Theorien – selbst so kombinieren, daß sich eine halbwegs plausible Theorie ergibt?

Nach dem, was wir gerade diskutiert haben, dürfte klar sein, daß das Standard-Modell der Quantenphysik keine Erklärung des QTX hergibt. Es wäre auch wirklich erstaunlich, wenn eine von den Physikern mit ungeheurem Aufwand betriebene Experimentalmaschinerie ein Theoriekonstrukt ergäbe, das sich direkt für das QTX anbieten würde. Die theoretischen Anstrengungen der Physiker haben ja immer noch die größten Schwierigkeiten, die dem menschlichen Geist völlig verrückt und spukhaft erscheinenden Eigenschaften eines Quantensystems zu erklären."

„Ok. Wenn Frage a) nichts Konstruktives erbringt, wie wäre es dann mit Frage b)? Wenn also das EPR-Modell nicht auf das QTX paßt, welche Elemente der Physik könnte man dann so 'zusammensetzen', daß eine plausible Erklärung daraus wird, die einen wissenschaftlich orientierten Zeitgenossen dazu veranlassen würde zu sagen: 'So könnte es sein'", versuchte Stefanie, die Argumentation voranzutreiben.

„Nun, das ist wirklich keine leichte Aufgabe", mußte ich zugeben.

„Gut", gab sich Stefanie zufrieden. „Dann kommen wir heute nicht sehr viel weiter. Hast du denn noch eine andere Theorie, die vielleicht etwas zur Lösung unserer Frage beitragen könnte?"

Ich mußte schmunzeln. „Ertappt! Aber das bleibt vorerst noch mein Geheimnis. Das verrate ich erst bei unserem nächsten Brunch."

„Du bist gemein. Das ist doch kein Fortsetzungsroman. Immer willst du mich auf die Folter spannen."

„Doch, das ist ein Fortsetzungsroman. Du brauchst nur zurückzuschauen, wie wir bis hierhin gekommen sind", konterte ich. „Laß mir noch ein bißchen Zeit. Für heute ist es genug."

Die Geometrisierung der Welt

Die Metronen-Physik Burkhard Heims

Seit die Mathematiker über die Relativitätstheorie hergefallen sind, verstehe ich sie selbst nicht mehr.

Albert Einstein

Wer die Geometrie begreift, vermag in dieser Welt alles zu verstehen.

Galileo Galilei

Für unseren nächsten Wochenend-Brunch hatte ich mir etwas Besonderes ausgedacht. Ich war auf einen Physiker gestoßen, der häufig als der deutsche Hawking bezeichnet wird und tatsächlich auch einige starke Gemeinsamkeiten mit dem berühmten britischen Physiker hatte. Sein Name ist Burkhard Heim.

„Na, was hast du denn heute auf Lager? Du schaust schon so verschmitzt, als ob du irgend etwas vorhättest", begrüßte mich Stefanie, als sie mich zum Kaffee rief. Es war wieder eines jener Wochenenden gekommen, an denen wir uns ein ausgiebiges Frühstück gönnen und dabei angeregt unterhalten konnten.

„Ich bin diesmal auf einen deutschen Physiker gestoßen, von dem ich mir einen Beitrag zur Lösung unserer Fragen erwarte. Sein Name ist Burkhard Heim. Schon mal von ihm gehört?“

Stefanie schüttelt den Kopf. „Nie von ihm gehört. Wer soll das sein?“

„Burkhard Heim, geboren 1925 in Potsdam (verstorben 2001), verlor während seiner Tätigkeiten als Abteilungsleiter der Chemisch-Technischen Reichsanstalt 1944 bei Experimenten, die zu einer Explosion führten, beide Hände sowie weitgehend Augenlicht und Gehör. Das starke Handicap, das sich daraus ergab, kann man durchaus als Parallele zu Stephen Hawking sehen, der seit Jahren unter ALS leidet, aber trotzdem Wesentliches zur Entwicklung der Physik beitrug. Auch Burkhard Heim leistete wichtige Beiträge zur Physik, man könnte auch sagen, mit seiner Theorie, die er letztlich mit Walter Dröscher weiterentwickelte und abrundete, hat er die Physik auf den Kopf gestellt bzw. revolutioniert. Ein ganz wesentlicher Unterschied besteht jedoch zwischen den beiden: Hawking wurde berühmt, bekleidete den renommierten Lucasischen Lehrstuhl für Mathematik in Cambridge, und konnte – vielleicht auch dadurch – die zeitgenössische Physik maßgeblich beeinflussen. Heim hatte hingegen keinen vergleichbaren Erfolg. Er blieb zeitlebens ein Außenseiter, der den meisten Physikern bis heute sogar unbekannt geblieben ist.

Das lag wahrscheinlich vor allem an zwei Umständen: Heim veröffentlichte seine Theorie nicht in ‘Mainstream-Journalen’, sondern nur in einigen Büchern – was von Fachkollegen schon von vornherein scheel angesehen wird. Vermutlich hätte er mit seiner Theorie aber auch keine Chance gehabt, eine Veröffentlichung in einem Fachblatt zu erreichen. Dafür liegt diese Theorie zu quer zu allem, was sich heute Standard-Modell nennt.“

„Das ist doch das übliche Schicksal, das alle trifft, die ‘zu innovativ’ sind. Also kann ich schon daraus schließen, daß seine Theorien sehr interessant sind.“

„Genau so war es. 1952 hielt er den ersten öffentlichen Vortrag über seinen Ansatz auf einer Tagung für Astronautik. Dann blieb es lange still, und erst 1982 gab es die erste Veröffentlichung als Buch, wie es sich auch bei allen folgenden Veröffentlichungen ausschließlich um Bücher handelte. (Heim 2004) Die Fachkollegen – das wissen wir schon – mögen das nicht und tendieren schon deshalb sehr leicht dazu, derartige Veröffentlichungen abzuwerten oder zu ignorieren, weil Bücher nicht 'peer-reviewed' sind, also nicht vor der Veröffentlichung von Kollegen begutachtet wurden. Bis auf ein paar kleinere Gruppen, die sich trotzdem der Mühe unterzogen, seine Theorien nachzuvollziehen, wie die Heim-Theory-Gruppe, die eine eigene Homepage hat (www.Heimtheory.com), gibt es praktisch kaum Resonanz unter Physikern. Dazu kommt noch, daß Heims Theorien eine schwer verständliche Mathematik verwenden, die sogenannte Metronen-Rechnung, eine Matrizen-Rechnung, die selbst für Fachleute nur mit großem Aufwand nachvollziehbar ist. Deshalb ist man als Laie auf die wenigen Veröffentlichungen aus der Sekundärliteratur angewiesen, die einem den Stoff etwas mundgerechter machen."

„Du spannst mich wirklich auf die Folter. Wie bist du denn nun auf die Idee gekommen, daß die Theorie von Heim eine Lösung für unsere Fragestellung sein könnte?", versuchte Stefanie meine lange Vorrede abzukürzen.

„Nun, es gibt einige Bücher, so vom Mathematiker Illobrand von Ludwiger (Ludwiger 2006), aber auch eines von einem Physiker und Arzt namens Wolfgang Ludwig (Ludwig, 2002), die einen auch für Laien recht gut verständlichen Einblick in diese sehr komplexe Materie geben. Die Heim'sche Theorie entstand in zwei Schritten. Zunächst entwickelte er eigenständig ein Modell mit sechs Dimensionen. Später komplettierte er dieses Modell zusammen mit Walter Dröscher, einem Wiener Physiker, zu einem 12-dimensionalen System, mit dem es ihnen sogar gelang, die Massenspektren, also die Ruhemassen der wichtigsten Elementarteilchen bis auf einige Nachkommastellen genau mit der von beiden hergeleiteten Massenformel zu berechnen.

Heim wich in seinem Vorgehen an drei grundlegenden Punkten vom ausgetretenen Pfad der Standardphysik ab:

Für die Begründung seiner Theorie ging Heim zunächst von vier Basisgesetzen aus, die sich in der Physik bisher immer wieder als gültig erwiesen haben. Das waren (1) die Erhaltungssätze für Energie, Ladung und Impuls in geschlossenen Systemen, (2) das ebenfalls in geschlossenen Systemen gültige Gesetz zunehmender Entropie, (3) das Gesetz der Quantisierung und (4) die Existenz makroskopischer weitreichender Felder – Gravitation etwa oder elektromagnetische Felder. (Heim 2004, S. 10) Danach hat Einstein bei seinen beiden Theorien – der Speziellen wie auch der Allgemeinen Relativitätstheorie – die Quantisierung vernachlässigt, während Heisenberg bei seinen Versuchen im Jahre 1955, die Elementarteilchen-Massen zu berechnen, das Gravitationsfeld außer Ansatz ließ und deshalb scheiterte.

Ein zweiter wichtiger Unterschied zur Standardphysik war – wie ich schon sagte – die Verwendung einer neuen Mathematik in Form seiner Metronenrechnung, die Heim für seine Theorie eigens entwickelt hat. Die zentrale Begründung hierfür war, daß in einer Quantenwelt mit diskreten Zuständen die von Newton und Leibniz einst entwickelte Infinitesimalrechnung nicht mehr geeignet erschien, weil diese logischerweise ein Kontinuum der beschriebenen Variablen voraussetzt, das aber bei gequantelten Größen eben gerade nicht vorliegt.

Der dritte, eng damit zusammenhängende Schritt besteht in einer rigorosen Geometrisierung aller physikalischen Vorgänge, analog zu Einsteins Auffassung der Planetenbahnen in seiner Allgemeinen Relativitätstheorie als 'Raumgeodäten', also jener Linien im Raum, denen die Planetenbewegungen folgen. (Ludwig 2002, S. 15) Einem Beispiel der Nutzung von gekrümmten Bahnen aus der Mechanik deformierbarer Körper (Elastomechanik) folgend, benutzte Heim zum Rechnen sogenannte Tensoren. Diese sind mathematisch als Matrizen darstellbar, sodaß er schließlich im 4-dimensionalen Raum-Zeit-Konzept $4^3 = 64$ verschiedene Feld-Tensor-Gleichungen erhielt, von denen allerdings 28 'verschwanden', also Null waren, da sie weder Masse noch Energie enthielten. Somit blieben lediglich 36 'echte' Gleichungen (64 - 28 = 36) übrig. Da sich diese 36 Gleichungen in einer 6x6-Matrix darstellen lassen, ergibt sich, daß sein System sechs Raum-Zeit-Dimensionen besitzt. (Ludwig 2002, S. 17) So kam Heim also zu seinen sechs Dimensionen."

„Hör auf, hör auf! Mir schwirrt der Kopf. Du glaubst doch nicht, daß ich damit irgend etwas anfangen kann?", wehrte sich Stefanie.

„Das geht nicht nur dir so, sondern sogar Fachleuten aus der Physik. Daher ist es auch so schwierig und für einen Laien sowieso unmöglich, dem zu folgen. Und deshalb ist man insbesondere als Laie auf 'Übersetzer' wie die Autoren Ludwig oder von Ludwiger angewiesen, die einem die Zusammenhänge möglichst mundgerecht machen, sodaß man wenigstens ein bißchen Ahnung davon bekommt, worum es sich handelt. Und es lohnt sich ganz gewaltig, wie du gleich sehen wirst. Darf ich noch ein bißchen weitermachen? Wir haben ja das Schlimmste gleich überstanden. Du wirst sehen, daß es für unsere Fragestellung einiges bringt."

„Wenn's denn unbedingt sein muß." Stefanie versuchte mir durch ihre Miene klar zu machen, was ich ihr zumutete.

„Um dir vielleicht vorweg deutlich zu machen, welche gewaltige Leistung die Theorie von Heim, bzw. von Dröscher und Heim mit dem später gemeinsam entwickelten R_{12}-Modell, darstellt, möchte ich hier daran erinnern, daß es mit dieser Theorie immerhin gelungen ist, die Ruhemassen aller Elementarteilchen 'vorauszusagen', was ja eine wesentliche Aufgabe aller damit befaßten Theorien wäre, von der Standardphysik jedoch eben bisher nicht geleistet wurde. Heims Berechnungen decken sich mit den äußerst genauen Messungen sowohl vom DESY wie auch am CERN, teilweise bis auf die achte Nachkommastelle genau. Darüber hinaus ist es mit dieser Theorie auch gelungen, die Sommerfeld'sche Feinstrukturkonstante $\alpha = 1/137$, die bisher niemand herleiten konnte, auf mehrere Kommastellen genau zu bestimmen. Diese Übereinstimmungen mit der durch Messungen erfaßten Realität zeigen doch, daß es sich um eine Theorie handeln muß, die für sich ganz offenbar in Anspruch nehmen darf, wesentliche Aspekte der Realität einzufangen, und der deshalb im Konzert der Gegenwartstheorien einer der vorderen Plätze eingeräumt werden müßte."

„Das kann ja sein, und es klingt durchaus auch überzeugend, aber was hat das nun mit unserer Fragestellung zu tun?", beharrte Stefanie.

„Nun, Burkhard Heims Theorie beinhaltet die Einstein'sche Raum-Zeit als R_4, wobei die drei Raum-Koordinaten reell sind, während die Zeitkoordinate x_4 imaginär ist (im Sinne von $i = \sqrt{-1}$) wie übrigens auch die Koordinaten x_5 und x_6, die für unser Thema eine ganz wichtige Rolle spielen, sodaß wir drei reelle und drei imaginäre Dimensionen im R_6 vorliegen haben."

Ich legte ihr ein Tabellenschema vor (Abb. 49, siehe Farbabbildungsteil). „Hier erkennst du eine weiße Fläche, die entspricht dem R_3, bestehend aus den Tensoren T_{11} bis T_{33}. Nimmst du den 'grünen Rand' hinzu, so hast du insgesamt damit den 'Einstein-Raum' R_4, der erstmals in der Speziellen Relativitätstheorie eine Rolle spielte. Die rote Matrix in der unteren rechten Ecke nennt Heim 'Transmatrix' S_2, und die blauen Felder T_{45}, T_{46} sowie T_{54} und T_{64} sind die Übergangsmatrizen zu den Dimensionen x_5 und x_6. Die Bedeutung dieser beiden letzten Koordinaten konnte Heim nun aus ihrer Einbindung in die Dynamik des Ganzen herleiten. Er bezeichnet die Dimensionen x_5 und x_6 auch als informatorische Dimensionen, 'die kurzfristig Energie bilden und vernichten können'. (Ludwig 2006, S. 6) Den Raum, der durch x_5 und x_6 gegeben ist, bezeichnet er als 'organisatorischen Raum' S_2.

<table>
<tr><th>Koordinate(n)</th><th>Typ</th><th colspan="2">Beschreibung</th><th>Bedeutung</th><th>Abbild.-kette</th></tr>
<tr><td>x_1, x_2, x_3</td><td>reell</td><td>3-dim. physischer Raum R_3
(sichtbare Materie)</td><td rowspan="2">Raum-Zeit
(R_4 Minkowski-Raum)</td><td rowspan="3">6-dimensionale physikalische Welt

Bezugsraum R_6</td><td>R_3</td></tr>
<tr><td>x_4</td><td>imaginär</td><td>Zeitstruktur T_1</td><td>↑
T_1</td></tr>
<tr><td>x_5, x_6</td><td>imaginär</td><td colspan="2">organisatorischer Strukturraum S_2
(Struktur ist manifestierte, organisierte Information)</td><td>↑
S_2</td></tr>
<tr><td>x_7, x_8</td><td>imaginär</td><td colspan="2">informatorischer Ideenraum I_2
(Information ist über den Vermittlerraum manifestierte, zeitlose Idee)</td><td rowspan="2">nichtmaterieller Hyperraum V_6</td><td>↑
I_2</td></tr>
<tr><td>$x_9, x_{10},$
x_{11}, x_{12}</td><td>imaginär</td><td colspan="2">zeitloser Hintergrundraum G_4
zeitloser Ursprung der Ideen; von Heim scherzhaft auch als
GAB="Gott allein bekannt" bezeichnet</td><td>↑
G_4</td></tr>
</table>

Abb. 50 Die Unterräume des R12 nach Dröscher und Heim

(*Quelle:* Pascu 2000, http://www.jenseits-de.com/g/fo-heim.html))

Ich legte Stefanie eine andere Tabelle hin. „Sieh mal, diese Tabelle beschreibt das zwölfdimensionale Modell, das Heim zusammen mit Dröscher entwickelt hat. (Pascu 2000) Sie basiert auf Heims ursprünglichem Modell. Ich habe sie etwas eingefärbt (Abb. 50), damit man die Hauptbereiche klarer unterscheiden kann. Die obere Hälfte, bestehend aus R_3, T_1 und S_2, kennzeichnet die eher materielle Welt, die durch die Dimensionen x_1 bis x_6 aufgespannt wird, während der untere Teil, etwas heller abgesetzt, die immaterielle, geistige Welt bezeichnet. Der informatorische Raum I_2 mit den Dimensionen x_7 und x_8 ist dabei in gewisser Weise symmetrisch zu dem aus x_5 und x_6 bestehenden organisatorischen Raum S_2. Heim bezeichnete die Dimension x_5 als entelechial und x_6 als äonisch, was soviel bedeutet wie 'eine Zeit lang während'. (Ludwig, 2002, S.18) Damit ist gemeint, daß x_5 die Information der konkreten Umsetzung in den R_4 spiegelt, wie etwa ein Samenkorn bereits die spätere Struktur des Baums beinhaltet, während x_6 die Umsetzung in der Zeit betrifft."

Stefanie folgte aufmerksam meinen Hinweisen auf der Tabelle. „Die spätere Weiterentwicklung zu einem zwölfdimensionalen Modell in Zusammenarbeit mit Walter Dröscher komplettiert und umfaßt gleichzeitig den 6-dimensionalen R_6, wie er in dieser Tabelle in der oberen Hälfte dargestellt ist (Abb. 50). In der dritten Zeile der Tabelle siehst du links x_5 und x_6, die den sogenannten organisatorischen Raum bilden, in der nächsten Zeile stehen x_7 und x_8, zwei weitere informatorische Dimensionen, die den sogenannten informatorischen Raum (Ideenraum) bilden, und in der letzten Zeile schließlich die restlichen Dimensionen x_9 bis x_{12}, zusammen als G_4 bezeichnet. Dieser Bereich wird, wie wir noch sehen werden, für unsere Fragestellung eine ganz besondere Rolle spielen. Heim hat den G_4 auch als GAB bezeichnet, damit meinte er: 'Gott Allein Bekannt'. Während für die Dimensionen x_1 bis einschließlich x_8 sogenannte 'Elementarlängen' ableitbar sind, ist dies für den G_4 nicht möglich. Als Elementarlänge wird hier ein Quant der Länge bezeichnet – entsprechend der Quantelung der Energie. Der G_4 ist also in Heims Modell in gewisser Weise herausgehoben und besitzt bezüglich der anderen Teilräume eine hierarchische Sonderstellung."

Stefanie machte ein überraschtes Gesicht.

„Na, klingelt's schon bei dir?", unterbrach ich kurz meine Darlegungen.

Stefanie nickte versonnen. „Ja die Begriffe informatorischer und organisatorischer Raum wecken einige Erwartungen oder besser Ideen. Stimmt das, was ich da vermute?"

„Richtig getroffen. Dann kann ich mir ja jetzt den Rest sparen", flachste ich.

„Untersteh dich. Jetzt wird es erst richtig spannend. Welche Bedeutungen haben denn nun die einzelnen Teilräume beziehungsweise Teil-Dimensionen?"

„Ludwig bezeichnet die entelechiale Dimension x_5 als invers entropisch, also negentropisch, das würde soviel bedeuten wie 'formend' oder 'gestaltend' – in dem Sinne, daß ein höherer Organisationsgrad angestrebt bzw. erreicht wird. Die Dimension x_5 wird wiederum von der Dimension x_6 gesteuert. In der von Hermann Haken begründeten Synergetik unterscheidet man schnelle Variable und langsame Variable. (Haken 1982) Ganz kontraintuitiv 'versklaven' die langsamen Variablen die schnellen, das heißt sie dominieren die schnellen Variablen. Wenn wir das in unser Bild hier übertragen, so wäre x_5 'schnell' und x_6 'langsam'. Man könnte sich das an folgendem Beispiel verdeutlichen: Unsere Gas-Etagenheizung hat einen kleinen Kessel im Inneren, der wird automatisch auf eine intern definierte Temperatur aufgeheizt, sagen wir mal auf 65°C. Immer wenn die Temperatur in diesem kleinen Kessel auf 63°C abfällt, schaltet sich der Brenner ein und erhitzt auf etwa 66°C. Der Kessel gibt mittels eines kleinen Mischerventils seine Wärme über das umlaufende Wasser an die Heizkörper ab, wo es sich abkühlt. Wenn dabei wieder die 63°C erreicht werden, schaltet der interne Thermostat neuerlich den Brenner ein, und der Prozess beginnt von vorne. Wenn das nun schon alles wäre, um die Wohnung komfortabel auf einer gewünschten Temperatur zu halten, wären wir wohl kaum damit zufrieden. Denn die Wohnung wäre entweder zu kalt oder zu warm. Es ist nämlich ganz unwahrscheinlich, daß sich dieser interne Rhythmus des Heizkessels, der regelmäßig gewisse Wärmepakete in die Heizkörper befördert, genau so auswirkt, daß eine Raumtemperatur von, sagen wir mal 21°C erreicht wird. Dazu brauchen wir einen..."

„Zimmerthermostaten", fiel mir Stefanie in die Rede.

„Genau! Du hast es schon erfaßt. Der Zimmerthermostat schaltet den ganzen Steuerkreislauf der Etagenheizung ab oder an, er 'versklavt' sozusagen synergetisch gesprochen die 'schnelle Variable' des relativ hektischen Heizkesselrhythmus und bewirkt dadurch, daß die Zimmertemperatur in einem engen Bereich von 20,5°C bis 21,5°C konstant gehalten wird. Die 'äonische' Dimension x_6 entspricht im Beispiel also dem Zimmerthermostaten, während x_5 der Etagenheizung mit ihrer Hardware und ihrer inneren Logik gleichzusetzen wäre."

„Das Beispiel ist ganz gut verständlich", stimmte Stefanie zu.

„Dazu fällt mir noch ein anderes ähnliches Beispiel ein. Denk dazu an eine Person mit einem Herzschrittmacher. Das Herz entspricht zusammen mit den Venen und Arterien und den internen Nervenverknüpfungen x_5. Lediglich der Sinusknoten taktet nicht wie er sollte. Der wird jetzt durch einen elektronischen Schrittmacher ersetzt, sodaß die Drähte des Schrittmachers, die ungefähr einmal pro Sekunde einen Impuls abgeben, mit diesem Impuls die Physiologie des Herzens veranlassen, mit einem Herzschlag zu antworten. Zwar erscheint uns der Sekundentakt – das sind ungefähr 60 Schläge pro Minute – subjektiv als relativ schnell, aber verglichen mit den Hunderttausend biochemischen und nervalen Reaktionen, die pro Herzschlag ablaufen ist das wirklich langsam. Der Schrittmacher repräsentiert also die 'langsame' Variable bzw. Dimension x_6"

„Auch dieses Beispiel ist eingängig. x_6 besitzt also einen übergeordneten Befehlscharakter, während x_5 ein schon mehr oder weniger etabliertes Programm beinhaltet, das die Befehle aus dem x_6 einfach umsetzt", faßte Stefanie die Beispiele zusammen.

„Ja, aber das ist noch nicht die ganze Story. Wenn du dir die Abbildung nochmals genauer ansiehst (Abb. 50), dann siehst du, daß in der unteren Hälfte die Dimensionen x_7 und x_8 liegen, die in diesem Prozess ebenfalls eine Rolle spielen. Im rechten Teil der Graphik siehst du auch eine Spalte mit der Überschrift 'Abbildungs-Kette', die von unten nach oben, vom G_4 über I_2, S_2 zum 4-dimensionalen Raum R_4 führt, der in etwa unsere Realität abbildet. Der 'Informationsraum' I_2 besteht aus den Dimensionen x_7 und x_8, nach Heim eine Dimension der Ideen, die sich dann über x_6 und x_5 im Physischen Raum manifestieren."

„Das klingt ganz ähnlich wie Platos Welt der Ideen, die die letzten Determinanten der Dinge waren. Nach Platon war ein Ding nicht ein Ding an sich, sondern eine mehr oder weniger gute Ausgestaltung der Idee hinter dem Ding. Und wie wir hier am Tisch schon früher diskutiert haben, haben die Radioniker alten Stils auch schon ein solches Konzept bedient, indem sie ihr IDF, das *intrinsic data field*, als Maßstab für eine ‘intakte’ Realität nahmen, wobei die radionische Aktivität bewirken sollte, daß sich die Realität – zum Beispiel in Form der Gesundung eines Erkrankten – wieder dem Urbild, der Idee, kondensiert im Konzept des IDF, annähern sollte.“

„Präzise getroffen, Stefanie“ konnte ich nur zustimmen. „Bleiben wir im Moment beim Fall einer Erkrankung, so können wir sagen, daß das IDF der Person diese Erkrankung nicht enthält, sondern grundsätzlich ‘Gesundheit’ spiegelt. In der DNS ist also zunächst ein Konzept angelegt, das ‘Gesundheit’ und nicht Krankheit beinhaltet. Zwar ist dieses Konzept in einer Art biochemischen Blaupause angelegt, die Mediziner sagen gerne ‘in den Genen’, aber wir wissen heute, daß das auch durch epigenetische Schalter verändert sein kann.“

„Du übernimmst wohl jetzt meinen Text“, spöttelte Stefanie. „Stimmt, die epigenetische Veränderung könnte auch adaptiv positiv sein, aber – und darauf wolltest du jetzt wohl hinaus – sie könnte auch krankmachend sein. Und dann wäre eine Rückkehr zur ursprünglichen Form – das ist mit dem IDF gemeint – eine Rückkehr zur ‘Gesundheit’.“

„Richtig, und wenn du nun noch hinzunimmst, daß – obwohl wir die DNS und die darin enthaltenen Genstrukturen immer statisch denken – der ganze Ablauf eigentlich dynamisch ist, so sind wir unmittelbar bei Rupert Sheldrakes Konzepten des morphogenetischen Feldes und des morphischen Feldes, beides abstrakte ‘ideenartige Blaupausen’ der biologischen Realität, aber wie wir von Sheldrakes Untersuchungen und Belegen wissen, eben nicht nur der biologischen, sondern genauso auch der chemischen Prozesse. (Sheldrake, 2008, S. 90ff, S.126) Das heißt, wir können wahrscheinlich ziemlich weitgehend x_7 mit dem morphogenetischen Feld und x_8 mit dem allgemeineren Begriff des morphischen Feldes 'gleichsetzen', wobei sich dann die Kette $x_8 \rightarrow x_7 \rightarrow x_6 \rightarrow x_5$ als Feinstruktur der Transformation von der Welt der Ideen in die physische Welt darstellt. Sheldrake spricht sogar von einem 'physikalischen Dualismus', der sich in Energie und Form ausdrückt, wobei die energetische Seite dem Organisationsraum S_2 und die formgebende Seite dem Informationsraum I_2 mit der 'reinen Information' der Dimensionen x_7 und x_8 entspräche."

„Natürlich kenne ich die Thesen von Sheldrake, aber ich hätte nicht gedacht, daß wir mal auf die Idee kämen, sie auf diese Weise so eng mit einer modernen Form der Quantenphysik zu analogisieren", kommentierte Stefanie meinen Denkansatz.

„Ja. Sheldrake hat sich zwar nie in diese Richtung geäußert, und vermutlich kannte er auch Burkhard Heims Theorien nicht, aber wenn man die in seinem Buch geäußerten Thesen und die dazu gelieferten Belege genauer betrachtet, kann man nicht umhin, die starke Ähnlichkeit, ja sogar Isomorphie zur Heim'schen Theorie zu bestätigen. Mir scheint, insbesondere die Formulierungen Burkhard Heims für x_5 und x_6 finden in den eher konkreten Belegen für die Morphogenese eine gute Bestätigung. Während aber Sheldrake naturgemäß nur die Zusammenhänge konstatieren kann, führt Heims Theorie etwas weiter und ist – wenigstens im Prinzip – in der Lage, auch den Prozess abzubilden bzw. die Prozesstufen zu erhellen, die der Morphogenese zugrundeliegen."

„Da machst du mich jetzt aber neugierig", platzte Stefanie dazwischen.

„Nach Heim müssen wir zwischen Elementarteilchen und Wechselwirkungen unterscheiden. Elementarteilchen wie das Elektron sind ihm zufolge Kondensationen in einem quantisierten Raumgitter, dessen Ausmaße durch die Planck-Länge definiert sind. Das Quadrat dieser Länge – nur etwa $6{,}2 \times 10^{-33}$ cm – ist für seine Theorie eine wichtige Basis, die er Metron nennt. Für jede der insgesamt zwölf Dimensionen gibt es eine Wechselwirkung, kurz WW1 bis WW12, durch die die Aktivitäten zwischen den Dimensionen übertragen werden. Aber nur für die ersten acht Dimensionen gibt es jeweils eine Elementarlänge und damit ein Metron. Vom Umfang her gibt es etwa 100millionenmal mehr Wechselwirkungsteilchen als Elementarteilchen. (Ludwig 2002, S. 5) Der Flächeninhalt der Metronen bleibt konstant, aber durch die permanenten Schwingungen des Raums verändert sich deren Form fortwährend. (Schmieke 2008, S. 26) Laut Marcus Schmieke spiegeln sich diese Schwingungen in stehenden Wellen eines komplexen sechsdimensionalen Schwingungsfeldes, die ein komplexes Muster von Teilchen und Wechselwirkungen ausbilden können. So entsteht dann etwa auf der reinen x_5-x_6-Ebene ein Elementarteilchen, das Graviton genannt wird. Es tritt in Form von Gravitationswellen in Erscheinung, und es kann, ebenso wie das Photon, das ein Kondensat der Dimensionen x_4 (der Zeit), x_5 und x_6 ist, Informationen aus den höheren Dimensionen in die sichtbare Welt transferieren.“ (Schmieke 2008)

„Geht das mit Lichtgeschwindigkeit, oder gibt es da sogar instantane Reaktionen?“, warf Stefanie ein.

„Da sprichst du einen wichtigen Punkt an, den Heim explizit formuliert hat: Gravitonen können schneller als Licht sein. Laut Schmieke, der sich dabei eng an Heim hält, werden dadurch die Quantenwahrscheinlichkeiten einzelner Quantensprünge modifiziert (Schmieke 2008, S. 27), die letztlich durch eine Wellengleichung ausgedrückt werden können, wie in der Quantenphysik auch. Die Gravitonen selbst seien letztlich aber von der Ebene des ‘geistigen Hyperraumes’ G_4 über den Vermittlerraum I_2, also via x_8 und x_7 gesteuert, wodurch sich der Einfluß des Bewußtseinsfeldes auf die materielle Welt ergibt. Wie Heim zeigen konnte, haben auch Photonen diese Funktion. Nun gibt es zusätzlich aber noch eine Wechselwirkung zwischen Gravitonen und Photonen, die Heim Graviphotonen nennt, mathematisch ableitbar aus den Wechsel-

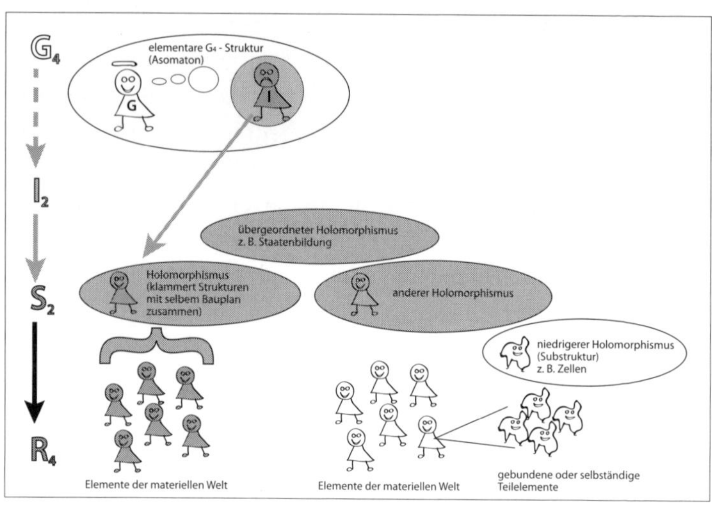

Abb. 51 Die Steuerungskette $G_4 \rightarrow I_2 \rightarrow S_2 \rightarrow R_4$

(*Quelle*: Posdzech 2000 - Graphiken, www.engon.de/protosimplex/downloads/)

wirkungen zwischen dem 'energetischen' Organisationsraum S_2 und dem 'informationellen' Informationsraum I_2. (Schmieke 2008, S. 28) Diese Elementarteilchen vermitteln eine Wechselwirkung zwischen Gravitation und Elektrodynamik, also Photonen beispielsweise. Dadurch kann man die Heim'sche Theorie letztlich als eine wirklich vereinheitlichte Theorie ansehen, die das geschafft hat, was bei vielen Versuchen vor ihr vergeblich anstrebt worden war. Damit war es nicht nur möglich, einen lange gehegten Wunschtraum von Einstein und auch anderen Physikern zu verwirklichen, nämlich Elementarteilchen-Ruhemassen zu berechnen, sondern Heims Theorie schafft es darüber hinaus auch noch, das Bewußtsein mit der materiellen Welt zu verknüpfen, Geist und Materie also in einem gemeinsamen Modell zu behandeln."

„Amen. Das war jetzt fast eine Sonntagspredigt", mokierte sich Stefanie. „Ich sehe allerdings immer noch nicht genau, wie das gerade zu unserer Frage mit der Auswirkung des QTX paßt oder diese Frage gar beantworten soll."

„Schau mal, hier habe ich eine Graphik, die ich der Homepage der Gruppe Protosimplex entnommen habe (Abb. 51, Posdzech 2000). Das war eine Gruppe in Berlin, die sich nach einem Vortrag von Heim an der Universität Berlin entschlossen hatte, sich Heims Theorie zu erarbeiten, dabei aber lernen mußte, wie schwierig das ist. Dieser 'Cartoon' zeigt aber auf sehr spaßige Weise, wie man sich die Wirkung geistiger Inhalte in die materielle Welt hinein vorstellen kann, wie also der Geist die Materie beeinflußt. Uns interessiert jetzt natürlich vor allem die Frage: Wie kommen wir mit dem QTX da 'hinein'?"

„Das meinte ich doch, und ich sehe es noch nicht", hielt mir Stefanie entgegen.

„Nun, nach allem was wir bisher wissen, gelingt dies grundsätzlich auf dreierlei Weise:

a) Du schickst informationsmodulierte Photonen aus dem QTX. Die Heim'sche Theorie sagt, daß diese auf der S_2-Ebene über x_4, x_5, x_6 agieren. Da könnten wir uns vorstellen, dies erfolgt etwa über die Skalarantenne, von der wir schon gesprochen haben.
b) Das Gerät schickt Elektronen los, über eine weiß rauschende Diode beispielsweise. Rauschen stellt laut Konstantin Meyl eine Skalarwelle mit Geschwindigkeit Null dar. (Meyl EMUV3 2004, S. 82) Der Effekt wäre wahrscheinlich ähnlich. Bei dieser Theorie spielt es keine so wichtige Rolle, auf welchem technischen 'Träger' die Informationen, die wir dem QTX übergeben, 'ins Universum gehen'.
c) Das ist jetzt der vielleicht interessanteste Weg: Du sendest die Affirmationen direkt ins G_4. Das kannst du per Meditation machen, wie die alten Tibeter. Von dort aus hat es wahrscheinlich eine noch höhere Priorität, als wenn man näher am 'Aus-

führungsort', also weiter unten in der Steuerkette einsteigt. Bitte beachte noch den Begriff 'Asomaton', der in der obersten Blase in Klammern steht. Das bedeutet 'ohne Körper', und damit ist gemeint, daß auch ein geistiges Wesen, das momentan nicht inkarniert ist, diese Steuerkette in Gang setzen kann – was immer das auch bedeutet."

„Jetzt, denke ich, haben wir die Kurve gekriegt", antwortete Stefanie. „Diese Lösung gefällt mir schon ganz gut. Abgesehen davon, daß wir – ebenso wie deine Protosimplex-Gruppe, die du gerade erwähnt hast – die Theorie von Heim nicht im Detail nachvollziehen können. Aber das kann ja bis auf ein paar hochmathematisch begabte Physiker ohnehin kaum jemand. Es scheint mir nicht nur eine runde Sache zu sein, die fast für jedes Detail unserer Frage eine Antwort parat hat. Die Theorie kann ja unabhängig davon ihre Relevanz auch dadurch belegen, daß sie Ergebnisse hervorbracht hat, die andere Theorien eben nicht hatten, wie eben die Vorhersage der Ruhe-Massen der Elementarteilchen oder die Herleitung der Sommerfeld'schen Feinstrukturkonstante $\alpha = 1/137...$, ganz zu schweigen von der theoretischen Vereinheitlichung der Gravitation und der Elektrodynamik."

Ich fügte hinzu: "Und der Erklärung des merkwürdigen Gravitationsverhaltens von Spiralarmen in Galaxien, die sich mit gleicher Winkelgeschwindigkeit mitdrehen, obwohl dies den Newton'schen Gesetzen widerspricht und auch durch Einsteins Allgemeine Relativitätstheorie nicht erklärt werden kann. Heim braucht auch keine 'Störungsrechnung' oder 'Renormalisierung', wie sie die Quantenelektrodynamik (QED) als Trick verwendet, um Singularitäten im Modell zu vermeiden."

Stefanie lachte, weil ich noch versucht hatte, sie zu überflügeln.

„Du hast ja recht, mit all diesen Resultaten und Bestätigungen sollte man dieser Theorie mit gutem Gewissen vertrauen können, auch im Vertrauen darauf, daß die wenigen Fachleute, die sich mit ihr ernsthaft beschäftigt haben, sie als einen wichtigen Erkenntnisfortschritt hin zur physikalischen Wirklichkeit verstehen, obwohl die Heim'sche Theorie vom physikalischen Mainstream völlig ignoriert wird", meinte sie. „Wir kennen das ja zur Genüge. Ich finde es nur schade – wie du auch – daß einer einen wirklich wichtigen Fortschritt in der Erkenntnis bringt und dann links liegen gelassen wird."

„Du hast mit all dem völlig recht, Stefanie. Man könnte glatt auf die Idee kommen, die Menschen seien an der Erkenntnis gar nicht interessiert. Da schlägt einer eine Schneise in den Busch und kehrt zurück mit der Botschaft, er habe dort einen Schatz gefunden, und keiner 'geht hin' und schaut nach. Es ist ja auch viel leichter, am Ufersaum in Sichtweite der Hütten das Buschwerk ein bißchen zu stutzen, das genügt."

Stefanie mußte laut lachen. „Jetzt bist du wieder theatralisch. Du solltest Comedian werden, damit andere auch was zu lachen haben."

„Danke für den Tip. Und dabei dachte ich, zwischen Hochschul-Professor und Comedian ist sowie nur ein kleiner Unterschied."

Damit war das vergnügliche Frühstück an diesem Wochenende abgeschlossen. Im Moment war eine vernünftige Diskussion nicht mehr möglich, und die üblichen Aufgaben und Vorarbeiten für die nächste Woche schoben sich wieder in den Vordergrund.

Die 'Ent'-Deckung des Unsichtbaren

Klaus Volkamer und die gestörte Masse-Konstanz

Es macht die Wüste schön, daß sie irgendwo einen Brunnen birgt. Aber die Augen sind blind, man muß mit dem Herzen suchen.

Saint-Exupéry, Der kleine Prinz

„Na was hast du denn heute wieder für ein Überraschungsei für mich ausgegraben?", empfing mich Stefanie mit schelmischer Miene bei unserem Brunch am darauffolgenden Wochenende.

„Du wirst dich wirklich wundern, wenn ich dir das zeige, aber laß uns erst mal in Ruhe frühstücken. Ich habe schon einen Bärenhunger", antwortete ich, während ich mir das erste Brötchen griff.

„Nun mach's nicht gar so spannend. Gib mir wenigstens ein Stichwort", ließ sie nicht locker.

„Nun gut. Hast du schon mal den Namen Landolt gehört?", versuchte ich sie etwas abzulenken, um wenigstens noch halbwegs in Ruhe mein erstes Brötchen verspeisen zu können.

„Wer soll das gewesen sein?", antwortete sie. „Nein. Wirklich noch nie gehört!"

„Hans Heinrich Landolt war ein Chemiker, der zwischen 1890 und 1908 ziemlich ausgefeilte Versuche zur Massenerhaltung bei chemischen Reaktionen machte. Er hatte zwar damals nur eine mechanische Balkenwaage zur Verfügung, aber diese arbeitete immerhin schon mit einer Genauigkeit von 1 μg, also dem tausendsten Teil eines Milligramms."

"Und fand heraus, daß natürlich durch die chemische Umsetzung keinerlei Veränderung der Gesamtmasse stattfand", unterbrach mich Stefanie.

„Denkste", antwortete ich ihr. „Das war ja gerade der Witz. Er fand statt dessen Variationen, die signifikant über das übliche Meßrauschen hinausgingen, konnte jedoch offenbar seine eigenen Ergebnisse nicht so richtig interpretieren. Immerhin war damit zumindest für einige Chemiker doch ein gewisses Fragezeichen bezüglich der üblichen Erhaltungssätze gesetzt. Natürlich kümmerte sich die Zunft insgesamt so gut wie gar nicht um diese verrückten Abweichungen. Immerhin fand Landolt aber einige Nachfolger, die seine Ergebnisse nachbearbeiteten. Dazu gehörten Namen wie F. Sanford, Haensel, A. Heydweiller, J.J. Manley oder noch später J.A.W. Zenneck (Volkamer 2007, S. 58-63). Natürlich wurde bei diesen Versuchen auch sichergestellt, daß nicht irgendwelche Störvariablen wie externe Wettereinflüsse (Luftdruck, Gewitter) oder Magneteinflüsse die Messungen verzerrten. Derartige Störgrößen konnten jedoch ausgeschlossen werden, sodaß die unerklärlichen Abweichungen von der Konstanz der Masse weiterhin Fragen aufwarfen, um die sich aber wie gesagt die Mainstream-Chemie nicht kümmerte. So wurden die merkwürdigen Versuchsergebnisse zu den Akten gelegt. In den späten Fünfzigern und den darauffolgenden Jahren stieß ein 'heutiger' Chemiker, Klaus Volkamer, promoviert in Physikalischer Chemie, Preisträger eines Forschungspreises der Universität Freiburg und Inhaber einiger Patente, auf diese Fragestellung und vollzog sie mit den computerisierten Wägetechniken nach, die heutzutage

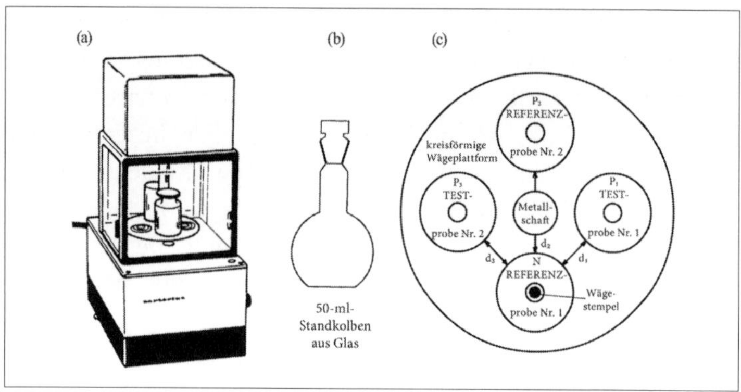

Abb. 52 Experimentalaufbau zum Wägeversuch von Volkamer mit innenversilberten Testkolben. (*Quelle*: Volkamer 2013, S. 25)

zur Verfügung stehen. Und was glaubst du, welche Ergebnisse er bekam?" Stefanie war meinen Worten mit wachsender Aufmerksamkeit gefolgt.

„Wie ich dich kenne, würdest du mir das alles nicht erzählen, wenn er die alten Versuchsergebnisse von Landolt & Co. nicht bestätigt hätte", lachte sie.

„Genau das ist geschehen. Und die Ergebnisse sind signifikant. Er hat hierzu einen innenversilberten, luftdicht verschmolzenen Glas-Testkolben von 50 ml Volumen, der ansonsten leer war, kontinuierlich auf einer entsprechenden HiTec-Waage wiegen lassen. Natürlich wurde zu Beginn des Versuchs gewartet, bis das gesamte System sein thermisches Gleichgewicht erreicht hatte, was schon mal bis zu sechs Stunden dauern konnte. Außerdem wurde darauf geachtet, daß keinerlei magnetische Störkomponenten, Luftdruckschwankungen, Konvektionseffekte und dergleichen in der Umgebung existierten oder als mögliche Artefaktursachen parallel mitaufgezeichnet wurden. Ausgiebige Null-Linien-Tests ergaben, daß der Meßprozess bei 95%igem Vertrauensintervall eine maximale Fehlertoleranz von 5µg aufwies."

„Hier kannst du die Testanlage sehen." Ich zeigte ihr eine Graphik aus Volkamers Buch[27]. (Abb. 52, Volkamer 2013)

Stefanie schaute interessiert auf die Zeichnung. „Das Wägegehäuse war, wie du siehst, verschlossen, was bei allen Waagen mit hoher Gewichtsauflösung üblich ist. Die Waage wechselte alle zehn Minuten automatisch die Probe, wog sie und protokollierte das Ergebnis auf einem Computer. Die Wägeversuche liefen jeweils bis zu zwei Wochen. Gemessen wurden die Gewichtsdifferenzen (MD) jeweils zwischen einer Referenzprobe und einer Testprobe mit Innenversilberung."

„Wenn das stimmt, dann wirft es ja unsere grundlegendsten Gesetzmäßigkeiten über den Haufen. Wo kommen wir denn da hin, wenn die Massekonstanz in Frage gestellt wird? Das ist doch eines der grundlegendsten physikalischen Gesetze überhaupt, neben dem Energieerhaltungssatz. Das kann doch eigentlich nicht sein." Stefanie schien regelrecht empört.

„Diese Reaktion hat Volkamer auch immer wieder erlebt. Wenn er Kollegen auf Tagungen seine Ergebnisse vorstellte, lautete die Antwort regelmäßig: 'Wenn das wahr wäre, wäre es längst bekannt. Und da es nicht bekannt ist, kann es nicht wahr sein.' Sie kamen also gar nicht so weit, die Ergebnisse für bare Münze zu nehmen. Aber gemach, gemach, laß uns die Ergebnisse erst einmal der Reihe nach unter die Lupe nehmen." Ich breitete eine weitere Graphik vor ihr aus (siehe Abb. 53a, b, S. 255).

„Hier sind zwei Beispiele für Volkamers Testläufe, die unter identischen Bedingungen stattfanden, aber trotzdem einen verschiedenartigen Verlauf zeigen. Die etwas 'zittrigen', aber im Prinzip gleichförmig ansteigenden Linien zeigen einerseits das 'Rauschen' des Wägeprozesses infolge der Meß(un)genauigkeit, die bei ± 5μg lag, andererseits eine prinzipiell gleichmäßige zeitliche Zunahme

27 Die Autoren danken Herrn Dr. Volkamer für die freundliche Genehmigung des Wiederabdrucks der Abbildungen 52 bis 58.

der Massedifferenz MD zwischen Testkolben und Referenzkolben, deren Anstiegswinkel in beiden Graphiken gleich ist. Beide Kurven zeigen jedoch unterschiedliche Anomalien etwa bei Tag 10 bzw. Tag 11: einerseits einen erratischen plötzlichen Anstieg (Abb. 53a), bzw. einen drastischen Absturz der Kurve (Abb. 53b) sogar bis auf die Ausgangsbasis, die Volkamer auf mechanische Erschütterungen des Probenwechslers im Wägegehäuse zurückführt. Die ansteigende Massedifferenz in beiden Beispielen zeigt sich aber nur bei den innenversilberten Testkolben und nicht bei den unversilberten Referenzproben. Interessant ist am Testlauf nach Abb. 53a, daß über den Zeitablauf hinweg der versilberte Testkolben mehr oder weniger 'linear' seine Gewichtsdifferenz, die zu Beginn Null beträgt, über 15 Tage auf etwa 500µg steigert. Dabei ergibt sich interessanterweise an Tag 10/11 der Testphase ein plötzlicher Anstieg, gefolgt von einem zeitlich etwas versetzten Abfall gleicher Größenordnung. Im zweiten gezeigten Testlauf (Abb. 53b) sieht man einen plötzlichen totalen 'Abriß' der Massendifferenz um fast 250µg bis auf die Basislinie, gefolgt von einer Wiederaufnahme des zeitproportionalen Massezuwachses."

„Was willst du mir denn jetzt mit diesen Graphiken vorführen? Daß die Masse eines Testkolbens, der ja ein 'abgeschlossenes System' darstellt und der deshalb seine Masse nicht verändern kann, sich doch verändert?"

„Schau doch genauer hin, dann findest du die Antwort wahrscheinlich selbst", forderte ich sie heraus. „Dein Weltbild als 'Chemikerin' braucht noch nicht gleich einzustürzen, denn die Referenzprobe hat ja offensichtlich eine konstante Masse behalten. Dies ist zwar in Abb. 53 nicht direkt zu sehen, weil hier nur die Massedifferenz MD zwischen Referenz- und Testkolben, also der relative Massezuwachs des Testkolbens dargestellt ist. Volkamer hat aber natürlich diesen Fall durch anderweitige Messungen sichergestellt. Wenn ich das mal hier einfach unterstelle, ohne es jetzt genau nachzuprüfen, dann haben wir im Normalfall (Refe-

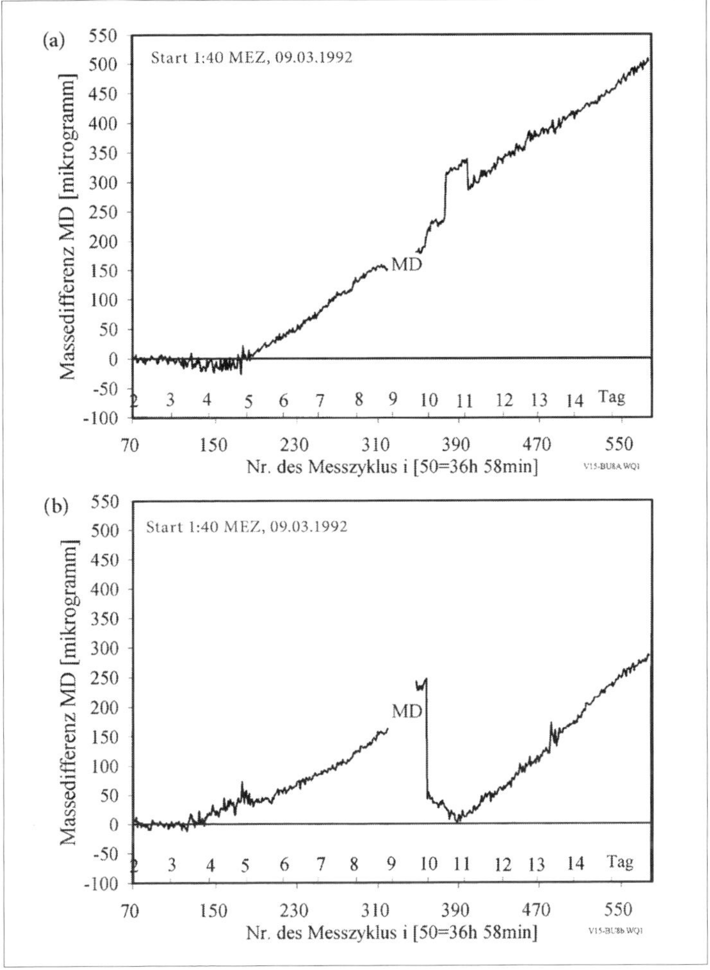

Abb. 53a, b Zwei verschiedene Beispiele von Meßprotokollen zum Nachweis sogenannter 'feinstofflicher Materie' durch Massevergleich innenversilberter Testkolben mit jeweils unversilberten Referenzkolben über die Zeit.

a) erratischer Anstieg und Rückführung der MD

b) Abriß der Kurve nach zehn Tagen. (*Quelle*: Volkamer 2013) renzkolben ohne Innenversilberung) durchaus Massekonstanz, lediglich im hier so genannten Testfall, dem Kolben mit der Innenversilberung, zeigte sich eine Anomalie und zwar in beide Richtungen. Abb. 53a und 53b zeigen somit beide eine sich über die Zeit erstreckende, kontinuierliche Massezunahme von ungefähr 1,4µg/h, die sich nach ungefähr zwei Wochen auf etwa 500µg kumuliert. Die 'Kontinuität' dieses Massezuwachses der innenversilberten Testkolben (auf die die Zunahme der Massedifferenzen nachweislich zurückgeht), zeigt sich in dem linearen Verlauf der beiden Kurven. Allerdings weisen beide Kurven auch eigentümliche 'Versetzungen' auf, sodaß der Prozess einer kontinuierlichen Massezunahme der Testkolben unterbrochen wird und im Fall Abb. 53b wieder von vorne beginnt."

„Das ist doch widersprüchlich", meldete Stefanie sich nun wieder zu Wort. „Wieso ist der Verlauf der Wägungen das eine Mal ein Beleg für Massekonstanz und im anderen Falle nicht?"

„Da hast du völlig recht", versuchte ich sie etwas zu besänftigen. „Das genau ist hier die große Frage. Oder noch präziser auf den Punkt gebracht: Wieso verhält sich der 'normale' Glaskolben, der dem 'Testkolben' doch fast aufs Haar gleicht, 'normal', indem er die erwartete Massekonstanz zeigt, während die Aufbringung einer Innenversilberung bei seinem baugleichen 'Zwilling' plötzlich dazu führt, daß die Masse dieses Kolbens über die Zeit hinweg zunimmt? Und wie kann sich die Masse überhaupt vergrößern, wenn doch der Kolben gasdicht verschlossen ist? Könnte da vielleicht irgendetwas von außen kommen und sich auf der Silberschicht ablagern?", fragte ich sie provozierend.

Stefanie schien einen Moment verdutzt. „Warum nicht, das wäre vielleicht die Erklärung. Aber was könnte das sein? Welche Antwort gibt denn Volkamer auf diese Frage?" Stefanies Interesse stieg sprunghaft.

„Volkamer postuliert zunächst einmal unbekannte Quanten, deren Quelle das Universum ist. Er nennt sie, abgeleitet von 'soft matter' einfach Soma-Quanten oder SQs. (Volkamer 2013, S.116) Er weist außerdem mit verschiedenen Versuchsansätzen nach, daß die Massedifferenzen tatsächlich 'gequantelt' sind. Wie die Photonen in Atomen können sie sowohl an 'grobstoffliche' Materie adsorbiert als auch wieder 'abgestrahlt' werden, was dann mit einem Gewichtsverlust einhergeht. Einen solchen Vorgang siehst du hier auf der unteren Graphik." (Abb. 53b) Ich deutete auf die Graphik, die vor ihr lag. (Abb. 53b) „Hier findet nach etwa neun Tagen plötzlich ein Abriß der Kurve um etwa 250 µg statt. Danach 'erholt' sich die Kurve wieder und steigt erneut gleichförmig an. Volkamer erklärt dies mit Schüttelbewegungen, die durch den Positionierungsvorgang des Wägeautomaten sporadisch hervorgerufen werden können, da der Probenwechsel für die Wägung von einem mechanisch wirkenden Getriebe vorgenommen wird. Die Adsorption der Soma-Quanten (SQs) an der Phasen-Grenzfläche der Versilberung kann durch mechanische Erschütterung instabil werden, sodaß einige SQs wieder verloren gehen."

Stefanie schaute mich immer noch leicht skeptisch an. „Das klingt trotzdem noch ziemlich verrückt, auch wenn es jetzt deutlich plausibler erscheint."

„Es wird noch verrückter. Volkamer hat diese Versuche immer und immer wieder laufen lassen. Durch minutiösen Vergleich der Meßprotokolle und Massedifferenz-Kurven kam er darauf, daß es nicht nur eine Sorte von SQs gibt, sondern deren zwei. Und zwar welche mit positivem Masse-Effekt und solche mit negativem Masse-Effekt, also SQs mit $+m_P$ und SQs mit $-m_P$, wobei er als 'Planck-Masse' – die niedrigste vorkommende Masse – den Wert $m_P = \pm 21{,}52 \mu g$ ermittelte. Du kannst diesen Effekt übrigens in der Abbildung sehen. Auf der oberen Graphik (Abb. 53a) siehst du am Ende des vierten Tages eine Abnahme des Gewichts bis unter die Basislinie. Volkamers Argument – natürlich gestützt durch viele ähnliche Beobachtungen – lautet, daß hier noch gar keine Emission vorher adsorbierter positiver SQs vorliegen könne, da

– wie die Linie zeigt – noch keine Adsorption stattfand. Deshalb muß es sich um Adsorption einer negativ wirkenden SQ-Masse handeln. Immer wenn wir in einer seiner Graphiken einen senkrechten Strich sehen, ist die wahrscheinlichste Interpretation, daß hier durch einen Stoß vorher adsorbierte SQs emittiert wurden. Im oberen Bild (Abb. 53a) ist also der erste senkrechte größere Anstieg, etwa am 11. Tag, das Ergebnis eines durch Stoß emittierten SQ-Clusters mit negativer Massewirkung, der zuvor adsorbiert worden ist und deshalb auch schon vorher die Zunahme der Masse-Differenzen (MD) reduziert haben muß. Und tatsächlich läuft an der Stelle, wo im Bild 'MD' an der Kurve steht, die Kurve eine Weile horizontal, statt ihrer relativ linearen Steigung zu folgen. Bei der Emission nach einem Stoß am Tag 11 steigt deshalb die Differenz, also das Gewicht des Testkolbens um rund 50µg an, wodurch der Kurvenverlauf tendenziell wieder hergestellt wird. Ganz anders im unteren Bild, wo durch einen Stoß die kumulierte Wirkung positiver SQs schlagartig und fast vollständig wieder abgegeben wird, sodaß der Prozess von vorne beginnt. Der gleichförmige Anstieg der Meßkurven im übrigen Bereich läßt sich offensichtlich so interpretieren, daß im Durchschnitt der gleichförmige Anstieg über circa fünfzehn Tage hinweg die resultierende Gewichtszunahme aus positiven und negativen SQs darstellt. Möglicherweise ist die Wahrscheinlichkeits-Verteilung der SQs hinsichtlich positivem und negativem Masse-Effekt nicht gleich, dann kann man – falls die m_p im Betrag identisch ist – von einer stärkeren Einstrahlung positiver SQs ausgehen, andernfalls wären die m_p der SQs als verschieden anzunehmen. Da ist sicher das letzte Wort noch nicht gesprochen."

„Hm, klingt ja mittlerweile noch differenzierter, als ich mir das zu Beginn vorgestellt hätte. Der Satz von der Masse-Erhaltung ist also prinzipiell weiter gültig, da er sich ja genaugenommen – wie auch im Energieerhaltungssatz – nur auf abgeschlossene Systeme bezieht. Wenn wir also, wie du sagst, einen Normal-Kolben als

Testexemplar verwenden – ohne künstlich erzeugte 'Phasen-Grenzflächen' –, dann verhält sich dieser Normal-Kolben auch unseren Erwartungen entsprechend, weil er dem Postulat eines geschlossenen Systems ziemlich nahekommt. Tatsächlich aber kann es gar kein abgeschlossenes System sein, weil wir offenbar eine – wie auch immer geartete – Einflußnahme von außen haben. Du hast es jetzt SQs genannt, Soft-matter-Quanten. Durch diese mögliche Einwirkung auf die Masse eines innenversilberten Testkolbens ist das gemessene System 'Testkolben + innenversilbert' nicht mehr abgeschlossen im Sinne unseres Erhaltungssatzes, und damit fällt eine wichtige Vorbedingung weg." Stefanie hatte offenkundig ihre Fassung wiedergefunden.

„Wunderbar, besser hätte man es nicht sagen können", antwortete ich.

„Trotzdem bleibt es ein wenig verrückt. Gleichzeitig aber finde ich es auch bewundernswert, wie jemand systematisch und akribisch mit Hilfe eines im Prinzip einfachen Wäge-Automaten derartige Ergebnisse produzieren kann. Hut ab!"

„Wart's ab, es wird noch verrückter. Zunächst hat Volkamer nur postuliert, der Massezuwachs komme aus dem All, dabei primär von der Sonne und anderen Sternen, unterliege aber auch einem Mondeinfluß. Das haben ihm wahrscheinlich verschiedene Anomalien nahegelegt, die bei ähnlichen Wägeversuchen mit keimenden Kressesamen in luftdicht verschlossenen Glaskolben schon 1934 beobachtet werden konnten. Hier hatte sich nämlich eine merkwürdige Abhängigkeit des Gewichts vom Mondstand ergeben, also Abweichungen bei Vollmond gegenüber Neumond. (Volkamer 2007, S. 101ff) Volkamer konnte anhand mehrfacher Versuche zu jeweils geeigneten Zeitpunkten zeigen, daß die Wägekurven reproduzierbar auf 'Störungen' bzw. Abschattungen von Strahlungen reagierten, wie sie bei Sonnenfinsternissen typischerweise vorliegen. Oder wie könnte man sich sonst die erstaunlichen Ergebnisse weiterer Wägeversuche 'erklären', wenn man solche

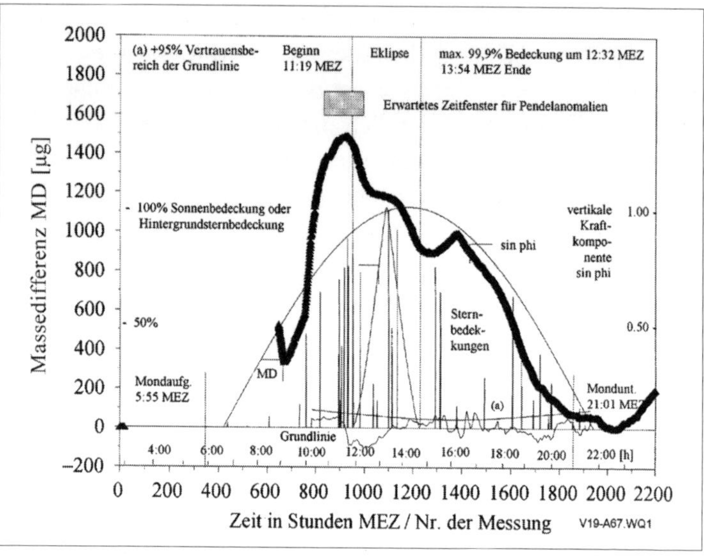

Abb. 54 Verlauf der Massedifferenzen zwischen einem innenversilberten Testkolben und einem Referenz- Kolben während der in Deutschland sichtbaren Sonnenfinsternis vom 11.8.1999

(*Quelle*: Volkamer 2007, S. 44)

Ergebnisse wie in dieser Abbildung sieht." Ich legte Stefanie eine weitere Kopie aus dem Buch von Volkamer vor. (Abb. 54, Volkamer 2013)

„Die fette Kurve gibt die Massedifferenz zum 'normalen' Referenzkolben an, wobei der Testkolben wieder innenversilbert war. Interessant sind nun die Unterschiede zur letzten Graphik, bei der ein Anstieg von ca. 1.4µg/h bei isotroper Strahlung zu beobachten war. Gegen 9 Uhr, also etwa dreieinhalb Stunden vor dem Maximum der Bedeckung der Sonne durch den Mond, begann ein rasanter Anstieg der Gewichtszunahme des Testkolbens von rund 380µg auf rund 1500µg ungefähr um 12 Uhr, das ist eine Differenz von etwa 1120µg in rund drei Stunden oder 400µg pro Stunde.

Diese beschleunigte Gewichtszunahme beträgt rund das 300fache der 'normalen' isotropen Einstrahlung, wenn keine Bedeckung vorliegt. Offenbar bewirkt die veränderte Gestirnsstellung des Mondes in Bezug auf die Sonne – aber nicht nur in Bezug auf diese – eine starke Beschleunigung der Adsorption von SQs. Wenn man die Graphik genau anschaut, sieht man, daß Volkamer nicht nur die Abdeckung der Sonne durch den Mond darstellt, sondern in Form der eingezeichneten unterschiedlich langen senkrechten Striche die Abdeckung von Sternen, also von weiter entfernteren Sonnen, deren kumulativer Effekt der dargestellten schwarzen Wägekurve (fett) recht nahe kommt. Wäre dieser zusätzliche Effekt einer Sternen-Abdeckung nicht vorhanden, dann wäre eine wesentlich stärker symmetrische Wägekurve zu erwarten gewesen, wie Volkamer an Graphiken anderer Sonnenfinsternisse zeigen konnte."

„Volkamer hat diese Anomalien also nicht nur bei dieser Sonnenfinsternis beobachtet, sondern auch bei anderen Ereignissen dieser Art?"

„So ist es. In seinen Büchern finden sich ganz ähnliche Kurven für die Sonnenfinsternisse von 1996 und 2008, aber auch Hinweise, daß andere Forscher, die Keimversuche oder Versuche mit großen Foucaultschen Pendeln unternommen hatten, solche Anomalien bei Sonnenfinsternissen fanden, aber auch bei Neumonden." Stefanie fand offensichtlich mehr und mehr Geschmack an den Zusammenhängen, die ich ihr darzulegen versuchte.

„Aber wie kann man sich denn erklären, daß die Masse des Testkolbens wächst, wenn der Strom, der von der Sonne oder den Sternen stammenden SQs doch durch den Mond abgedeckt wird? Das erscheint doch irgendwie widersinnig." Der alte Widerspruchsgeist regte sich wieder.

„Volkamer erklärt dies mit einem Graviationslinsen-Effekt. Die Allgemeine Relativitätstheorie von Einstein hat diese Effekte vorausgesagt. Ausgedehnte Messungen – und hier sind wieder Sonnenfinsternisse gut geeignet – haben ergeben, daß die Licht-

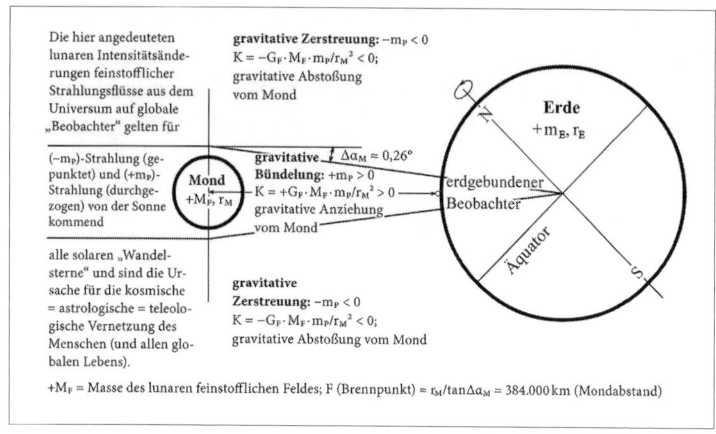

Abb. 55 Zerstreuung der Minus-SQs (gepunktete Linie) und Bündelung der Plus-SQs durch die Wirkung des Mondes auf die SQs
(*Quelle*: Volkamer 2013, S. 50)

strahlen entfernter Sterne nicht 'geradlinig' an der Sonne vorbeigehen, sondern wie von einer Linse gebeugt durch die Masse der Sonne gekrümmt werden, sodaß diese Sterne von der Erde aus gegenüber ihrer bekannten Lage verschoben erscheinen. Die Sonne wirkt wegen ihrer großen Masse und der von ihr ausgeübten Gravitationskräfte wie eine Linse, die die Lichtstrahlen Richtung Erde, also zum Beobachter hin zu fokussieren scheint. Volkamer hat diesen Effekt bezüglich des Mondes anhand der Gleichungen der Allgemeinen Relativitätstheorie berechnet, mußte aber feststellen, daß die Masse des Mondes viel zu gering ist, um den beobachteten Fokussierungs-Effekt zu erklären. Er schließt daraus, daß diese Bündelung der solaren 'SQ-Strahlung' noch auf einen anderen Mechanismus zurückzuführen sein müsse, den er vor allem in feldtheoretischen Zusammenhängen vermutet. Eine grobe Darstellung dieser Zusammenhänge siehst du in dieser Graphik.“ Ich legte Stefanie wieder eine der Kopien vor, die ich gemacht hatte, um Volkamers Gedankengänge anschaulicher darzulegen. (Abb. 55) „Was sagst du zu diesen Zusammenhängen?"

„Klingt jetzt wenigstens halbwegs konsistent", murmelte sie, immer noch etwas kritisch.

„Ich finde, die wichtigste Botschaft dieser Graphik ist, daß durch den Mondeinfluß die Minus-SQs und die Plus-SQs quasi separiert werden. Während der Strom der massesteigernden SQs im Bereich der Erde wegen der Konzentration deutlich erhöht wird, werden die antigravitativ wirkenden Minus-SQs tendenziell von der Erde abgelenkt, sodaß der daraus resultierende Effekt auf SQ-absorptionsfähige Materie wie den innenversilberten Testkolben deutlich stärker ausfällt als unter den 'normalen' Bedingungen isotroper kosmischer Strahlung. Bei Sonnenfinsternissen wie auch bei Neumond ist also der Quotient aus Plus-SQs/Minus-SQs – nimmt man die Meßkurve in der vorhergehenden Graphik mal als Grundlage (Abb. 54) – rund 300 mal so groß wie bei 'normaler' isotroper Einstrahlung. Du hast recht, so erscheinen die Meßergebnisse wirklich plausibel."

„Schön, ein wirklich frappierendes Ergebnis, gewonnen mit einem Wägeautomaten, wie er häufig in unseren Laboren herumsteht. Aber was hat das eigentlich mit unserer Grundfrage nach der Wirkungsweise des QTX zu tun?" Stefanie hatte wieder ihr schelmisches Gesicht aufgesetzt und blickte mich herausfordernd an.

„Gut, daß wenigstens einer von uns daran denkt", versuchte ich sie zu necken. „Du kannst dir wahrscheinlich denken, daß diese Nachweise Volkamers zur Existenz einer Art von SQ-Welt doch etwas mit unserer Frage einer Informationsvermittlung im weitesten Sinne zu tun haben. Aber dafür fehlen noch ein paar kleine Details. Eines dieser Details ist, daß die SQs offenbar so etwas wie ein Gedächtnis besitzen oder – vorsichtiger formuliert – ihre Adsorption mit einem 'Memory-Effekt' einhergeht."

„Wie das? Das kann ich mir nicht so richtig vorstellen", entgegnete Stefanie. Ihre Neugierde war wieder geweckt.

„Nun, Volkamer fuhr zu Beginn jedes Versuchs mit den Testkolben immer wieder Null-Linien-Tests. Dazu verwendete er natürlich die 'normalen' Testkolben, bevor sie innenversilbert wurden. Ein Teil der Testkolben wurde wiederverwendet, wozu die Innenbeschichtung mit Salpetersäure wieder herausgeätzt, mit destilliertem Wasser gespült und getrocknet wurde, sodaß die Innenversilberung quantitativ vollständig entfernt worden war. Beim standardgemäßen Null-Linien-Test zeigte sich aber immer wieder, daß die so behandelten Testkolben sich verhielten wie die innenversilberten, und zwar um so stärker, je öfter sie Meßvorgänge mit Innenversilberung durchlaufen hatten. Die Testkölbchen 'erinnerten' sich also an die früheren Testläufe mit den Massezuwächsen, obwohl sie rein chemisch völlig identisch mit den 'jungfräulichen' Testkolben waren und nach allgemeiner Einschätzung Glas nichts enthält, was die Adsorption der SQs ermöglichen könnte. Da staunst du nun." Jetzt war es an mir, den Schelm herauszukehren.

Aber Stefanie ging darauf nicht ein. „Das ist allerdings sehr merkwürdig. Wieder so eine völlig verrückte Anomalie. Langsam kann ich mich in diesen Volkamer immer besser hineinversetzen und verstehe auch besser, warum er diese SoftQuanten in allen ihren grotesken Spielarten 'Feinstoffliche Materie' nennt, eine Benennung, mit der er sich unter den eher konservativen Wissenschaftlern kaum Freunde machen dürfte." Stefanie deutete auf den Untertitel von Volkamers Buch, das vor ihr lag.

„Das kannst du laut sagen", pflichtete ich ihr bei. „Er fand auch heraus, daß die Minus-SQs nicht nur die Masse verkleinern, sondern überdies negentropisch wirken. (Volkamer 2007, S. 545) Damit führen sie bei der grobstofflichen Materie, die sie adsorbiert hat, zu einem höheren Ordnungszustand, so wie er auch bei Lebensprozessen entsteht. Wenn ein Organismus stirbt, zerfällt er, was ein Effekt der grundlegenden Entropie ist, und auf dem 2. Hauptsatz der Thermodynamik beruht. Die Materie nähert sich danach, sich selbst überlassen, tendenziell immer weiter dem Zustand völliger Gleichverteilung. Kosmisch bedeutet dies, daß wir dem sogenannten Wärmetod entgegengehen, bei dem überall dieselbe Temperatur herrscht. Das Leben und auch die Minus-SQs bewirken das Gegenteil, sie erhöhen die Ordnung. Darüber hinaus identifiziert Volkamer die negentropischen SQs mit der 'Dunklen Energie' und die entropischen Plus-SQs mit der 'Dunklen Materie'. Damit dürfte dann auch das durchschnittliche Vorkommen festliegen, nämlich ein Verhältnis von 23% für die *dark matter* und von 73% für die *dark energy*, wie die Verteilung im Kosmos nahelegt, während für die grobstoffliche Materie nur 4% übrig bleiben. (Volkamer 2003) Wenn Volkamer recht hat, dann wäre für das Problem der Kosmologen hiermit ein Lösungsansatz gefunden."

„Ob die Kosmologen mit Volkamers Theorie glücklicher sind, ist mir relativ gleichgültig. Aber ansonsten finde ich das unheimlich interessant." Stefanie war ganz Ohr.

„Ich finde seine Leistung äußerst anerkennenswert, wenn man bedenkt, daß er sich aufmachte, lediglich mit einem Wägeautomaten 'bewaffnet', verrückt erscheinende Ergebnisse von Kollegen nachzuvollziehen und dann sowohl empirisch wie auch theoretisch zu vertiefen und zu systematisieren, sodaß nun ein ganzes Theoriekonzept daraus geworden ist." Stefanie nickte nur, was ich als Zustimmung nahm. „Der von ihm erstmalig beobachtete Memory-Effekt ist aber nur *ein* Ansatzpunkt für unsere Grundfragestellung: 'Wie kommuniziert das QTX mit dem Zielobjekt?' Da kommen noch ein paar andere dazu."

„Du willst mich jetzt nur wieder neugierig machen", feixte Stefanie.

„Natürlich, das liebst du doch, oder nicht?", gab ich zurück. „Spaß beiseite. Er zeigt in seinen beiden Büchern (Volkamer 2007, 2013), daß freie Minus-SQs und Plus-SQs sowohl mit der normalen 'grobstofflichen' Materie sogenannte Assoziate bilden (Volkamer 2007, S.160f) als auch untereinander. Diese Assoziate sind struk-

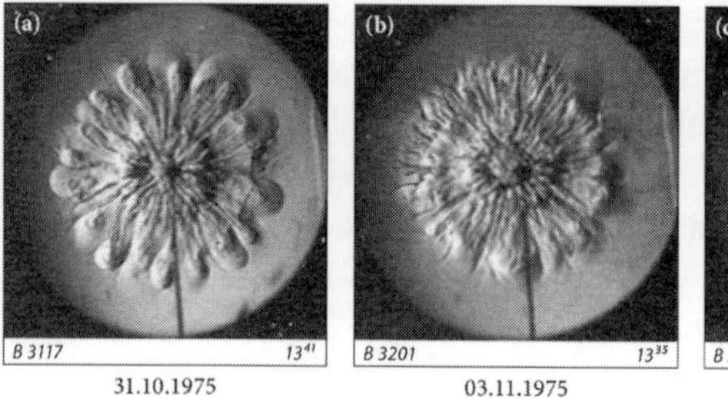

31.10.1975 vor der Finsternis | 03.11.1975 während der Finsternis | 03.11.1975 nach der Finsternis

Abb. 56 Tropfenbildmethode nach Schwenk (Schwenk 1995): a) vor, b) während, und c) nach der Sonnenfinsternis vom 3.11.1975 (*Quelle*: Volkamer 2007, S. 309)

turbildend in Bezug auf sich selbst, was beinhaltet, daß sie nicht nur eine Art Gedächtnis besitzen, sondern auch Information transportieren bzw. repräsentieren, die auch wieder 're-exprimiert' werden kann (Volkamer 2007, S. 294, 309). Diese formbildende Kraft der SQ-Assoziate wird sichtbar an sogenannten Tropfenbildern, einer Art Chromatografie (Schwenk 1995), die vor und nach einer Sonnenfinsternis eine andere Struktur zeigen als während der Sonnenfinsternis." Ich zeigte ihr eine Kopie, die ich von einer Seite in Volkamers Buch gemacht hatte. (Volkamer 2007, S. 309, vgl. Abb. 56a-c) „Wie Volkamer ausführt, wandelte sich die schöne „Rosettenstruktur" im Zuge der Sonnenfinsternis, indem sie 'strahlenförmig' wurde und erst nach beendeter Sonnenfinsternis eine wieder der Ausgangsform ähnelnde Struktur annahm. Wir haben hier also zumindest teilweise einen rückkoppelnden Prozess: Einerseits adsorbieren grobstoffliche Atome und Moleküle Minus-SQs und Plus-SQs an topologischen Phasengrenzen, insbesondere an biologischen Substraten wie etwa Zellmembranen. Hierbei spielt demnach die Form der adsorbierenden Materie eine Rolle. Andererseits sind die dabei entstehenden SQ-Assoziate sowohl im Bereich der Mineralien – das zeigen diese Bilder – wie natürlich auch in der Pflanzen- und Tierwelt einschließlich des Menschen wieder formgebend oder formbeeinflussend." (Volkamer 2007, S. 292ff)

„Das klingt sehr plausibel, umso mehr, als uns eine derartige formgestaltende Kraft schon bei Emoto begegnet ist (vgl. Abb. 43, S. 185), dort allerdings unter anderen Umständen. Hier hast du nun, weil diese Wirkung ganz offensichtlich auf eine Sonnenfinsternis zurückzuführen ist, auch noch einen Beleg dafür, daß die SQs dabei eine Rolle spielen und ganz offenkundig formbeeinflussend sind. Dieser Nachweis ist wirklich toll", warf Stefanie ein.

„Da kann ich dir nur beipflichten. Um die Liste der Eigenschaften zu komplettieren, zeigt Volkamer einen weiteren Effekt einer Sonnenfinsternis, der nahelegt, daß die SQs auch eine elektromagnetische Wechselwirkung entfalten oder ein wechselwirkendes Feld aufbauen, das auch noch wesentlich weiter in den Raum greift als die Wechselwirkungen von Atomen oder Molekülen, ja sogar als das Gravitationsfeld der Himmelskörper. Diese Wirkung weist er dadurch nach, daß während einer Sonnenfinsternis ein modernes elektronisches Temperaturmeßgerät auf Halbleiterbasis, das zur Kontrolle der Temperatur-Konstanz im Wägekasten untergebracht war, einen Temperatur-Abfall von 0,5°C exakt während der Phase der Sonnenabdeckung messen konnte und nach Ende der Finsternis wieder den vorhergehenden Wert annahm. Natürlich ist es naheliegend, nach den Erfahrungen mit der Störung der Massekonstanz auch diesen Effekt den SQs zuzuschreiben. (Volkamer 2007, S. 139) Es liegt nahe, daß insbesondere die SQ-Assoziate derartige Felder aufbauen. Damit stellt sich die Frage, wie weit diese Felder reichen. Hier zieht Volkamer nun eine bis heute nicht anderweitig erklärliche Anomalie (Volkamer 2003) bei Raumsonden heran. So wurde bei den Sonden Pioneer 10 und 11, sowie Galileo, Ulysses und der NEAR-Shoemaker-Sonde eine von der NASA genau vermessene, nicht ins Newton'sche Gravitationsmuster passende Beschleunigungsanomalie festgestellt, die abhängig war vom Abstand zum jeweiligen Planeten. (Anderson et al. 2002) Hieraus kann man schließen, daß jeder Planet (und natürlich auch die Sonne) über das bekannte Gravitationsfeld hinaus ein weiteres Feld besitzen muß, das diese Anomalien verursacht. Volkamer hat dazu sogar Berechnungen angestellt, um die Reichweite dieses Feldes abzuschätzen. Danach würde sich in etwa bei 500 km über der Erdoberfläche ein Maximum für eine Abbremsung ergeben." (Volkamer 2013, S. 57)

„Daß diese Felder solch ausgedehnte Dimensionen annehmen, ja sogar unseren ganzen Erdball umspannen können, das hätte ich nicht gedacht. Dazu fällt mir wieder unser Thema morphogenetische Felder ein. Wenn, wie du jetzt dargelegt hast, die SQs mit grobstofflicher Materie sowie auch untereinander Assoziate bilden, die einerseits Feldcharakter und andererseits Gedächtnischarakter haben und zudem formgebend sind, dann ist doch eigentlich so ziemlich alles vorhanden, was Sheldrake über seine morphogenetischen Felder gesagt hat. Nur daß dieser annahm, seine morphogenetischen Felder hätten keine physikalische Repräsentanz", meldete sich Stefanie wieder zu Wort. „Ich fände es fantastisch, wenn sich belegen ließe, daß die von Volkamer gefundenen 'feinstofflichen' SQs mit diesen Eigenschaften all die Dinge erklären, zu deren Erklärung Sheldrake schon vor vielen Jahren (Sheldrake 1984) das Konzept der morphogenetischen Felder eingeführt hat, aber natürlich, weil er sie nicht direkt nachweisen konnte – bis auf die phänomenologische Plausibilität – keinen großen Erfolg damit hatte."

„Du hast den Nagel auf den Kopf getroffen, Stefanie. Genau das ist der Fall, und Volkamer leitet auch – besonders in seinem ersten Buch (Volkamer 2007) – diese Zusammenhänge für alle möglichen Fälle minutiös ab, insbesondere daß es eine Art Hierarchie der Assoziate zu geben scheint, die aufeinander aufbauen. Das umfaßt SQ-Felder, die etwa Zellteilung und Zellaufbau sowie die Chemie in Pflanzen, Tieren und Menschen steuern, SQ-Felder des Mineralienreichs bis hin zu Feldern ganzer Planeten, wie sie etwa miteinander das morphogenetische Feld unserer Erde bilden. Dieses wiederum ist Teil eines kosmischen SQ-Feldes mit der Informations- und Gedächtnis-Trägerschaft des ganzen Kosmos. Übrigens ist die Kirlianfotografie eine weitere Möglichkeit, solche SQ-Felder bei Pflanzen, Tieren, aber auch 'toter Materie' sichtbar zu machen. Selbst Mineralien haben ihr eigenes SQ-Feld, das Informationen halte und ein Gedächtnis besitze. (Volkamer 2007, S. 394) Beim Menschen spricht man von einer Aura, die von manchen sogar 'gefühlt' werden kann. Es sind wahrscheinlich diese Felder, welche alles umgeben, die die Formgebung beeinflussen."

„Du hast recht, das ist ein 'Ankerpunkt' zur Beantwortung unserer Frage, auf welche Weise die Information des QTX zum Zielobjekt kommt. Aber ist das, was Volkamer vorträgt, auch im 'wissenschaftlichen Sinne' erhärtet?" Hier kam Stefanies alter Skeptizismus wieder durch.

„Nun, Volkamer hat noch ein bißchen mehr gemacht, als nur die Indizienbeweise zu sammeln, die seine Theorie stützen. Er weiß sehr genau, daß ihm die Zunft seine Indizienbeweise nicht abkaufen wird, wenn er dafür kein mathematisches Modell liefert, das diese Zusammenhänge bündig nachvollziehen kann, wie dies auch in der Quantenmechanik der Fall ist. Er geht hierzu von Einsteins Spezieller wie auch der Allgemeinen Relativitätstheorie (SRT bzw. ART) aus. Er bezieht sich insbesondere auf einen Vortrag Einsteins aus dem Jahre 1920, in dem dieser kritisch auf die Verwerfung des Ätherkonzepts einging und ein neues, 'relativistisches' Ätherkonzept forderte, da die Allgemeine Relativitätstheorie mit ihren speziellen Eigenschaften einer Raumkrümmung nicht auskommen könne. (Einstein 1920) Volkamer baut nun unter Verwendung der Planck-Länge, der kleinsten denkbaren Länge im Universum (Heim läßt grüßen) ein Kubusmodell auf, dessen Ecken und flächenzentrierte Berührungspunkte die Platzhalter für seine SQs sind. Die SQs können – im Gegensatz zu den herkömmlichen Elementarteilchen des Standardmodells der Physik – Überlichtgeschwindigkeit erzielen, aber auch Geschwindigkeiten v < c annehmen. In diesem Modell besteht der gesamte Äther aus aneinandergelegten Kuben dieser Art, wobei die SQs eine 'Zitterbewegung' ausführen, analog zur Interpretation der Heisenbergschen Unschärfe-Relation im Standardmodell, bei der die Elementar-Teilchen ständig 'untergehen' und aus dem Vakuum wieder entstehen können. (Volkamer 2007, S. 292; Feynman 2009) Dieses Zitterrauschen ist gleichzeitig eine Modellbasis zur Erklärung der superluminalen, also mit Überlichtgeschwindigkeit erfolgenden Kommunikation zwischen den Feldteilchen untereinander sowie zwischen den Feldteilchen und den grobstofflichen Elementarteilchen. Mit diesem Modellansatz kann er einerseits das Doppelspalt-Experiment und andererseits das EPR-Phänomen durchaus schlüssig erklären. (Volkamer 2007, S. 274ff) Eine wichtige Einsicht für unseren Kontext wird dabei gleich noch automatisch mitgeliefert: Die von Bell, den wir schon von den Bell'schen Ungleichungen kennen, postulierte 'Pilot-wave'. (Bell 1988, S. 159) Bei Volkamer wird daraus in seinem SQ-Modell ein sogenanntes 'Führungsfeld' für die grobstoffliche Materie, das eine reale Repräsentanz der Schrödingerschen Wellenfunktion darstellt. Damit ist der berühmte 'Wellenkollaps' der Standard-Quantenmechanik, der nach der Kopenhagener Interpretation nur eine Black-Box-Lösung darstellt, als realer Vorgang einzustufen. Seine 'Realität' ist wegen der dahinterstehenden SQs und deren Existenznachweis durch die Wägungen auch wesentlich besser abgesichert. Wegen der Informationsaspekte der SQs ist diese Funktion als Führungsfeld aber nun auch ein theoretisch gut begründeter Baustein für das Phänomen der Morphogenetischen Felder."

„Stop! Stop! Mir schwirrt der Kopf. Du willst Volkamers Theorie wohl hier im Schnellwaschgang durchjagen", wehrte sich Stefanie.

„Entschuldige, daß das jetzt so rüberkommt, aber ich wollte all diese Details, die sich in seinen Büchern natürlich über Hunderte von Seiten erstrecken, hier nur mal kurz andeuten, um etwas viel Wichtigeres als Ergebnis zu präsentieren." Ich versuchte ein schuldbewußtes Gesicht zu machen.

Stefanie mußte lachen, weil meine Bemühungen wohl zu offenkundig waren oder mein schauspielerisches Talent nicht ganz ausreichte, um den gewünschten Effekt zu erzielen.

„Ok, was wäre denn dann das Wichtige, das ich jetzt noch verstehen müßte?"

„Nun, auf der Basis des angedeuteten Modells ist es Volkamer auch gelungen, die Ruhemassen der Elementarteilchen zu berechnen. Es ist ihm gelungen, verstehst du? Damit hat er dasselbe erreicht wie Burkhard Heim."

Ich wartete einen Moment, um zu sehen, ob meine Worte die erwartete Wirkung erzielten, aber Stefanie verzog keine Miene.

„Du hast wohl vergessen, daß genau das dem Standardmodell der Quantenmechanik bisher nicht gelungen ist. Allein das stellt in meinen Augen eine nobelpreisverdächtige Leistung dar. Ich will dir jetzt gar keine Tabellen zeigen, da die mit ihren vielen Zahlen viel zu abstrakt wirken, nur diese Graphik hier." Ich zog wieder eine Kopie einer Seite aus einem von Volkamers Büchern heraus und legte sie ihr vor. (Volkamer 2013, S. 138) Die Graphik zeigte eine Gegenüberstellung von empirisch gemessenen und von Volkamer anhand des Modells berechneten Ruhemassen für eine ganze Reihe von Elementarteilchen.

Stefanie warf einen prüfenden Blick auf die Graphik (siehe Abb. 57, S. 272): „Wenn ich das richtig verstehe, zeigt die 45°-Gerade die potentielle Identität von Messung und Modellvorhersage, und wenn ein Punkt auf dieser Linie liegt, so bedeutet dies, daß Volkamers Modell die Realität getroffen hat. Ist es nicht so?"

„Ganz genau. Du siehst, wie die Punkte praktisch alle auf der Geraden liegen. Wenn wir uns die Tabelle, die er auch mitliefert,

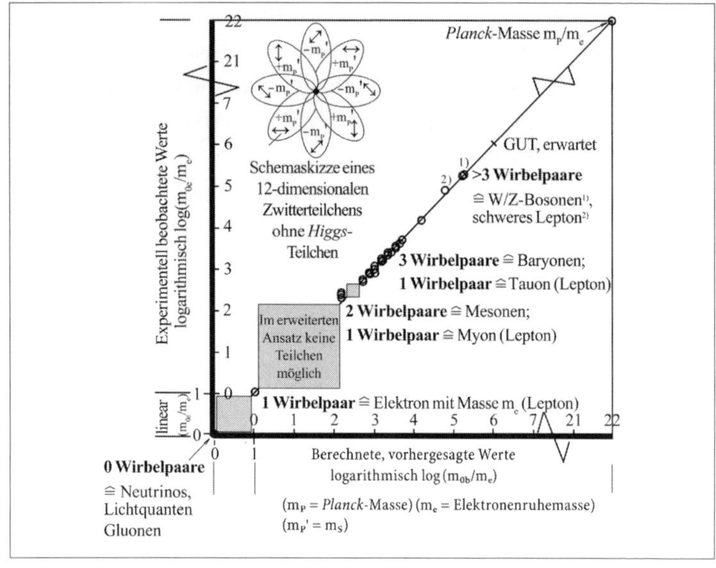

Abb. 57 Korrelation von Ruhemassen nach der Modellberechnung und experimentell gemessener Ruhemassen

(*Quelle*: Volkamer 2013, S. 138)

genauer anschauen, sehen wir, daß es bei den komplexeren Elementarteilchen wie Proton und Neutron die größten Abweichungen mit bis zu 6% gibt, während bei anderen Elementarteilchen die Abweichung sogar nur ein Promille beträgt. Das ist in der Quantenphysik schon ziemlich gut. Die größeren Differenzen könnten daher kommen, daß Volkamer, um seine Berechnungen durchzuführen, eine Grundannahme über die geometrische Struktur des Verbunds der beteiligten SQs machen mußte, die er ja nicht sehen kann, beispielsweise über die Anzahl von sogenannten Wirbelpaaren. Aber – und deshalb finde ich hier die Graphik besser als die Tabelle – der Gesamtzusammenhang mit den sehr gut auf einer Linie liegenden Treffern, zusammen mit den 'Aussparungen', die gleichzeitig die Nichtexistenz von Teilchen in diesem Areal richtig vorhersagen, zeigt eindeutig, daß es sich hierbei nicht um einen Glückstreffer handelt, sondern daß es Volkamer offenbar gelungen ist, den wesentlichen Bildungsprozess der Elementarteilchen einzufangen. Er hat genau das getan, was die Standardphysik immer fordert, nämlich die Theorie mathematisch 'wasserdicht' zu machen, und er hatte damit einen solchen Erfolg, daß er sogar die Ruhemassen berechnen konnte. Das gilt für mich als eine Art Beweis, und das müßte es eigentlich auch für jeden Physiker sein, weil die Physiker mit ihrer Quantenmechanik genauso vorgegangen sind. Wenn sein Modell aber diese theoretische Absicherung liefert, die immer gefordert wird, dann ist es auch eine verläßliche Basis für die Schlußfolgerungen, die wir für unsere Problemstellung bisher lediglich aus den gelieferten Indizienbeweisen gezogen haben."

„Hast du mit Volkamer ein Abkommen, oder bekommst du Prozente?" Stefanie schaute mich schelmisch an. „Man merkt, wie begeistert du bist. Ich muß auch sagen, daß das ganz überzeugend klingt, wie du das jetzt vorgetragen hast. Aber was bedeutet das dort in der linken oberen Ecke, da steht etwas von einem 12-dimensionalen Teilchen."

„Du paßt wirklich ganz genau auf. Nun, dem Startpunkt mit der SRT gemäß, geht Volkamer bei jedem Teilchen von einer Beschreibung durch vier Dimensionen aus, also den drei Raumdimensionen plus der Zeit. Da er aber gemäß dem relativistischen Ätherkonzept die Minus-SQs und die Plus-SQs mit den grobstofflichen Teilchen quasi verschränkt hat, ergeben sich insgesamt 3 x 4 = 12 Dimensionen, wie auch schon bei Heim/Dröscher. Allerdings war der Weg, den diese beschritten hatten, mathematisch komplexer. Aber wer weiß so genau, ob die beiden theoretischen Konzeptionen, also die von Heim/Dröscher und die von Volkamer nicht einen gemeinsamen Kern besitzen?"

Stefanie nickte. „Das könnte gut so sein. Aber laß mich noch mal zusammenfassen, damit ich sehe, ob ich das ganz verstanden habe:

Volkamer konstruiert also, ausgehend von sehr merkwürdigen Ergebnissen bei vielfach wiederholten Wägeexperimenten – vor allem unter Gestirnseinfluß wie Neumond oder Sonnenfinsternis –, daß es irgendwelche Teilchen geben muß, er nennt sie Soma-Quanten oder SQs, die als Minus-SQs und Plus-SQs auftreten. Er betrachtet sie als Repräsentanten der Dunklen Energie und der Dunklen Materie, die formgebende und formverändernde Wirkungen auf die grobstoffliche Materie ausüben können, weil sie offenbar auch Träger von Gedächtnis und Information sind. Er entwirft hierzu ein in sich konsistentes Modell, das die Spezielle und die Allgemeine Relativitätstheorie einbezieht sowie einen von Einstein geforderten relativistischen Äther, und er kann dann mit diesem Modell sogar die Ruhemassen der wichtigsten Elementarteilchen berechnen. Da er damit mehr leistet als die Standard-Quantentheorie, ist sein Theoriestatus auch besser, und sein Modell sollte als Erklärung für unsere hier diskutierten Fragestellungen verwendet werden."

Stefanie mußte nun auch mal Atem holen, was mir die Gelegenheit zu einer kurzen Entgegnung gab: „Toll zusammengefaßt." Ich grinste, und Stefanie strahlte zurück. „Damit könnten wir uns jetzt befriedigt zurücklehnen, Aufgabe erfüllt."

„Na, ich habe da noch das Sahnehäubchen für dich", konnte ich jetzt einwerfen.

„Und das wäre?" Stefanie sah mich etwas irritiert an, nachdem ich ihr doch offenbar bereits die Lösung geliefert hatte.

„Nun, Volkamer geht noch einen kleinen, aber entscheidenden Schritt weiter. Er postuliert – natürlich auch wieder anhand von Indizienbeweisen –, daß die SQ-Assoziate oder die von ihnen konstituierten Felder nicht nur Gedächtnis und Information besitzen, sondern daß sie Bewußtsein *sind,* und daß auch jedes einzelne SQ damit Träger von Bewußtsein ist, ganz in dem Sinne, wie auch wir den Begriff Bewußtsein gebrauchen. (Volkamer 2007, S. 399 ff, S. 406ff) Das impliziert, daß diese Felder in der Lage sind, un-

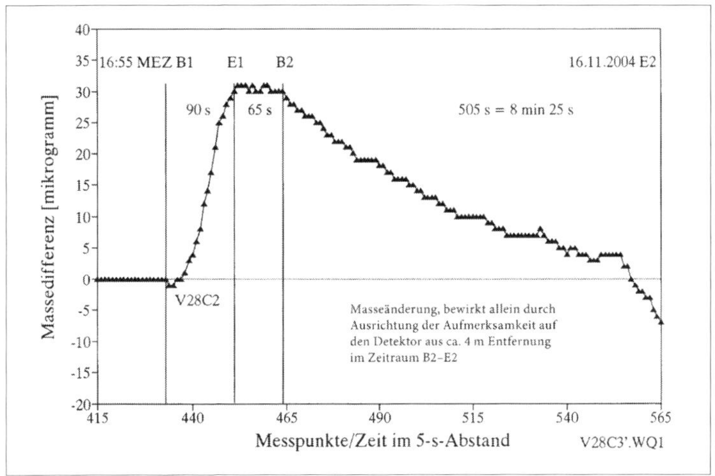

Abb. 58 Ergebnis geistiger Einflußnahme auf die Masse eines Testkolbens mit der Intention der Massesteigerung (die 90 Sekunden der Anstiegsphase bis E1) und anschließender intentionaler Umkehr des Effekts (*Quelle:* Volkamer 2013, S. 95)

tereinander zu kommunizieren, und zwar sogar mit Überlichtgeschwindigkeit. Dies eröffnet nun auch in der Theorie die Möglichkeit, daß wir über diese Felder oder deren Träger sozusagen von Bewußtsein zu Bewußtsein kommunizieren können. Denk mal an deine Erfahrungen, die du im letzten Versuch mit den Schließzellen gemacht hast? Das paßt genau zu Volkamers Vorstellungen."

Stefanie nickte nur. „Du hast recht, das ist wirklich so eine Art Sahnehäubchen der ganzen Theorie, auch wenn dieser Aspekt jetzt nur indizienmäßig belegbar sein mag."

„Für diesen Moment habe ich mir noch ein besonderes Bonbon aufgehoben, das zeigt, daß es hierbei nicht nur um Indizien geht, sondern daß diese Dimension sogar experimentell belegbar ist." Ich legte Stefanie ein weiteres Blatt mit einer Kopie aus Volkamers zweitem Buch auf den Tisch. (Abb. 58, Volkamer 2013)

„Bevor ich hierzu etwas sage, mußt du wissen, daß Volkamer diese Zusammenhänge auch experimentell unter Mithilfe von medial begabten Personen zu erforschen versucht hat. Er arbeitete mit einem Heilpraktiker zusammen, der für seine 'heilenden Hände' bekannt ist, und sie versuchten bei einem Experiment herauszufinden, ob sich das Gewicht des Detektors auch erhöhte, wenn der Heilpraktiker nichts weiter tat, als seine Hände in einem gewissen Abstand darüber zu halten. Und es gelang.

Es ergab sich ein Anstieg der Masse des bekannten Testkolbens um etwa 30µg innerhalb von 90 Sekunden. Nach dieser Zeit beendete der Heilpraktiker die 'Bewellung' des Testkolbens. (Volkamer 2013, S. 90) Nachdem dies so gut geklappt hatte, kamen beide auf die Idee, ob der Effekt auch dann schon eintreten würde, wenn das Medium nur den Blick auf den Detektor richtete. Das Ergebnis war wie gehabt, das kannst du hier sehen. Ich zeigte auf die Graphik, die ich aus Volkamers Buch kopiert hatte (Abb. 58, linker Teil bis E1).

„Mein Gott, das ist ja wirklich genauso wie bei meinen Affirmationen für die Schließzellen im letzten Versuch, wo ich bei denen diese ungewöhnlich starke Reaktion bekam", entfuhr es Stefanie. „Du hast recht, das ist nun wirklich eine wunderbare Bestätigung für das, wofür ich schon damals plädiert hatte, und es ist ein sichtbarer Beweis dafür, daß der Geist direkt Einfluß auf die Materie nehmen kann, in diesem Falle sogar durch eine präzise Wägung mit einer Massesteigerung um 30µg. Während wir mit dem QTX aufwendige Versuche veranstaltet haben, um zu beweisen, daß der Geist die Materie beeinflußt, ist dies hier in einer einfachen Graphik unmittelbar sichtbar." (Abb. 58) Stefanie schaute ganz fasziniert auf die Abbildung.

„Es ging noch weiter: Nachdem der Versuch 'nur mit Blickkontakt' erfolgreich verlaufen war, setzte sich der Heilpraktiker, selbst perplex von diesem Ergebnis, ins Nebenzimmer. Dort packte ihn plötzlich die Idee, ob er das Ganze nicht mit derselben 'Methode' auch wieder rückgängig machen könnte. Er strahlte die Intention aus, das Gewicht solle wieder abnehmen. Wie die Abbildung zeigt (Abb. 58, rechter Teil der Kurve ab B2), war er dabei sehr erfolgreich. Über weitere acht Minuten lang dachte er diesen Gedanken – mit dem Ergebnis, daß das Gewicht nun wieder abnahm, und zwar sogar bis unter den durch die Null-Linie des Detektors definierten Ausgangswert. Er hat also, ohne direkt seine 'heilenden Hände' zur Hilfe nehmen zu müssen – allein mittels seiner Gedanken bzw. seiner Intention – Minus-SQs ausgestrahlt, die kontinuierlich die Masse des Detektors reduzierten, insgesamt um einen Betrag von -40µg. Wenn man bedenkt, daß Minus-SQs mit negentropischen Effekten assoziiert sind, also mit Effekten, die den Ordnungsgrad steigern, so kann man daraus folgern, daß derart medial begabte Menschen, möglicherweise aber sogar wir alle in der Lage sind, mit dieser bewußtseinsmäßigen Lenkung von Minus-SQs Heilung herbeizuführen oder die Gesundheit zu stärken." Wir waren beide beeindruckt von der Bedeutung dieser simplen Graphik.

Stefanie versuchte sich zu fassen. „Dann wäre das also ein Modell für die Funktionsweise des QTX?", sagte sie. „Oder bist du anderer Ansicht?"

„Wenn du diese Perspektive konsequent weiterdenkst, dann wird klar, daß der gesamte Äther, daß das Vakuum des Raumes ebenfalls Bewußtsein hat oder Bewußtsein ist oder zumindest eine Art von Bewußtsein spiegeln kann. Damit werden Versuche wie die von Tiller nun theoretisch besser verständlich, wo ein Gerät eine Intention 'aufnehmen' konnte und dann, nachdem der Mensch, der die Intention ausübte, den Platz des Geschehens längst verlassen hatte, die Intention via Gerät weiterwirkte und sich umsetzte." (Tiller 2000)

„Also, die Idee oder die Sichtweise, das ganze Weltall als Ort des relativistischen Äthers besitze Bewußtsein, ist irgendwie irritierend und atemberaubend zugleich. Und offensichtlich ist dann eine kommunikative Einflußnahme – sozusagen von Bewußtsein zu Bewußtsein –, wie die Graphik zeigt, auch in der Lage, selektiv auf die Adsorption/Loslösung von Minus-SQs oder Plus-SQs einzuwirken. Da aber die Minus-SQs negentropisch sind, also den physischen Ordnungsgrad der Welt zu erhöhen vermögen, könnte man dies auch als Erklärungsmodell für 'Heilungsvorgänge' ansehen. Vielleicht ist es das, was Geistheiler oder Schamanen machen. Und vielleicht können auch wir das machen."

„Das könnte sehr wohl sein. Warum sollte das nicht jeder im Prinzip hinbekommen können, was dieser Heilpraktiker bei dem geschilderten Experiment erreicht hat. Aber wenn du genau hinsiehst, Stefanie, machen wir das mit dem QTX doch schon. Und die Experimente haben gezeigt, daß es erfolgreich sein kann."

Stefanie saß schweigend da. Ich konnte sehen, daß es in ihrem Kopf nur so brodelte, aber auch, wie sehr sie beeindruckt war von dem, was unsere Diskussion gerade 'auf den Punkt' gebracht hatte. Doch auch ich war berührt. Wir hatten uns diese Dimension noch nie so klargemacht. So saßen wir mehrere Minuten, ohne daß einer noch irgend etwas sagte.

Schließlich holte Stefanie tief Atem und sah mich an. „Hast du mal auf die Uhr gesehen? Wir haben ganz vergessen, daß wir uns auch noch vorbereiten müssen und einige andere Dinge zu erledigen sind. Trotzdem, das Thema hat mich richtig gepackt, am liebsten würde ich es nächste Woche fortsetzen. Also Schluß für heute."

Ich konnte ihr nur zustimmen und nickte.

Es gibt mehr Dinge zwischen Himmel und Erde...

Die Skalarwellentheorie von Konstantin Meyl

Menschen mit einer neuen Idee gelten so lange als Spinner, bis sich die Sache durchgesetzt hat.

Mark Twain

Die Wahrheit von heute ist der Irrtum von morgen.

Peter Ferreira

Wer einen Fehler gemacht hat und ihn nicht korrigiert, macht einen zweiten.

Konfuzius

Als wir uns eine Woche später wieder zu unserem gemeinsamen ausgedehnten Frühstück trafen, hatten wir durch den Berufs- und Alltagsstress reichlich Gelegenheit erhalten, unsere Einschätzung der QTX-Wirkungsweise zu überdenken.

„Ich finde es ja ganz gut, daß wir nun, nachdem du die Quantentheorie, die Theorie von Burkhard Heim und schließlich die Funde und den Theorieansatz von Volkamer so gründlich in Bezug auf unsere Frage hin analysiert hast, irgendwie zu dem Ergebnis gekommen sind, daß es in den beiden letztgenannten Ansätzen gewisse Elemente gibt, die direkt oder indirekt einen 'Platzhalter' für Information, ja sogar so etwas wie Bewußtsein besitzen. Aber dann bleibt immer noch die eine Frage offen: 'Wie macht es das QTX, daß diese Intentionen oder Affirmationen vom QTX in die Realität gelangen (etwa zum Zielobjekt in Form eines Patienten, eines Unternehmens, einer Pflanze oder eines Tieres) und dort wirken? Gibt es dahinter eine Physik, die das bewirkt? Die müßte es doch schließlich geben, wenn ich mir die Wirkung erklären will. Oder ist diese Verbindung letztlich doch bloß 'esoterisch'? Dann wäre das ganze aber auch nicht erklärbar, und wir würden uns hier völlig vergebens damit abmühen, rationale Zusammenhänge zu erkennen. Burkhard Heim hatte mit den Dimensionen x_5 und x_6 wenigstens Platzhalter dafür, wo oder wie die Informationen wirken. Aber seine Theorie hat keinen Mechanismus, der die Wirkung des QTX spiegeln könnte. Volkamer zeigt ziemlich überzeugend, daß – wenigstens bei medial begabten Menschen – eine solche offenbar 'physikalische' Wirkung existiert und sogar beobachtbar ist, läßt uns hier aber mit der Frage, auf welche Weise das QTX dies umsetzt, wieder alleine. Oder sollen wir davon ausgehen, daß das QTX Minus- oder Plus-SQs aussendet?" Stefanies Skeptizismus wirkte ansteckend.

„Hm, eine wirklich gute Frage, die nahelegt, wir sollten hier tiefer bohren. Um sie zu klären, würde ich vom QTX selbst und von seiner mutmaßlichen Technik ausgehen. Leider haben wir keinen Schaltplan. Die Konstruktion des Gerätes ist aus naheliegenden Gründen geheim. Alles was wir wissen ist, daß es mit ziemlicher Sicherheit eine 'Skalarantenne' besitzt, wie laut Literatur (Paris/Köhne 2001) anscheinend so ziemlich alle Radionikgeräte. Dies kann man auch daraus schließen, daß im Werbeprospekt von einem Anbieter eines solchen Gerätes diese Antenne als Zusatzmodul in einer 'extra großen Ausführung' angeboten wird. Bei einem anderen Anbieter ist auf der Homepage ebenfalls von einer Skalarantenne die Rede, wenn ich mich nicht irre. Da die Hersteller wohl kaum ein überflüssiges Bauteil verwenden werden, können wir für unsere Arbeitshypothese getrost davon ausgehen, daß diese Antenne dazu benutzt wird, irgendwelche Signale auszusenden, die dann letztlich beim Zielobjekt eine Wirkung im Sinne der Affirmationen erzielen. Du hast doch sicher noch irgendwo die letzte Zeichnung aufgehoben, wo wir das Schema einer Bewellung mit dem Zielobjekt dargestellt haben?"

Stefanie blätterte in ihrem Laborbuch, das neben ihren Aufzeichnungen auch viele fliegende Zettel enthielt und fingerte nach einer Zeichnung. „Ich glaube, das ist sie. Du meinst sicher den Pfeil rechts in der Zeichnung, der mit einem *c* gekennzeichnet ist." (vgl. Abb. 47, S. 202)

„Genau den meine ich. Ich habe mir damals, als ich die Zeichnung machte, noch keine weiteren Gedanken über den Charakter dieses 'Flows' gemacht, aber dieser Pfeil versinnbildlicht doch, was wir gerade im Rahmen der Skalarantenne besprochen haben. Sie müßte ein Signal, das dem Pfeil 'c' entspricht, – direkt oder indirekt – vom QTX zum Zielobjekt transportieren."

„Wie sieht denn so eine 'Skalarantenne' eigentlich aus?", wollte Stefanie wissen.

„Ich habe mal in einem Radionikbuch eine Abbildung gesehen. Das sind gewöhnlich sogenannte Flachspulen, die äußerlich aussehen wie die Lakritz-Schallplatten, die wir als Kinder mit Begeisterung gegessen haben. Stell dir vor, du hast eine Schnur von 1 m Länge. Du nimmst sie genau in der Mitte auf einen Finger und läßt sie links und rechts herunterhängen, und nun nimmst du die Knickstelle in der Mitte, fixierst sie auf einer Pappe und wickelst den Rest der Doppel-Schnur spiralig um diese Mitte herum auf. Genau so ist die Skalarantenne gewickelt, nur besteht sie aus lackiertem Kupferdraht. Dadurch daß jeder Draht auf dem 'Hinweg' zur Mitte der Spule den Draht für den 'Rückweg' unmittelbar als 'Nachbarn' hat, löschen sich die durch den Stromfluß in den beiden Drahtabschnitten entstehenden elektromagnetischen

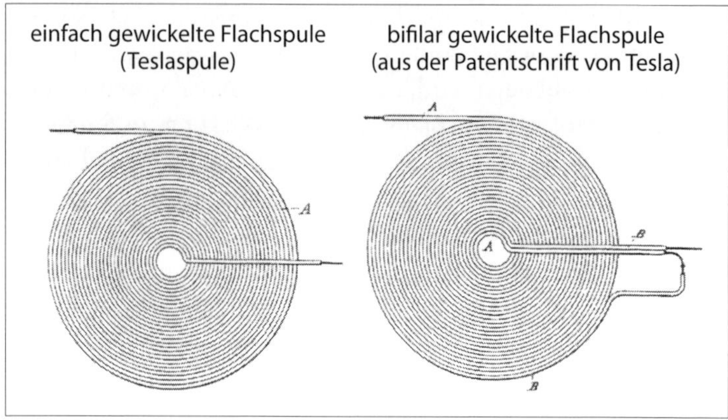

Abb. 59: Tesla-Spule (einfach und bifilar) als technische Anwendung in einem Patentvon Nikola Tesla (*Quelle:* Meyl 1999, S. 126)

Felder gegenseitig weitgehend aus. Da aber trotzdem Strom verbraucht wird, müssen die hindurchfließenden Elektronen irgendeinen Effekt haben. Dieser 'Effekt' ist dann die sogenannte Skalarwelle, eine longitudinale Welle, wie sie schon Tesla um die vorige Jahrhundertwende herum nachgewiesen hat. Schau mal, hier habe ich eine Zeichnung von einer solchen Flachspule, in dieser Form auch Tesla-Spule genannt."

Ich hatte mich mit dieser Frage schon früher einmal beschäftigt und war dabei auch bereits auf den Problemkreis Skalarantenne gestoßen. Ich ging in mein Arbeitszimmer und holte einen Stoß Bücher und eine Reihe von Papieren und Kopien. Nach kurzem Suchen hatte ich ein Blatt gefunden, das eine Skalarantenne zeigte, eben die besagte Tesla-Spule. „Sieh mal, so sah das damals aus." (vgl. Abb. 59)[28]

28 Die Autoren danken Herrn Prof. Meyl für die freundliche Genehmigung des Wiederabdrucks der Abbildungen 59, 60 und 62 bis 69

„Du siehst, daß Tesla auch die einfach gewickelte Spule verwendet hat. Da er damit Energie drahtlos ‘durch die Luft’ übertragen, sozusagen von einem Ort zum andern auch über größere Distanzen ‘senden’ konnte, behauptete er, er habe Wellen entdeckt, die eindeutig Longitudinalwellen darstellten. Er konnte mit seiner Technik nachweisen, daß sich dabei ‘Stehwellen’ ausbildeten, deren Knoten stationär waren, ein eindeutiges Kennzeichen von Longitudinalwellen. Als er dann auch noch behauptete, die von Heinrich Hertz kurz zuvor nachgewiesenen elektromagnetischen Funkwellen seien keine Transversal-, sondern Longitudinalwellen, und Heinrich Hertz habe sich geirrt, verscherzte er es sich mit der gesamten Physikerzunft. Da diese die ‘Maxwell-Gleichungen’ als theoretische Bestätigung der Hertz‘schen Transversalwellen auffaßte, sah sie Tesla in der Folge als Spinner an. (Meyl 2004, S. 1ff) Lord Kelvin fuhr daraufhin nach Amerika, um zu vermitteln und Tesla dazu zu bewegen, seinen Irrtum einzusehen. Nachdem er Teslas Experiment gesehen hatte, war ihm allerdings klar, daß es sich offenbar um zweierlei Arten von Wellen handeln mußte, denn die Hertz‘schen Transversalwellen – gestützt durch Maxwells Theorie, die wiederum die Gültigkeit der Hertz‘schen Experimentalergebnisse belegte – waren mit Sicherheit nicht in der Lage, drahtlos Energie zu übertragen. Genau dies aber war Tesla schon mehrfach gelungen, etwa mit der ‘ersten Funkfernsteuerung der Welt’ (Meyl 2004, S. 2), bei der er im Madison Square Garden vor Militärs die Steuerung eines Modellbootes vorführte, das ohne jegliche eigene Energiequelle umherfuhr.“

Stefanie fixierte interessiert den Stapel Bücher, den ich auf dem Tisch abgelegt hatte.

„Da steht ja überall derselbe Autorenname drauf“, stellte sie fest. „Konstantin Meyl“, las sie, wobei sie einige Bücher in die Hand nahm. „Nie gehört. Wer ist das? Kennst du ihn?“

„Das ist der Skalarwellen-Papst, man könnte auch sagen, der deutsche Tesla.“ Stefanie lachte.

„Da gibt's nicht viel zu lachen. Was Meyl da entdeckt oder wieder ausgegraben hat, ist phänomenal und – um es vorwegzunehmen – er ist der dritte Deutsche, dem es gelungen ist, die Ruhemassen der wichtigsten Elementarteilchen sehr genau zu berechnen."

„Das heißt, nach unserer bisherigen Regel müßten wir ihn in eine Reihe mit Burkhard Heim und Klaus Volkamer stellen." Stefanie griff sich den Bücherstoß und begann, die Titel genauer anzusehen und darin herumzublättern. „Da sehe ich drei Bände mit dem merkwürdigen Titel *Elektromagnetische Umweltverträglichkeit* und vier Bände mit der Aufschrift *Potentialwirbel Band 1 bis 4,* und da ein Buch *Skalarwellentechnik – Eine Dokumentation,* und was hast du denn da noch – Johannes von Buttlar im Gespräch mit Prof. Dr. Konstantin Meyl mit dem Titel *Neutrinopower,* klingt ja alles sehr interessant." Sie blätterte eine Weile in dem einen oder anderen Band. „Da taucht immer wieder der Begriff 'Potentialwirbel' auf, was ist das denn?"

Stefanies Neugier schien geweckt. „Der Begriff 'Potentialwirbel' stammt ursprünglich aus der allgemeinen Strömungslehre, wie sie etwa in der Aeronautik angewendet wird, und er bezeichnet einen umlaufenden, kontrahierenden Wirbel."

„Hast du's nicht eine Nummer kleiner?" Stefanie protestierte.

„Also stell dir folgende Situation vor: Du hast ein Glas mit Wasser oder eine größere kübelähnliche Vase, die du auf – sagen wir mal – eine Töpferscheibe stellst. Was passiert nun, wenn du die Töpferscheibe rotieren läßt?"

„Ganz klar, das Wasser wird nach außen gezogen und klettert ein bißchen die Wand des Glases oder der Vase hoch."

„Ganz genau. Meyl würde dies einen expandierenden Wirbel oder Stromwirbel nennen. Setzt man das Wasser = Elektronen und Vase = Kupferleiter, so erhält man den in der Elektrotechnik bekannten 'Skin-Effekt'. (Meyl PW1 2012, S. 12) Damit ist gemeint, daß die Elektronen von der Mitte des Leiters weg nach außen drängen, zu dessen Rand hin. Strömungstechnisch heißt das, die

Geschwindigkeit der Teilchen ist am Rand am größten, in der Mitte am geringsten."

„Das leuchtet durchaus ein, aber wo ist nun der Potentialwirbel?", ließ Stefanie nicht locker.

„Ok. Eins nach dem anderen. Stell dir jetzt einen Honigtopf vor. Du nimmst ein Glasrohr von – sagen wir zwei Zentimeter Durchmesser – und läßt es jetzt in dem Topf um seine Achse rotieren. Nehmen wir an, das Rohr hat eine Aufhängung, mit der du es in eine Bohrmaschine einspannen kannst. Dann läßt du die Bohrmaschine langsam anlaufen. Was wirst du zu sehen bekommen?"

Stefanie dachte einen Moment nach und versuchte sich offenbar vorzustellen, was passieren würde. „Ich nehme an, das Glas nimmt den Honig mit, genauso wie es diese bekannten runden hölzernen Honiglöffel machen, wenn du den Honig aus dem Glas auf dein Frühstücksbrötchen transportieren willst, ohne viel zu kleckern, wobei du diesen 'Löffel' ein Paar mal drehst, damit sich der Honig 'drumherumwickelt'."

„Perfekt beschrieben. Genau das ist der Potentialwirbel. Er kommt zustande, weil Honig eine höhere Viskosität hat, weil er zähflüssig ist. Das läßt ihn an dem Glas 'kleben' und die Rotation zieht dann immer mehr Honig auf das Glas, sodaß er ein wenig am Glas entgegen der Schwerkraft aufwärtswandert. Meyl überträgt diesen Vorgang nun wieder auf elektrische Felder. Der Viskosität entspricht hier nunmehr die sogenannte Dielektrizität, die Eigenschaft eines Stoffes, nicht zu leiten, sondern zu isolieren. In diesen – isolierenden – Bereichen tendieren

Elektronen, die in einem guten Leitermaterial wie etwa Kupfer ein 'normales' Wirbelfeld ausbilden würden, den hierzu dualen Wirbel, eben den besagten Potentialwirbel. Während der 'normale Wirbel' nach außen drängt, weg von der Leitermitte, drängt der Potentialwirbel nach innen, übt sozusagen einen Druck nach innen aus, der unter gewissen Bedingungen sogar Elementarteilchen ausbilden kann. Sieh mal, hier habe ich eine Zeichnung, die das

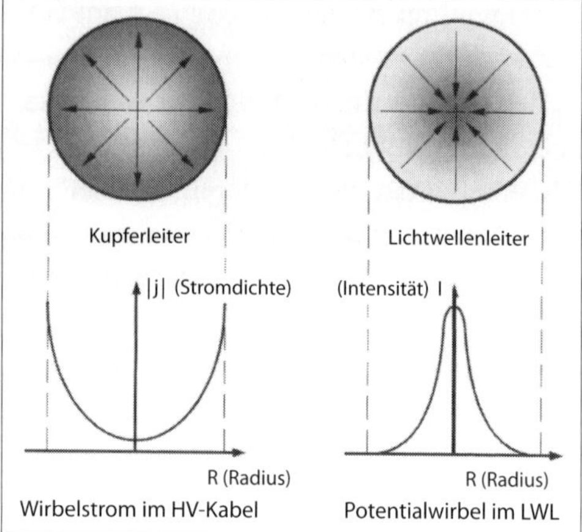

Abb. 60:

Dichteverteilung des Stromwirbels (links) im Verhältnis zur Lichtintensität bei einem Lichtwellenleiter (LWL, rechts).

(*Quelle:* Meyl PW1, 2012, S. 22)

zu illustrieren versucht." Ich legte ihr ein Blatt aus meinem Stapel von Kopien vor. (Abb. 60)

„Im linken Teil der Graphik sieht man, wie man sich die Elektronendichte in einem Hochspannungskabel vorzustellen hat, mit dem 'Skin-Effekt' als Wirkung, der zu sogenannten 'Koronarentladungen' führen kann. Im rechten Teil hat Meyl zur Demonstration einen Lichtwellenleiter genommen, bei dem bekannt ist, daß in ihm eine Konzentration der Lichtintensität in der Mitte des Leiters erfolgt."

Stefanie musterte die Zeichnung kritisch. „Gut, das gibt schon eine gewisse Vorstellung, auch wenn ich mir die Übertragung auf Elektrizität noch nicht so recht vorstellen kann."

„Und hier habe ich noch ein schönes anschauliches Beispiel für einen nach innen drehenden Potentialwirbel, ausgelöst durch ein Flugzeug. Das habe ich bei Wikipedia gefunden ('Wirbel, Strömungslehre'). Das Bild ist eingefärbt, um die Strömungsdynamik besser sichtbar zu machen. Keine Ahnung, wie sie das gemacht haben, aber es zeigt das, was wir gerade diskutieren, sehr anschaulich (Abb. 61 im Farbabbildungsteil).

„Das sieht ja toll aus, ganz plastisch. So könnte man sich auch die Entstehung eines Tornados vorstellen: Ein ankommender Luftstrom stößt auf ein Hindernis. Die Bewegungsenergie führt dann zu einem ‘Einrollen’, und es ergibt sich das, was du hier als Potenzialwirbel veranschaulichen willst. Mit dem Foto kann ich mir viel besser vorstellen, was das Konzept bedeutet.“

„Meyls Leistung besteht nun unter anderem darin, erkannt zu haben, daß hier eine Dualität vorliegt und daß diese Verhältnisse deshalb auch im Bereich elektrischer Wellen, die man ja leider nicht sehen kann, Gültigkeit haben müßten.“ „Mich verwundert viel eher, daß das in der Elektrotechnik oder der Wellenphysik neu sein sollte“, antwortete Stefanie.

„Das war für mich auch erstaunlich. Und der Grund ist genaugenommen historisch bedingt und hängt ganz eng mit der Entwicklung der Elektro-Physik im 19. Jahrhundert zusammen – von den ersten Experimentalfunden Faradays über Maxwell und die berühmten Maxwell'schen Gleichungen bis hin zur modernen Quantenphysik und ihren immer noch ungelösten Problemen, wie etwa jenem, ob die Schrödingergleichung, die ja auch eine Wellengleichung ist, nun eine ‘Realität’ beschreibt oder nur eine stimmige ‘als ob’-Beschreibung der Quantenverhältnisse liefert.“[29]

„Du meinst damit, ‘historisch’ ist auch irgendwie ‘zufällig’?“, fragte Stefanie.

„Ja, das könnte man so sehen. Als Faraday 1831 entdeckte, daß die Bewegung eines Leiters in einem Magnetfeld eine Veränderung elektrischer Felder induziert, bat er den jüngeren, sehr begabten Mathematiker James Clerk Maxwell, dafür eine mathematische Beziehung zu finden. Maxwell hat aber möglicherweise nicht die volle Dimension der Faradayschen Experimente verstanden oder geriet in Konflikt mit eigenen Interessen, die primär in einer Er-

29 Die Darstellung der hier beschriebenen Zusammenhänge lehnt sich eng an Prof. Konstantin Meyl an (Meyl EMUV3, 2004, S.17-36 u. 103 -117)

klärung des Verhaltens von Licht als Welle lagen. Das Ergebnis, die 'berühmten' Maxwell'schen Gleichungen aus dem Jahre 1862, waren jedenfalls eine hervorragende Erklärung des Wellencharakters des Lichts, aber eine – wie wir durch Meyl jetzt wissen – sehr unvollkommene der Faradayschen Versuche. In der Folge gab es zunächst auch wenig Anlaß, an der 'Omnipotenz' der Maxwell-Gleichungen zu zweifeln, sodaß sie quasi zum Grundgesetz der Elektrophysik wurden – und eigentlich bis heute geblieben sind."

„Dieser Hergang kommt mir irgendwie bekannt vor. Da gibt es auch Dèja-vus in unseren eigenen Fächern oder?", fiel Stefanie ein.

„Das kannst du laut sagen. Einen ersten, genau durch diese Situation herbeigeführten Skandal gab es ja schon – wie wir wissen – bei Tesla. Zwar hatte Lord Kelvin nach seiner Amerika-Reise versucht, die Wogen zu glätten und die Existenz der Longitudinalwellen seinen Physik-Kollegen als Faktum nahezubringen, aber Tesla verfügte über keine plausible theoretische Grundlage für die von ihm gefundenen Wellen, und die längst etablierten Maxwell-Gleichungen hatten für ein Konzept von Longitudinal-Wellen einfach keinen Platz, sie waren ausschließlich für Transversalwellen geeignet. Andererseits hatten sie sich zur Beschreibung aller möglichen Formen von Transversalwellen hervorragend bewährt – von den 'Marconi-Wellen' (den Radiowellen) über Infrarot, Licht und UV bis hin zu den ebenfalls soeben entdeckten Röntgenwellen konnten sie alles wunderbar beschreiben. Da kann man sich eigentlich kaum wundern, daß die nicht beschreibbare Longitudinalwelle (= Skalarwelle) nur auf das einzig mögliche Urteil stieß: 'Existiert nicht'. In der Schulphysik ist das mehr oder weniger bis heute so geblieben, und Meyl hatte größte Schwierigkeiten, sein Konzept überhaupt zu Gehör zu bringen."

„Ok", entgegnete Stefanie, „das war ganz informativ, aber jetzt komm doch mal auf den Punkt! Was hat der Potentialwirbel mit unserer Skalarwelle und mit dem QTX zu tun? Das ist mir immer noch unklar."

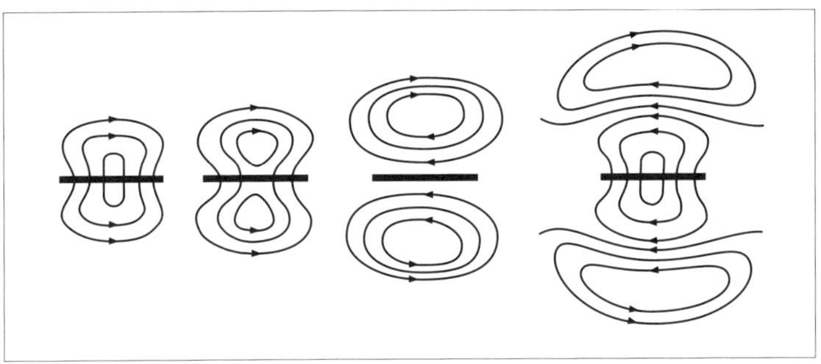

Abb. 62 Entstehung einer Skalarwelle durch Ablösung der Feldlinien vom Dipol (*Quelle:* Meyl EMUV 3, 2004, S. 18)

„Nun, natürlich treten Skalarwellen in der Praxis zuweilen auch als 'Antennenrauschen' auf, und die Theorie behalf sich dann mit Zusatzannahmen wie beispielsweise einer sogenannten Nah-Feld-Beschreibung. Danach treten in einer Umgebung von rund einem Sechstel der Wellenlänge zunächst Wirbel auf, die sich nun 'abrollen', um dann im sogenannten Fernfeld als Transversalwellen zu erscheinen, welche sich wiederum mittels der Maxwell-Gleichungen gut beschreiben lassen. Für das Nahfeld hatte man dann Hilfsbeschreibungen gefunden, aber es existierte keine einheitliche Theorie. Wie das Nahfeld einer Antenne aussieht, siehst du übrigens hier." Ich legte Stefanie wieder eine Zeichnung (Abb. 62) aus ***Meyl EMUV3*** vor.

„Man sieht ganz gut, daß sich umlaufende elektrische Wirbel hier von der Antenne ablösen. Die interessante Frage ist jedoch, was passiert weiter, und welche Eigenschaften haben diese Wirbel?"

„Du machst es ja wirklich spannend", drängte Stefanie. „Also wie entsteht die Skalarwelle?"

„Laß mir noch ein bißchen Zeit. Zuerst sollten wir uns anschauen, *wie* es zu einer ordentlichen Transversalwelle im Fernfeld kommt. Da gibt es nämlich einen Zwischenschritt." Ich legte ihr

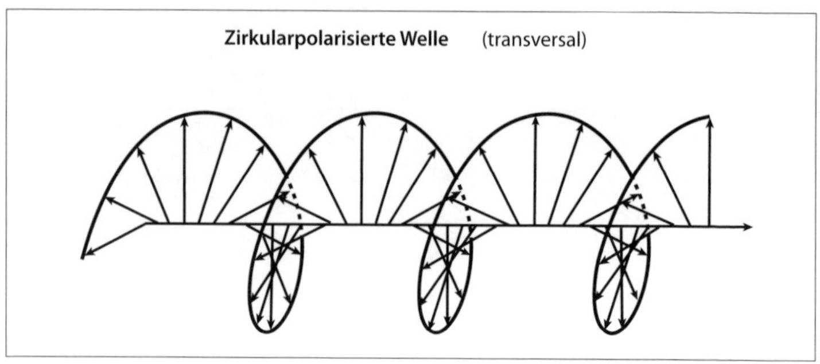

Abb. 63 Zirkular polarisierte Welle als Übergangsmodell zur Transversalwelle im Fernfeld (*Quelle*: Meyl EMUV 3, 2004, S. 20)

eine weitere Zeichnung aus Meyls Buch vor (Abb. 63, Meyl EMUV 3, S. 24). „Du kannst hier gut sehen, wie die rotierenden Wirbel aus der ersten Graphik zum Nahfeld nun eine schraubenförmige Gestalt annehmen. Dadurch erhalten sie eine noch stärkere Vorwärtskomponente und nähern sich damit der Form einer perfekten Transversalwelle an, wie sie in der nächsten Graphik zu sehen ist." (Abb. 64)

„So sieht schließlich eine Transversalwelle aus, wie sie durch die Maxwell'schen Gleichungen beschreibbar ist. Die Ausbreitung in x-Richtung erfolgt im Vakuum mit Lichtgeschwindigkeit, also mit rund 300.000 km/s. Der magnetische (**H**-Feld) und der elektrische Feldzeiger (**E**-Feld) stehen senkrecht aufeinander. Und nun stell dir vor, man könnte den Pfeil in x-Richtung in sich selbst auf einer Kreisbahn zurückbiegen, sodaß diese Transversalwelle wie auf der Felge eines Rades im Kreis herumläuft, immer noch mit Lichtgeschwindigkeit, dann hättest du eine Skalarwelle. Das Erstaunliche daran ist, daß längst nicht alle Wirbel, die im Nahfeld noch existieren, über die zirkular polarisierte Zwischenstufe in eine Hertz'sche Welle umgeformt werden, sondern ein nicht unerheblicher Anteil bleibt eine Skalarwelle. Jeder Sender strahlt immer beides – Skalarwellen und Transversalwellen – zugleich aus, und

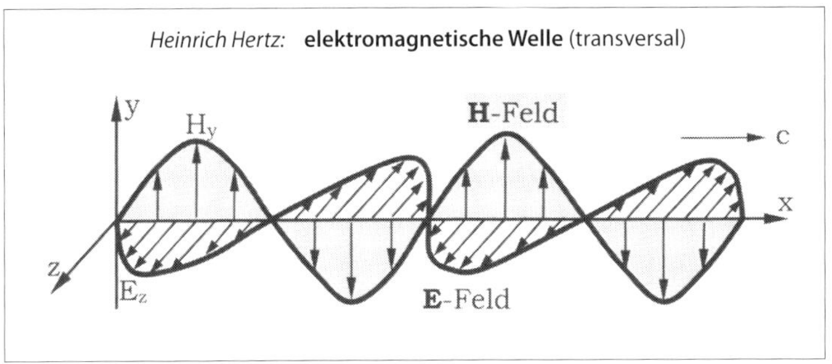

Abb. 64 Hertz'sche Welle im Fernfeld – eine Transversalwelle
(*Quelle:* Meyl EMUV 3, S. 24)

es ist eine Frage der Technik, welcher Anteil maßgeblich unterdrückt wird oder unterdrückt werden kann. In der Pionierzeit der Sendetechnik gab es die gefürchtete 'Funkerkrankheit', die von einem zu hohen Anteil von Skalarwellen in der Funkerkabine herrührte, von deren Existenz man jedoch keine Ahnung hatte. Eine Verbesserung des Wirkungsgrades der Sendeanlage reduzierte im gleichen Ausmaß den Skalarwellenanteil und die merkwürdigen Krankheitserscheinungen der 'Marconisten', wie man die Funker damals auch nannte. Ein Dipol als Sendeantenne tendiert dazu, den Transversalwellenanteil zu erhöhen, bei reduziertem Skalarwellenanteil. Eine Teslaspule hingegen, allgemeiner als Flachspule bezeichnet, erhöht den Skalarwellenanteil deutlich, bei gleichzeitiger Reduktion des Anteils an Transversalwellen. Die Kopplung der beiden Wellenformen bleibt offenkundig stets erhalten, auch wenn durch geeignete technische Maßnahmen der Anteil des jeweils anderen weitgehend unterdrückt werden kann. Aber selbst bei guten Skalarantennen gibt es noch einen Rest von transversalen Anteilen, die dann ein 'Streufeld' bilden. Weil die Transversalwelle grundsätzlich, wie von allen Rundfunkwellen bekannt, bei der Ausbreitung eine Kugelfront ausbildet, für die das 'Gesetz vom Abstandsquadrat' gilt (Meyl EMUV3, 2004, S. 38f), die empfangbare Sendeleistung also umgekehrt zum Quadrat des Abstands zum Sender sinkt, ist dieses restliche Streufeld – wie der Name schon nahelegt – quasi überall spürbar, wenn auch sehr schwach. Da die Energie mit dem Quadrat der Entfernung sinkt, kann eine Transversalwelle auch keine Energie übertragen."

„Aber bei der Skalarwelle geht das, oder?", warf Stefanie halb fragend, halb feststellend ein.

„Ja, bei Resonanz sogar mit einhundert Prozent. Deshalb war sich Tesla so sicher, daß er keine Hertz'sche Welle gefunden hatte, denn er konnte ja auch Energie übertragen, an sein ferngesteuertes Boot beispielsweise, bei dem nicht nur eine Steuerungsinformation, sondern auch zusätzlich die Energie zur Fortbewegung des Bootes übertragen wurde. Die Skalarwelle hat, wie wir schon wissen, den Charakter einer Longitudinalwelle, bewegt sich also ziemlich zielstrebig vom Sender direkt zum Empfänger, wenn beide in 'Resonanz' stehen, wenn also die drei Bedingungen hierfür – Gegenphasigkeit, gleiche Frequenz und gleiche Wellenform (bzw. Modulation) – erfüllt sind." (Meyl DNA 2010, S. 48)

„Die Skalarwellen scheinen ja wunderbare Eigenschaften zu besitzen, aber wie sehen sie denn jetzt aus, und warum heißen sie so?", wollte Stefanie wissen.

„Es gibt nicht nur eine Sorte Skalarwelle, sondern genau genommen deren zwei: Bei der einen zeigt der elektrische Feldzeiger **E** in die Bewegungsrichtung, bei der anderen zeigt der magnetische Feldzeiger **H** in diese Richtung." Ich legte Stefanie eine weitere Zeichnung aus meinem Kopienstapel vor. (Abb. 65)

„Bei der elektrischen Skalarwelle (oberer Teil der Graphik) zeigt der elektrische Feldzeiger **E** in dieselbe Richtung, in die sich die Welle entsprechend dem Geschwindigkeitsvektor **v** fortbewegt, in der Zeichnung also nach rechts. Die magnetischen Feldlinien zeigen hier von der Achse des Rotations-Wirbels nach außen und stehen natürlich senkrecht auf den elektrischen. Diese Welle hat Tesla gefunden und genutzt. Aber es gibt noch eine zweite Sorte Skalar-

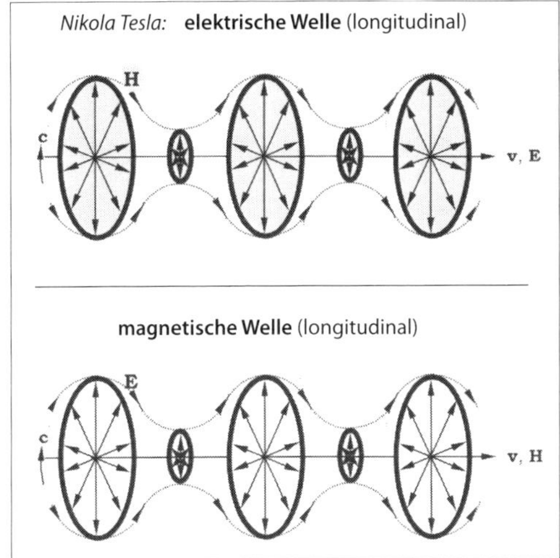

Abb. 65

Die elektrische und die magnetische Skalarwelle.
(*Quelle:* Meyl EMUV 3, 2004, S. 24)

welle, die im Prinzip genauso aufgebaut ist, nur daß der elektrische und der magnetische Feldzeiger die Position getauscht haben. Nun zeigt der magnetische Feldzeiger **H** in die Bewegungsrichtung und der elektrische Feldzeiger **E** von der Achse weg radial nach außen. Beiden Wellen ist gemeinsam, daß sie pulsieren und dadurch einen Knoten ausbilden, was sie im Endeffekt als Stehwellen ausweist. Dieser Effekt kommt durch einen der Speziellen Relativitätstheorie entlehnten Mechanismus zustande, der bewirkt, daß bei einer Geschwindigkeitszunahme der Wirbel eine 'Lorentz-Kontraktion' erfährt, in seiner Längen-Dimension gestaucht wird, was eine Beschleunigung in x-Richtung zur Folge hat. Die dadurch veränderten Verhältnisse führen aber wiederum zu einer Zunahme des Durchmessers. Daher ist die Fortbewegungsgeschwindigkeit **v** nicht konstant, sondern sie pulsiert ebenfalls. Das ist ein typisches Kennzeichen einer Longitudinalwelle. Man kann dann für **v** nur eine Durchschnittsgeschwindigkeit angeben. Wie du siehst, ist mit der oberen, der elektrischen Skalarwelle der Name Tesla verbunden, während mit der Transversalwelle – natürlich neben Maxwell – der

Name des Experimentators Heinrich Hertz verknüpft ist (vgl. Abb. 64), der diesen Wellentyp 1888 auch empirisch nachgewiesen hat. Nur der untere Wellentypus (Abb. 65), die sogenannte magnetische Skalarwelle, trägt in diesem Sinne noch keinen Namen. Sie wäre aber ohne die theoretische Fundierung von Meyl gar nicht bekannt oder beschreibbar. Deshalb wäre der Name Meyl-Welle durchaus angebracht. Dieser Wellentypus ist für uns von besonderer Bedeutung, da im biologischen Bereich – wie Meyl nachgewiesen hat – ausschließlich die magnetische Skalarwelle Verwendung findet."

„Das klingt ja hochinteressant", meinte Stefanie. „Es könnte speziell für unsere Frage, wie das QTX im biologisch-medizinischen Bereich seine Wirkungen entfaltet, neue Perspektiven eröffnen."

„Ganz meine Meinung. Dafür sprechen eine Reihe von Befunden von Medizinern, die die hochgradige Selektivität der Skalarwelle in Bezug auf die 'zweidimensionale Modulation' betreffen."

„Moment", fiel mir Stefanie ins Wort, „Zweidimensionale was? – das mußt du mir schon genauer erklären."

„Gut, eines nach dem anderen. Zuerst zu den Entdeckungen im Bereich der Nervenleitung. Alle Lehrbücher tun immer so, als handle es sich bei der Nervenleitung um die Weiterleitung von elektrischen Signalen wie bei einer Klingelleitung. Diese braucht, wie man weiß, zwei Drähte. Aber die Nervensignale modulieren – oh Wunder – ihre Botschaft auf nur einer Leitung, wie du auf der folgenden Zeichnung siehst." (Abb. 66)

„Aber diese Bilder sind doch allgemein bekannt", meinte Stefanie, „worin soll nun das Besondere liegen?"

„Nun, darin, daß man sich zuerst mal richtig klarmacht, daß das Nervensignal eben auf nur einer einzelnen Leitung daherkommt, was auf eine Skalarwelle hindeutet. Das bedeutet nicht, es gäbe überhaupt keinen Rückstrom, aber den können wir uns relativ 'unspezifisch' durch das interstitielle Gewebswasser vorstellen. Wie Tesla bereits bei der Anwendung seiner 'Erdspieße' als Erdungsleitungen nachwies, ist dieser Rückweg notwendig, sonst

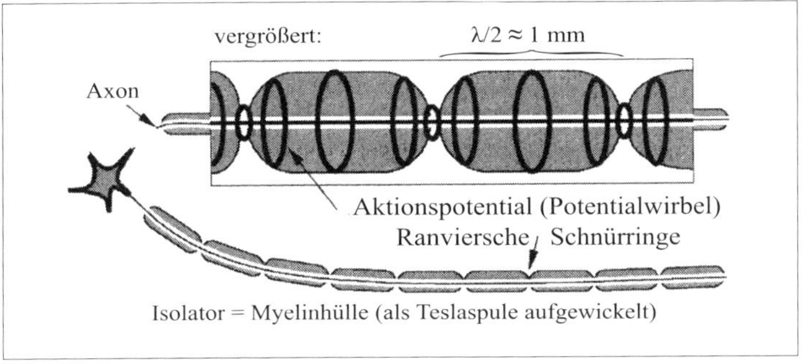

Abb. 66 Die 'Eindraht'-Leitung der magnetischen Skalarwelle
(*Quelle:* Meyl DNA 2010, S. 95)

bricht die Verbindung ab. Viel wichtiger jedoch ist die Funktion der 'Ranvier'schen Schnürringe', die einen bestimmten Abstand zwischen ihren 'blanken Stellen' aufweisen und damit zu den Knoten der Stehwelle 'passen' müssen, da sonst die Stehwelle nicht 'konform' wäre und ausgefiltert würde. Eine solche hochspezifische Leitung ist mit dem bezüglich Hin- und Rückleitung symmetrischen Klingeldraht nicht möglich. Hier hingegen ist die Nervenleitung im Axon hochspezifisch in Bezug auf die Wellenlänge der Skalarwelle. Die Modulation, das war die dritte Bedingung, die für eine 'Resonanz' genannt wurde, bewirkt damit eine noch viel präzisere Steuerung der Informationsweitergabe, als wir uns das bisher vorgestellt hatten. Und all das gilt nicht nur für die Weiterleitung von einem Sensor ins Gehirn oder von einer Nervenzelle zu einer Muskelzelle, sondern für die komplette Verarbeitung der Nervenimpulse im Gehirn. Deshalb ist unser Kopf-Computer trotz einer Taktfrequenz von 'nur' 10 Hz in der Lage, durch hochspezifische Parallelverarbeitung jeden mit 3 GHz getakteten Computer in den Schatten zu stellen." (Meyl DNA 2010)

„Hm, ich gebe zu, das hab ich bisher noch nie so gesehen", räumte Stefanie ein. „Aber wie ich deiner Miene ansehe, bist du damit noch nicht zu Ende."

„Nun, es waren insgesamt mindestens drei Ebenen, auf denen Meyl die Anwendung der magnetischen Skalarwellen in der Biologie gefunden hat. Die zweite ist schnell abgehakt. Dabei handelt es sich um eine Art 'Zellfunk' zwischen den Zellen. Das entspricht in etwa den Popp'schen 'Biophotonen', bei denen es sich wahrscheinlich nicht um Licht im eigentlichen Sinne handelt, sondern um Skalarwellen, die langsamer durch das Gewebe zwischen den Zellen unterwegs sind. Hier gibt es noch ein sehr interessantes Detail, das Hartmut Heine entdeckt hat: Im Gewebe bilden sich temporär hyperboloide Kanäle, Verbindungen zwischen Zellen, deren Form genau dem äußeren Maß der Skalarwellen entspricht, und die offenbar die Skalarwellen paßgenau 'hindurchtunneln' lassen, um sich dann wieder zu schließen. Auch hier gilt wieder die 'Spezifität', die Länge und Knotenlage als Durchgangsfilter für spezifische Skalarwellen setzt, während andere, deren Frequenz oder Wellenlänge nicht 'passen', am Durchkommen gehindert werden." (Heine, 1997, S. 56)

„Und die dritte Anwendungsform?" Stefanie war, wie so häufig, ungebremst neugierig.

„Das ist der 'Knaller' schlechthin. Meyl hat in seinem Buch 'DNA- und Zellfunk' (Meyl, DNA 2010) minutiös zeigen können, daß die *Form* der DNA inklusive der biochemischen Basen und Zucker ein perfekter Hohlraumresonator für (magnetische) Skalarwellen ist. Man kann davon ausgehen, daß die in einer Skalarwelle codierte biologische Information in vielfältiger Weise in den genetischen Ableseprozess integriert wird, daß sie aber auch entsprechend relevante genetische Information zwischen Zellen austauschen kann, ohne daß hierzu der schwerfällige biochemische Prozess der Translation und Transskription herangezogen werden muß. Damit könnte auch der irritierende Sachverhalt von angeblich 90% sogenannter Junk-DNA eine Erklärung finden. Darüber hinaus ist dieses System als eine großangelegte Steuerzentrale anzusehen, die den ganzen Prozess der Gen-Expression wie auch den der

Zellteilung in zeitlicher und – per Resonanzbedingung – auch 'zell'-räumlicher Spezifität dieser Prozesse steuert. Es war für Biologen, die schon immer genauer 'hingeschaut' haben, stets ein Rätsel, wie es möglich ist, daß in einer Zelle um die 10.000 hochspezifische molekulare Reaktionen pro Sekunde stattfinden, die mithilfe der üblichen chemischen Theorie der 'zufälligen' chemischen Paarung aufgrund von Konzentrationsgefällen nicht nachvollziehbar sind. Hier haben wir nun praktisch die Lösung dafür."

Stefanie prustete plötzlich laut lachend los. „Ich wußte gar nicht, daß du dich jetzt neuerdings auch auf eine Professur für Molekularbiologie bewerben willst." Ihr Lachen war ansteckend. Ich konnte nur kontern: „Du hast recht, das könnte unangenehm werden. Schuster, bleib bei deinem Leisten."

„Aber du hast wirklich recht. Das klingt sehr einsichtig. Da bleibt nur noch eine Frage: warum ausgerechnet immer nur die magnetische Skalarwelle?", hakte sie nun nach.

„Wenn du dir einen 'Pyrimidinring' in der DNA vorstellst, flach in einer Ebene liegend, so existiert da eine sehr bewegliche Elektronenwolke, die genau in dieser Ebene 'rotiert'. Sie stellt sozusagen die 'Felge' des Rades dar, um die die gedachte Transversalwelle herumläuft. Die Elektronen sind damit geeignete Repräsentanten für die Ausprägung des elektrischen Feldvektors **E**, der bei der magnetischen Skalarwelle senkrecht zum magnetischen Feldvektor **H** steht, welcher für die Vorwärtsbewegung der Longitundinalwelle zuständig ist. Da beide Vektoren immer senkrecht aufeinander stehen, partizipiert der elektrische Feldzeiger an der Energetik der biochemischen Struktur, während die Skalarwelle und damit auch ihre Information 'senkrecht' dazu durch die Längsachse der 'Hohlraumantenne' DNA getrieben wird." (Meyl DNA 2010, S. 48-54)

„Das klingt wirklich faszinierend, ich glaube, ich werde mir das eine oder andere der Meyl-Bücher doch noch genauer durchlesen müssen, insbesondere jetzt, wo ich weiß, wie detailliert und weitgehend seine Theorie in der Biologie Anwendung finden kann. Ich glaube, das beantwortet nun wirklich den Kern unserer Frage, wie das QTX seine Wirkung erzielt. Du siehst aus, als hättest du da noch etwas hinzuzufügen."

„Nun, ich bin dir zum Abschluß dieses Arguments noch eine Erläuterung zur zweidimensionalen Modulation schuldig. Das war doch unser Ausgangspunkt gewesen. Dieses 'Superpotenzial' der Informationscodierung durch Skalarwellen nutzt die Natur übrigens bei jedem der drei vorhin belegten Anwendungsbereiche magnetischer Skalarwellen. Bei einer Hertz'schen Transversalwelle kann man entweder die Amplitude modulieren oder die Frequenz, um eine Information auf die Trägerwelle zu packen. Aber du hast nur jeweils eine davon zur Verfügung, kannst also bloß eine einzige Dimension nutzen. Du kannst also die alte Mittelwelle hören (= Amplitudenmodulation, AM) oder die modernere UKW-Ultrakurzwelle (= Frequenzmodulation, FM). Am besten stellst du dir dazu eine Sinuswelle vor, auf deren Rücken einige kleinere Zusatzwellen aufmoduliert wurden, wie wenn man einem 'Kamel', sprich der Sinuswelle, einige Pakete auflädt und dann am Bestimmungsort wieder herunternimmt. Technisch verläuft das genau so, daß du die Melodie zuerst aufmodulierst und sie dann beim Empfänger als Ton wieder abkoppelst und durch den Lautsprecher schickst."

Stefanie mußte über den prosaischen Vergleich lachen. „Das ist bildlich gut nachvollziehbar. Aber wie muß ich mir das bei den Skalarwellen vorstellen?"

„Während die Transversalwelle eben nur die Dimension in der Längsrichtung der Welle zur Verfügung hat, weil die Geschwindigkeit mit der Lichtgeschwindigkeit c nun mal konstant ist, sodaß eine Veränderung der Wellenlänge λ eine proportionale gegenläufige Veränderung der Frequenz f zur Folge hat, sind bei der Skalarwelle beide Parameter voneinander unabhängig. Die Natur kann daher sowohl die Frequenz f als auch die Wellenlänge λ für eine

Modulation im Sinne einer Informationscodierung verwenden und tut das auch. Nimm nur mal das folgende Frequenz-Diagramm.“ Ich reichte Stefanie wieder eine meiner Kopien.

„Oh Gott, was ist das denn?“, stöhnte Stefanie. „Dafür braucht man ja einen Führerschein.“

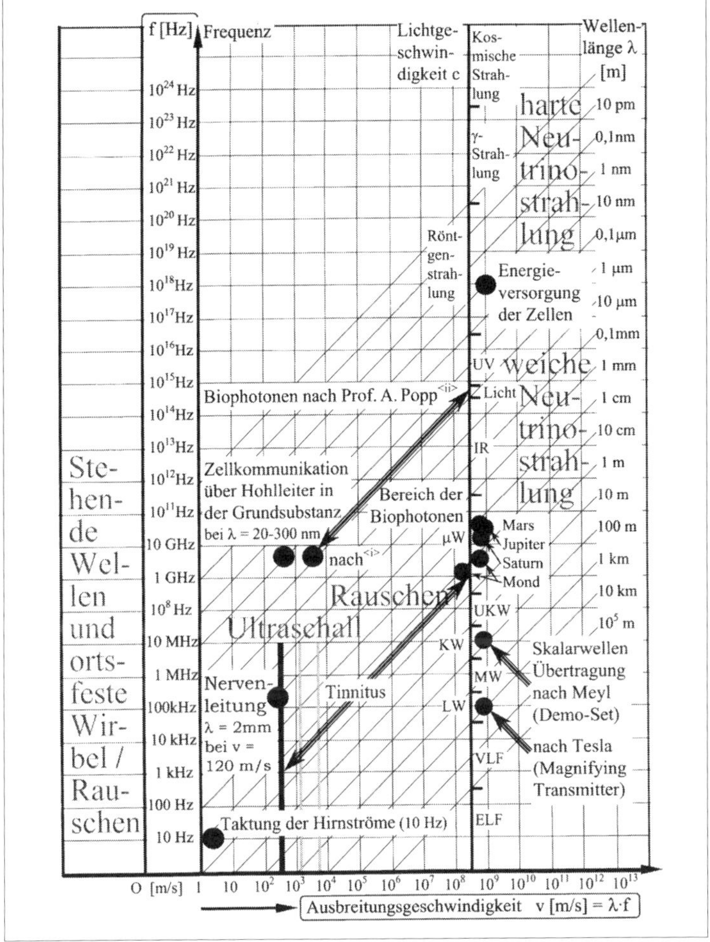

Abb. 67 Frequenzspektren der Skalarwellen (*Quelle:* Meyl EMUV3 2004, S. 82)

„Ja, sieht ziemlich wild aus, ist aber halb so schlimm", antwortete ich. „Aber ich kann dich gut verstehen, ich mußte mich da auch erst einmal durcharbeiten. Die beste Orientierung hast du, wenn du mal den fetten senkrechten Strich nimmst, der zwischen 10^8 und 10^9 auf der horizontalen Achse seinen Fußpunkt hat. Da die horizontale Achse die Geschwindigkeit der Wellen betrifft, handelt es sich bei diesem Fußpunkt um $3x10^8$ m/s oder 300.000 km/s, gleich der Lichtgeschwindigkeit c. Vertikal sind in dem Diagramm die Frequenzen aufgetragen, und zwar logarithmisch, d. h. eine jeweilige Verzehnfachung der Frequenz hat denselben Abstand auf der Skala (zweite Säule links im Bild). Ganz rechts im Bild ist dies in Wellenlängen (in Meter) umgerechnet. Wenn du nun der fetten Linie der Lichtgeschwindigkeit von unten nach oben folgst, so findest du nacheinander die verschiedenen Radiowellen aufgetragen: LW, MW, UKW; sodann Infrarot, Licht, UV und so fort, bis hin zur Gamma-Strahlung. Diese Skala ist natürlich allgemein bekannt, wird aber normalerweise nur horizontal bzw. eindimensional abgetragen. Hier aber haben wir beide Dimensionen, denn nun kommen neben den diversen möglichen Frequenzen der Skalarwellen auch noch die unterschiedlichen Geschwindigkeiten der Wellen hinzu, die ja grundsätzlich von der Lichtgeschwindigkeit nach oben wie nach unten abweichen. Im biologischen Bereich sind allerdings, wie man der Graphik entnehmen kann (Abb. 67, S. 299), nur Geschwindigkeiten zwischen rund einem Meter pro Sekunde bis nahe Schallgeschwindigkeit üblich, und Frequenzen zwischen rund 10 Hz und etwa 10^{12} Hz, wie sie etwa für die von Fritz-Albert Popp entdeckten Biophotonen gelten dürften. Daneben gibt es auch noch den Bereich des Rauschens, der auch 'stehende' Skalarwellen umfaßt, bis hinauf zu ultraschnellen Skalarwellen, die Meyl dann der Kosmischen Strahlung und den von der Sonne und den Planeten abgebremsten Neutrinos zuordnet. Deshalb findest du die Namen einiger Planeten rechts von der fetten Linie für die Lichtgeschwindigkeit."

„Jetzt ist mir klar, was unter zweidimensionaler Modulationsmöglichkeit zu verstehen ist. Damit erklärt sich fast von selbst, warum die Natur mit diesem Potential arbeitet, denn die verwendet praktisch immer die effizientesten Systeme, dafür sorgt schon der Wettbewerb im Rahmen der Evolution."

Stefanie machte nun ein wesentlich zufriedeneres Gesicht. „Wenn ich das mal für mich zusammenfasse, dann haben wir jetzt die Verbindung hergestellt zwischen den vom QTX ausgesandten Skalarwellen und der möglichen biologischen Wirkung, einmal direkt via Zellfunk oder per Beeinflussung der Nervenleitung, oder aber eher etwas indirekter, nämlich durch eine Beeinflussung der DNA-Funktion im weitesten Sinne, Stichwort Hohlraumresonator. Das wäre jetzt wirklich eine bündige, theoretisch gut fundierte Beschreibung für den Pfeil 'c' in der von dir immer wieder zitierten Zeichnung in Abbildung 47 (siehe S. 202). Aber wie können wir uns nun eine Wirkung vorstellen, wenn unser Zielobjekt kein 'biologisch' strukturiertes Target ist, wenn wir also etwa eine Organisation, einen Betrieb bewellen wollen, damit er eine bessere Gewinnsituation erreicht. Kann man das immer noch mit Skalarwellen erklären?"

„Da der technische Sendemodus des QTX ja unverändert bleibt und solche Bewellungen, wie wir wissen, durchaus erfolgreich sind, müßte die Antwort auf jeden Fall 'JA' lauten. Das Problem ist nur, daß uns im Moment die Zwischenstücke zu fehlen scheinen, die – wie Meyl dies in seinem Buch 'DNA- und Zellfunk' (Meyl 2010) getan hat – erläutern könnten, wie eine Organisation auf Skalarwellen reagieren könnte. Da fällt mir zunächst mal ein, daß Organisationen ja aus Menschen bestehen und diese wieder eine biologische Struktur haben, die von den Wellen angesprochen werden kann. Der Unterschied wäre nur, daß nun mehrere Empfänger der Botschaft gleichzeitig existieren. Ein anderer, zusätzlicher Weg ergibt sich durch eine von Meyl bereits ins Gespräch gebrachte Verbindung von Skalarwellen zum Sheldrake'schen

Konstrukt des morphogenetischen Feldes. Sheldrake ist, wie wir wissen, nie von einer physikalischen Repräsentanz der morphogenetischen Felder ausgegangen, aber Meyl sieht eine solche in einer besonderen Eigenheit der Skalarwellen. Diese Eigenheit ist übrigens auch von Volkamer in seiner Theorie angesprochen worden, und hier sehen wir, daß die Ansätze von Volkamer und Meyl sich an dieser Stelle (aber womöglich nicht nur an dieser) quasi überlappen. Volkamer sprach von Assoziaten von SQs, die Informationen speichern können und eine Art Erdgitter bilden. Funktionell könnten diese Assoziate also ein morphogenetisches Feld konstituieren. Wahrscheinlich ist dir auch schon die nahe Verwandtschaft der Volkamer'schen SQs mit den Meyl'schen Neutrinos, zumindest den 'langsamen' Neutrinos aufgefallen. Darüber hinaus haben beide die Abhängigkeit des Auftretens von abgebremsten Neutrinos bzw. SQs von kosmischen Ereignissen wie etwa Sonnenfinsternissen konstatiert oder sogar nachgewiesen. Wenn wir die Informationen aus beiden Ansätzen zusammenlegen, erhalten wir praktisch Antworten auf deine Frage, die über die rein biologischen Struktur-Reaktionen hinausgehen."

„Da bin ich aber jetzt wirklich gespannt", ließ sich Stefanie vernehmen.

„Du hast in der letzten Zeichnung mit dem Frequenz-Spektrum der Skalarwellen, deren 'hyperschnelle' Varianten (mit $\mathbf{v} > c$) Meyl Neutrinos nennt, im unteren Bereich, also bei etwas moderateren Frequenzen, die Namen der Planeten Jupiter, Mars, Saturn eingetragen gefunden. Dahinter steht die ziemlich gut belegte These, daß die harte Neutrino-Strahlung, die ihre Quelle primär im Zentrum unserer Galaxis, aber auch in den Überresten einer Supernova haben, die Sonne treffen und diese – abgebremst, sozusagen als weiche Neutrinostrahlung 'moderiert' – wieder verlassen. Treffen diese nunmehr langsamer schwingenden Neutrinos, die immer noch schneller sind als das Licht, dann auf die Erde oder die anderen Planeten wie die in der Graphik eingetragenen, so werden sie ein weiteres Mal abgebremst. Sie treten dann auf der 'anderen' Erdseite wieder aus und sind dort verantwortlich für die Ausprägung der sogenannten Erdgitter, wie etwa dem Hartmann- und dem Curry-Gitter. Dabei ergeben sich gemäß der Skalarwellen-Theorie nun folgende Verhältnisse: Die Neutrinos können praktisch zum 'Stehen' kommen, was dem Bereich 'Rauschen' im linken unteren Teil des Frequenz-Spektrums entspricht. Damit wäre dann dieselbe Bedingung geschaffen, wie sie Volkamer mit seinen 'Assoziaten' postuliert. Meyl liefert hierzu noch ein interessantes Detail: Da außerhalb der irdischen Lufthülle Vakuum (hohes Dielektrikum) herrscht, können sich die Potentialwirbel dort sehr lange aufhalten, sodaß die Wirbel sich sehr gut stabilisieren können. Hier, schau mal!" Ich legte Stefanie die Kopie einer Tabelle aus dem dritten Band der Meyl'schen 'Elektromagnetischen Umweltverträglichkeit' vor (Abb. 68).

Wellengleichung:

$$\Delta \mathbf{E} = \text{grad div } \mathbf{E} - \text{rot rot } \mathbf{E} = \frac{1}{c^2} \cdot \frac{\delta^2 \mathbf{E}}{\delta t^2}$$

Nikola Tesla:	*Heinrich Hertz:*
• **Skalarwelle** (elektrisch oder magnetisch) =	**Elektromagnetische Welle** =
• **Longitudinalwelle** (Längswelle)	**Transversalwelle** (Querwelle)
Erscheinungsform (je nach Ausbreitungsgeschwindigkeit v):	Erscheinungsform (je nach Frequenz)
• (v > c): Neutrinostrahlung, morphogenetische Felder,...	• Kosmische Strahlung,
• (v = c): Photonen,	• Röntgenstrahlung,
• (v < c): Plasmawelle, thermische Wirbel, Biophotonen, Erdstrahlung,...	• UV-Strahlung,
• (v = 0): Rauschen,...	• Licht,
	• Infrarotstrahlung,
	• Mikrowelle,
	• Rundfunkwellen,
	• VLF, ULF,...

Abb. 68

Gegenüberstellung der beiden Anteile der Wellengleichung nach Meyl

(*Quelle:* Meyl EMUV3 2004, S. 30)

„Hier findest du in der linken Spalte die Skalarwelle mit gewissen Eigenschaften gelistet, im Gegensatz zur Transversalwelle. Wenn du dir in der linken Spalte die Einträge ansiehst, so findest du im Zusammenhang mit der 'Neutrinostrahlung' auch Sheldrakes morphogenetische Felder, denn Skalarwellen/Potenzialwirbel können ja Informationen tragen und speichern. Hier findest du übrigens auch einen etwas versteckten Hinweis, warum diese Longitudinalwellen Skalarwellen genannt werden: Wenn in der Wellengleichung ein bestimmter Term Null wird, so ergibt sich eine pure Zahl, ein Wert ohne jeglich Einheit, und dies bezeichnet man als Skalar, daher also der Name. Aber ich nehme an, wir wollen hier nicht allzu tief in die Mathematik einsteigen, oder?"

„Gib bloß nicht so an, und versuch jetzt nicht so zu tun, als ob du diese Mathematik verstündest", bot Stefanie mir Paroli. Wir mußten beide lachen.

„Ertappt! Aber du hast vorhin gefragt, woher der Name kommt, und das war jetzt die Antwort. Ich fasse nochmals zusammen: Skalarwellen können sogar stationäre Wirbel als eine Art von Erdgitter aufbauen, und sie können damit eine physikalische Repräsentation von morphogenetischen Feldern bilden. Diese Modellvorstellung sagt zwar jetzt nicht im Detail, *wie* die Skalarwellen-Information dieser Felder nun auf Organisationen einwirkt, aber im Prinzip könnte das genauso funktionieren, wie wir es vorhin in Bezug auf einzelne Personen diskutiert haben, nur daß die Basis der Information diesmal breiter und nicht auf einen einzelnen, quasi 'lokalen' Sender beschränkt ist. Hier bewegen wir uns jetzt bereits im Bereich von Spekulationen, allerdings sind sie durch die nachgewiesenen Zusammenhänge gut gestützt (Meyl, EMUV3 2004, S. 46ff) und insofern vielleicht auch akzeptabler als reine Postulate ohne physikalischen Hintergrund. Zufrieden?"

„Klingt zumindest plausibel", nickte Stefanie.

„Das wäre in Anbetracht der Leistungen Meyls ein Understatement. Davon habe ich dir noch gar nichts erzählt, weil es nicht direkt zu unserer Fragestellung gehört. Aber er hat nicht nur, ausgehend von den Versuchen Faradays, eine neue, über Maxwell hinausgehende und die Maxwell-Gleichung beinhaltende Fundamentalgleichung geschaffen, mit der man die Skalarwellen herleiten und berechnen kann, er hat es auch geschafft – unter Einbeziehung eines 'Objektivitäts-Ansatzes', sozusagen als Gegenpol zur Relativitätstheorie, die Ruhemassen der wichtigsten Elementarteilchen und sogar vieler Atome zu berechnen. (Meyl Pw2-Pw4, 2012) Mit seiner Feldtheorie deckt er sogar die Quantentheorie ab, denn er kann zeigen, wie sich eine Welle zu einem Potentialwirbel einrollt und dabei dann letztlich ein Elementarteilchen bildet. Das beginnt beim Elektron, das aus einem eingerollten Potentialwirbel besteht, dem ein im Inneren positiv geladener Stromwirbel 'entgegensteht', sodaß beide Wirbel einen Kugelkondensator kleinster Dimension bilden. Dadurch wirkt diese Wirbel-Kombination nach außen als elektrischer Monopol. (Meyl Pw4, 2012, S. 8) Ähnlich lassen sich dann auch das Proton und das Neutron aus Wirbeln ableiten, was Meyl bravourös vom Proton über Lithium, Bor, Beryllium bis hin zum Sauerstoffatom mit dem Atomgewicht 16 bzw. 18 vorführt. (a.a.O. S. 20-38) Das hat bisher überhaupt noch niemand vor ihm geschafft. Deshalb wundert es uns jetzt auch gar nicht mehr, daß er, wie schon Burkhard Heim oder Klaus Volkamer, auch die Ruhemassen der wichtigsten Elementarteilchen mit seiner Theorie berechnen konnte – und das mit hoher Präzision. Da, schau mal!" Ich legte Stefanie wieder eine Graphik aus meiner Kopien-Sammlung vor, die die von Meyl berechneten Ruhemassen mit den präzisesten aktuellen offiziellen Messungen verglich (Abb. 69, S. 306).

Stefanie blickte interessiert auf die Graphik. „Alles was du da in den letzten paar Minuten zu Meyls Theorie gesagt hast, bestätigt, daß diese Theorie nicht nur fundamental ist, sondern durch Experimentalbefunde wie auch Meßergebnisse sehr gut bestätigt ist. Das heißt für uns, wir müssen sie ernst nehmen. Das heißt aber

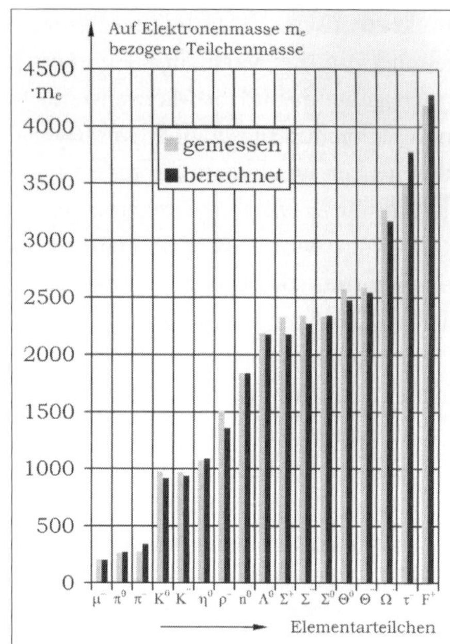

Abb. 69

Gegenüberstellung der gemessenen und der von Konstantin Meyl berechneten Ruhemassen der wichtigsten Elementarteilchen.

(*Quelle:* Meyl Pw3, 2012, S. 49)

auch, wir können uns ganz gut auf diese Theorie verlassen.“ Stefanie griff sich die Bände aus der Potenzialwirbel-Reihe und blätterte darin.

„Das ist gut. Hier hab ich was im Vorwort zu *Potentialwirbel Band 3* gefunden. Das paßt gut zu unserer Diskussion. Darf ich dir das mal vorlesen?“

„Nur zu“, antwortete ich.

Stefanie las:

„Die umfangreichste Stellungnahme hat mir ein Kernphysiker zukommen lassen, nachdem er die MFT (=Meyl'sche Feldtheorie, wie er sie nennt) durchgearbeitet hatte... Um seine Stellung als Beamter besorgt und die Angriffe der Kollegen fürchtend, wurde mir die Stellungnahme unter dem Pseudonym eines 'Oberstudienrat Kaiser' zugeschickt... Er

schreibt: Diese Arbeit ist reinste Häresie! Konservativen Kernphysikern empfehle ich dringend: Hände weg von dieser Arbeit! Alles was ihnen lieb geworden, bringe ich auf den Flohmarkt oder rate ihnen, es so schnell wie möglich zu entsorgen: Schalenmodell, Tröpfchenmodell, Kollektivmodell, die verschiedenen Potentialtöpfe, Wellenfunktionen, starke und schwache Kernkräfte, Quarks und Gluonen sowie das Heer von Postulaten, Isospins, Paritäten, Senioritäten, Spin-Bahn-Kopplungen; nahezu nichts davon bleibt unangetastet! Sollte es jedoch Kernphysiker geben..., die in der Lage sind, zumindest für die Zeit der Lektüre dieser Arbeit, ihr bisheriges Weltbild beiseite zu legen, denen kann ich versprechen, daß da hoch brisante Erkenntnisse auf sie warten. ***Nach der MFT ist alles so einfach!***“ (Meyl PW3, S. 4)

Ich sagte nichts. Es entstand eine plötzliche Stille, in der sich nun das monotone, kaum vernehmliche Ticken der Wanduhr in den Vordergrund drängte. Mein Blick fiel auf die Uhr.

„Ich glaube, wir müssen noch einiges erledigen“, beendete ich diesen magischen Moment seltener Ruhe. „Hast du mal auf die Uhr gesehen?“

Stefanie blickte auf und fixierte die Uhr. „Oh Gott, wir haben uns ja völlig verquatscht. Ich muß ja noch meine Vorlesungen vorbereiten, und für den Workshop am nächsten Wochenende hab ich auch noch nichts gemacht. Ok, Schluß für heute. Aber laß mir bitte die Bücher da, ich möchte später noch ein bißchen drin schmökern, wenn ich in den nächsten Tagen dazu komme.“

Wir beendeten unseren dieses Mal sehr ausgedehnten Brunch und kümmerten uns beide um die Notwendigkeiten der nächsten Woche.

Spiegelungen hinter dem Horizont...

Kann es eine Physik der letzten Verursachung geben?

Das Tao, das gesagt werden kann,
ist nicht das ganze Tao.

Laotse

Und doch ist Einer, der dies Fallen
unendlich sanft in seinen Händen hält

Rainer Maria Rilke

Am folgenden Wochenende gab's keinen Brunch, weil Stefanie auf einer Tagung war. Aber die Woche darauf trafen wir uns wie gewohnt. An Stefanies schelmischer Miene sah ich, daß da irgend etwas im Busch war.

„Na, wie waren denn die beiden Wochen für dich, und wie war die Tagung?", versuchte ich ihr etwas zu entlocken.

„Ach, die beiden Wochen waren eigentlich wie immer, und die Tagung war ganz interessant, wenn auch nicht so interessant wie unser Thema." Ich sah, daß Stefanie sich das Grinsen nicht ganz verkneifen konnte.

„Du hast doch irgendwas. Was hat das mit unserem Thema zu tun? Ich bin ziemlich überrascht, daß du bei dieser Belastung überhaupt an unser 'Thema' denken konntest. Außerdem, das hatten wir doch weitgehend durch, oder?"

„Thema durch???" Stefanie gab die Empörte. „Du weißt doch selbst nur zu gut, daß die Beantwortung einer Frage in der Wissenschaft immer auch gleich zwei neue Fragen aufwirft."

„Du hast doch irgendetwas, das ich noch nicht weiß. Das seh ich deiner Nasenspitze an. Komm, laß es schon raus!"

Stefanie genoß die Situation sichtlich. „Stimmt", antwortete sie. „Ich hab' dich doch gebeten, die Bücher von Meyl dazulassen, weil ich noch darin schmökern wollte. Mir war nämlich schon etwas aufgefallen, das ich noch weiter verfolgen wollte. In einem der Bände, in der neuesten Auflage der 'Skalarwellentechnik', fand ich einiges an Informationen über weitere Personen, die Versuche angestellt hatten, mittels Skalarwellen biologische Informationen auf ein Substrat zu übertragen. (Meyl Doku, 2012, S. 208-215) Die Versuche waren sehr unterschiedlich ausgelegt. Sie umfaßten Homöopathika, Versuche mit Pantoffeltierchen,aber auch Versuche mit Krebszellen in einer medizinischen Forschungseinrichtung. Plötzlich kam mir die Idee, wir könnten so eine Informationsübertragung mit unseren Erbsen doch auch versuchen. Außerdem erinnerte ich mich an den Versuch von Montagnier mit den quasi 'teleportierten' DNA-Bruchstücken. Der war ganz ähnlich. Gedacht, getan. Ich bestellte kurzerhand eines der Skalarwellengeräte von Meyl, das auch prompt vier Tage später ankam. In der Zwischenzeit hatte ich schon den Versuch konzipiert und die übliche reine 'Kontrolle' durchgeführt."

„Und worin besteht nun der Versuch, genauer gesagt?" Ich konnte Stefanie kaum stoppen.

„Die Grundidee bestand darin, die Auskeimung von Samen, in unserem Fall also die Erbsen, mit einem geeigneten Stoff zu beschleunigen. In der Biologie gibt es dafür einen Standardversuch: Zu Gerstenkaryopsen wird das Pflanzenhormon Gibberellinsäure (GA) hinzugegeben, woraufhin die Gerste schneller auskeimt, als sie es sonst tun würde. Ich übertrug diese Idee einfach auf unsere Erbsen. Die Kontrolle bestand also aus Erbsen, die nach einer gewissen Zeit der Vorquellung in Inkubationsschalen keimten, bevor die Keimwurzellänge gemessen wurde. Als dann das Gerät da war, stürzte ich mich auf den eigentlichen Versuch. Hierzu stellte ich zunächst eine wässrige Lösung der Gibberellinsäure her, sodaß die Konzentration der Lösung 10^{-5}-molar betrug. Das bedeutet, wie du weißt, das Molgewicht von GA in Gramm auf 1 Liter Wasser, das ganze aber dann 10.000fach mit Wasser verdünnt. Diese Lösung gibt man normalerweise direkt in die Keimschalen zu den Samen hinzu, hier also zu den Erbsen, um die Keimruhe zu unterbrechen. Der Witz an meinem Versuch war jedoch, daß ich das Glas mit dieser Lösung auf die Flachspule des Senders stellte und das andere Glas mit den lediglich mit normalem Was-

Abb. 70

Erbsen auf dem Skalarwellen-Empfänger

ser feucht gehaltenen Erbsen auf die Flachantenne des Empfängers und die biologische ‘Information’ der Gibberellinsäure dadurch via Skalarwellen zu den Erbsen ‘transportieren’ ließ. Hier siehst du, wie die Erbsen im Glas auf der Flachantenne des Empfängers stehen.“ Stefanie zeigte mir ein Foto mit dem Glas auf einer elektronischen Platine (Abb. 70).

„Ich gebe zu, das Foto ist nicht der Knüller, aber ich habe für die Dokumentation nun wirklich nicht viel Zeit gehabt. Ich hatte das Ganze ja auch erst einmal nur als eine Art Vortest gesehen, einfach mal vor lauter Neugier, ob so eine verrückte Idee nicht doch klappen könnte.“ Stefanie glühte immer noch vor Begeisterung.

„Und? Was kam raus? Spann mich nicht so auf die Folter!“

Aber Stefanie ließ sich den Triumph nicht nehmen.

„Na, was denkst du? Hat es geklappt oder nicht?“, versuchte sie die Spannung noch eine Weile auszukosten.

„Ich könnte mir denken, es hat geklappt und die Information der GA wurde sozusagen ‘durch die Luft’ auf die Erbsen übertragen. Also sag schon, was kam denn nun raus?“

„Stimmt, es hat geklappt, nach 46 Stunden Bewellung durch das Skalarwellengerät – wobei Sender und Empfänger natürlich in Resonanz standen – waren die Erbsenwurzeln im Mittel auf 13,6 mm gewachsen, während die unbewellte Kontrolle nur rund die Hälfte erreicht hatte, nämlich 6,9 mm. Zuerst freute ich mich natürlich maßlos über diesen Effekt von fast 100%. Dann wurde ich nachdenklich, und mir fiel auf, daß der Versuch in einem Punkt noch unvollständig war. Der Effekt der Bewellung besteht ja tatsächlich aus zwei Komponenten, einmal natürlich der Information der GA, zum anderen hätte aber auch die Skalarwelle, also der pure Vorgang der Bewellung einen rein energetischen Effekt auf die Erbsen gehabt haben können. Das galt es noch auszuschließen. So ließ ich wieder die gleiche Anzahl Erbsen unter den identischen Bedingungen vom Skalargerät bewellen. Auch diesmal gab es einen Effekt, was bei genauerer Betrachtung gar nicht so erstaunlich ist.

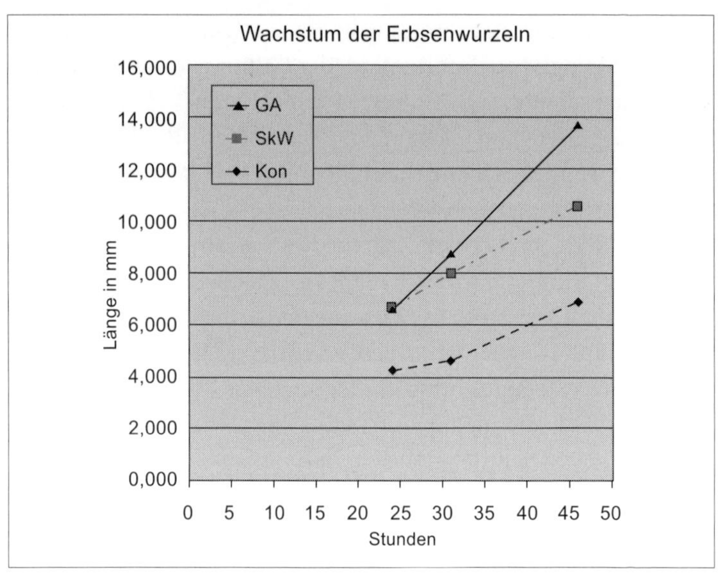

Abb. 71 Ergebnisse eines einfachen Versuchs mit Skalarwellen, sowie skalarwellen-modulierter spezifischer GA-Information auf keimende Erbsenwurzeln

Die Zellen brauchen ihrerseits ja ebenfalls Energie, die sie normalerweise über die Photosynthese herstellen. Wäre es da so verwunderlich, wenn sie auch auf die Energie von Skalarwellen reagieren? Das Ergebnis kannst du hier sehen.“ Stefanie schob mir einen Graphikausdruck hin. (vgl. Abb. 71)

„Die unterste Kurve stellt die Erbsen-Kontrolle dar, also ohne jegliche Information und Bewellung. Sie ergibt nach 46 Stunden einen (vorläufigen) Endwert von 6,9 mm im Durchschnitt aller Erbsen. Die mittlere Kurve zeigt die Reaktion der Erbsen nach 46 Stunden reiner Skalar-Bewellung, wobei auf der Sender-Spule kein Gläschen mit einer GA-Lösung stand, sondern nur die Resonanz zwischen Sender und Empfänger eingestellt war.

Hier ergab sich nach etwa 46 Stunden ein Endwert von 10,6 mm durchschnittlicher Länge der Erbsenwurzeln. Die dritte, die am weitesten oben liegende Kurve zeigt schließlich den Gesamteffekt von spezifischer GA-Information und energetischem Anteil der Skalarwelle durch den Bewellungsvorgang. Der Endwert nach 46 Stunden betrug hier durchschnittliche 13,7 mm Wurzellänge. Der rein energetische Steigerungseffekt der Bewellung ist also vorhanden, und er betrug im Versuch fast 54%, wie man leicht ausrechnet. Gegenüber diesem Niveau bewirkt die zusätzlich aufmodulierte GA-Information nochmals eine Steigerung von fast 30%, während der Gesamteffekt aus energetischem und Informations-Effekt, also von 6,9 mm auf 13,7 mm fast 100% beträgt", erläuterte Stefanie. „Wage es nicht, jetzt die Signifikanz in Frage zu stellen", feixte sie, „es waren bei diesem Erstversuch nur 12 Erbsen je Ansatz beteiligt, viel zu wenige also für eine gute Statistik, und zwar deswegen, weil es schwierig war, auf dem engen Raum mit einem größeren Glas zu arbeiten. Natürlich sind die Standardabweichungen da noch etwas hoch. Sie lagen bei 3,2 bzw. 5 mm. Zugegeben, der Versuch ist wirklich noch nicht perfekt, aber er zeigt doch schon einiges. Wir könnten mit Montagnier und den anderen Experimentatoren gleichziehen, die Meyl in seiner Dokumentation erwähnt."

„Jetzt bin ich wirklich platt. Soweit ich mich erinnere, wolltest du doch gar keine Versuche in dieser Richtung mehr machen, und jetzt bestellst du dir sogar ein Skalarwellen-Gerät von Meyl, um diese Versuche nachzuvollziehen. Und erst die Ergebnisse. Ich bin echt platt", konnte ich da nur sagen.

„Das ist doch jetzt eine andere Sachlage. Verstehst du? Bisher konnten wir nur wegen des Hinweises, daß Radionikgeräte eine Skalarantenne besitzen, folgern, daß die Informationen, die wir dort als Affirmationen eingegeben hatten, über diesen Wellenweg zum Bestimmungs-'Ort'gelangten, zum Zielobjekt. Mit diesem Versuch ist jetzt schlüssig gezeigt, daß solche Informationen, sozusagen 'huckepack' auf die Skalarwellen moduliert, am Wirkort ihre im natürlichen Kontext vorhandene Wirkung auch tatsächlich ausüben, ganz genau so, als hätte ich die Erbsen in der GA-Lösung gebadet. Schließlich haben die Erbsen ja die GA-Information aufgenommen und auch gegenüber der rein energetischen Bewellung nochmals zusätzliches Wachstum entfaltet. Biologische Informationen können also offenbar Skalarwellen so modulieren, daß der Kern der 'Botschaft' am Zielort genau dieselbe Wirkung zeigt, als wenn das biologisch effektive Molekül direkt physisch anwesend gewesen wäre. Dieser Sachverhalt würde nicht nur meine Kollegen kopfstehen lassen, hier wäre auch ein weiterer Beleg, sozusagen eine Erhärtung unseres Erklärungs-Modells des QTX, auf welchem Wege denn die vom QTX abgegebenen Informationen beim Zielobjekt wirken. Und Meyl hat mit seinem DNA-Buch wesentliche Bausteine für diese Erklärung geliefert." (Meyl, DNA 2010)

„Super!" Ich klatschte in die Hände, um Stefanie zu zeigen, daß ich vollends überzeugt war. „Ich bewundere, was du da in vierzehn Tagen, neben Job und Tagung, so alles erreicht hast. Ich bin ehrlich baff. Chapeau!"

„Hau nicht so aufs Blech", Stefanie war wieder ganz die Alte. „Du weißt genau, daß da noch eine Menge Arbeit zu leisten ist. Aber das hatten wir schon, und wir haben's auch hinter uns gebracht. Ich muß wirklich sagen, ich bin nicht nur stolz auf das, was da herauskam, ich konnte kaum erwarten zu sehen, wie überrascht du sein würdest. Ich habe mich schon drauf gefreut, dein Gesicht zu sehen, wenn ich dir diese Erstlings-Ergebnisse vorführe. Da gibt es aber natürlich noch eine Menge herumzupfriemeln, denn die Resonanz zwischen Sender und Empfänger wird natürlich auch leicht gestört, wenn du beispielsweise zu viel Wasser im Gläschen hast oder die Position nicht genau einstellst. Aber dies so einzujustieren, daß die Resonanz stabil bleibt, das macht auch Spaß. Natürlich ist das nur eine Art Vorversuch. Weitere Versuche sind absolut notwendig, um Reproduzierbarkeit und Signifikanz zu dokumentieren."

„Das ist also wirklich der Schlußstein in unserem Erklärungsgebäude, an dem wir jetzt seit einigen Monaten herumbasteln.“[30]

Stefanie sah mich einen Augenblick irritiert an. „Der Schlußstein?“, fragte sie mit einer ungläubigen Miene. „Nein der Schlußstein ist das nicht, höchstens der Abschluß eines Erkers.“

„Wie meinst du das?“ Jetzt wurde ich doch noch mal neugierig.

„Hast du die vielen Stationen unserer Diskussionen vergessen, die wir passiert haben und die uns zu signalisieren schienen, daß da ein tieferes Geheimnis verborgen ist, tiefer als wir es mit unseren Argumenten erschließen konnten? Mir scheint eher, wir haben bisher nur an der Oberfläche der Phänomene gekratzt. Mit unseren Ausflügen in die Quantentheorie, über die neue Physik eines Burkhard Heim, die merkwürdigen Unstimmigkeiten beim Erhaltungssatz der Materie und der Masse, die Volkamer aufgedeckt hat und zu einer Theorie verarbeitete, bis zu den phänomenalen Funden und theoretischen Erweiterungen durch Konstantin Meyl mit seinen Skalarwellen haben wir uns zwar bemüht, den Rahmen einer schlüssigen physikalischen Erklärung auf Phänomene auszudehnen, die von den Naturwissenschaftlern bisher nur allzu nonchalant ins Reich der Esoterik verbannt wurden. Aber wir haben dabei – so glaube ich – wirklich nur an der Oberfläche gekratzt. Wir haben damit nicht den wahren Kern erfaßt, und ich frage mich auch, ob wir mit diesen Methoden ‘das Eigentliche’ überhaupt berühren, geschweige denn ‘erklären’ können.“ Stefanie lehnte sich zurück und schien nach Worten zu suchen, um auszudrücken, was ihr vorschwebte.

30 Diese Versuche sind später unter strengen wissenschaftlichen Rahmenbedingungen und statistischen Kriterien erfolgreich fortgeführt worden und erhärteten den angesprochenen Zusammenhang. Sie sind inzwischen in einem internationalen Journal publiziert. Vgl. Meyl, K. and Schnabl, H.: *Biological Signals Transmitted by Longitudinal Waves Influencing the Growth of Plants.* In: *ABBE 2014 – Advances in Bioinformatics, Biotechnology and Environmental Engineering*

Abb. 72 Fußspuren im Sand – Wer war hier?

„Was wäre denn 'das Eigentliche'?", wagte ich nach ein paar langen Sekunden Schweigen den Faden wiederaufzunehmen, in der Hoffnung, sie gedanklich nicht zu weit vom Thema abzubringen. Statt einer Antwort zog Stefanie ein Blatt Papier heraus, auf dem ein zurechtgeschnittenes Foto aufgeklebt war. (Abb. 72)

„Was siehst du da?", fragte sie provozierend.

„Fußspuren im Sand, die möglicherweise in ein paar Sekunden von den Wellen weggespült werden", versuchte ich möglichst unprätentiös zu antworten. Es wurde wirklich spannend. Worauf wollte Stefanie bloß hinaus?

„Ok, aber das beschreibt nur, was du unmittelbar siehst. Nun denk mal an den Moment davor, was war da, als die Fußspuren entstanden?"

„Offenbar ist da jemand gegangen, sonst wären die Spuren nicht hier. Übrigens, wo hast du das Bild her?"

„Lenk nicht ab. Das Bild hast du bei unserem letzten Lanzarote-Aufenthalt selbst gemacht. Schon vergessen? Du hättest schon durch die etwas rötliche Färbung des Strandes darauf kommen können. Ich habe es aus dem Fotoalbum herausgenommen und ein bißchen zugeschnitten. Ich wollte das Hotel im Hintergrund verschwinden lassen, damit der hinter den Spuren stehende Gedanke besser sichtbar wird. Ich habe das Foto ausgewählt, weil es meines Erachtens in tiefgründiger und gleichzeitig ganz einfacher Weise die verschiedenen Ebenen der Verursachung spiegelt. Wenn die Wellen die Spuren so verwaschen, daß sie nach der zweiten oder dritten Welle verschwunden sind, dann ist das sozusagen ein Naturgeschehen, das den Naturgesetzen unterliegt, die wir zwar nicht immer voll 'verstehen', deren Wirken wir aber wenigstens soweit nachvollziehen können, wie wir diese Gesetze zu verstehen glauben. Ganz anders ist die Sphäre der Verursachung, die ich mit diesem Bild zu erhaschen versuche: Hier ist zuvor jemand gegangen. Dieser Jemand muß einen Körper mit Füßen gehabt haben, denn dieser Körper hat offensichtlich mit dem Sand auf eine Weise interagiert, daß genau diese Spuren entstanden sind. Doch der Körper selbst ist nicht mehr da, er hat statt dessen seine 'Spuren' im wörtlichen wie im übertragenen Sinne hinterlassen, als eine Art Botschaft: 'Hier war jemand!'"

„Ich verstehe immer noch nicht, worauf du hinaus willst", unterbrach ich Stefanie.

„Gleich. Warte noch einen Moment. Nun stell dir noch die Frage, *warum* oder *wozu* dieser Jemand hier den Strand entlang ging."

„Nun, vielleicht hatte er Lust zu einem Spaziergang, oder er war ein Fan von Sonnenuntergängen, ein Ästhet, der die Schönheit der Natur liebt", antwortete ich, um Stefanie nicht zu sehr in ihrem Gedankengang zu bremsen.

„Sehr gut. Und nun vergleich mal den Kern bzw. die Kategorie dieser Antwort mit der vorhergehenden Begründung, warum die Spuren wieder weggewaschen werden. Ist es auch ein Naturgesetz, am Strand entlangzulaufen und den Sonnenuntergang zu genießen? Ein Materialist würde wahrscheinlich sagen: 'Ja, selbstverständlich. Alles ist Materie und deshalb materialistisch.' Die moderne Quantenphysik ist immerhin schon so weit zu sagen: 'Es gibt keine Materie. Alles ist Schwingung'. (Dürr 2012) Haben wir nicht im letzten Versuch gesehen, daß sogar eine molekulare Struktur-Information, huckepack auf Skalarwellen draufmoduliert, am Wirkort ganz 'materiell' wirksam werden kann? Worauf es mir bei der Aussage dieses Bildes aber vor allem ankommt, ist, daß die Kategorien der Ästhetik ebenso wie des Genießens und des Wollens bzw. der Intention keine Kategorien naturwissenschaftlicher Gesetze sind, sondern Äußerungen von etwas, das ich als 'Geist' bezeichnen möchte, im Sinne einer letzten 'Verursachung', soweit es die Verursachungsmöglichkeiten eines Menschen anbelangt. Und das ist in meinen Augen etwas völlig anderes, als naturwissenschaftliche Gesetzmäßigkeiten es erfassen können. Denn die können immer nur die 'Spuren' analysieren und auch nur auf der Ebene der Spuren miteinander wechselwirken lassen. Der 'Verursacher' ist schon wieder ganz woanders. Nur seine Spuren sind noch da, und diese sind jetzt natürlich den Gesetzen der Natur unterworfen."

„Hm, das klingt sehr interessant. Aber was könnte dies denn jetzt für den Kontext unserer Versuche bedeuten, das QTX besser zu verstehen?", fragte ich zurück.

„Du hast anscheinend schon vergessen, was wir hier vor ein paar Wochen im Zusammenhang mit deinem Basisschema der QTX-Anwendung diskutiert haben (vgl. Abb. 47, S. 202) und dabei wohl auch gleich die These, die du damals formuliert hast:

> *Die* ***Intention*** *des Anwenders und die des Zielobjekts zusammen sind stärker als das Beharrungsvermögens des Problems* (vgl. S. 204).

„Was im Moment etwas verloren gegangen ist über all der Diskussion der physikalischen Realisation des Pfeils c in deiner

Graphik, (Abb. 47) sind die Pfeile a, b und d zwischen dem Anwender, dem Zielobjekt und dem QTX. In den drei Pfeilen versteckt sich etwas, das Tompkins und Bird in ihrem fantastischen Buch über *Das geheime Leben der Pflanzen* für ganz verschiedene Fälle immer wieder herausgestellt haben. Das kommt übrigens schon im Untertitel des Buches zum Ausdruck: *Pflanzen als Lebewesen mit Charakter und Seele und ihre Reaktionen in den physischen und emotionalen Beziehungen zum Menschen*. Wenn du zurückdenkst an die Erfahrungen, die Marcel Vogel mit seiner medial begabten Bekannten gemacht hat, die ihre bloße Absicht in verschiedener Weise auf zwei abgerissene Blätter gerichtet hatte, einmal auf eine liebevolle Weise auf das Blatt auf ihrem Nachttisch, das daraufhin einige Wochen überlebte und dagegen das Nichtbeachten des anderen, das sie auf den Wohnzimmertisch gelegt hatte und die ganze Zeit über ignorierte. Dieses Blatt war in kürzester Zeit vertrocknet. Marcel Vogel konnte den Versuch für sich selbst mit dem gleichen Erfolg wiederholen. Und ihm war auch aufgefallen, daß seine Studenten die Pflanzen-Versuche, die er selbst erfolgreich durchgeführt hatte, oft nicht zum Erfolg führen konnten, weil ihnen – so seine Interpretation – die Empathie für das Versuchsobjekt fehlte. Ihm aber gelang es, seine Pflanzen zur Zusammenarbeit zu 'überreden', sodaß sie mitmachten. Und erinnerst du dich nicht mehr an unsere eigenen Versuche mit den Stomata, wo ich dasselbe probiert hatte, mit einem für mich überwältigenden Erfolg? Die Empathie mit dem Zielobjekt, gepaart mit Absicht, das ist das Stichwort, auf das es hier ankommt. Sie setzt ein Subjekt mit Bewußtsein voraus, und genau das ist es, was – wenigstens in meinen Augen – das Bild mit den Fußspuren im Sand signalisiert: 'Da ist ein Bewußtsein in einem Körper am Strand entlanggeschlendert und hat eine Spur hinterlassen'. Die 'Spur' des Bewußtseins im QTX ist die Affirmation – denn ohne das Bewußtsein des Anwenders gelangt keine einzige Affirmation 'in das Gerät' –, die anschließend mittels Skalarwellen zum Zielobjekt getragen werden könnte. Und ohne die Empathie, mit der der Anwender seine Affirmation auf das Zielobjekt projiziert, wird sich die Affirmation kaum realisieren. Auch dafür gibt es genügend Hinweise. Was ich mit diesen Worten sagen will: Ohne Empathie, ohne Affinität des Anwenders gegenüber dem Zielobjekt wird das QTX vielleicht irgend etwas produzieren, aber es ist unwahrscheinlich, daß es das ist, was das Zielobjekt 'wünscht'. Das QTX ist nur der Bote, die eigentliche Botschaft kommt vom menschlichen und hoffentlich empathischen Subjekt, vom Anwender, der das Gerät bedient und dabei die Intention hat, zum 'höchsten Wohle des Ganzen' zu agieren."

„Das war ja wirklich noch mal ein Wort zum Sonntag. Ich weiß, daß du vollkommen recht hast. Auch damit, daß wir uns mit unserer Spurensuche danach, wie das Signal vom QTX zum Zielobjekt kommt, um dort wirksam zu werden, wohl zu sehr auf den physikalischen Zweig des Vorgangs konzentriert haben. Aber du willst jetzt nicht sagen, daß das QTX eigentlich überflüssig ist, denn wenn das Subjekt nicht nur der absolute Anfang der Realisationskette ist, der eigentliche Verursacher, wozu brauchen wir dann noch ein QTX? Oder wie?"

Stefanie stutzte einen Moment. „Wenn ich mal einen Moment radikal denke, müßte ich sagen: Stimmt, brauchen wir nicht! Aber bleiben wir ruhig auf dem Teppich. Zwar gibt es sicher Menschen, die eine so große mediale Begabung haben wie die Freundin von Marcel Vogel, die das eine Blatt für lange Zeit überleben ließ, oder den Heilpraktiker bei Volkamer, der durch das bloße Darüberhalten seiner Hände das Gewicht eines Testkolbens erhöhte und hinterher aus vier Metern Entfernung im Nebenzimmer das Gewicht wieder absinken ließ, sogar unter den Ausgangswert. Solche Menschen brauchen vielleicht kein QTX. Aber der Rest der Menschheit erlebt im QTX bei sachgerechter und ethischer Anwendung eine Verstärkung seiner Intentionen, die sich ohne Hinzunahme des QTX nicht so effektiv realisieren ließe wie mit diesem Gerät. Darüber hinaus wiederholt das QTX die Affirmationen unermüdlich in regelmäßigen Abständen, womit eine Person im normalen Alltagsleben wohl hoffnungslos überfordert wäre. In meinen Augen ist das QTX ein wundervoller Verstärker unserer natürlichen *wishcraft*, eine Art Wunschmaschine, die aber nichts aus sich selber tut. Sie erinnert mich in dieser Hinsicht an diese modernen Kraftroboter, die einem Menschen an den Körper geschnallt werden und leiseste Bewegungen der Person wahrnehmen, diese dann aber mit übermenschlicher Kraft umsetzen, sodaß die Person tonnenschwere Steine mit Millimeterpräzision heben oder versetzen kann. Auf einen solchen Helfer möchte ich nicht gerne verzichten, wenn ich ihn brauchen sollte. Und wir sollten den Herstellern dankbar sein, daß sie so ein Gerät geschaffen haben, das bei 'richtiger' Anwendung womöglich wahre Wunder wirken kann."

„Amen", konnte ich da nur sagen, „oder bekommst jetzt etwa du von irgendwem Prozente?" Stefanie lachte.

Epilog

Ich habe so viele Leichen seziert
und nie eine Seele gefunden.

Rudolf Virchow

Es gibt kein größeres Sakrileg
als den Umsturz eines Weltbildes.

M. Wingert

Die Wahrheit ist eine Tochter der Zeit.

Aulus Gellius, Noctes Atticae

Wir sind am Ende dieser Geschichte angelangt. Es war ein weiter Weg, den wir gegangen sind. Sie erinnern sich: Uns kam es primär auf eine Frage an:

Kann der Geist die Materie beeinflussen?

Mit unseren Experimenten haben wir uns selbst davon überzeugt, daß das zutrifft, zumindest für 'belebte' Materie. Immer hat uns aber dabei der imaginäre Wissenschaftlerkollege über die Schulter geschaut, und wir haben uns gefragt, ob das Ausmaß der erzielten Signifikanz eines Experiments ausreichte, um diesen imaginären Kollegen zu überzeugen. Signifikanz scheint indes immer nur innerhalb eines akzeptierten wissenschaftlichen Paradigmas ein überzeugendes Argument zu sein. Unsere Hauptfrage aber thematisiert einen außerhalb des gegenwärtig gültigen Paradigmas liegenden Zusammenhang. Nach diesem Paradigma gibt es den Geist gar nicht, denn unsere Wissenschaften sind in dieser Hinsicht vollkommen materialistisch verfaßt. Dies ist die Folge eines langen Weges, den unsere Wissenschaften, beginnend mit Galileo Galilei über Newton, Darwin, Virchow und schließlich über die moderne Physik sowie die Medizin genommen haben.

Vor allem die Physik war dabei tonangebend, und aus Galileis Axiom, 'nur Meßbares' in den wissenschaftlichen Kanon aufzunehmen, was als Forschungsmaxime zunächst vollkommen akzeptabel und fruchtbar war, wurde im Laufe der Jahrhunderte und im Zuge der philosophischen Auseinandersetzungen zwischen den eher materialistisch orientierten Naturforschern und den Vertretern des Idealismus und der eher philosophisch orientierten Fächer ein Dogma, das in der Gegenwart nicht nur den scharfen Gegensatz zwischen den Geisteswissenschaften und den Naturwissenschaften kennzeichnet, sondern auch gesellschaftlich zum schlechthin dominierenden Konzept geworden ist. Wird in einer Wissenschaft ein neuer Sachverhalt entdeckt, der sich zunächst vielleicht nur in diesem einen Wissenschaftszweig als fruchtbarer Denkansatz herausstellt, so wird er schon bald auf andere Wissenschaften übergreifen. Das ließ sich sehr gut in den fünfziger Jahren beobachten, als die 'Entdeckung' der Kybernetik, deren Wurzeln eigentlich bis wenigstens 1920 zurückreichen, durch Norbert Wiener und seine für den Zweiten Weltkrieg wichtigen Raketenprogramme populär wurde und alsbald in den verschiedensten Wissenschaftsbereichen zunehmend Anwendung fand. Schließlich wurde aus der Kybernetik die Allgemeine Systemtheorie, die noch heute ihren Platz in so gut wie allen Wissenschaften behauptet, sogar bis hinein in die Philosophie.

Ein Parallelfall zeigte sich zu Beginn der 70er Jahre des Zwanzigsten Jahrhunderts mit der Entdeckung der Chaostheorie. Während zu Beginn ihrer Entwicklung ihre Protagonisten noch

Arbeitsplatz und Karriere riskierten, wendete sich das Blatt im Laufe eines Jahrzehnts, und heute hat die Chaostheorie einen festen Platz in den verschiedensten Wissenschaftsbereichen gefunden, von der Molekularbiologie über die Physik bis hin zur Soziologie.

Beide genannten wissenschaftlichen Innovationen hatten zunächst gewisse Widerstände zu überwinden, fügen sich jedoch letztlich immer noch in das Grundparadigma des naturwissenschaftlichen Materialismus ein. Es ist damit auch nachvollziehbar, daß ein 'fruchtbares wissenschaftliches Konzept', wie auch Galileis Axiom eines war, große Chancen hat, das Terrain einer Wissenschaft zu erobern und für sich zu beanspruchen. Das im Jahre 1743 erschienene Buch von Julien Offray de LaMettrie mit dem Titel *L'homme machine* (Der Mensch als Maschine) kann deshalb im Nachhinein als Manifest einer sich anbahnenden 'Übernahme' der Wissenschaften durch die materialistische Maxime interpretiert werden, deren Siegeszug nach 1850 als vollendet anzusehen war. Lediglich der 'Deutsche Idealismus' leistete noch heftigen Widerstand, kämpfte aber nur noch aus dem 'Elfenbeinturm' seiner philosophischen Bastion heraus, während die 'realen' Wissenschaften angesichts der von ihnen bewirkten immensen technologischen Fortschritte und der hieraus erwachsenen Bedeutung für die Wirtschaft das Eroberungsgebiet des Materialismus blieben und bis heute geblieben sind.

Der Ausgangspunkt dieser Entwicklung, das Galilei'sche Axiom, ist die wichtigste Absicherung der Realwissenschaften dagegen, Irreales oder als 'nichtexistent' Definiertes in eine Theorie aufzunehmen, wodurch der Beliebigkeit Tür und Tor geöffnet würden. Mit dem Einzug solcher Beliebigkeit wäre dann auch die exakte Wissenschaft gescheitert, denn Erkenntnisse und Theorien mit wissenschaftlichem Anspruch beinhalten automatisch, daß sie sich auf etwas Reales beziehen müssen, das sich deshalb stets reproduzierbar testen lassen muß. So sehr dieser Anspruch gerechtfertigt ist, so sehr stößt der Versuch, ihn umzusetzen und durchzuhalten doch auch an Grenzen.

Dazu möchten wir gerne eine Metapher zitieren, die der Atom-Physiker und ehemalige Direktor des Werner-Heisenberg-Instituts (MPI) Hans Peter Dürr einmal auf einer Tagung zum Besten gab:

Ein Fischer kommt überglücklich in seine Stammkneipe und erzählt seinen Kollegen, er habe nun endgültig herausgefunden, daß es keine Fische gäbe, die kleiner als fünf Zentimeter seien. „Und wie groß ist die Maschenweite deines Netzes?", fragte ihn einer. „Na – wie bei euch auch, fünf Zentimeter", war seine Antwort.

Darauf fuhr Dürr fort: „Leider weiß die Physik noch nicht, daß sie auch mit 'Netzen' arbeitet. Jedes Experiment ist im Prinzip nichts anderes als ein Netz, das man über die sogenannte Realität wirft, aber da bleibt nur das darin hängen, was die Netze auch herausfischen können."

Die Metapher zeigt eindrücklich, wo die Grenzen aller Wissenschaften verlaufen. Der 'Fischzug' ist also immer mit einem Fragezeichen zu versehen: Ist das Netz auch adäquat? Dies gilt in jüngster Zeit offenbar besonders für die Entwicklungen in der Physik, die sich nach Ansicht einiger ihrer Kritiker (Unzicker 2012, Smolin 2009) in eine Sackgasse manövriert hat. Heisenberg drückte es so aus: „Die Ontologie des Materialismus beruhte auf der Illusion, daß man die Art der Existenz, das unmittelbar Faktische der uns umgebenden Welt, auf die Verhältnisse im atomaren Bereich extrapolieren könne." (Heisenberg 2011)

Uns als Nichtphysikern steht es hier nicht an, die Physik zu kritisieren, wohl aber können wir herausstellen, welche Konsequenzen dies für die restlichen Wissenschaften einerseits und damit andererseits auch für die Zukunft des Erkenntnisprozesses der ganzen Menschheit hat.

Verharrt die Physik in ihrem einseitig materialistischen Dogma, dann werden auch andere Wissenschaften sich kaum von diesem Anspruch befreien können, einfach weil das herrschende reduktionistische Schema mehr oder weniger jede Wissenschaft weiter auf die Physik rekurrieren läßt. Dies hat einen besonders gravierenden Einfluß auf jene Wissenschaften, die mit Lebewesen zu tun haben, wie die Biologie oder die Medizin, welche es dringend nötig hätten, explizit den Aspekt 'Bewußtsein' oder 'Geist' in ihren Theoriegebäuden zu berücksichtigen.

In den Zwanziger Jahren des letzten Jahrhunderts waren die Physiker, die sich gerade erst mit dem Mysterium der Quantentheorie konfrontiert sahen, hin- und hergerissen zwischen der materialistischen Sicht auf dieses Phänomen einerseits und der – anzweifelbaren – Erkenntnis, das Ergebnis ihrer Experimente hänge vom Bewußtsein des Experimentators ab. Von Heisenberg ist aus dieser Zeit der folgende Aphorismus bekannt: „Der erste Trunk aus dem Becher der Naturwissenschaft macht atheistisch, aber auf dem Grunde des Bechers wartet Gott."

Über eine ähnliche Haltung wird auch von anderen Physikern dieser Zeit berichtet. Doch die auf Galileis Axiom zurückgehende Kopenhagener Deutung hat, wie wir heute feststellen müssen, gesiegt – vorerst. Vielleicht ist die Aufgabe der Integration des Bewußtseins in die Physik angesichts ihrer derzeitigen Verfassung nicht zu meistern. Der Mainstream glaubt auf einer ausschließlich materialistischen Sicht der Welt beharren zu müssen, weil er fürchtet, anderenfalls das Fundament der Realität zu verlieren. Dabei geht er mit dieser Realität schon heute recht 'großzügig' um: So werden Quarks oder auch Strings als existente Teilchen postuliert, obwohl sie nicht meßbar sind oder wie die Quarks niemals singulär auftreten. Wenn wir also in der Physik offenbar mehr und mehr durch indirekte Schlüsse in Kombination mit konsistenter Mathematik 'reale Zusammenhänge' herstellen, dann ließe sich fragen, warum – da es keine Meßinstrumente für sie gibt

– denn nicht auch bei der Integration der Phänomene Geist und Bewußtsein indirekte Schlußverfahren und indirekte Beweise zugelassen werden könnten, die – wie unsere Experimente zeigen – dem Komplex Geist/Bewußtsein den Status des Realen einräumen.

Freiheit und Liebe sind zwei genuine Eigenschaften des menschlichen Bewußtseins, die sich weder messen noch sonst irgendwie materiell fassen lassen. Trotzdem wird kein normaler Mensch daran zweifeln, daß es sie gibt. Die Akzeptanz ihrer Existenz zeugt von der Realität des Geistes bzw. des Bewußtseins. Nach materialistischer Auffassung jedoch sind sie lediglich ein Epiphänomen der Materie oder, im Falle etwa der Liebe, das Ergebnis eines biochemischen Prozesses. Wir, die Autoren, glauben, daß insbesondere diese letzte Kontrastierung für sich selbst spricht und jede weitere Argumentation in diese Richtung sich als gegenstandslos erweist.

Wer sich den ursprünglichen Zielen der Aufklärung im weitesten Sinne verpflichtet fühlt, der kann kaum umhin, sich dem Mainstream in diesem Punkte zu verweigern und daran zu appellieren, die entsprechende Haltung, die sich als Dogmatismus äußert, zu überdenken. Man kann niemanden zwingen, eine bestimmte Einsicht anzunehmen, das obliegt ausschließlich der Freiheit der jeweiligen Person selbst. Aber man kann im Sinne des Mottos 'steter Tropfen höhlt den Stein' immer wieder darauf verweisen, daß zum Menschsein Geist und Bewußtsein, Freiheit, Liebe, Freude, Verstehen und Vertrauen gehören, um beispielhaft nur einiges zu nennen, ebenso wie der Drang nach Erkenntnis, dem sich gerade eine dogmatische Vorgehensweise als größtes Hindernis in den Weg stellt.

In Sinne der hier beschriebenen und vertretenen Offenheit gegenüber der Realität ebenso wie gegenüber andersdenkenden Wissenschaftlern und Theorien hoffen wir, mit diesem Buch ein paar Tropfen zum 'Höhlen des Steins' beigetragen zu haben. Wir hoffen, daß unsere Experimente, insbesondere jenes, das die überwältigende Reaktion der Stomata auf die in den Affirmationen formulierte Zuwendung manifestierte (vgl. S. 145ff), unsere Leserinnen und Leser ebenso berührt haben wie uns selbst. Es gibt keine Meßwerte für Gefühle wie Freude, Liebe oder Vertrauen, wir können sie nur leben und damit *sein*. Die Erfahrung zeigt, daß die belebte (und vielleicht auch die unbelebte) Materie auf diese unsere Einstellung, unsere Haltung, unsere Zuwendung ihr gegenüber unmittelbar antwortet. Wir können in geistige Kommunikation mit ihr gehen, das schafft Resonanz mit ihr. Auf diese Weise könnten wir voneinander lernen, uns gegenseitig zu verstehen und miteinander in Achtsamkeit und gegenseitiger Achtung zu leben. So gäben wir uns gegenseitig innere Ruhe und Harmonie und hieraus folgend mehr Frieden, den die Welt heute und immer schon so dringend benötigt. Auf der geistigen Ebene entstünde die Option eines Lebens, in dem Freude, Liebe und Hinwendung zu anderen Menschen, zu unserer Erde, zu ihren Pflanzen und zu ihren Tieren einen höheren Stellenwert hätte, als es derzeit der Fall ist. Haben wir den Mut zu einem Leben auf dieser Ebene, so erhalten wir ganz neue Antworten, wir würden gleichsam selbst zu Bioindikatoren im Sinne der Definition dieses Begriffs (siehe Prolog, S. 13). Wir hätten dann die Chance in einem System von Ideen-Erzeuger und Antwort-Geber, in einem veränderten System von Ursache und Wirkung zu existieren, in dem Kommunikation und Eins-Sein dominieren. Denn wir sind letztlich alle geistig verbunden und können letztlich auch nur in wechselseitiger Abhängigkeit und gegenseitiger Achtung leben, zum Wohle unseres gemeinsamen Überlebens.

Für diese 'letzten' Erfahrungen bleibt jedoch nur noch Schweigen, weil „das Tao eben niemals ganz gesagt werden kann", und hier wäre nochmals der oben schon einmal zitierte Spruch Heisenbergs vom „Grund des Bechers, auf dem Gott wartet" angebracht.

Wir glauben, daß zu den großen Aufgaben der heutigen Zeit auch gehört, Wissenschaft und Spiritualität (im weitesten) Sinne zu versöhnen, weil dies zum Besten einer ganzheitlich denkenden und fühlenden Menschheit gehört. Wir sollten uns diese Ganzheitlichkeit nicht von einem nicht mehr ganz zeitgemäßen materialistischen Denken verwehren lassen.

Literaturliste

Anderson, J.D. u. a. (2002): Study of the anomalous acceleration of Pioneer 10 and 11. Phys. Rev. D65, p. 082004 ff.

Audretsch, J. (2008): Die sonderbare Welt der Quanten. Eine Einführung. München

Backster, C. (1968): Evidence of a Primary Perception in Plant Life. In: International Journal of Parapsychology Vol. 10/4, p. 329-348

Bell J.S. (1964): On the Einstein-Podolsky-Rosen Paradox. Physics I, p. 195ff

Bell, J.S. (1988): Speakable and Unspeakable in Quantum Mechanics. Cambridge

Bischof, M. (2001): Biophotonen – Das Licht in unseren Zellen. Ffm.

Bischof, M. (2004): Tachyonen, Orgonenergie, Skalarwellen. Feinstoffliche Felder zwischen Mythos und Wissenschaft. 2. Aufl., Aarau

Bohm, D., Factor, D.(1988): Die verborgene Ordnung des Lebens. Grafing

Braden, G. (2003): Der Jesaja Effekt. Burgrain

Braden, G. (2008): Der Realitäts-Code. Wie Sie Ihre Wirklichkeit verändern können. Burgrain

Braud, W.G. (1990): Distant Mental Influence of the Rate of Hemolysis of Human Red Blood Cells, in: Journal of the American Society for Psychical Research 84, pp.1 - 24

Buengner, P. v. (2009): Instrumentelle Biokommunikation mit Quantec. Altkirchen

Buttlar, J.v., Meyl, K. (2007): Neutrinopower. Marktoberdorf

Chiao, R.Y., Kwiat, P.G., Steinberg, A.M. (1993): Schneller als Licht? Spektrum d. Wissenschaft 10/1993

Close, F. (2009): Das Nichts verstehen. Die Suche nach dem Vakuum und die Entwicklung der Quantenphysik. Heidelberg

Diemer, A. (2011): Die fünf Dimensionen der Quantenheilung. München

Dürr, H.P. (2010): Geist, Kosmos und Physik. Gedanken über die Einheit des Lebens. Amerang

Dürr, H.P. (2012): Es gibt keine Materie. Amerang

Einstein, A. (1920): Äther und Relativitätstheorie. Vortrag an der Reichs-Universität Leiden. Berlin

Einstein, A., Podolski B. and Rosen, N. (1935): Can Quantum-Mechanical Description of Physical Reality Be considered complete? in: Physical Review, 47, May 1935

Emoto, M. (2002): Die Botschaft des Wassers. Burgrain

Enders, A., Nimtz, G. (1993a): Photonic-tunneling experiments. Phys. Review B, Vol. 47, No 15, p. 9605ff

Enders, A., Nimtz, G. (1993b): Evanescent-mode propagation and quantum tunneling. Phys. Review E, Vol. 48, No. 1, p. 632f

Feynman, R.P. (2009): QED. Die seltsame Theorie des Lichts und der Materie. München

Feynman, R.P. (2012): Vom Wesen physikalischer Gesetze. München

Fosar, G., Bludorf, F. (2001): Vernetzte Intelligenz. Die Natur geht online – Gruppenbewußtsein, Genetik, Gravitation. Aachen

Froböse, R. (2009): Der Lebenscode des Universums. Quantenphänomene und die Unsterblichkeit der Seele. München

Garjajev, P.P., Kämpf, U., Leonova, E.A., Muchamedjarov, F., Tertishny G.G. (1999): Fractal Structure in DNA Code and Human Language: Towards a Semiotics of Biogenetic Information. Dresden

Gell-Mann, M. (1998): Das Quark und der Jaguar. Vom Einfachen zum Komplexen – Die Suche nach einer neuen Erklärung der Welt. München, Zürich

Greene, B. (2008): Der Stoff aus dem der Kosmos ist. Raum, Zeit und die Beschaffenheit der Wirklichkeit. München

Gribbin, J. (2010): Auf der Suche nach Schrödingers Katze. Quantenphysik und Wirklichkeit. München

Gumbrecht, H.U. u. a. (2008): Geist und Materie – Was ist Leben? Zur Aktualität von Erwin Schrödinger. Ffm

Hahnemann, S. (1921): Organon der Heilkunst. Nach der Ausgabe von R. Haehl http://www.homeoint.org/books4/organon/

Haken, H. (1982): Synergetik - Eine Einführung. Heidelberg

Hamilton, D. (2011): Achte auf deine Gedanken. Warum der Geist die Materie beherrscht. Berlin

Hawkes, J. (2010): Das Bewußtsein der Zellen – Wie Gedanken auf der Zell-Ebene heilen. München

Heede, G., Schriewersmann, W. (2010): Matrix Inform. Heilung im Licht der Quantenphysik. München

Heim, B. (2004): Einheitliche Beschreibung der Materiellen Welt. Informatorische Zusammenfassung von „Elementarstrukturen der Materie", Bd. 1 u. Bd. 2, Innsbruck

Heim, B., Droescher, W. (1999): http://www.rodiehr.de/g_01_heim_droescher.htm

Heine, H. (1997): Lehrbuch der biologischen Medizin. Grundregulierung und Extrazelluläre Matrix. Stuttgart

Heisenberg W. (2011): Physik und Philosophie. Stuttgart

Hess, D. (2004): Allgemeine Botanik, UTB Basics. Stuttgart

Hey T. u. Walters, P. (1998): Das Quantenuniversum. Die Welt der Wellen und Teilchen. Heidelberg

Hicks, E. u. Hicks J. (2009): The Law of Attraction. Berlin

Hürter, T., Rauner, M. (2009): Die verrückte Welt der Paralleluniversen. München

Jahn, R.G. und Dunne, B.J. (2006): An den Rändern des Realen: Über die Rolle des Bewußtseins in der physikalischen Welt. Altkirchen

Kerner, D. u. Kerner, I. (2006): Der Ruf der Rose. Was Pflanzen fühlen und wie sie mit uns kommunizieren. 10. Aufl., Köln

Klügl, G., Fritze, T. (2012): Quantenland. München

Köhne, P.W. (2008): Phänomen Radionik. Kommunikation mit dem kollektiven Bewußtsein. Steimbke-Lichtenhorst

König, M. (2010): Das Urwort: Die Physik Gottes. Berlin/München 2010

Kosmus, W., Mittl, A. (2009): (Hrsg.): Radionik und die beseelte Welt. Radionik, Quantum-Response-Technologie, Energetik, Biokommunikation und Bewußtseinstechnologie in Theorie und Praxis. Hochheim

Das Kybalion. Die drei Eingeweihten. Manuskript

Laszlo, E. (2002) Holos der Welt der neuen Wissenschaften. Petersberg

Laszlo, E. (2005): Zu Hause im Universum. Eine neue Vision der Wirklichkeit. Berlin

Laughlin, R.B. (2008): Das Verbrechen der Vernunft. Betrug an der Wissensgesellschaft. Ffm

Laughlin, R.B. (2010): Abschied von der Weltformel. Die Neuerfindung der Physik. München

Lipton, B.H. (2009): Intelligente Zellen – Wie Erfahrungen unsere Gene steuern. Burgrain

Ludwig, W. (2002): Die erweiterte einheitliche Quantenfeld-Theorie von Burkhard Heim. Innsbruck

Ludwig, W. (2006): Die erweiterte einheitliche Quantenfeld-Theorie als Grundlage der Quantenmedizin. In: http://www.rodiehr.de/g_01_heim_droescher.htm

v. Ludwiger, I. (2006): Das neue Weltbild des Physikers Burkhard Heim. München

McTaggert, L. (2007): Das Nullpunkt-Feld – Auf der Suche nach der kosmischen Urenergie. München

Meyl, K. (1990): Potentialwirbel. Band 1, Villingen-Schwenningen

Meyl, K. (EMUV1, 1998): Elektromagnetische Umweltverträglichkeit Teil 1. Ursachen, Phänomene und naturwissenschaftliche Konsequenzen, 3. Aufl., Villingen-Schwenningen

Meyl, K. (EMUV2,1999): Elektromagnetische Umweltverträglichkeit Teil 2. Freie Energie und die Wechselwirkung der Neutrinos, 3. Aufl., Villingen-Schwenningen

Meyl, K. (2003): Skalarwellentechnik, 3. Aufl., Villingen-Schwenningen

Meyl, K. (EMUV3, 2004): Elektromagnetische Umweltverträglichkeit Teil 3. Skalarwellen und die technische, biologische wie historische Nutzung longitudinaler Wellen und Wirbel, 3. Aufl., Villingen-Schwenningen

Meyl, K. (DNA, 2010): DNA- und Zellfunk, Villingen-Schwenningen

Meyl, K. (DOKU, 2012): Dokumentation zur Skalarwellentechnik, 4. Aufl., Villingen-Schwenningen

Meyl, K. (PW1, 2012): Über Wirbelphysik zur Weltgleichung (= Potentialwirbel Band 1), 2. Aufl., Villingen-Schwenningen

Meyl, K. (PW2, 2012): Über Kernphysik und Fusion zur Nanotechnologie (=Potentialwirbel Band 2), Villingen-Schwenningen

Meyl, K. (PW3, 2012): Über Feldwirbel zur Physik der Elementarteilchen (= Potentialwirbel Band 3), 2. Aufl., Villingen-Schwenningen

Meyl, K. (PW4, 2012): Über Objektivität zur Einheitlichen Theorie (= Potentialwirbel Band 4), 2. Aufl., Villingen-Schwenningen

Mindell, A. (2010): Der verborgene Code des Bewußtseins. Der Quantengeist in der Naturwissenschaft und in der Psychologie. Petersberg

Montagnier, L.A., Aissa, J, Del Giudice, E., Lavallee, C., Tedeschi, C., Vitiello, G. (2010): DNA Waves and Water. ArXive: 1012.5166v1 [q-bio.OT], 23. Dec 2010

Morpheus (2010): Transformation der Erde. Interkosmische Einflüsse auf das Bewußtsein. Berlin, München

Paris, D. und Köhne, P. (2001): Die vorletzten Geheimnisse. Radionik – Wo Wissenschaft und Weisheitslehren zusammenfinden. Nieby

Pascu, A.-H. (2000): Das neue Weltbild Burkhard Heims – Ein Vergleich mit der Ressortlehre. http://www.jenseits-de.com/g/fo-heim.html

Persike, M. (2012): Skript Statistik http://psymet03.sowi.uni-mainz.de/download/Lehre/SS2012/StatistikII/2012_05_29_VL.pdf

Posdzech, O. (2000): Protosimplex – Graphiken. In: http://www.engon.de/protosimplex/downloads/03%20posdzech%20-%20grafiken%20berlin%201994.pdf

Poponin, V. (1995): The DNA Phantom Effect: Direct Measurement of A New Field in the Vacuum Substructure. Boulder Creek, Ca.

Rae, A.I.M (1996): Quantenphysik: Illusion oder Realität? Stuttgart

Roads, M. (2001): Mit der Natur reden. Das verborgene Wissen der Schöpfung. Heyne, 2. Aufl., München

Röthlein, B. (2007): Schrödingers Katze. Einführung in die Quantenphysik, 6. Aufl., München

Schmieke, M. (1997): Das Lebensfeld. Naturwissenschaftliche Grundlagen einer spirituellen Auffassung vom Leben. Lauterstein

Schmieke, M. (2008): Die Physik des Hyperraums: Burkhard Heims Feldtheorie und die Radionik. Raum & Zeit, H. 154

Schwartz, G.E., Russek, L.G. (1999): The Living Energy Universe. Charlottesville VA

Schwenk, Th.: (1995) Das sensible Chaos. 9. Aufl., Stuttgart

Sedlacek, K.-D. (2008): Unsterbliches Bewußtsein. Raumzeit-Phänomene – Beweise und Visionen, 2. Aufl., Norderstedt

Sedlacek, K.-D. (2010): Supervereinigung. Wie aus nichts alles entsteht. Ansatz einer großen einheitlichen Feldtheorie. Norderstedt

Sedlacek, K.-D. (2012): Der Widerhall des Urknalls. Spuren einer allumfassenden transzendenten Realität jenseits von Raum und Zeit. Norderstedt

Sheldrake, R. (2007): Der Siebte Sinn der Tiere. Ffm.

Sheldrake, R. (2008): Das schöpferische Universum. Die Theorie des morphogenetischen Feldes. 10. Aufl., München

Sheldrake, R. (2012): Der Wissenschaftswahn – Warum der Materialismus ausgedient hat. Darmstadt

Sherman, L. u. Sherman A. (2009): Der magische Schlüssel des Kybalion. München

Smolin, L. (2009): Die Zukunft der Physik. München

Spektrum der Wissenschaft. Dossier 4/2010, Quanteninformation. Teleportation – Kryptografie – Quantencomputer.

Staden, S. v. (2011): Wenn Quantenheilung nicht funktioniert ... und es dennoch Wunderheilungen gibt! Darmstadt

Standenat, S. (2010): Wie Heilung geschieht. Unerklärliche Fälle, berühmte Heiler, überraschende Erkenntnisse. München

Storl, W.-D. (2010): Pflanzendevas. Die geistig-seelischen Dimensionen der Pflanzen. München

Tansley, D.V. (1985): Radionik – Energetische Diagnose und Behandlung. Essen

Tansley, D.V. (1999): Dimensionen der Radionik – Neue Techniken instrumentengestützten Fernheilens. Nienburg

Tansley, D. V. (2000): Radionik – Schnittstelle zu den Ätherfeldern. Nienburg

Tiller, W.A. (1971): Radionics, Radiestesia and Physics, in: Proceedings of the Academy of Parapsychology and Medicine. Symposium on the Varieties of Healing Experience

Tiller, W.A. (2000): Exploring robust interactions between human intention and inanimate/animate Systems. Part II. Frontiere Perspectives, Band 9, pp. 7-21 und Band 10, 2001, pp. 9-18

Tiller, W.A., Dibble, W. A., Kohane M.J. (2001): Conscious Acts of Creation – The Emergence of a New Physics. Walnut Creek, CA

Tompkins, P. u. Bird, Chr. (2009): Das geheime Leben der Pflanzen. Ffm.

Unzicker, A. (2012): Auf dem Holzweg durchs Universum. Warum sich die Physik verlaufen hat. München

Vogel, M. (1974): Man-plant communication. In: Mitchell, E.D. Psychic Explorations. A Challenge for Science. pp. 289-312 New York,

Volkamer, K. (2003): Detection of Dark-Matter-Radiation of Stars During Visible Sun Eclipses. Nuclear Physics B (Proc. Suppl.) 124, pp. 117-127

Volkamer, K. (2007): Feinstoffliche Erweiterung der Naturwissenschaften. 4. Aufl., Berlin

Volkamer, K. (2013): Feinstoffliche Erweiterung unseres Weltbildes. 3. Aufl., Berlin

Warnke, U. (1998): Gehirn-Magie. Der Zauber unserer Gefühlswelt. Saarbrücken

Weber, E. (1961): Grundriß der biologischen Statistik. Jena

Werbach, A. 2009: RADIONIK im 21. Jahrhundert: Unser (Un-)Bewußtsein, die Brücke zum positiven Lebens-Erfolg. Norderstedt

Wingert, M. (2009): Quantum – Top Secret. Experience Edition. o. Ort

Willigmann, H. (2002): Grundriß der Heim'schen Theorie. Innsbruck

Zeilinger, A. (2005): Einsteins Schleier. Die neue Welt der Quantenphysik. München

Zeilinger, A. (2007): Einsteins Spuk. Teleportation und weitere Mysterien der Quantenphysik. Goldmann., München

Zeh, H.D. (2012): Physik ohne Realität: Tiefsinn oder Wahnsinn? Berlin, Heidelberg

weitere Titel bei Omega

Margaret Cheney: **Nikola Tesla. Erfinder, Magier, Prophet**
Über ein außergewöhnliches Genie und seine revolutionären Entdeckungen
403 S., gebunden, zahlreiche Abbildungen
ISBN 978-3-930243-01-3

Callum Coats: **NATURENERGIEN verstehen und nutzen**
Viktor Schaubergers geniale Entdeckungen
460 S., gebunden, zahlreiche Abbildungen
ISBN 978-3-930243-14-3

Ulrich F. Sackstedt: **Quanten Äther** Die Raumenergie wird nutzbar
Wege zur Energiewandlung im 21. Jahrhundert
360 S., gebunden, zahlreiche Abbildungen
ISBN 978-3-930243-66-2

Jeane Manning: **Freie Energie** – Die Revolution des 21. Jahrhunderts
mit einem Vorwort von Ex-Astronaut Brian O'Leary
320 S., gebunden, zahlreiche Abbildungen
ISBN 978-3-930243-04-4

Bernd Senf: **Die Wiederentdeckung des Lebendigen**
Erforschung der Lebensenergie durch Reich, Schauberger, Lakhovsky u.a.
390 S., gebunden, zahlreiche Abbildungen
ISBN 978-3-930243-28-0

John Davidson: **Das Geheimnis des Vakuums**
Schöpfungstanz, Bewußtsein und Freie Energie. Die Neue Physik aus mystischer Sicht
460 S., gebunden, zahlreiche Abbildungen
ISBN 3-930243-02-4 (978-3-930243-02-0)

Grazyna Fosar/Franz Bludorf: **Vernetzte Intelligenz**
Die Natur geht online. Gruppenbewußtsein – Genetik – Gravitation
342 S., gebunden, zahlreiche Abbildungen
ISBN 978-3-930243-23-5

Yumiko Tobitani: **QSR - Quantum Speed Reading**
Geistige Fähigkeiten entwickeln durch Verstehen auf Quantenebene
160 S., Softcover, zahlreiche Abbildungen
ISBN 978-3-930243-43-3

Omega-Verlag

zu beziehen in jeder guten Buchhandlung
oder in unserem Shop auf

www.omega-verlag.de